Métamorphoses de Mircea Eliade

Métamorphoses de Mircea Eliade

À partir du motif de Zalmoxis

Dan **Dana**

collection
Contextes

Éditions de l'École des hautes études en sciences sociales
Librairie philosophique J. Vrin
2012

Imprimé en France

ISSN 1159-4535

ISBN VRIN 978-2-7116-2421-8

ISBN EHESS 978-2-7132-2357-0

www.vrin.fr *www.editions.ehess.fr*

AVANT-PROPOS

Ce livre constitue une partie considérablement remaniée d'une thèse soutenue en 2005 à l'École des hautes études en sciences sociales (Paris), intitulée *Enjeux et controverses autour du mythe de Zalmoxis*[1]. De cette monographie d'un motif à la fois roumain et occidental, j'ai choisi de privilégier dans le présent ouvrage trois aspects : les différentes théories sur Zalmoxis dans l'histoire des religions, les usages nationalistes et identitaires en Roumanie et, plus particulièrement, le « dossier » de Mircea Eliade, avec tout ce qui touche à la vision du passé du célèbre historien des religions.

Je tiens d'abord à exprimer ma profonde reconnaissance à mes deux directeurs de thèse, François Hartog (EHESS) et Zoe Petre (Université de Bucarest), qui ont parrainé une recherche dans un domaine qui leur était familier; leur soutien constant, leurs observations et leurs suggestions, ainsi que leurs relectures m'ont été particulièrement utiles. Que tous ceux qui m'ont apporté leur soutien, avec des conseils et des renseignements précieux, soient chaleureusement remerciés, en particulier Ciprian Astaloş (Satu Mare), Philippe Borgeaud (Université de Genève), Călin Morar-Vulcu (Bruxelles), Maurice Olender (EHESS), Jesper Svenbro (CNRS), Matteo Taufer (Trente), Jan Trynkowski (Varsovie), Florin Ţurcanu (Université de Bucarest). Pour les relectures, les révisions et le travail éditorial, je suis tout particulièrement reconnaissant à Jacques Bernard, (avec l'appui de l'ancien Centre Louis Gernet, grâce à la générosité de Christian Jacob et de François de Polignac), à Caroline Béraud (EHESS), à Denis Arnaud et à Elsa Costantini, de la maison d'édition Vrin. Qu'ils veuillent tous agréer l'expression de ma gratitude.

En dernier lieu, je remercie infiniment ma femme, Mădălina, pour avoir accompagné et appuyé mon enquête. C'est à elle que ce livre est dédié.

1. Version roumaine : *Zalmoxis de la Herodot la Mircea Eliade. Istorii despre un zeu al pretextului* (*Zalmoxis d'Hérodote à Mircea Eliade. Histoires sur un dieu du prétexte*), Iaşi, Polirom, 2008.

ABRÉVIATIONS

Correspondance	M. Eliade, *Europa, Asia, America… Corespondență* (*Europe, Asie, Amérique… Correspondance*), t. I-III, Bucarest, Humanitas, 1999-2004 (éd. M. Handoca).
Dossier	M. Handoca, *« Dosarul » Mircea Eliade* (*Le « Dossier » Mircea Eliade*), t. I-XV, Bucarest, Curtea Veche, 1998-2011.
ER	M. Eliade (éd.), *The Encyclopedia of Religion*, t. I-XVI, New York, Macmillan, 1987.
Exil	M. Eliade, *Împotriva deznădejdii. Publicistica exilului* (*Contre le désespoir. La presse de l'exil*), Bucarest, Humanitas, 1992 (éd. M. Handoca).
FragmJournal	M. Eliade, *Fragments d'un journal*, t. I-III, Paris, Gallimard, 1973-1991 : I (*1945-1969*), II (*1970-1978*), III (*1979-1985*).
HCIR	M. Eliade, *Histoire des croyances et des idées religieuses*, t. I-III, Paris, Payot, 1976-1983.
JP	M. Eliade, *Jurnalul portughez și alte scrieri* (*Journal portugais et autres écrits*), t. I-II, Bucarest, Humanitas, 2006 (éd. S. Alexandescu).
Mémoire II	M. Eliade, *Mémoire II. 1937-1960 : les moissons du solstice*, Paris, Gallimard, 1988.
ZGK	M. Eliade, *De Zalmoxis à Gengis Khan. Études comparatives sur les religions et le folklore de la Dacie et de l'Europe orientale*, Paris, Payot, 1970.

PRÉFACE

LE ZALMOXIS DES ROUMAINS

Que nous apporte l'enquête rigoureuse menée par Dan Dana sur le « cas » Mircea Eliade ? Surtout depuis la mort de ce dernier, en 1986, études et ouvrages ont documenté, de façon de plus en plus précise, ce qu'il avait toujours résolu de taire : son engagement entre 1937 et 1944 dans l'extrême droite roumaine, dans la tristement fameuse « Garde de fer », aussi nommée « Légion de l'Archange Michel ». Fondée par Corneliu Codreanu, dit le Capitaine, celle-ci conjoignait nationalisme agressif et antisémitisme virulent, tout en voulant se distinguer du fascisme et du nazisme par une philosophie spiritualiste aspirant à régénérer la « nation » et à créer un homme nouveau. Sur ce point, qui est tout sauf négligeable, la cause est donc bel et bien entendue. Sans appel. Alors en a-t-on fini avec Eliade ? Avec une « affaire Eliade » sans doute, mais pas avec ce qui devient le « cas Eliade ». Surgissent, en effet, plusieurs questions : à lui poser – du moins à travers les milliers de pages qu'il a écrites –, mais aussi qui se posent à nous.

Polymathe, polyglotte, polygraphe, voilà, en effet, un homme qui a été reconnu, dans la seconde moitié du XXe siècle, comme un savant considérable et une autorité, voire la principale autorité, en matière d'histoire des religions. Les témoignages abondent, et nombreux ont été les signes de reconnaissance qu'on lui a prodigués. En 1985 encore, l'Université de Chicago inaugurait une chaire Eliade, plus tôt, la Sorbonne l'avait honoré d'un doctorat *honoris causa*, il avait reçu la Légion d'honneur et on le disait nobélisable. Il a certes beaucoup œuvré, mais sont-ce ses seules qualités intellectuelles qui lui ont permis de se hisser à cette place ? Ou, pour le dire autrement, comment s'est opérée, après 1945, la « métamorphose » (pour employer son vocabulaire) ou la « renaissance » en historien universel des religions, en quête de l'archaïque et de l'*Homo religiosus*, d'un intellectuel, écrivain à succès, qui, dans les années 1930, s'était fait le zélateur ardent d'une identité roumaine. Occultée par l'histoire, elle s'était conservée intacte dans le folklore et les légendes, et elle pouvait redevenir une force d'inspiration dans les temps difficiles que traversait la nation ? Si le peuple roumain, écrivait-il en 1937, n'a eu ni « Moyen Âge glorieux » ni « Renaissance », il a une « préhistoire » qui vaut largement celle des autres nations européennes, et mieux un « folklore incontestablement supérieur à tous les autres. Aujourd'hui, la science roumaine a l'occasion unique de mettre en valeur la spiritualité et l'histoire secrète de notre nation ».

« Cas », il l'est aussi par son parcours. De Bucarest à Chicago, en passant par Paris, de l'Est à l'Ouest, avant de « revenir » vers l'Est, dans les belles années du communisme national promu par le Conducator[1]. Paris, où il séjourne de 1945 à 1955, joue le rôle d'un sas. Accueilli, notamment, par Georges Dumézil, le Roumain exilé, le « paysan du Danube » devient l'historien des religions, féru d'archétypes et d'archaïque. En passant du roumain et d'une « culture mineure » au français, le « provincial » entend être reconnu dans le monde occidental. En 1956, enfin, vient l'offre de l'Université de Chicago, preuve du succès de sa stratégie. En ce lieu, symbole de liberté et de science, s'accomplit pleinement la métamorphose.

Voilà qui doit nous inciter à une pratique très élargie et comparée de l'histoire culturelle. Deviennent perceptibles, en effet, des décalages dans le temps, et se laissent saisir des quiproquos. Tout cela sur fond d'ignorance réciproque : ce qu'Eliade rapportait du folklore de l'Europe orientale fut longtemps accepté à l'Ouest (il devait savoir), tandis que l'*aura* acquise à l'Ouest renforçait son statut à l'Est. Sa condition d'exilé et d'adversaire du communisme lui a ouvert des portes à l'Ouest, tout en effaçant, pour ainsi dire, ce qu'il avait pu écrire et faire avant 1945. Alors qu'en Roumanie, c'est, certes, sa notoriété nouvelle acquise à l'Ouest qui poussera les autorités à le sortir du purgatoire et à s'efforcer de le récupérer, mais c'est aussi son livre sur Zalmoxis de 1970, intitulé *De Zalmoxis à Gengis Khan*, dans lequel Dumézil voyait, à juste titre, un « pèlerinage à sa première source ». Des passerelles pouvaient, en effet, exister entre le « spécifique national » des intellectuels d'avant-guerre et le « national-communisme » d'un régime, pour qui il était plus aisé de célébrer l'autochtonie que de parvenir à l'autosuffisance. Puis, quand arrive 1989, le voilà, à nouveau, en phase avec la conjoncture : « le Roumain le plus célèbre » et l'opposant de toujours au communisme, il est disponible pour une panthéonisation

1. Il s'agit de ses ouvrages, non de sa personne. Eliade n'est jamais retourné en Roumanie.

immédiate, confortant par-là les Roumains dans l'idée d'une « normalité » enfin recouvrée.

Ainsi, se trouvant finalement là où il fallait au bon moment, il a su, en joueur habile, tirer parti des décalages culturels, en limitant ses pertes et en maximisant ses gains. Quand il perdait à l'Est, il gagnait à l'Ouest, et quand il commença à perdre à l'Ouest, il gagna à l'Est. Avec cette fois le risque de redevenir un Roumain, si j'ose dire, un Roumain seulement, en perdant (définitivement ?) cette position surplombante d'historien universel qu'il avait construite à partir de sa chaire de l'Université de Chicago et dans la suite de sa première métamorphose parisienne. Ces circulations décalées et ces réceptions tronquées, sur fond d'occultations et de camouflages (pour reprendre encore son propre vocabulaire), enrichissent le « cas », en obligeant, pour y comprendre quelque chose, à élargir la perspective aussi bien spatiale que chronologique. Et, aujourd'hui, perdurent toujours des discordances, puisqu'un spécialiste d'histoire des religions, comme Daniel Dubuisson, peut écrire tranquillement que l'œuvre d'Eliade n'est qu'« impostures et pseudo-science »[1], tandis qu'à Bucarest une monumentale publication de ses *Œuvres complètes* est toujours en cours, qu'un Institut d'histoire des religions, nouvellement créé, porte sa marque, et que, pour les plus jeunes générations d'après la chute du communisme, il s'impose assurément comme la grande référence en matière d'études des religions.

Sur ce dernier point, le témoignage de Dan Dana, qu'il livre avec discrétion dans une note, apporte un éclairage utile. Comment un jeune Roumain, né en 1975, est-il passé de la fascination à l'éloignement ? Intéressé par les antiquités roumaines, nous dit-il, il lit beaucoup, au moment d'entrer à l'université, sur les Daces, les Gètes et Zalmoxis, et se convainc de leur spiritualité originale. Quand arrive 1989 et le « déferlement » des ouvrages d'Eliade, ce dernier s'impose évidemment comme le « modèle ». Il le dévore et se voit bien devenir, à son tour, historien des religions. Viennent d'autres lectures et d'autres rencontres, puis la possibilité d'un séjour en France en vue d'y préparer une thèse : « J'ai bientôt découvert d'autres manières d'envisager l'histoire aussi bien que l'histoire des religions, laissant de côté la glorification des ancêtres ou les grandes explications générales par l'*Homo religiosus* ». À Paris, l'éloignement se transforme en distance de plus en plus critique, alors qu'il reprend depuis son tout début le dossier de Zalmoxis, ce personnage ou, mieux, ce « motif » qui n'a cessé d'accompagner Eliade : avant l'exil, mais aussi après. Zalmoxis, dont il note dans son journal qu'il y a des périodes où il est

1. D. Dubuisson, *Impostures et pseudo-science, L'œuvre de Mircea Eliade*, préface d'Isac Chiva, Villeneuve d'Ascq, Presses universitaires du Septentrion, 2005.

comme « possédé » par celui qu'il considère comme la grande divinité des ancêtres des Roumains, avant leur christianisation. Si Eliade est devenu historien des religions à Paris, c'est à Paris aussi que Dan Dana a achevé de se déprendre d'Eliade, et c'est de là qu'il a pu reconsidérer le parcours scientifique d'Eliade.

Dans sa thèse (heureusement publiée en Roumanie en 2008) et dont le personnage central, à la différence de l'ouvrage qu'on va lire, est Zalmoxis, et non Eliade, Dan Dana a fait œuvre à la fois de philologue scrupuleux et d'historien de la culture [1]. En établissant le corpus complet des occurrences de Zalmoxis et celui de ses usages du Ve siècle avant notre ère jusqu'à aujourd'hui, il repère les enjeux qui, dans chaque cas, s'y attachent. Il retrace, en effet, les parcours de ce personnage (dieu, homme ou démon) qui a fait son entrée dans l'histoire au livre IV des *Histoires* d'Hérodote pour ne la plus quitter jusqu'à aujourd'hui. La Roumanie des années 1920-1930, en quête du « spécifique national », a su s'en réclamer et en faire un ancêtre glorieux des autochtones, tout comme celle du « national communisme » qui n'a eu aucun mal à l'adopter. Et les choses ont continué depuis. Or, à chaque fois, on trouve Eliade qui, quoi qu'il en dise, a plus construit sa vision de Zalmoxis comme incarnation de l'antique « spiritualité » des autochtones, à partir des auteurs roumains des années 1920, qu'à travers la lecture des quelques pages d'Hérodote.

Car le paradoxe veut que ce personnage, qui a tant fait écrire sur lui, n'ait laissé d'autres traces que ce que nous a dit de lui Hérodote ! Aussi, en suivant les avatars de ce nom propre (qu'Hérodote, contrairement à son habitude, ne « traduit » pas en grec, sûrement parce qu'il n'en existe pas d'équivalent) et en relevant la grande plasticité de ses usages, Dan Dana s'est-il trouvé, de proche en proche, conduit à élargir l'enquête dans deux directions. D'une part, vers les manières de procéder de l'histoire des religions, qui a vu successivement en Zalmoxis une divinité chtonienne et de la végétation, un chaman, l'instaurateur d'un culte à Mystères et d'une religion initiatique. Cette dernière thèse est celle soutenue par Eliade, qui y ajoute les disparitions et réapparitions périodiques du dieu : ses « occultations ». De l'autre, vers les diverses quêtes identitaires modernes, en Roumanie particulièrement, mais pas exclusivement.

Suivre le fil de Zalmoxis s'est donc révélé une voie originale et fructueuse d'entrée dans l'atelier d'Eliade. Avec l'enclenchement d'un double mouvement de l'interrogation, menant de Zalmoxis à Eliade et d'Eliade à Zalmoxis. Et, au terme du cheminement, le résultat est très clair.

1. D. Dana, *Enjeux et controverses autour du mythe de Zalmoxis*, thèse soutenue à l'École des hautes études en sciences sociales en 2005.

On ne peut soutenir, comme le font aujourd'hui les défenseurs d'Eliade, que, certes, il y a eu cet engagement, regrettable erreur de jeunesse, d'ailleurs largement partagée, mais qu'il n'affecte en rien l'œuvre scientifique, dont la validité n'est, en aucun cas, remise en cause. Calmement, méthodiquement, Dana démontre qu'il n'en est rien et qu'au contraire son Zalmoxis doit tout ou presque à cette valorisation de la préhistoire roumaine, si caractéristique des années 1930, quand Eliade et ses amis se convainquaient que la Roumanie était « boycottée » par l'histoire.

Davantage, plusieurs indices, laissés par Eliade lui-même, invitent à aller plus loin encore. Entre le mythe de Zalmoxis, tel qu'il le reconstruit, et ce qu'il désigne dans son journal comme « une mythologie personnelle » (qu'il distingue de sa « vie » « telle qu'elle fut vraiment »), il tisse plus ou moins explicitement des analogies. Car, à l'instar de Zalmoxis, il a, lui aussi, dû disparaître (son exil), tout en continuant à envoyer des messages (des articles et des livres), avant de réapparaître. Son disciple, Culianu, n'hésite pas à l'écrire noir sur blanc, en le caractérisant comme « un mystagogue des temps modernes » : « Pour les Roumains, Mircea Eliade se confond avec Zalmoxis ». Car il a beau avoir disparu, il continue, lui qui est le gardien de la « mémoire sacrée de son peuple », à envoyer des signes, et, va-t-il jusqu'à dire, « cette mémoire disparaîtra avec lui ». En anglais, le livre qu'Eliade a consacré à Zalmoxis s'appelle *The Vanishing God*: probablement pas tout à fait par hasard !

« Cas », il l'est encore, par son rapport à l'histoire. Dans les années trente, il avait opté pour la pré- ou la protohistoire, conservée dans les légendes et le folklore des sociétés paysannes. Mais, à partir de 1944, il se transforme carrément en « ennemi » de l'histoire. Il note son « dégoût » croissant pour elle et dénonce « la terreur de l'histoire » ou encore « la chute dans l'histoire ». *Le mythe de l'éternel retour* s'emploiera à généraliser ou à universaliser le propos, en opposant les sociétés primitives à celles qui sont tombées dans l'histoire. On touche là à une des expressions de la métamorphose parisienne. Un peu plus tard, Cioran écrira, lui aussi, un livre qui est une méditation sur *La chute dans le temps*[1]. Selon le schéma éliadien, les peuples primitifs vivent au « paradis des archétypes », pratiquent la régénération périodique et, ainsi, ne laissent pas le temps « se transformer en histoire ». Pour ceux qui sont en butte à l'histoire, les plus mal lotis sont ceux qui se sont trouvés, sans l'avoir voulu, sur le « chemin de l'histoire ». Tels les peuples du Sud-Est de l'Europe, voisins d'empires toujours en expansion : d'où, pour eux, souffrance, terreur et sacrifice. L'histoire n'est

1. E. M. Cioran, *La chute dans le temps*, Paris, Gallimard, 1964.

rien d'autre. À la différence de l'homme moderne, le primitif vit, en revanche, dans un continuel présent. « Chaque année, il a la liberté d'annuler ses fautes, d'effacer le souvenir de sa chute dans l'histoire et de tenter à nouveau une sortie définitive du temps ». Cette phrase, il est difficile de ne pas penser qu'elle vaut aussi, sinon d'abord, pour Eliade lui-même, si prompt à « annuler ses fautes » et si demandeur de manières d'abolir le temps.

Il est encore une autre dimension, et pas la moindre, du « cas » : littéraire celle-là. Eliade n'a jamais cessé de se préoccuper de lui-même et de nous en entretenir, en publiant régulièrement des extraits de ses mémoires et de son journal. Et il continue de façon posthume : avec le *Journal portugais* en 2006, en attendant 2018 et le journal d'après-guerre. Il y aura là quelques années de travail pour les exégètes, à même de confronter les différentes versions, d'évaluer ce qu'il a dit, pas dit, laissé entendre, omis ou totalement transformé dans cette ininterrompue écriture de soi. Et il l'a voulu ainsi. Il a clairement conçu cette mise en scène de sa « vie » qui est aussi, indissolublement, sa « mythologie personnelle ». Ainsi le même homme, déclarant à ceux qui l'interrogeaient sur son passé qu'il ne répondrait jamais, qui appartient donc à cette cohorte des taiseux, ainsi que l'a justement nommée Maurice Olender[1], se révèle être passablement bavard.

Un taiseux bavard ! Comment comprendre cet oxymore ? Eliade était convaincu d'être « plus qu'un savant » et d'avoir « quelque chose d'important à dire au monde ». Plus qu'un savant ? Un écrivain, sûrement, mais aussi, comme il le consigne dans le *Journal portugais* en février 1944, il se voulait un « cheval de Troie dans le camp scientifique ». Il lui fallait donc toutes les apparences d'un savant reçu en Sorbonne, mais avec une mission cachée : celle de « valider scientifiquement le sens métaphysique de la vie archaïque » ou de « valoriser comme il se doit [...] l'homme des cultures traditionnelles ». L'expression du cheval de Troie devait circuler dans le petit milieu roumain, car, dans une lettre également de février 1944, Ionesco la reprend pour s'en moquer. « Eliade est un ennemi de l'histoire, écrit-il, il est pour la "protohistoire" [...] Je crois que les universitaires ne seront pas assez idiots pour introduire dans leur propre cité le cheval de Troie de la "préhistoire permanente" ». C'était plutôt bien vu, alors même que la métamorphose d'Eliade en historien des religions est loin d'être accomplie, avant que le cheval de Troie n'investisse la Sorbonne et bien avant qu'il ne rêve de traverser l'Atlantique et de s'introduire dans la Divinity School de Chicago.

1. M. Olender, *Race sans histoire*, Paris, Seuil, 2009, p. 251-291.

Alors pourquoi les universitaires, eux d'abord mais pas uniquement, ont-ils fait mentir Ionesco, ont-ils été « assez idiots » ? Une fois la part faite au travail et au talent d'Eliade, je verrais une raison principale ou de fond. S'il s'est choisi Goethe comme modèle, il a comme ennemi intime Hegel. *Le mythe de l'éternel retour* a pour sous-titre *Archétypes et répétitions*. Or, dès la troisième ligne de l'Avant-propos, il informe le lecteur que, s'il n'avait pas craint d'afficher trop d'ambition, il aurait donné au livre un second sous-titre : *Introduction à une philosophie de l'Histoire*[1]. Difficile d'être plus explicite : *Archétypes et répétitions* s'opposent à *Philosophie de l'Histoire*, *La* philosophie de l'histoire hégélienne devient *Une* philosophie de l'histoire, et *Introduction* remplace (modestement !) *Leçons*. Et le tout a pour caractéristique essentielle d'être une critique radicale de l'Histoire, conçue comme chute dans le temps. Il renverse la perspective ou remet Hegel sur ses pieds, en valorisant l'origine et les manières d'y faire retour. Bref, Eliade est foncièrement hostile à ce que j'ai nommé le régime moderne d'historicité, dans une période où la croyance en l'histoire s'est trouvée, pour le moins, ébranlée. Il n'est de loin pas le seul, et multiples ont été les façons d'exprimer ces refus ou ces doutes dans les sociétés européennes. Pour sa part, Eliade, après avoir essayé de la voie politique, a opté pour celle de la « science ». Or, l'origine, les archétypes, la répétition, l'archaïque, le primitif, le temps quasi immobile ou la structure, on ne peut pas prétendre que ces thèmes n'aient pas été à l'ordre du jour dans les années 1950-1970. Bien sûr, soutenir qu'ils n'ont été amenés ou traités que par des « ennemis » de l'histoire serait absurde, mais contentons-nous de noter qu'Eliade était là, tout prêt, avec son matériel, sa théorie et ses obsessions.

Quant au taiseux bavard ? Bavard, il l'a toujours été, lui qui mesurait le temps en nombre de pages écrites quotidiennement. Mais taiseux, il l'est devenu seulement à partir du moment où l'on a commencé à lui poser des questions sur son passé. Avant, il était au plus silencieux, comme tout le monde, ou presque. Donc, en phase encore une fois. Il a, pour la première fois de sa vie, cessé de l'être, quand a commencé à basculer l'histoire de la Seconde Guerre mondiale, quand, pour le dire vite, s'est produite l'irrésistible montée de la mémoire. Et la vague l'a emporté.

François HARTOG

1. M. Eliade, *Le mythe de l'éternel retour, Archétypes et répétition*, Paris, Gallimard, 1949, p. 11.

INTRODUCTION

UN AUTRE MIRCEA ELIADE ?

Mondialement connu et reconnu, Mircea Eliade (1907-1986) a été le témoin d'un siècle tourmenté, lui qui était connaisseur de plusieurs mondes : la Roumanie, l'Inde, la France, les États-Unis. Sur cet Eliade connu il existe de nombreuses monographies ou bien des études ponctuelles. Pourtant, ce promoteur et grand déchiffreur de mystères renferme dans sa vie de nombreux épisodes moins connus, et cache dans certaines parties de son œuvre, comme au plus profond de lui-même, des secrets auxquels il attribuait volontiers une signification rédemptrice. Érudit et polygraphe, ses diverses facettes n'ont cessé de susciter la curiosité de ses contemporains et de nos contemporains : le savant, l'écrivain, le mémorialiste, l'auteur d'une correspondance étendue et tous azimuts, l'intellectuel parfois engagé. Admirative au départ, intriguée après, à la suite de certaines révélations, critique bientôt – au moins dans les trois dernières décennies –, l'attention dont Eliade, ses œuvres et ses théories ont fait l'objet se transforme, prend de nouveaux aspects, en accord avec des attentes ancrées, elles, dans l'actualité. À partir de ces différentes interrogations, et abordant d'une nouvelle manière l'ensemble eliadien, est-il possible de découvrir un autre Eliade ?

Partant d'un segment précis des écrits d'Eliade – par ailleurs, moins analysé par les chercheurs –, la question du rapport entre sa vie et son œuvre se pose à nouveau. Car ses multiples figures, reflétées dans sa vie comme dans son œuvre, posent d'emblée la question de la cohérence d'une pensée, de ses attitudes, de ses choix aussi. Ce lien, naturel pour tout savant ou écrivain, a été examiné dernièrement par ceux qui, remettant en cause le passé politique d'Eliade, revisitent son œuvre par une lecture nourrie de la découverte accablante de son passé d'extrême droite. Et c'est ce même lien qui est brutalement ou plus subtilement nié, omis, voire habilement dissimulé, par les apologistes du savant. Pour ces derniers, l'engagement politique dans l'extrême droite d'Eliade ne se reflète guère, ou bien très faiblement, dans ses écrits scientifiques, considérés comme son œuvre la plus importante.

Pourtant, Eliade lui-même a toujours insisté sur le lien entre sa vie et son œuvre, lui qui prônait de toutes ses forces l'« authentique », but ultime de ses essais littéraires, mais aussi de ses explorations de l'univers religieux, qui s'accompagnaient d'une explication largement cohérente. Cette question, légitime, des correspondances entre la vie, l'œuvre et les convictions idéologiques d'un savant, en l'occurrence de Mircea Eliade, qui a été posée de manière répétée[1], est farouchement niée par les apologistes d'Eliade : dans leurs assertions, ils s'acharnent à séparer hermétiquement les convictions politiques jugées « passagères » ou « de jeunesse » d'une part, et les théories scientifiques, tenues pour universellement valables, d'autre part. Ils admettront la présence de quelques accents « insignifiants » de nature idéologique dans son œuvre « scientifique », sans pour autant remettre en question leur conviction commode de l'importance universelle de la théorie eliadienne et de l'exemplarité de leur icône.

Outre cette thématique plus générale de l'homme et de l'œuvre, une autre question se pose : le parcours d'Eliade connaît-il des ruptures et des mutations ou, au contraire, s'inscrit-il dans une continuité ? Et, si continuité il y a, quelle est sa physionomie, et quels sont ses ressorts ? Fidélités, persistances, ruptures, mais davantage métamorphoses et camouflages constitueront des thèmes centraux de cet ouvrage. De plus, dans le cas d'Eliade, l'homme et l'œuvre ne peuvent être étudiés séparément ; sources de ses théories, influence multiforme de ses écrits, réception de son œuvre et controverses actuelles, tous ces phénomènes s'inscrivent dans leur temps et se répondent mutuellement. Le hasard fait que de nouveaux documents laissés par Eliade – tel son déjà célèbre *Journal portugais* –, ou bien éparpillés dans ses écrits ou dans ceux de ses amis, permettent de revenir sur cette question. Dans le débat actuel, ces données apportent de nouveaux éclairages sur les silences d'Eliade. Silences qui rejoignent, en raison de

1. Daniel Dubuisson, qui a étudié l'ensemble du dossier, a apporté une réponse positive à cette question (voir *infra*, p. 128-129, 260-261).

leur époque et davantage encore de leur accompagnement idéologique, d'autres lourds silences, comme celui de Heidegger[1].

Outre les livres et les articles du savant – dont certains parus en Roumanie ou dans la presse de l'exil –, ainsi que ses journaux et mémoires, les dernières années ont apporté une documentation de plus en plus accablante sur la vie et sur l'attitude d'Eliade. C'est ainsi que des nouvelles données, dernièrement publiées en Roumanie mais inédites en France, éclairent davantage son passé, et surtout son rapport au passé. Le premier en est le *Journal portugais*, édité dans sa version originale à Bucarest en 2006; il nous révèle un Eliade confronté, à l'épreuve de la Seconde Guerre mondiale, à des choix difficiles, et plus encore à ses propres démons. Un Eliade méconnaissable jusqu'à un certain point, dans le moment le plus critique de sa vie, déchiré entre divers mondes, mais néanmoins capable de changer, tout en gardant une continuité désormais évidente, son parcours. L'intérêt de ce journal est considérable, et c'est pourquoi j'ai choisi de citer un grand nombre de passages qui éclairent les états d'esprit, les attentes et les choix d'Eliade. S'ajoute sa vaste correspondance, dont une grande partie a été dernièrement éditée en Roumanie[2]. Si ces échanges épistolaires sont moins intéressants pour les aspects théoriques, ils apportent, en revanche, une connaissance renouvelée du parcours et des rapports d'Eliade, sous divers angles. D'autres données restent encore inédites, comme c'est le cas, par exemple, de son journal d'après-guerre, conservé à Chicago, et qui est interdit d'édition jusqu'en 2018. À l'instar du *Journal portugais*, il est beaucoup plus ample et « authentique » que la version fournie par ses mémoires (fruit d'une sélection et d'une forte construction *a posteriori*), ou par ses *Fragments d'un journal*. Cette littérature de mémoires est d'une importance capitale pour la compréhension d'Eliade et de son œuvre, et on ne saurait suffisamment insister sur la portée symbolique de ce type d'écrits

1. Voir M. Olender, *La chasse aux évidences. Sur quelques formes de racisme entre mythe et histoire. 1978-2005*, Paris, Galaade, 2005, p. 285-312.

2. Voir, par exemple : N. Spineto (éd.), *Mircea Eliade, Raffaele Pettazzoni. L'histoire des religions a-t-elle un sens ? Correspondance 1926-1959*, Paris, Cerf, 1994 ; M. Olender souligne le désir commun des deux savants d'éviter une confrontation intellectuelle : tandis qu'Eliade cherche des invariants universaux, des paradigmes trans-historiques, Pettazzoni insiste sur le fait que la religion doit être analysée comme toutes les autres expériences historiques (compte rendu dans *History of Religions*, 37, 1997, p. 86-90 : *La chasse aux évidences*, *op. cit.*, p. 154-159) ; M. Eliade, *Europa, Asia, America... Corespondență* (*Europe, Asie, Amérique... Correspondance*), t. I-III, Bucarest, Humanitas, 1999-2004 (éd. M. Handoca) ; ou encore la correspondance avec le savant suédois Stig Wikander et avec son compatriote Ioan Petru Culianu (voir les derniers chapitres).

conservés par Eliade. J'insisterai également sur les articles publiés par Eliade dans la presse de l'exil, en roumain; ces autres témoignages précieux nous aident à mieux envisager la portée de ses écrits érudits et l'arrière-plan de ses choix. Toutes ces nouvelles sources permettent – même si elles posent d'autres problèmes – une meilleure compréhension de son trajet d'exception. Intellectuel des plus soucieux de son propre passé et d'une image qu'il se construit lui-même, obsédé par son propre succès, inlassable façonneur de sa propre biographie, conçue sciemment comme un parcours initiatique, Eliade se laisse pourtant déconstruire à travers ses propres traces.

Partant d'une célébrité mondiale et d'une reconnaissance universelle, la figure et notamment le destin posthume d'Eliade semblent s'engager sur une autre voie, celle de la suspicion, voire de l'opprobre. Ainsi, ces derniers temps, ses théories, laissant de côté certaines approches qui restent minoritaires dans le champ de l'histoire des religions ou qui sont encore populaires dans les milieux plutôt littéraires, ne suscitent guère l'ancien enthousiasme, voire sont catégoriquement rejetées. Cela s'explique, en premier lieu, par le changement de paradigme explicatif : on ne privilégie plus le type de théorie, exclusivement universelle et antihistoriciste, d'Eliade, mais les approches attentives aux contextes historiques, aux questionnements de toute sorte, aux réflexions théoriques et méthodologiques.

Mais un second facteur, d'ordre idéologique, fait de l'œuvre d'Eliade sinon un modèle inactuel, du moins un ensemble très problématique. Car les révélations, d'abord fragmentaires, ensuite de plus en plus cohérentes, sur le passé politique d'Eliade, admirateur dans la Roumanie des années 1930 du mouvement local d'extrême droite (la tristement célèbre Garde de Fer) et promoteur occasionnel de l'antisémitisme dans la presse de l'époque[1], ont jeté un vrai discrédit sur son trajet, sur son œuvre, sur ses théories. Ces dernières années, Eliade est rapidement devenu, en Occident, un savant inactuel, infréquentable, et, pour finir, suspect, parfois qualifié de « nazi ». Cela explique pourquoi certaines études récentes ont cherché à remettre en question son passé politique, ou à voir dans ses théories le reflet *fidèle* de son engagement de jeunesse, et notamment de l'antisémitisme, présent (quoique rarement) dans ses articles polémiques de la fin des années 1930. Pourtant, ce type d'approche, qui peut paraître trop engagé et orienté par la seule volonté d'accuser, s'expose aux critiques des

1. Isac Chiva a évoqué le climat et la politique antisémites que la Roumanie avait connus lors des années 1920-1940 (« À propos de Mircea Eliade. Un témoignage », *Le genre humain*, 26, 1992, p. 89-102).

défenseurs inconditionnels d'Eliade, qui mettent l'accent sur la validité de son œuvre scientifique, omettant, évoquant très rapidement ou excusant ses « dérapages » de jeunesse. Cette approche certes motivée idéologiquement, mais parfois trop simpliste, détermine des réactions radicales en Roumanie, où les apologistes d'Eliade sont légion : ils rejettent en bloc toutes les « calomnies », sans vérifier la portée réelle des accusations pour la postérité de leur modèle.

Les enjeux ne sont donc pas minces et, dans ce débat qui engage, plus que la figure d'Eliade, des positions déterminées par les sensibilités contemporaines, il n'est pas facile de trouver le chemin le plus approprié. La modalité d'approche sera plutôt de retourner dans le passé et dans l'œuvre d'Eliade, en franchissant les camouflages successifs de sa biographie exemplaire. Camouflages qui, aussi bien dissimulés qu'ils soient, sont très souvent pourvus de « signes », pour adopter le langage eliadien, qui en sont autant d'indices révélateurs. L'analyse que je propose, et qui reste bien entendu partielle dans son étendue – car elle concerne principalement les écrits eliadiens sur la spiritualité gète et sur le folklore roumain – et dans ses intentions, est néanmoins représentative, du fait que chaque pan de l'œuvre massive et souvent répétitive d'Eliade est élaboré en fonction de ses convictions profondes, et résonne avec l'ensemble de son œuvre.

Par conséquent, au sein de l'œuvre monumentale d'Eliade, j'ai privilégié ses écrits concernant le passé et le folklore roumain et particulièrement les pages consacrées à la spiritualité des « ancêtres » gètes, dans toutes les discussions qui tournent autour de leur dieu Zalmoxis. Si ces pages ne sont ni nombreuses ni « importantes » dans l'ensemble de son œuvre, elles sont néanmoins hautement significatives et revêtent, pour Eliade, une valeur symbolique mêlée à une puissante nostalgie. Il s'agit, à n'en point douter, de sa propre « nostalgie des origines », tellement célébrée au cours de son exil… Articles, mémoires, études scientifiques ou correspondance, dans toutes ces différentes productions où s'exercent l'érudition et la sensibilité d'Eliade on retrouve un même tissu de références où, bien que l'image d'ensemble reste en accord avec son œuvre générale, on peut mesurer les changements et les finalités sous-entendues, indices d'un parcours particulier.

En effet, la théorie d'Eliade sur Zalmoxis (datant de 1970), vu comme réformateur religieux et maître des Mystères et de l'initiation, est de nos jours la thèse retenue par la communauté scientifique (position que je ne partage pas). Or, d'une certaine manière, Zalmoxis constitue, sinon un lointain modèle, du moins un indice secret d'un type de parcours choisi et poursuivi par Eliade. Antiquité ou modernité, réalité ou fiction, tous ces visages changeants se font écho et se reflètent dans les chapitres suivants. Le motif de Zalmoxis se révèlera finalement significatif à plusieurs titres, car il exerce, aux yeux d'Eliade, une fascination peu notée jusqu'à présent, fascination dont il conviendra d'examiner les ressorts. Cette association Eliade-Zalmoxis, et tout d'abord sa portée, n'ont pas été remarquées jusqu'à présent et, en cela, cette démarche sera utile aussi bien pour l'analyse de la pensée eliadienne que pour la compréhension du motif de Zalmoxis.

Comment s'est donc fabriqué Eliade à partir de l'image de Zalmoxis, motif qui est récurent de la vie et l'œuvre du savant, y compris de ses modèles et de ses amis ? Quel enseignement pourrions-nous en tirer ? Ce Zalmoxis, dont le nom même est étrange, est une des clés de ce livre : un bien curieux personnage en vérité, qui intéresse, inspire et hante Eliade. Suivre ce fil rouge qui traverse toute sa biographie et toute son œuvre, c'est aussi comprendre ce savant dans ses identités culturelles, intellectuelles et même affectives et intimes, à travers la figure de Zalmoxis, complètement inconnue du public.

Il ne s'agira ni d'une nouvelle biographie d'Eliade, ni d'une analyse de ses théories, mais de la radiographie d'un segment de son œuvre, en rapport avec la réalité de sa vie. Le motif de Zalmoxis, notre compagnon de lecture, suscitera nombre d'autres interrogations sur l'œuvre d'Eliade, œuvre qui reste solidaire de sa vie, de son temps *et* de sa postérité. Réception, postérité, ou bien les attentes de notre époque : plus que le passé ou que l'œuvre d'Eliade, ce sont elles qui se placent au centre du débat actuel, dont les enjeux se reconfigurent sans cesse.

Replacer Eliade dans le contexte de son époque, ou plutôt de ses époques – n'oublions pas qu'il a traversé tout un siècle, le siècle des idéologies –, et (re)lire avec un regard nouveau ses productions sur l'histoire de son peuple ou la spiritualité des ancêtres, représente un moyen de sonder à la fois son idéologie, sa théorie sur l'histoire des religions et, finalement, le sens de sa propre vie. Ses écrits sur Zalmoxis, sur les Daces ou sur le folklore roumain constituent un indice – moins connu et exploité, il est vrai, par la critique – de la continuité ou, au contraire, de l'évolution de sa pensée. Si ces motifs ne sont pas centraux dans son œuvre d'après-guerre – et par conséquent dans les analyses de ses exégètes, notamment en Occident –, ils sont cependant traités de la même manière par Eliade. Qui plus est, ils constituent, aux yeux d'Eliade, des sujets très personnels, par lesquels il essaie de comprendre, d'expliquer et d'investir d'un *sens*, d'autant plus quand il n'en voit aucun, l'histoire de son peuple *et* son trajet personnel.

En France même, ces dernières années ont vu la parution de plusieurs livres sur Eliade, qui portent un regard critique sur le parcours de celui qui est devenu célèbre, au lendemain de la Seconde Guerre mondiale, précisément par ses écrits en français. Si les critiques radicales de Daniel Dubuisson (1993, 2005) pèchent parfois par un certain parti pris (par exemple, sur la question de l'antisémitisme dans ses écrits érudits), elles sont néanmoins le fruit d'un spécialiste avisé et constituent la meilleure compréhension de la portée réelle, tellement métaphysique, du « message » eliadien. L'enquête engagée d'Alexandra Laignel-Lavastine (2002) aborde la règle du silence sur le passé dans le trio roumano-parisien Emil Cioran-Mircea Eliade-Eugène Ionesco ; si le ton du livre a été jugé trop dur, cela ne veut pas dire, pour autant, que ses interrogations sont injustifiées. Enfin, il convient de saluer la biographie lucide et attentive aux contextes si différents du parcours d'Eliade, signée par l'historien roumain Florin Țurcanu (2003) ; chose plutôt rare chez un intellectuel issu du même pays que le savant, il porte sur lui un regard détaché et critique, que nous avons encore du mal à observer dans ce pays d'Europe de l'Est. De même, deux historiens réputés des religions, le Suisse Philippe Borgeaud (2004) et le Français Maurice Olender (2005), bons connaisseurs d'Eliade, ont chacun publié récemment des témoignages importants sur Eliade et son silence, expliquant également les raisons du succès de ses théories auprès du public[1].

Plonger dans le passé et dans les écrits d'Eliade renvoie également à une interrogation sur la manière dont certaines théories sont construites, dont certaines biographies sont modelées et sur les façons dont on peut les idéaliser, les critiquer, les attaquer, les ternir, les surinterpréter *a posteriori*. Le croisement des écrits, des témoignages et des opinions sur un thème aussi délicat n'est nullement un exercice facile. Le sujet semble se refuser à la neutralité : pour emprunter les termes d'Eliade, ses propres écrits et engagements peuvent être interprétés comme des signes, tout comme ils

1. D. Dubuisson, *Mythologies du XX*e *siècle (Dumézil, Lévi-Strauss, Eliade)*, Lille, 1993, Presses Universitaires de Lille, p. 215-303 ; les chapitres sur Eliade sont repris, avec quatre autres études, dans son récent recueil *Impostures et pseudo-science. L'œuvre de Mircea Eliade*, Villeneuve-d'Ascq, Presses Universitaires du Septentrion, 2005 ; A. Laignel-Lavastine, *Cioran, Eliade, Ionesco : L'oubli du fascisme. Trois intellectuels roumains dans la tourmente du siècle*, Paris, P.U.F., 2002 ; F. Țurcanu, *Mircea Eliade. Le prisonnier de l'histoire*, Paris, La Découverte, 2003 (sa récente traduction roumaine [2006] n'a pas provoqué le débat attendu, mais plutôt un silence gêné) ; Ph. Borgeaud, *Exercices de mythologie*, Genève, Labor et Fides, 2004, p. 179-205 ; M. Olender, *La chasse aux évidences. Sur quelques formes de racisme entre mythe et histoire. 1978-2005*, Paris, Galaade, 2005, p. 147-153 (chapitre repris dans *Race sans histoire*, Paris, Seuil, 2009, p. 161-174).

peuvent paraître des camouflages habiles. Le but de cette analyse est de préciser en quoi le motif de Zalmoxis apporte un plus d'intelligibilité à l'œuvre d'Eliade et à la question de son passé. C'est également la clef qui permettra de définir, à partir d'un Mircea Eliade connu, les contours d'un Mircea Eliade inconnu, qui se révélera au fur et à mesure par le biais d'une documentation ancienne ou nouvelle. Connus, reconnus, inconnus : comment est-il possible qu'Eliade et son œuvre revêtent autant de significations, et suscitent autant d'intérêt ? S'agit-il d'un Eliade différent, ou bien d'un même Eliade, mais imbriquant et assumant différents visages ? À travers sa vie comme à travers son œuvre, découvrons un Eliade qui est le même et qui, pourtant, n'est pas le même.

CHAPITRE PREMIER

LE MILIEU CULTUREL DU JEUNE ELIADE

Je laisserai là l'histoire de Salmoxis qui nous entraînerait fort loin sur des chemins où nous rencontrerions Mircea Eliade et d'autres ... [1]

Dans ce chapitre, mon intention est de retracer le milieu culturel du jeune Eliade, avec une insistance sur l'image et les usages des Daces dans la culture roumaine moderne, pour expliquer la place que ce sujet occupe dans l'œuvre et la sensibilité de l'historien des religions, mais également de ses maîtres et de ses amis. Ma reconstitution de ce milieu culturel reste bien entendu partielle, parce qu'elle privilégie le sujet qui nous intéresse, le destin de Zalmoxis, mais elle est, en même temps, la radiographie d'une époque dont Eliade restera profondément imprégné.

LA QUESTION DES ANCÊTRES ET L'OBSESSION DU « SPÉCIFIQUE NATIONAL »

Le XIXe siècle constitue en Roumanie le moment de l'alignement culturel sur le modèle occidental. Or, d'une sorte de mimétisme enthousiaste on arrivera bientôt à une controverse tendue entre le modèle occidental et le modèle « spécifique », qui connaît son apogée entre les deux

1. Fr. Hartog, *Le miroir d'Hérodote. Essai sur la représentation de l'autre*, Paris, Gallimard, 2001[3], p. 165.

guerres mondiales, pour rebondir ensuite sous le socialisme autarcique de Ceausescu[1]. Dans le contexte roumain, Zalmoxis est l'un des indicateurs les plus sensibles de l'histoire des idées des deux derniers siècles, où les « ancêtres » Gètes/Daces occupent successivement, dans la tradition historique et littéraire, toutes les places possibles du spectre des virtualités. Zalmoxis est devenu le point central de la construction d'un passé « géto-dace » glorieux et significatif, témoin d'une spiritualité exceptionnelle.

Explorer l'histoire de Zalmoxis dans le pays qui revendique parmi ses ancêtres les Gètes/Daces signifie aussi explorer l'imaginaire historiographique roumain sur « nos ancêtres les Daces »[2]. Force est de constater que l'appel aux origines daces est récent et s'inscrit par ailleurs dans la quête d'ancêtres illustres afin de légitimer les différentes aspirations du présent. La figure de Zalmoxis, vu comme symbole de la spiritualité autochtone, n'a cessé de hanter l'imaginaire des écrivains et des philosophes. L'enquête sur le rôle de Zalmoxis et de la spiritualité des Daces dans la culture roumaine moderne dépassera ainsi le seul cadre de l'historiographie pour visiter les milieux littéraires et philosophiques.

La première théorie en faveur chez les historiens roumains fut l'idée d'une origine purement latine des Roumains[3], qui exclut le plus souvent l'élément dace. Cette thèse de la descendance latine n'est nullement la découverte des chroniqueurs roumains ; elle ne dérive d'aucune tradition populaire sur les origines, qui fait cruellement défaut. En réalité, elle s'est propagée uniquement grâce aux ouvrages des humanistes latinisants de Transylvanie, de Pologne ou d'Occident. De plus, les Daces et les Gètes étaient déjà appropriés comme ancêtres par les Saxons de Transylvanie. Jusque vers le milieu du XIXe siècle, et même après, les Gètes et les Daces n'étaient point revendiqués comme ancêtres par les érudits roumains, pour

1. Voir *infra*, chap. VI, p. 209-233.

2. Voir, entre autres, K. Verdery, *National Ideology under Socialism. Identity and Cultural Politics in Ceausescu's Romania*, Berkeley-Los Angeles-Oxford, University of California Press, 1991, p. 31-34 ; Z. Petre, « Le mythe de Zalmoxis », *Analele Universității București. Istorie*, 42-43, 1993-1994, p. 23-36 ; A.-M. Thiesse, *La création des identités nationales. Europe XVIIIe-XXe siècle*, Paris, Seuil, 1999, p. 95-100 ; L. Boia, *History and Myth in Romanian Consciousness*, Budapest, Central European University Press, 2001, p. 83-111 ; L. Boia, *La Roumanie. Un pays à la frontière de l'Europe*, Paris, Les Belles Lettres, 2003, p. 44-53 ; M. Pillon, « Les Daces, Trajan et les origines du peuple roumain : aspects et étapes d'une controverse européenne », *Anabases*, 1, 2005, p. 75-104. Pour le cadre européen, voir P. Cabanel, « Nations antiquaires et antiquités nationales », dans S. Caucanas *et alii*, *Retrouver, imaginer, utiliser l'Antiquité*, Toulouse, Privat, 2001, p. 49-58.

3. Voir A. Armbruster, *La romanité des Roumains. Histoire d'une idée*, Bucarest, Academia RSR, 1977.

lesquels l'affirmation des origines purement *romaines* des *Roumains* constituait une véritable obsession. Ce sont du moins les thèses de l'« École Transylvaine » (I. Micu-Klein, P. Maior, Gh. Şincai), qui affirmait avec force le dogme sacro-saint de la latinité des Roumains, vecteur de la conscience nationale naissante d'une population majoritaire mais marginalisée en Transylvanie ; selon ce courant, vénérant le purisme latin, les Daces furent exterminés par les Romains.

L'idée de l'origine purement latine sera mise à l'épreuve pour la première fois vers le milieu du XIXe siècle, par quelques figures de proue du romantisme roumain. La quête des origines et le retour aux sources plus éloignées était dans l'air de l'époque. La revalorisation des « Barbares » allait de pair avec la critique des conquérants : dans ce cadre, la lutte des Daces contre les Romains constituait l'archétype de l'opposition aux Empires. L'insertion des Daces dans la catégorie des ancêtres entraîna aussitôt l'idée de l'unité d'une Dacie mythique et originelle, préfiguration d'une Roumanie encore divisée dont il faudrait restaurer à la fois l'unité et les anciennes vertus dans une nouvelle Europe. Le choix de la Dacie suppose des racines plus profondes, antérieures à l'arrivée des Romains en 106 ap. J.-C., la continuité durable, l'originalité, le destin spécifique et le lien avec la terre[1]. C'est ainsi qu'à partir du milieu du XIXe siècle, l'historiographie roumaine naissante s'approprie Zalmoxis, qui symbolise désormais la haute spiritualité des ancêtres autochtones, figure mythique d'une Dacie censée préfigurer l'État national roumain.

C'est en 1860 que le polygraphe Bogdan Petriceicu Hasdeu (1836-1907) publie l'article programmatique, *Les Daces ont-ils péri?*. Dans ce manifeste vivement attaqué à l'époque, Hasdeu affirmait que Trajan avait soumis – et non exterminé – les Daces, et qu'aucun élément n'était prédominant dans la constitution historique du peuple roumain (Daces, Romains et Slaves). Hasdeu était par ailleurs l'auteur d'un poème fièrement intitulé *Je suis Dace* ; en outre, son intérêt pour les Daces côtoyait ses préoccupations pour le folklore et la linguistique[2].

1. O. Babu-Buznea, *Dacii în conştiinţa romanticilor noştri. Schiţă la o istorie a dacismului* (*Les Daces dans la conscience de nos romantiques. Esquisse d'une histoire du dacisme*), Bucarest, Minerva, 1979. Si la documentation du livre est abondante, l'interprétation est souvent problématique, car l'auteur a été « contaminée » par le dacisme ambiant de son époque (*cf.* aussi L. Boia, *History and Myth*, *op. cit.*, p. 260).

2. Voir B. P. Hasdeu, « Perit-au Dacii ? », dans *Scrieri istorice*, I, Bucarest, Albatros, 1973, p. 78-106 (*Studii de lingvistică şi filologie*, I, Bucarest, Minerva, 1988, p. 5-30) ; O. Babu-Buznea, *Dacii*, *op. cit.*, p. 94-114. De l'étude *Sur Zamolxe* projetée par Hasdeu, il ne reste que des extraits et des notices manuscrites.

Bien qu'elle n'occupe pas une place de choix, la Dacie primordiale est souvent présente dans l'œuvre complexe de l'un des derniers romantiques européens, Mihail Eminescu (1850-1889), le «Poète» de la culture roumaine. L'obsession de la mort hante une large partie de ses poèmes [1]. Ce qui frappe chez Eminescu est le mélange, voire l'identité, entre cette Dacie imaginée et l'univers (tout aussi romantique) du Nord germanique – en accord avec le rôle majeur joué par le romantisme allemand dans la formation intellectuelle du poète moldave, ancien étudiant à Vienne et à Berlin. Le *Zamolxe* éminescien est un dieu aux contours flous, modelé sur les dieux nordiques, particulièrement sur Odin; il ne joue plus un rôle marquant, comme dieu tutélaire, que dans *Memento mori* (1872), dont le sous-titre «Panorama des vanités» est encore plus explicite: tour à tour défilent les gloires vaines de Babylone, de l'Égypte, de Judée, de Grèce, de Rome, pour laisser la place centrale à l'espace autochtone. C'est ici que se trouve le paradis de l'ancienne Dacie, royaume des dieux qui participent à un banquet perpétuel, où «Les âmes grandes, vaillantes des héros de la Dacie/ Après la mort parviennent en des rangs lumineux qui ressuscitent». L'image des *rangs lumineux* est d'ailleurs récurrente dans le cycle des poèmes à sujet dace, suggérant un univers éthéré. Il est certain qu'Eminescu éprouvait une fascination pour cette Dacie originelle, car il écrivait dans l'un de ses manuscrits inédits: «Alexandre va aux Indes, où les dieux daces résident dans l'Himalaya; (...) de Zamolx (*sic*) il apprend la sagesse» [2].

Ces Daces sont des barbares romantiques, pleins de vitalité, témoignant de l'exubérance ou de la pureté des temps premiers, liés à la nature, avec une religion mystérieuse: cette image restera enracinée pour longtemps dans l'esprit des intellectuels roumains du XXe siècle. On découvre les qualités des Thraces, en premier lieu la vaillance (selon la formule d'Hérodote), mais également leur grande religiosité, symbolisée par la

1. *Odin et le poète* (1872), *Les revenants* (1876), *La prière d'un Dace* (1879-1880), *Sarmis* (1881), *Les jumeaux* (1881). Dans ce dernier poème, les vers «Et, deux fois plus grand que tout le Monde, / Zamolxe redisparaît dans sa propre ombre» nous font penser aux occultations attribuées au dieu gète par Eliade, *cf.* le titre *Zalmoxis. The Vanishing God* (1972), version anglaise de son *De Zalmoxis à Gengis Khan* (1970).

2. Cf. *Magazin Istoric*, 19, 1985 (10), p. 33. Selon Ovidia Babu-Buznea, tombée dans le piège autochtoniste de la fin des années 1970, on aurait affaire à un «acte lucide de connaissance de notre identité primaire», voire à un élément de défense du spécifique national, dans le but d'affirmer «*notre soi*», à travers des œuvres gardant toujours l'équilibre (*Dacii*, *op. cit.*, p. 228-230). Cette grille de lecture témoigne en réalité de son époque, et obscurcit la diversité des usages littéraires ou politiques tellement variés dont les Daces ont fait l'objet, allant d'une identification ouvertement réclamée à des exercices faciles, sans aucune portée «profonde».

figure emblématique de Zalmoxis, et on commence à œuvrer au portrait idéal d'un peuple accompli. Les Daces sont également récupérés au profit de la nouvelle nation politique, à la recherche de continuité et d'autochtonie. Le lien avec Rome traduisait certes l'orientation explicite vers l'Occident (la France « sœur », en premier lieu), mais l'appel à la Dacie témoigne d'un nouveau souci identitaire. L'invention de la nation roumaine, pendant et après le processus d'unification politique (1859-1918), va de pair avec l'invention des ancêtres daces, symboliquement parés de toutes les vertus requises. L'intelligentsia se tourne alors vers des origines de plus en plus lointaines, non pas dans un « centre » extérieur (Rome), mais sur les terres mêmes que l'on vénère comme « patrie », à savoir les racines daces. La récupération des Daces est dès lors accomplie vers la fin du XIXe siècle[1]. Pourtant, dans cette récupération romantique il n'y a pas, à vrai dire, d'idéologie « daciste », car les Romains ne sont jamais évacués de l'histoire ancienne. Au contraire, ils restent la référence classique – les Roumains sont constamment décrits comme « une île de latinité dans un océan slave » –, tandis que les Daces constitueraient d'une certaine façon un fonds qui sera greffé par les porteurs de civilisation. L'historiographie roumaine se centre désormais sur les deux composantes dont la synthèse devait nécessairement aboutir au peuple roumain : la *symbiose* des *Daco-Romains*, selon le syntagme commode forgé par la suite – sur le modèle du couple des « Gallo-Romains » –, vision qui dominera le XXe siècle.

Dans le pays d'origine d'Eliade, il n'est pas sans importance que la quête d'une nouvelle légitimité originaire commence juste après la Première Guerre mondiale : l'unité roumaine une fois achevée en 1918, la nouvelle génération devait trouver son propre chemin, réaliser ses propres aspirations. Un exemple en est la « Jeune Génération » de 1927, dont Mircea Eliade est considéré comme le chef de file. C'est ainsi que la plupart des jeunes s'engagent dans la redéfinition de la culture nationale. Presque tous choisiront la voie de la spécificité, prônant la quête et surtout l'expérience de l'*authentique*, dans ce qu'on appelle *trăirism* – du verbe *a trăi*, « vivre, exister » –, avatar roumain de l'« existentialisme ». Les solutions sont diverses, plus ou moins radicales, mais se situent davantage à la droite du spectre politique. La plupart accentuent le rôle de la *Nation*,

1. Ils se retrouvent ainsi aux fondements de l'histoire nationale chez G. Tocilescu, *Dacia înainte de Romani* (*La Dacie avant les Romains*), Bucarest, Academia Română, 1880 ; A.-D. Xénopol, *Histoire des Roumains de la Dacie trajane depuis les origines jusqu'à l'union des Principautés en 1859*, t. I, Paris, E. Leroux, 1896, p. 27-34. Leur interprétation de la religion dace est positiviste et naturaliste, mais dans une note déjà très idéalisée.

d'autres celui de la religion, toujours dans sa spécificité orientale, c'est-à-dire orthodoxe, ou, le plus souvent, mêlent ces deux éléments. Après l'accomplissement par les anciennes générations des desiderata (création d'un État moderne et européen, indépendance, unité nationale), cette jeunesse s'engage à retrouver son « vrai » caractère, car elle redoute sa « perte » : les Roumains sont des Latins, mais *orthodoxes* ; ils sont européens, mais ils participent aussi à une tradition *orientale* ; ils sont un peuple de *paysans* pacifiques, qui ont conservé leur âme pure par rapport aux villes cosmopolites, athées et chaotiques. Signe du temps, au milieu des années 1920, on assiste ainsi à la réorientation de la nouvelle revue *Gândirea* (*La Pensée*), qui perd son aspect pluraliste : elle devient la tribune de la spécificité orthodoxe prônée par Nichifor Crainic, promoteur d'un traditionalisme culturel.

C'est le moment d'insister sur le milieu culturel du jeune Eliade, privilégiant le thème des origines, la spiritualité gète et Zalmoxis, sujets qui seront à la mode dans les années 1920 et plus encore dans les années 1930. Cette époque correspond à la période de formation et d'essor des théories d'Eliade, pour lequel le contexte roumain est capital. Laissant de côté son « maître » révéré Nae Ionescu, deux penseurs roumains l'ont fortement marqué : l'antiquisant Vasile Pârvan et le philosophe Lucian Blaga. Dans le cadre d'un nouveau nationalisme culturel – qui se poursuit tout en se distinguant du nationalisme de type romantique –, la jeune intelligentsia s'engage alors dans la découverte des « ancêtres ». Cette époque est marquée par l'obsession du « spécifique national », qui réserve une place jamais dévolue auparavant à l'élément autochtone, quand l'image des Daces dans l'historiographie se colore progressivement de toutes les vertus.

À part Lucian Blaga dont il sera bientôt question, d'autres intellectuels s'engagent dans ce mouvement générationnel : Nichifor Crainic, partisan d'un État orthodoxe ethnocratique ; Mircea Eliade, sur lequel nous reviendrons à plusieurs reprises ; des jeunes gens dont le rôle sera plus important ailleurs, comme Emil Cioran, qui en Roumanie est tenu pour un révolté, ou Constantin Noica, devenu plus tard le chantre du « sentiment roumain de l'être ». À la fin des années 1930, la plupart de cette jeunesse se retrouve engagée, de façons différentes, et pour des raisons très diverses, dans la tristement célèbre Garde de Fer.

LUCIAN BLAGA : LA RÉVOLTE DU FONDS NON LATIN ET *ZAMOLXE* (1921)

Celui qui a le plus œuvré pour la définition de l'« irréductibilité roumaine » est sans doute le poète et philosophe Lucian Blaga (1895-1961), très influencé par les théories de Frobenius et de Spengler, et fasciné par la philosophie de Nietzsche. La spécificité tant recherchée est placée par Blaga dans le monde rural, où l'âme roumaine se serait le mieux préservée. Dans l'ensemble de son œuvre, où le folklore bénéficie d'une place de choix, il privilégie l'idée de « Mystère », et favorise l'irrationnel, l'illogique et l'inconscient afin de parvenir à l'essence cachée de l'univers[1]. Beaucoup de ses lecteurs et admirateurs, charmés par sa philosophie, ont préféré ériger cette construction ingénieuse en réalité atemporelle, une sorte de définition de l'âme roumaine[2]. Eliade, connaisseur, admirateur et surtout utilisateur des concepts blagiens, est l'un d'eux.

L'année 1921 marque un tournant. Dans la nouvelle revue *Gândirea*, Blaga publie un article programmatique : *La révolte de notre fonds non-latin*[3]. À contre-courant de la vulgate nationale – selon laquelle les Roumains sont les descendants des Romains, dont ils héritent le caractère –, Blaga proclame que les traits spécifiques sont ailleurs, dans un fonds plus profond, qui refait périodiquement surface. Ce serait le fonds des lointains Thraces, voire des Slaves – ces derniers, par ailleurs, toujours méprisés par les intellectuels roumains. Contre le courant latiniste, Blaga oppose ce qu'il appelle la vision cosmique des Thraces et des Slaves, leur exubérance, leur vitalité, traits qui, d'après lui, reviennent précipitamment des profondeurs métaphysiques de l'âme roumaine, déchiquetant la symétrie et l'harmonie latines. Même s'il pense toujours dans les termes d'une symbiose entre une composante rationnelle (latine), d'une part, et une autre pulsionnelle (thrace et slave), d'autre part, Blaga opère un changement radical de perspective, car il privilégie le second aspect, comme étant le plus profond

1. Voir Cl. Karnooh, *L'invention du peuple. Chroniques de Roumanie. Essai*, Paris, Arcantère, 1990, p. 200-207 ; K. Hitchins, *Rumania. 1866-1947*, Oxford, Clarendon Press, 1994, p. 305-314 ; et mon article « Le *Zalmoxis* de Lucian Blaga, entre construction et révolte : un aspect du débat sur le "spécifique national" dans la Roumanie d'entre-deux guerres », *Cahiers de l'Echinox*, 12, 2007, p. 334-353. Lors de ses études universitaires à Vienne, Blaga fut très influencé par Goethe (la notion d'*Urphänomen*), les romantiques allemands et Nietzsche. Voir récemment R. Merlo, « *Getica* vs. *Getica*. Un episodio di storia della cultura romena interbellica », *Annuario. Istituto romeno di cultura e ricerca umanistica*, 6-7, 2004-2005, p. 525-547.

2. Tout aussi pernicieuse que la définition de l'« âme slave ».

3. L. Blaga, « Revolta fondului nostru nelatin », *Gândirea*, 1 (10), 15 septembre 1921, p. 181-182.

et le seul marquant la *spécificité* roumaine. Il est important d'observer que son choix n'était point motivé par des intérêts politiques, mais privilégiait un point de vue ontologique. Ceci explique d'ailleurs le fait que deux décennies plus tard, à l'apogée du thracisme qui se manifeste dans la même revue, Blaga prendra ses distances avec ce courant et ridiculisera les propos de Jean Coman.

1921 est aussi l'année où Blaga, alors âgé de 26 ans, publie sa première pièce de théâtre, *Zamolxe*, avec le sous-titre *Mystère païen*, autre indice de son obsession des origines[1]. Le nom de la divinité est roumanisé en « Zamolxe », forme déjà utilisée par les romantiques roumains, et cette graphie (avec la variante « Zalmoxe ») deviendra rapidement populaire dans les écrits littéraires ou de vulgarisation. Son image de la Dacie est inspirée par la lecture des romantiques roumains, notamment Eminescu. L'action se déroule dans les montagnes de la Dacie : dans un premier temps, le réformateur Zamolxe expulse les dieux daces en faveur du culte unique de l'Aveugle, avant d'être chassé à son tour par la foule idolâtre, poussée par le vieux Mage, grand prêtre des dieux daces aux cornes d'aurochs. Les fidèles de Zamolxe et de l'Aveugle subissent le martyre. Zamolxe, personnage fragile au regard serein et étrange à la fois, s'exclame dans ses errances : « Que tu es loin, mon peuple dace, race d'ours ! / J'ai voulu t'apporter une religion nouvelle et forte, / prise au cœur même de l'inconnu ». Or, le Mage, sur le conseil d'un sorcier, répand dans le peuple la rumeur que Zalmoxe fut lui-même un dieu, et il est par conséquent honoré d'une statue, œuvre d'un sculpteur grec : « Nous sauverions ainsi toute la confrérie des dieux/ et les hommes, divinisant Zamolxe, / de ses enseignements perdraient la mémoire ». De cette manière, le réformateur qui prône une religion monothéiste et aniconique se voit lui-même introduit au rang des dieux, devenant l'objet d'un culte idolâtre. Au fond de sa grotte, Zamolxe aura trois visions successives, de Socrate, de Jésus et de Giordano Bruno – innomés –, qui préfigurent son destin, celui d'une nouvelle victime des superstitions.

L'inspiration de Blaga, mise à part l'allusion à la constitution d'un véritable monothéisme dace (car l'Aveugle est un précurseur de ce qu'il allait nommer par la suite le Grand Anonyme, métaphore du principe

1. L. Blaga, *Zamolxe. Mister păgân*, Cluj, Ardealul, 1921 ; je suis la trad. fr. faite par M. Slăvescu, dans L. Blaga, *Théâtre*, Bucarest, Minerva, 1986, p. 1-56. Voir K. Hitchins, « Introduction », dans L. Blaga, *Zalmoxis. Obscure Pagan* (trad. angl. par D. Plantus-Runey), Iași-Oxford-Portland, Center for Romanian Studies, 2001, p. 7-30 ; K. Hitchins, « Blaga, Zamolxe, and Nietzsche », dans K. Hitchins (éd.), *The Identity of Romania*, Bucarest, Editura Enciclopedică, 2003, p. 201-210.

universel transcendant), semble osciller dans la tension entre apollinien et dionysiaque. Dans ce sens, Zamolxe prêche un culte plutôt apollinien, mais finira par être adoré (et tué) par les bacchantes daces et la foule idolâtre. Les accents de l'œuvre poétique blagienne[1] ne manquent point : selon le sculpteur grec,

> On est tenté de croire que le Dace n'engendre pas le Dace,
> que la nature les enfante seule, elle même, spontanément,
> comme elle fait ses montagnes ou ses sources ;
>
> Et son Dieu aveugle n'est-il autre chose
> que cette manière d'être de la Nature et des Daces –
> sauvage, tourmentée, aveugle, étrange et jamais apaisée ? ;

et, plus loin, « Mais les Daces ont une imagination d'enfants », ce qui est, chez Blaga, l'indice d'une potentialité positive. Les Daces sont décrits comme un peuple dionysiaque, débordant de vitalité comme la nature avec laquelle ils se confondent. Zamolxe est à la fois le Zarathoustra de Nietzsche, qui veut libérer les énergies des hommes, et un personnage christique, voué à l'incompréhension et au martyre. Passant de sa mission de destructeur d'idoles au statut d'idole, Zamolxe abat sa propre statue ; aussitôt, il est tué par la foule déchaînée avec des débris de son simulacre. Un bossu apparaît pour annoncer la mort de Zamolxe, venu pour la deuxième fois, et la pièce s'achève d'une manière para-chrétienne :

> — Zamolxe est mort.
> — Mais il nous a apporté Dieu.
> — L'Aveugle est de nouveau avec nous.
> — Et en nous.

Cette pièce est évidemment un prétexte : quelques années plus tard (1930), dans une lettre envoyée de Berne (où il était attaché culturel) au critique littéraire Tudor Vianu, Blaga précise qu'il ne se considère point le disciple de Crainic, auquel il avait d'ailleurs demandé de ne pas limiter le programme de la revue *Gândirea* à la « spiritualité orthodoxe ». Dans l'esprit de Blaga, « l'orthodoxie est seulement un *cas* de la spiritualité vers laquelle aspire l'appétit métaphysique de notre génération », et il confie à Vianu :

1. Blaga était très influencé dans ses poésies par les expressionnistes allemands et autrichiens, comme l'attestent ses recueils : *Les poèmes de la lumière* (1919), *Les pas du prophète* (1921).

> Mon spiritualisme comme idéologie littéraire était déjà prêt dès le moment même de mon apparition littéraire. Il s'est approfondi en déplaçant son accent vers – l'anonyme. J'ai déjà essayé l'approfondissement de l'*ethnique* dans *Zamolxe*.

Comme Keith Hitchins ne manque pas d'observer, ce Zamolxe n'est autre que Blaga, confronté au mystère de l'existence, à la recherche du style culturel et des hypothèses qui aboutiront plus tard à son système philosophique, exposé dans ses *Trilogies*[1]. Mais Lucian Blaga était-il le seul qui se voyait sous les traits du mystérieux Zalmoxis, d'un prophète ou d'un réformateur spirituel ?

VASILE PÂRVAN ET L'IDÉALISME GÈTE : UN NOUVEAU MYTHE DES ORIGINES (*GETICA*, 1926)

Formé en Allemagne, Vasile Pârvan (1882-1927), un autre jeune homme remarquable, fut le véritable fondateur des études sur les Daces ; ce chercheur des antiquités grecques, romaines et gètes, disparut à 45 ans. Unanimement vénéré par ses disciples, il est considéré comme le père de l'école roumaine d'archéologie, et particulièrement des études gètes[2]. Son influence sur Eliade a été très vive.

Dans son livre monumental, *Getica. Une protohistoire de la Dacie* (1926), paru au moment de sa mort prématurée, Pârvan donne sa propre version de la religion dace, qui aura un impact exceptionnel à l'époque de sa parution et dont l'influence demeurera très forte tout au long du siècle. Une de ses prémisses réside dans une distinction radicale qu'il opère entre, d'un côté, les Daces et les Gètes, rattachés aux peuples indo-européens du Nord, et, de l'autre côté, les Thraces du Sud, liés à l'espace méditerranéen. Il note :

1. « Zamolxe – loin d'être un Zamolxe autochtone – est un prétexte pour le mystère païen qui l'obsédait », observe P. Bellu, *Blaga în marea trecere* (*Blaga dans le grand passage*), Bucarest, Eminescu, 1970, p. 71 ; lettre de Blaga à Vianu, du 2 mai 1930 : cf. *Manuscriptum*, 10, 1979 (1), p. 91 ; K. Hitchins, *Introduction*, *op. cit.*, p. 24-30. *Trilogies* : de la connaissance (1943) ; de la culture (1944) ; des valeurs (1946).

2. Z. Petre, *Le mythe de Zalmoxis*, *op. cit.*, p. 28-32. Les deux points d'intérêt majeur de l'historien Pârvan furent les Grecs et les Romains dans le Pont Gauche, d'une part, et les Gètes, d'autre part. Ils sont toujours vus ensemble : ce couple Daces *et* Romains combine la vitalité et l'équilibre rationnel, préparant la naissance du peuple roumain. Son image des Romains est non moins idéelle (et traditionnelle) : ils incarnent la rationalité, la mesure, le classicisme.

> [Dans] la civilisation thrace (...) les éléments méditerranéens ont provoqué, comme chez les Hellènes et les Italiques, une vraie dénationalisation religieusc et sociale de ces Indo-européens déracinés [1].

Les Gètes « sont partout et par excellence sédentaires », un peuple d'agriculteurs, monogames, menant des guerres de défense, détenteurs d'une célèbre médecine populaire. Les sources anciennes les décrivent « d'une manière très favorable : ils attribuent à ce peuple un caractère tranquille, sagesse et idéalisme ». Pârvan rejette fermement l'image donnée par « certains auteurs modernes » (allemands et hongrois) qui, « par antipathie pour les Valaques, descendants des Gètes », ont projeté sur les Gètes les informations désobligeantes s'appliquant en réalité aux Thraces. Dans la même ligne, il rejette la thèse d'un Zalmoxis chthonien [2], car Hérodote le présente comme étant « le dieu dace du *ciel* (serein ou voilé), adoré dans les grottes, sur les sommets solitaires des hautes montagnes », et maître de la foudre, puisque ses fidèles combattent les démons en tirant à l'arc contre les nuages. Il s'insurge également contre l'attribution aux Gètes des croyances naturalistes et des cultes orgiaques en l'honneur de Dionysos. Tout au contraire, pour Pârvan,

> [Il s'agit] d'un système de croyances caractéristiques pour les Indo-européens de l'Europe centrale et septentrionale : les Gètes croient à l'immortalité de l'âme et à la continuation de cette vie dans une sorte de Walhalla, à côté du dieu suprême, Zalmoxis [3].

Outre cette insistance sur une prétendue pureté nordique et aryenne, la description de Pârvan s'apparente parfois, par son langage et par son rythme, à un sermon : « Pour mériter l'immortalité il faut mépriser tout ce qui est entaché du germe de la mort ; la chair, le vin, les femmes » [4], ce qui

1. V. Pârvan, *Getica. O protoistorie a Daciei*, Bucarest, Cultura Națională, 1926, p. 848.

2. Selon Pârvan, l'image d'un Zalmoxis chthonien a été créée par les savants modernes à partir du modèle appliqué aux Thraces du Sud ; par ailleurs, Pârvan croit fermement à l'existence d'un modèle religieux « méditerranéen », caractérisé par des cultes chthoniens et orgiaques (comme le disait la vulgate de l'époque).

3. Il juge « non-méthodique et déplacée la comparaison en toute occasion avec les religions des sauvages africains, australiens et américains, nées de fatalités cosmiques et de besoins quotidiens essentiellement différents de ceux de l'Europe du Sud ou centrale » (p. 151 n. 8).

4. Une autre : « L'âme est immortelle. Le corps est un empêchement pour l'âme de se réjouir de l'immortalité : c'est pourquoi il n'a aucune valeur ; ses envies ne doivent pas être suivies ; à la guerre, il doit être sacrifié sans aucun regret. L'homme ne peut rejoindre l'immortalité qu'en se purifiant de toute passion : la chair, le vin, les femmes sont une souillure de l'âme » ; « l'Antiquité est unanime à reconnaître aux Gètes une profonde et sévère religiosité, qui pénètre et détermine leur vie nationale dans toutes les circonstances, soit de quotidienne

explique que son texte soit devenu l'évangile de ses disciples en quête d'une spiritualité primordiale de l'« âme roumaine ». Le grand prêtre dace mène une vie d'ascète solitaire dans une grotte sur une montagne inaccessible; le culte est aniconique – *topos* perdurant dans l'historiographie roumaine, retenu pour sa singularité, et par ailleurs amplement démenti par l'iconographie thrace et gète que l'on commence à mieux connaître et à apprécier. Pârvan n'accepte pas l'existence d'autres dieux ou déesses (comme chez les Thraces), mais parle d'« un *seul* dieu ». « Les Grecs n'ont rien compris des croyances gètes et ils ont attribué l'idéalisme irréductible de ces septentrionaux à l'influence de Pythagore », explique-t-il, car il tient l'histoire de Zalmoxis et de Pythagore pour « une naïveté rationaliste grecque ». Zalmoxis est un dieu et non pas un être humain. Si les Thraces sont polythéistes, les Gètes professent un « hénothéisme idéaliste » et croient, comme les peuples du Nord, en une sorte de Walhalla : « les Gètes, au-delà du Haemus, vivaient encore dans les conceptions primitives indo-européennes de l'idéalisme naïf et irréductiblement ouranien ».

Cette description de Pârvan comporte certaines confusions, car s'il semble souscrire à la thèse du monothéisme gète, il parle aussi d'un hénothéisme, terme emprunté à Max Müller. Il lui arrive même de soutenir l'existence d'une divinité féminine, une Grande Déesse d'origine orientale. « Ce qui est certain, c'est la grande *religiosité* des Gètes », conclut-il[1]. Cette idée rejoint exactement ce que ses disciples directs et ses lecteurs admiratifs, qu'il s'agisse d'historiens ou de simples amateurs, ont

révérence aux pouvoirs surnaturels, soit de catastrophique union avec la divinité immortelle, en renonçant volontiers à la vie tourmentée en paix ou vaincue dans la guerre » (p. 151). Ou bien sa vision des Daces : « *un peuple de paysans* : sages, stables, soumis et craignant leur dieu, affligés par les voisins de guerres et de pillages perpétuels et devenus sauvages eux aussi à cause de leurs infortunes, pourtant gais et badins pendant la paix, furieux et cruels uniquement à la guerre, mais d'habitude mesurés et retournant toujours à leur ancienne croyance optimiste en dieux et en humains » (p. 173).

1. Iconographie : P. Alexandrescu, *L'aigle et le dauphin. Études d'archéologie pontique*, Bucarest-Paris, Editura Enciclopedică, 1999, p. 183-288; V. Sîrbu, G. Florea, *Les Géto-Daces. Iconographie et imaginaire*, Cluj, Centre d'Études Transylvaines, 2000. Pour le mirage de l'aniconisme des Barbares (aussi bien ancien que moderne), voir A. Schnapp, « Pourquoi les Barbares n'ont-ils point d'images ? », dans T. Hölscher (éd.), *Gegenwelten zu den Kulturen Griechenlands und Roms in der Antike*, Munich-Leipzig, Saur, 2000, p. 205-216. Pour le concept d'hénothéisme : M. Olender, *Les langues du Paradis. Aryens et Sémites : un couple providentiel*, Paris, Gallimard, 1989, p. 113-126. Grande religiosité des Gètes : V. Pârvan, *Getica, op. cit.*, p. 151-164 (résume fr. sur la religion : p. 738-739).

compris de son tableau et ont développé dans d'innombrables pages sur la merveilleuse religion des ancêtres gètes[1].

En plus des pages qu'il lui consacre dans *Getica*, Pârvan parle plusieurs fois de Zalmoxis, ses opinions n'étant pas toujours les mêmes : si les Thraces avaient un seul dieu, ils oscillent toutefois entre monothéisme et hénothéisme[2]. Cette image va longtemps hanter l'historiographie roumaine, autant pour son aspect conceptuel qu'en raison de l'attraction exercée par l'usage de termes insolites, auréolant une fois de plus de mystère la religion *originale* des ancêtres. Dans *La Dacie*, une monographie posthume (1928) recueillant les conférences données en 1926 à Cambridge, Pârvan fait de Zalmoxis tour à tour un dieu céleste et guérisseur, comme l'Apollon gaulois, et un dieu du ciel nébuleux et des tonnerres, semblable à Zeus et adoré sur les cimes, sans images. La même césure – dont l'artificialité est évidente aujourd'hui – entre les Thraces au Sud (orgies) et les Gètes au Nord (profonde religiosité) est proclamée[3].

Cette thèse est omniprésente dans les décennies suivantes et suscite, jusqu'au milieu des années 1940, l'apparition d'une vaste littérature sur la religion des Daces, le plus souvent de vulgarisation. *Getica* deviendra ainsi la vulgate du passé national et de la spiritualité ancienne pour les exilés roumains (tels M. Eliade, E. Lozovan, A. Busuioceanu, V. Horia) fuyant le communisme, ressenti essentiellement comme anti-national et athée ; cet ouvrage demeurera toujours dans le cœur des historiens restés dans le pays, qui reviendront aux sources de leur jeunesse dans la courte période de libéralisation des années 1960-1970 (R. Vulpe, P. P. Panaitescu, C. C. Giurescu). Tous invoquent avec religiosité leur « maître » Pârvan et lui dédient souvent leurs contributions.

1. L'identification aux ancêtres est manifeste dans une lettre de V. Pârvan à Jérôme Carcopino, du 30 mars 1927 ; après la lecture d'un des livres majeurs de Carcopino, où ce dernier donnait une vision particulière du pythagorisme, Pârvan écrivait : « Nous autres Gètes, dont déjà les contemporains d'Hérodote disaient que nous avions adopté la doctrine pythagoricienne, *Zalmoxis* se trouvant être son esclave gète et son disciple » (*Revue Roumaine d'Histoire*, 49, 2010, p. 203).

2. Seul dieu : voir l'étude confuse de G. Seure, « Les images thraces de Zeus Kéraunos : Zbelsourdos, Gebeleizis, Zamolxis », *Revue des Études Grecques*, 26, 1913, p. 224-261.

3. V. Pârvan, *Dacia. An Outline of the Early Civilizations in the Carpatho-Danubian Countries*, Cambridge, University Press, 1928, p. 71-73 (Apollon), 146-147 (Zeus). Pârvan insistait souvent sur la différence essentielle entre les Grecs et les Thraces en ce qui concerne la conception de la vie et de la mort, le sort de l'âme et le mépris de la vie terrestre dans lesquels les Gètes auraient excellé ; voir à ce propos ses « Pensées sur le monde et la vie chez les Gréco-Romains du Pont Gauche », dans V. Botez *et alii*, *Qui sont les Roumains ?*, Bucarest, Rédaction des publications pour l'étranger, s.d. (après 1994), p. 60-61 (texte datant de 1920).

Cette concentration de l'intérêt pour les Daces n'est pas singulière à l'époque de l'entre-deux-guerres, puisqu'elle privilégie les directions en vogue : le mysticisme, la spécificité orthodoxe, la découverte des « racines profondes », l'autochtonisme. Elle justifie le succès durable de l'ouvrage de Pârvan, devenu le texte de référence pour les admirateurs « raisonnables » de la religion dace[1]. Comme l'observe l'historien roumain Lucian Boia, Pârvan n'a été ni un prophète national ni un savant tenté par la politique, comme le fut le patriarche de l'histoire roumaine, Nicolae Iorga. Pourtant, les conclusions de *Getica* sont parfaitement dans le ton de l'idéologie nationaliste de l'époque. Pour lui, la Dacie, ainsi que la Roumanie, formaient un tout, une civilisation « trans-historique », dont les caractéristiques religieuses, culturelles et morales sont celles d'une synthèse idéalisée, paysanne et indigène. L'image esquissée par Pârvan est parfaitement semblable à celle chérie à l'époque de la civilisation traditionnelle roumaine, essentiellement villageoise. Les Daces apparaissent comme un peuple nombreux et puissant, créateurs d'une civilisation remarquable et seuls, parmi les peuples thraces, à fonder un État, car ils étaient une « nation consciente de soi-même ». La téléologie traverse toute l'œuvre de Pârvan : l'espace dace est voué à une occidentalisation spontanée, dès 1000 av. J.-C., dont la clé de voûte est la symbiose entre les Daces et les Romains, aboutissant aux Roumains, peuple sage, travailleur, né chrétien[2]. Il est important de préciser que l'image donnée par ce savant de la spiritualité gète ne l'a point mené à une dévalorisation des Romains et de leur rôle majeur dans la formation du peuple roumain. Il s'inscrit donc dans l'approche classique et occidentale que nous avons déjà évoquée, où les Romains demeurent pour Pârvan une référence absolue sur l'échelle de la civilisation. En revanche, ses élèves et admirateurs, surtout parmi les dilettantes, ont réduit sa pensée en ne retenant, le plus souvent, que l'image sublime des Gètes.

En 1967, Radu Vulpe, un de ses élèves, écrivait :

> Relevant, à la lumière d'une riche information historico-archéologique interprétée du point de vue critique, plus d'un millénaire extrait des ténèbres du passé lointain de la patrie, Vasile Pârvan a mis en évidence, pour la première fois d'une façon tellement convaincante, la grandeur du peuple géto-dace. *Getica*, paru en 1926, allait exercer une large influence dans la culture roumaine. Jusqu'alors dominée presque exclusivement par

1. Tout comme les thracomanes se revendiquent de l'œuvre de N. Densușianu, leur texte sacré – voir *infra*, p. 59.

2. L. Boia, *History and Myth*, *op. cit.*, p. 65-66 ; *La Roumanie*, *op. cit.*, p. 49-50.

l'idée de la romanité, la culture roumaine devait dorénavant accorder une place également importante à l'idée de l'origine autochtone du peuple roumain[1].

Getica sera republié en 1982, à l'occasion du centenaire de la naissance de Pârvan, mais ce projet s'inscrivait bel et bien dans le courant de récupération de l'héritage culturel national d'avant la Seconde Guerre mondiale[2].

Les critiques adressées à l'œuvre de Pârvan sont rares, le plus souvent de circonstance; elles en pointent uniquement les exagérations, comme c'est le cas du philosophe L. Blaga et de l'antiquisant I. I. Russu. Dans son *Histoire des Roumains*, le prolifique historien Nicolae Iorga (1871-1940), toujours soucieux d'inscrire le particulier dans l'universel, préférera, pour sa part, une approche éclectique de la religion des ancêtres : Zalmoxis, le prophète de la vie infinie, est divinisé, mais, détail important, cette religion de sacrifice et d'immortalité n'est pas différente de celle des Thraces du Sud – nous remarquons donc une certaine délimitation par rapport aux thèses de Pârvan[3]. En outre, Iorga impose dans l'historiographie roumaine l'idée que les Roumains sont les héritiers de toute la romanité orientale des Balkans, dans son dessein universaliste.

Les conclusions de Pârvan sur l'admirable religiosité des Gètes, où Zalmoxis détenait une place majeure dans la construction d'une Dacie profondément spirituelle et matrice de la future Roumanie, ont engendré deux directions :

a) la première, érudite et philologique, se propose de compléter, de nuancer, voire de corriger parfois dans les détails, sa vision, tout en conservant l'essentiel de son hypothèse de départ : la position centrale et la permanence du zalmoxisme dans la civilisation des Daces;

b) la seconde, littéraire et de vulgarisation historique, emprunte parfois le langage de la recherche érudite; elle s'illustre également dans une certaine forme de réflexion philosophique qui cultive un discours sur l'excellence éthique et religieuse des Gètes[4].

Entre la parution de *Getica* et la Seconde Guerre mondiale, les études sur la religion dace, dans une optique vulgarisatrice, prennent un ton

1. R. Vulpe, dans la réédition de *Dacia. Civilizațiile antice din țările carpato-danubiene*, Bucarest, Editura Ştiinţifică, 1967[4] (d'après la trad. fr. de 1937), p. 14.

2. Voir *infra*, chap. VI.

3. N. Iorga, *Histoire des Roumains et de la romanité orientale*, Bucarest, Imprimerie de l'État, 1937, p. 85-107.

4. Selon l'analyse de Z. Petre, *Le mythe de Zalmoxis*, *op. cit.*, p. 31-33.

élogieux et connaissent un essor remarquable, surtout vers la fin des années trente. La même année où paraissait l'article du philologue Carol Blum, qui, utilisant davantage la littérature allemande, voyait dans le culte de Zalmoxis une religion orphique, est publiée la monographie d'Alexandru I. Săndulescu sur la religion des Daco-Gètes (1929). Ce peuple aurait développé une haute conception religieuse, en mesure d'expliquer la christianisation précoce des Roumains. Săndulescu suit de près Pârvan : la doctrine de cette « merveilleuse immortalité » et le courage envers la mort leur vient de Zalmoxe – remarquons, à cet égard, la graphie roumanisée, explicable chez les tenants du « roumanisme ». Les Géto-Daces, fortement idéalisés, apparaissent toujours comme des opprimés ; très différents des Thraces, ils sont caractérisés par le monothéisme et l'aniconisme, la monogamie, la modération et l'absence de cultes orgiaques[1].

L'historien Constantin C. Giurescu (1901-1977), encore jeune à l'époque de la publication de son *Histoire des Roumains* plusieurs fois rééditée depuis, considère la religion comme l'élément essentiel de la culture gète, dont la supériorité des principes a profondément impressionné tous les écrivains antiques, de sorte que « même aujourd'hui, après l'enseignement du Sauveur, la religion gète fait impression par sa beauté ». Résumant la vision de Pârvan selon lequel Zalmoxis est le dieu céleste, lumineux, adoré sur les montagnes, Giurescu semble accepter l'idée du monothéisme, deuxième élément de rapprochement avec le christianisme, après la croyance en l'immortalité. Les Gètes manifestent leur héroïsme dans la guerre, grâce à cette religion supérieure, d'un haut idéalisme. La mutation à propos des ancêtres daces est déjà opérée : « Nous ne pouvons plus les considérer comme des barbares », estime Giurescu, pour lequel ils constituent la *base ethnique* du peuple roumain[2].

L'intérêt pour Zalmoxis et la religion dace s'accroît avec une vigueur extraordinaire à la fin des années 1930, quand le nombre de livres, d'études et de conférences qui leur sont consacrés atteint des proportions inégalées. Cette période est également celle de la parution de la première revue

1. C. Blum, « Zalmoxis », *Analele Dobrogei*, 10, 1929, p. 115-124 (roum.) ; A. I. Săndulescu, *Religiunea daco-geților. Studiu asupra credințelor religioase la daci, înainte de a îmbrățișa creştinismul* (*La religion des Daco-Gètes. Étude sur les croyances religieuses chez les Daces, avant la conversion au christianisme*), Bucarest, Arte Grafice, 1929.

2. C. C. Giurescu, *Istoria Românilor* (*Histoire des Roumains*), t. I, Bucarest, Fundația Regală, 1946[5] [1935], p. 107-112.

roumaine d'histoire des religions, intitulée *Zalmoxis* et dirigée par le jeune Eliade, dont nous reparlerons.

Un certain Nicolae A. Constantinescu soutient en 1939 une conférence à l'Institut d'Histoire Universelle de Bucarest sur *Zalmoxe et le courant du renouveau mystique des religions anciennes*. Dans un effort pour intégrer la religion dace dans l'universel, il parle des liens organiques entre les réformes des VIIe-VIe siècles av. J.-C. (Iran, Judée, Chine, Inde, Grèce, Dacie), dans ce que Jaspers appellera l'*Axenzeit*. Il s'agirait d'une réforme spirituelle du polythéisme thrace : comme dans le cas des Grecs, les Gètes, à la suite de la réforme de Zalmoxis, connaissent une effervescence religieuse et un égalitarisme social, dépassant le naturalisme[1]. Le 23 mars 1940, une autre conférence est donnée au même Institut d'Histoire, cette fois par le théologien Jean Coman, intitulée *Zalmoxis, roi et dieu* ; ce thème constituera le sujet de l'étude qu'il publiera dans la revue de Mircea Eliade.

Une thèse de doctorat sur Zalmoxis (*Le culte de Zalmoxis*) fut même publiée en 1941 : elle était rédigée par Antonian Marinescu-Nour, sous la direction de l'helléniste Scarlat Lambrino, qui continue les fouilles archéologiques de Pârvan à Istros. Bien qu'il critique souvent Pârvan (qui aurait présenté Zalmoxis comme trop spirituel ; il ne s'agit pas d'hénothéisme mais de polythéisme), Marinescu-Nour se place en réalité dans le même courant de pensée. Zalmoxis est un réformateur, mais aussi un dieu du ciel qui se manifeste par des « épiphanies » – la présence de ce terme, qui deviendra fétiche chez Eliade, est à noter. Il parle d'aniconisme et d'une théocratie gète, appliquant la même grille de lecture chrétienne que l'auteur de *Getica*. Sa conception est aussi idéalisée que celle de Pârvan : les Gètes sont caractérisés par la croyance à l'immortalité, et leur fonds indo-européen diffère du Sud orgiaque. La même année, le jeune auteur publiera un autre livre sur la religion des Géto-Daces, décrits comme un peuple d'une sévère et profonde religiosité, adorant un dieu ouranien hérité du fonds primitif indo-européen. Le passage suivant est à cet égard très instructif car, tout en nous révélant précisément les intentions de l'auteur, il nous éclaire sur le climat politico-idéologique de l'époque[2] :

> Le problème dace, donc de la Dacie comme frontières, comme domination et comme civilisation, est une question *qui est à nous*, [nous] qui

1. N. A. Constantinescu, *Zalmoxe şi curentul de înnoire mistică a vechilor religii*, Bucarest, Bucovina, 1941.

2. A. Nour, *Cultul lui Zalmoxis*, Bucarest, Tipografia Cărţilor Bisericeşti, 1941 ; A. Nour, *Credinţe, rituri şi superstiţii geto-dace* (*Croyances, rites et superstitions géto-daces*), Bucarest, Tipografia Cărţilor Bisericeşti, 1941 (citation p. VI).

> poursuivons la vie sur cette terre et qui sommes les héritiers légitimes des maîtres immémoriaux de la Dacie. Ce problème n'a pas uniquement un caractère scientifique, qui satisfait notre orgueil d'autochtones; qui plus est, il a dans ce temps, quand un ordre nouveau du monde et de l'Europe germe, un nouveau sens auquel nous devons accorder tous nos soins et attitude. Ce n'est pas seulement l'intérêt scientifique qui doit être l'exhortation vers l'éclaircissement du problème dace mais, plus encore, l'intérêt national et politique qui peut prévaloir au présent, d'autant plus que cet intérêt est profondément satisfait par la vérité scientifique que la terre de la Dacie cache encore.

Précisons que ce texte date de 1941, quand la *Neuordnung*, commençant à dominer l'Europe, propageait une idéologie raciale à travers une multitude d'études. L'intelligentsia roumaine nationaliste n'échappait pas à ce mouvement.

Un autre jeune intellectuel de la même génération – et proche ami d'Eliade –, Mircea Vulcănescu, parle quant à lui de la « tentation dace », lors d'une conférence prononcée au cours d'un cycle intitulé « L'idée dace », en mai 1941. Le sujet était manifestement en vogue. Faisant allusion à l'approfondissement blagien et au fonds anonyme, Vulcănescu qualifie cette tentation dace d'intérieure et de résiduelle. Il est, certes, très lucide, car il reconnaît qu'on ne peut faire que des conjectures à ce propos, par lesquelles *nous* concevons le passé. Pourtant, il se lance dans une construction audacieuse de l'*âme dace*, qui respire tout le nationalisme de l'époque : l'âme dace se manifeste par le lien *organique* avec la nature et correspond à une réalité; elle facilite l'affirmation de l'autochtonie effective, contre le millénarisme hongrois, comme il le dit expressément; retourner aux ancêtres daces est un acte de purification, auquel il faudrait exhorter la jeunesse. On a heureusement retrouvé une esquisse préliminaire de cette conférence, plus étendue et plus radicale dans ses développements, où s'exprime avec force le goût de Vulcănescu pour les origines, et dans laquelle il se place sur le « terrain de l'histoire *prophétique* » – notion tant vantée par Eliade –, parlant de l'idée de l'âme collective. On y lit que « la préoccupation pour le dacisme est une quête de pureté, d'élévation aux essences », d'autant plus que la vie des Daces est liée à « notre espace vital ». La religion dace est dominée par un dieu unique, céleste et tutélaire, ayant plusieurs noms, dieu qui s'inscrit dans une série avec Adonis, Tammuz, Osiris, Jésus-Christ, dieux qui meurent et renaissent, rendant possible par leur sacrifice la résurrection du monde. Et même s'il s'éloigne de la notion blagienne de *révolte*, sa présentation des Daces ne diffère que modestement de celle de l'auteur de la pièce *Zamolxe*[1].

Durant cette période, la spiritualité gète était délibérément conçue comme la préfiguration de la foi orthodoxe roumaine, et la plupart de ceux qui aimaient dessiner ses contours employaient des notions chrétiennes, faisant toujours référence aux croyances actuelles du peuple roumain. Cette spiritualisation de la religion gète n'est en dernière instance que le reflet de la nouvelle définition de l'esprit national, qui est partout sensible dans les écrits et les pensées des jeunes intellectuels. Nous retrouvons cette influence dans toutes les sphères de la pensée roumaine, qu'il s'agisse de la littérature, de la philosophie, de l'histoire ou bien de la politique; partout est clamée la quête de l'authentique et de l'organique. En 1941, le critique littéraire George Călinescu parachève sa monumentale histoire de la littérature roumaine avec le chapitre « Le spécifique national ». C'est la formule recherchée par toute une génération, où il se fait le chantre d'un fatalisme énergétique. « Nous ne sommes pas primitifs, nous sommes anciens ». Tout en étant Romains par la langue et la culture, « en fait, nous sommes Gètes (...). Car il ne faut pas oublier que sur la colonne Trajane nous autres, Daces, nous sommes enchaînés »[2]. Cette ultime phrase synthétise la révolte d'une génération, lui enjoint de rompre ses chaînes et de « libérer » le spécifique immémorial.

Cet intérêt généralisé pour la spiritualité gète et pour Zalmoxis n'est en effet qu'un indice des quêtes dans lesquelles s'engage l'intelligentsia roumaine, sous le slogan omniprésent et contagieux du « spécifique national ». Tout en proclamant le rejet de l'imitation de l'Occident « corrompu et corrupteur », les autochtonistes ne faisaient, en fin de compte, qu'imiter encore plus servilement ce même Occident, dans la quête de racines profondes et authentiques. Comme, par ailleurs, les précurseurs historiques dans la nouvelle Europe de l'extrême droite: l'Empire romain et sa grandeur pour l'État mussolinien, le passé aryen et germanique pour

1. M. Vulcănescu, « Ispita dacică » (*La tentation dace*), *Revista de istorie și teorie literară*, 35, 1987 (3-4), p. 11-19; M. Vulcănescu, « Ispita dacică », dans *Către ființa spiritualității românești. Dimensiunea românească a existenței 3* (*Vers l'être de la spiritualité roumaine. La dimension roumaine de l'existence 3*), Bucarest, Eminescu, 1996, p. 130-140; les esquisses de l'archive, p. 222-245 (édition par M. Diaconu et Z. Balica). Ces années sont marquées par la douloureuse perte de la moitié du Nord-Est de la Transylvanie au profit de la Hongrie (couramment appelée le « dictat de Vienne », août 1940).

2. G. Călinescu, *History of the Romanian Literature*, Milan, Nagard, 1988[4] [Bucarest, 1941], p. 841-844; pourtant, son gétisme est vitaliste, et il le reconnaît dans le « balkanisme » de la littérature roumaine.

l'Allemagne nazie, les ancêtres non-européens pour la Hongrie et la Bulgarie.

ELIADE : LA REVUE *ZALMOXIS* ET LE « MOMENT DACE » DE LA CULTURE ROUMAINE

C'est dans ce contexte que naît la première revue roumaine d'histoire des religions, délibérément conçue comme internationale, intitulée *Zalmoxis. Revue des Études Religieuses*, dont parurent seulement trois numéros (Paris, Librairie orientaliste Paul Geuthner, 1938-1942); cette publication fut fondée et dirigée par le très actif Eliade. À la lumière des pages précédentes, on comprend aisément pourquoi le titre de cette revue s'inscrit d'une manière « organique » dans son époque. Selon l'ami et collaborateur d'Eliade, Jean Coman (dont nous aurons l'occasion de reparler), le titre a été choisi précisément en tant que symbole de la spiritualité autochtone :

> J'ai compté – disait Mircea Eliade – discuter le niveau de la revue et le nom qu'on va lui donner. On a été d'accord tous les deux de se décider pour l'ancienne spiritualité géto-dace, à laquelle Vasile Pârvan avait donné une impulsion et un relief exceptionnels [1].

Une bien étrange revue, tout d'abord à cause de son nom, heureusement choisi selon Pettazzoni, et dont se souvient aussi Dumézil comme étant « placée sous l'invocation du mythique Zalmoxis » [2]. Publication qu'Ernst Jünger feuilletait sur le front russe, comme il le notait dans son journal, le 15 novembre 1942 [3] : « Lecture de la revue *Zalmoxis*, dont le titre vient d'un Hercule scythe cité par Hérodote » [4]. De Paris où il se trouvait alors, le philosophe Constantin Noica, enthousiaste, écrit à son ami Eliade, le 30

1. Comme déclare Coman, en juin 1981 ; voir M. Handoca, *Convorbiri cu şi despre Mircea Eliade* (*Entretiens avec et sur Mircea Eliade*), Bucarest, Humanitas, 1998, p. 136.

2. Lettre de Pettazzoni à Eliade (éd. N. Spineto, *Mircea Eliade, Raffaele Pettazzoni. L'histoire des religions a-t-elle un sens ?*, *op. cit.*, p. 117, lettre n° XIV, 9 mars 1938); G. Dumézil, *Entretiens avec Didier Eribon*, Paris, Gallimard, 1987, p. 94.

3. *Cf.* C. Grottanelli, « Mircea Eliade, Carl Schmitt, René Guénon, 1942 », *Revue de l'Histoire des Religions*, 219, 2002, p. 327. Pour sa part, Eliade notait dans son journal (d'après les dires d'un ami) : en route vers le front russe, Jünger rend visite à Carl Schmitt, où il consulte la revue *Zalmoxis* (le 27 décembre 1942) ; Schmitt lui envoie son livre *Land und Meer*, pourvu d'une dédicace : « Mircea Eliade, als kleine Gegengabe für seiner grossen Zalmoxis » (*JP*, I, p. 163) ; *cf.* aussi *Mémoire II*, p. 86-87.

4. Petite inexactitude cependant, car il confond le personnage gète avec l'Hercule scythe dont Hérodote parle au livre IV de ses *Histoires*.

mai 1939 : « Tu as amené l'Occident en Roumanie (et encore en quelle Roumanie !) »[1].

Eliade publiera dans le premier numéro (1938) son étude sur le culte de la mandragore en Roumanie, témoin de son intérêt pour le folklore[2]. Et *Zalmoxis* lui sera d'un grand secours après la guerre, car le souvenir de cette revue, plus que son impact réel, était encore vif dans le milieu des historiens des religions[3]. *Zalmoxis* mobilise, grâce à l'énergie et aux contacts de l'infatigable Eliade, des collaborateurs roumains et étrangers, sur des sujets des plus variés. Entreprise d'autant plus remarquable, étant donné que son directeur traverse une période tourmentée, qui le voit s'engager dans la Garde de Fer (d'où son internement dans un camp pour trois mois en 1938), avant de partir pour les légations roumaines de Londres et de Lisbonne. Ce n'est que dans le deuxième numéro (1939) que l'on remarque deux articles sur Zalmoxis, écrits par l'allemand Carl Clemen, qui défend une vision naturaliste, et par le roumain Jean Coman[4]. On assiste cependant, malgré son existence syncopée – car réduite à trois livraisons étalées sur cinq années –, à un glissement du contenu éditorial de la revue qui, d'une palette large et scientifique, évolue vers une ligne idéologique, dans le contexte de la guerre. Ce changement est manifeste dans le troisième et dernier numéro de la revue (1940-1942) : les auteurs sont exclusivement roumains, alors que les sujets portent sur la spiritualité gète et le folklore local.

Comme ses exégètes ne manquent pas de le souligner, la période roumaine est essentielle dans la formation intellectuelle d'Eliade et dans la naissance de sa *Great Theory*. Dans un article datant de 1937 republié dans le recueil *Fragmentarium* (1939), le jeune Eliade notait avec satisfaction le reflux du positivisme : l'événement historique commence à être considéré comme la manifestation d'une force irrationnelle – « destin », « nation », « race », « symbole » ; le fait devient ainsi « "la clé" permettant de comprendre un homme ou une époque : *il symbolise*, *il totalise* ». Si

1. Cf. *Dossier*, V, p. 189.

2. Étude reprise dans *ZGK*, p. 198-217.

3. M. L. Ricketts, *Mircea Eliade. The Romanian Roots, 1907-1945*, t. II, New York, Boulder, 1988, p. 1084-1086 ; M. Handoca, *Pe urmele lui Mircea Eliade* (*Sur les traces de M. E.*), Cluj, 2000, Dacia, p. 75-83 ; M. Handoca, *Viața lui Mircea Eliade* (*La vie de M. E.*), Cluj, Dacia, 2000², p. 75-83 ; A. Laignel-Lavastine, *Cioran*, *op. cit.*, p. 199 ; F. Turcanu, *Mircea Eliade*, *op. cit.*, p. 277-279. Les trois numéros de la revue furent réédités à Iași, en 2000 ; voir E. Ciurtin, « La première revue d'histoire des religions en Roumanie. *Zalmoxis. Revue des études religieuses* (1938-1942) sous la direction de Mircea Eliade », *Archæus*, 4, 2000, p. 327-364.

4. Voir *infra*, p. 50-51. *Zalmoxis*, 2, 1939 : C. Clemen (« Zalmoxis », p. 53-62) ; J. Coman (« Zalmoxis. Un grand problème gète », p. 79-110).

l'histoire « commence à devenir la nourriture favorite des masses », Eliade se réjouit de la « passion des élites actuelles pour la préhistoire, les races, les religions, les mythologies, les symboles ». On retrouve ici la dichotomie, fondamentale pour la pensée eliadienne, entre inférieur-supérieur, matériel-spirituel : si les masses se rangent du côté de l'éphémère et de l'histoire, les élites sont attirées avant tout par le spirituel, l'essence, le profond, les symboles qui précédent ou transcendent l'histoire. Or, note-t-il,

> tout ce qui se passe aujourd'hui dans la culture européenne nous incite à penser que nous assisterons bientôt à une restauration du symbole en tant qu'instrument de la connaissance.

Si la Roumanie n'a pas connu un Moyen Âge glorieux, elle possède, en revanche, une préhistoire et une protohistoire remarquables, dont il subsiste des traces dans l'héritage d'un peuple; il est donc urgent de « mettre en valeur son passé du point de vue spirituel et culturel ». Cette référence au *moment historique*, qu'il est impératif de reconnaître et de faire fructifier, est une autre marque emblématique de la pensée d'Eliade. Notons au passage une autre allusion, cette fois à son article sur le folklore comme « instrument de connaissance ». L'intérêt d'Eliade pour l'esprit encyclopédique du romantique B. P. Hasdeu, dont il édite les *Écrits littéraires, moraux et politiques* (1937), s'explique aussi par la revalorisation de l'élément dace que celui-ci opère : « Nous ne sommes plus un peuple romanique; nous participons à un peuple *originaire*, dont la gloire précède la gloire de Rome », écrit Eliade. Lequel formule alors un constat et exprime un vœu :

> Après Hasdeu, « le moment dace » vit ardemment uniquement dans l'étrange *Dacie préhistorique* de Nicolae Densuşianu, pour ne devenir en vérité un instrument de création historique que chez Pârvan et ses élèves, et moyen de valorisation éthique et métaphysique de l'existence chez Lucian Blaga (« La révolte de notre fonds autochtone »). Aujourd'hui [1937], la fascination des Daces dépasse l'intérêt scientifique; tout nous pousse à croire que la soif d'« originaire » et de « local » va s'approfondir dans la spiritualité roumaine. C'est pourquoi j'affirmais que la méthode de Hasdeu engendre aujourd'hui, et se réjouit d'une actualité qu'il n'a jamais connue de sa vie [1].

1. M. Eliade, « Protohistoire ou Moyen Âge », dans *Fragmentarium*, Paris, L'Herne, 1989, p. 46-53 (trad. de l'éd. roum. de 1939); *cf.* aussi F. Turcanu, *Mircea Eliade*, *op. cit.*,

La même année, à l'occasion d'une polémique où des journalistes nationalistes l'accusaient de négliger, en raison de son intérêt pour l'Inde, le « spécifique national », Eliade remarquait : « Ce qui caractérise la problématique actuelle de la culture roumaine, c'est l'*autochthonie*, c'est-à-dire la résistance des éléments ethniques aux formes de culture étrangère », avant de renvoyer ses critiques à son introduction de l'édition des écrits de Hasdeu[1]. Or, l'intérêt eliadien pour cette thématique est, dans le domaine scientifique, un autre certificat d'adhésion au climat dominant politico-culturel du pays (le *roumanisme*), tout comme l'antisémitisme affiché à la fin des années 1930 certifie son engagement dans la Garde de Fer[2].

Paradoxalement, dans la prose fantastique d'Eliade, et malgré son penchant pour l'*illud tempus* tellement célébré plus tard dans ses écrits érudits, le passé est très peu exploité ; en règle générale, l'action se déroule toujours à l'époque contemporaine. Il existe néanmoins une exception, qui renvoie vers le passé lointain, qui plus est autochtone : dans le roman *Mademoiselle Christina* (1936), l'archéologue Nazarie, présenté comme disciple de Pârvan, mène des fouilles au sud de la Valachie. S'il s'intéresse à « une florissante civilisation gréco-daco-scythe », c'est précisément parce que la préhistoire et la protohistoire constituent « la plus grande fierté de la terre roumaine ». On mesure ici, outre l'image tutélaire de Pârvan, l'écho plus que transparent des articles contemporains d'Eliade, avec leur insistance sur l'importance exceptionnelle de la préhistoire et de la protohistoire dans le moment historique traversé. Une telle correspondance

p. 275-276 ; M. Eliade, *Despre Eminescu şi Hasdeu* (*Sur Eminescu et Hasdeu*), Iaşi, Junimea, 1987 (éd. M. Handoca), p. 98-100 [1937].

1. M. Eliade, *Cosmologie et alchimie babyloniennes*, Paris, Gallimard, 1991 (trad. de l'éd. roum. de 1937), p. 11-14. Constatant que l'historisme s'est partout éteint (c'était une impression qui le satisfaisait), il note : « On s'est mis à étudier et à promouvoir les formes collectives de la vie, les symboles, les traditions orales », domaine où le peuple roumain serait riche. Mêmes considérations, ainsi que la référence à Blaga pour la persistance du fonds autochtone gète : *Mémoire II*, p. 263-264 (fragment autobiographique, publié auparavant dans *Caiete de Dor*, 7, 1953) ; sur ces passages, voir Ph. Borgeaud, *Exercices de mythologie*, *op. cit.*, p. 184 et 200 ; *cf.* aussi A. Marino, *L'herméneutique de Mircea Eliade*, Paris, Gallimard, 1981, p. 110 ; N. Spineto, « Mircea Eliade : éléments pour un bilan historiographique », dans J. Ries, N. Spineto (éd.), *Deux explorateurs de la pensée humaine. Georges Dumézil et Mircea Eliade*, Turnhout, Brepols, 2003, p. 148-149 (les mots d'Eliade ressemblent pourtant à une justification *a posteriori*).

2. Voir A. Laignel-Lavastine, *Cioran*, *op. cit.*, p. 165-234 ; et notamment la radiographie attentive de son engagement gardiste, faite par F. Turcanu, *Mircea Eliade*, *op. cit.*, p. 227-250 et 251-301.

sera plus tard présente dans les écrits scientifiques d'Eliade portant sur des sujets roumains et ses articles dans la presse de l'exil[1].

Relevons toutefois qu'Eliade, au-delà de sa participation active à ce qu'il appelle le « moment dace », se pose plutôt en observateur privilégié de l'évolution spirituelle de son époque. Moment qu'il traduit et qu'il interprète selon ses catégories explicatives, bien entendu, mais davantage encore selon ses attentes, puisqu'il insiste sur la valorisation multiple – dans l'histoire, la philosophie, la métaphysique – ainsi que sur le dépassement de l'intérêt purement scientifique. En ce sens, les usages du dacisme dans les années 1930 vont dépasser largement le cadre livresque pour rejoindre l'actualité politique et se colorer, sous l'impact du roumanisme, de l'« orthodoxisme »[2] et du gardisme. En guise de conclusions, notons que le titre choisi par Eliade pour sa revue était en complète correspondance avec ses propos et ses écrits (Zalmoxis, ce dieu de la pré- ou protohistoire, barbare de surcroît), ainsi qu'avec l'époque. Le personnage qui, encore en 1970, symbolisait pour Eliade le « génie religieux des Daco-Gètes », n'évoquait pour son ami Jean Coman rien d'autre que le « symbole de la force raciale et de l'élévation spirituelle des Géto-Daces ». Ce besoin de spécificité était un trait incontournable d'une époque en proie à des bouleversements et ouverte à de chemins radicaux.

Jean Coman et le monothéisme ethnique spiritualisé

Cette période est marquée notamment par les études de Ioan [Jean] G. Coman (1902-1987), collaborateur d'Eliade à la revue *Zalmoxis*, qui s'était fait une spécialité de la religion gète. Ayant une double formation, en théologie et en lettres classiques[3], professeur de patrologie à l'Institut Orthodoxe après la Seconde Guerre mondiale, Coman commence sa carrière dans les tumultueuses années 1930-1940 et traverse ensuite toute la période communiste. Même s'il s'était spécialisé dans la patristique, il resta toujours passionné par la religion des ancêtres, et particulièrement par Zalmoxis et Décénée. Avec Pârvan, Coman a été une grande source

1. Voir *infra*, chap. v.

2. Courant nationaliste qui exalte la spécificité orthodoxe du peuple roumain, indice du complexe d'infériorité par rapport à l'Occident catholique ou protestant.

3. Il avait soutenu un troisième doctorat, à la Faculté de Théologie Protestante de Strasbourg. Sa carrière : assistant de littérature grecque à la Faculté de Lettres et de Philosophie (1936-1942) ; depuis 1944, professeur de patrologie à la Faculté de Théologie, ensuite à l'Institut Théologique Orthodoxe, jusqu'à sa retraite en 1970.

d'inspiration pour Eliade lors de la rédaction de son étude « Zamolxis » : en plus de son recueil de sources anciennes, plusieurs des thèses idéalistes de Coman ont en effet été utilisées par Eliade dans son travail.

En bon disciple de Pârvan, comme il aimait à se présenter, Coman prolonge sa conception spiritualiste, en développant la thèse d'un (pré)monothéisme « ethnique », qui n'est pas, bien entendu, indépendante des conceptions de l'époque, tout au contraire. Son étude consacrée à Zalmoxis est publiée dans le deuxième numéro de la revue éponyme d'Eliade. Initialement roi et grand prêtre, divinisé sous une forme chthonienne, Zalmoxis devient dieu des hauteurs,

> puis des cieux et de l'esprit. Son caractère immatériel et idéal était l'une des conquêtes les plus glorieuses du peuple gète.

Sa religion est ainsi une sorte de préparation pour le christianisme, et Coman est le propagateur le plus enthousiaste de la thèse selon laquelle la doctrine de Zalmoxis n'était qu'une *praeparatio evangelica*. L'étude est définie par I. I. Russu[1] comme une « exposition dans un esprit théologique chrétien, manifestement influencée par les opinions de Pârvan », accentuant toujours le spiritualisme, l'idéalisme, l'héroïsme, la croyance à l'immortalité de l'âme, dans un « prémonothéisme », selon les propres mots de Coman, « exclusiviste parce qu'il était nationaliste ».

Coman récidive avec une étude prolixe sur Décénée (1940-1942), publiée – après une version roumaine dans la revue *Gândirea* – en traduction française dans le troisième et dernier numéro de la revue *Zalmoxis*. Le peuple roumain y est décrit *expressis verbis* comme l'enfant solide et beau de la Mère Rome et du Père Zalmoxis. Personnage exceptionnel du monde antique, Décénée (grand prêtre du roi dace Byrébistas, au milieu du Ier siècle av. J.-C.) serait l'auteur d'une réforme morale et sociale : le prémonothéisme gète. Cette étude se donne à lire en premier lieu comme un texte idéologique, un programme politique présenté comme un modèle à suivre, ancien et autochtone à la fois : propagande ouverte d'un État ethniciste, dans le contexte de la guerre[2]. C'est toujours Coman qui signe,

1. I. I. Russu, « Religia Geto-Dacilor. Zei, credințe, practici religioase » (*La religion des Géto-Daces. Dieux, croyances, pratiques religieuses*), *Anuarul Institutului de Studii Clasice–Cluj*, 5, 1944-1948, p. 72-73.

2. Comme Coman l'affirme encore en juin 1981 : *Getica* est un « livre qui restera autant que perdurera notre peuple – un évangile de la spiritualité géto-dace et roumaine, une *magna charta* de nos commencements » ; Pârvan « accentuait les permanences spirituelles des Géto-Daces (...) : leur soif de s'élever toujours, leur désir d'être importants dans l'histoire, le sens aigu de la dignité, leur ardent amour pour la patrie et ses coutumes ancestrales » ;

dans ce même numéro de la revue, plusieurs comptes rendus de livres sur la religion gète parus autour de 1940; le nom de la publication s'était donc révélé prémonitoire. Coman se réjouit de la vogue de Zalmoxis en Roumanie, en tant que « symbole de la force raciale et de l'élévation spirituelle des Géto-Daces », « nos ancêtres autochtones ». Car, écrit-il :

> Dans ces heures de luttes apocalyptiques et d'héroïsme légendaire pour la récupération de nos terres ancestrales, il faut nous rappeler les origines de notre sang et les sources de notre esprit[1].

Dans un autre compte rendu (manifestement, le nombre des publications au sujet de Zalmoxis se multipliait !), Coman expose de nouveau sa thèse : Zalmoxis a supprimé le polythéisme naturaliste, en faisant de Gébéleïzis le dieu unique et en prenant sa place ; la réforme de Zalmoxis est à la base de la création de la nation gète, et c'est la raison pour laquelle « le zalmoxianisme est une religion *nationale* gète » ; enfin, les Gètes constituent une communauté religieuse avec l'Inde brahmanique et la Gaule druidique, où le grand prêtre était le maître suprême, poursuit Coman, dans une perspective comparative à l'intérieur des peuples indo-européens, perspective qui laisse apparaître ses références aux vertus raciales[2].

En 1943, Coman livre par ailleurs une étude sur le caractère indo-européen des Scythes – à l'époque même où l'armée roumaine accompagnait la Wehrmacht au sud de l'URSS, dans l'espace de l'ancienne Scythie –, où il vante leurs qualités *raciales* typiquement aryennes (travail, justice, héroïsme, endurance) et la haute spiritualité de leur religion, comparable aux croyances des Gètes[3]. Le point de départ est, plus que jamais, inspiré par l'actualité immédiate :

cf. M. Handoca, *Convorbiri cu şi despre Mircea Eliade*, *op. cit.*, p. 136-137. Articles de Coman : « Zalmoxis. Un grand problème gète », *Zalmoxis*, 2, 1939, p. 79-110 ; « Décénée », *Zalmoxis*, 3, 1940-1942, p. 103-160 [« Deceneu » (roum.), *Gândirea*, 20, 1941 (8), p. 431-439, 488-497, 549-559].

1. J. Coman, compte rendu de A. Nour (*Cultul lui Zalmoxis*, Bucarest, 1941), dans *Zalmoxis*, 3, 1940-1942, p. 164-165 (critique très dure) ; compte rendu de A. Nour (*Credinţe, rituri şi superstiţii geto-dace*, Bucarest, 1941), dans *Zalmoxis*, 3, 1940-1942, p. 165-166. La récupération mentionnée concernait la Bessarabie et le nord de la Bucovine, récemment cédés à l'URSS, contre laquelle la Roumanie était en guerre depuis juin 1941.

2. Compte rendu de N. A. Constantinescu (*Zalmoxe şi curentul de înnoire mistică a vechilor religii*, Bucarest, 1941), dans *Zalmoxis*, 3, 1940-1942, p. 166.

3. « Quelques traits indo-européens des Scythes selon Hérodote », *Revue des Études Indo-européennes*, 3, 1943, p. 95-117. La jeunesse des Scythes serait « surtout une marque de fierté raciale, un signe de la conscience de leur force et de leurs aspirations, un blason indo-européen ». Sur la collaboration de J. Coman à cette revue parue à Czernowitz/Cernăuţi

À des époques comme la nôtre, où des peuples et des nations se réclament d'une noblesse raciale, il n'est pas sans intérêt de rappeler certains traits de haute spiritualité d'un peuple ancien, etc.

La position idéologique de Coman apparaît donc très à la droite du spectre politique. Par ailleurs, son parrain de mariage et protecteur était Nichifor Crainic, le promoteur du courant orthodoxiste. On sait qu'entre 1934 et 1947, il fut préfet des études à l'internat du Séminaire Théologique, milieu où la Garde de Fer a recruté un grand nombre d'adeptes dans les années 1930. Il a collaboré à la revue *Gândirea*, particulièrement à la fin de la décennie, publication où écrivaient de nombreux légionnaires, comme son ami Mihail Polihroniade. En outre, Coman connaîtra après la guerre une trajectoire comparable à celle du groupe des prêtres légionnaires autour de Constantin Burducea – ce dernier, légionnaire avant 1940, fut nommé ministre des Cultes dans le premier cabinet procommuniste de Petru Groza, en 1945. De plus, Coman est l'un des membres fondateurs de la section Religion de l'ARLUS, créée par les prêtres de l'Union des Prêtres Démocrates dirigée par Burducea. C'est ainsi que la majorité des prêtres ayant des sympathies gardistes sont passés dans le camp « progressiste » du clergé sous le régime communiste[1].

Curieusement, Coman a publié, lors des pires années staliniennes, des études ouvertement nationalistes dans deux *Festschriften* bulgares[2]. Ces études étaient en réalité rédigées pendant la guerre, ce qui explique leur net caractère spiritualiste ; leur publication aurait été impossible en Roumanie dans les années 1950, période où l'accusation de nationalisme était fatale. Dans ces études, Zalmoxis et Orphée sont vus comme « promoteurs de la culture parmi les Thraces, parmi les Grecs et jusqu'à un certain point parmi tous les Européens ». Pour Coman, il s'agit de deux personnages historiques (vers 1500-1200 av. J.-C.), civilisateurs des Thraces, « fondateurs ou missionnaires d'une religion supérieure, grands prêtres, prophètes,

(Bucovine du Nord) et dirigée par l'arménologue Vlad Bănățeanu, voir A. Timotin, « Les études indo-européennes en Roumanie (II) », *Studia Indo-Europæa*, 2, 2005, p. 224-225.

1. ARLUS : Association Roumaine pour les Liens avec l'Union soviétique.

2. J. Coman, « Zalmoxis et Orphée », *Bulletin de l'Institut Archéologique Bulgare*, 16, 1950 (*Serta Kazaroviana*), p. 177-184; cette étude est qualifiée de « patriotisch » par F. Lefherz, *Studien zu Gregor von Nazianz. Mythologie, Überlieferung, Scholiasten*, Diss., Bonn, Rheinische Friedrich Wilhelms-Universität, 1958, p. 205 n. 41. Le deuxième article : « Grégoire de Nazianze et Némésius. Rapports du christianisme et du paganisme dans un poème littéraire du IVe siècle de notre ère », dans *Studia in honorem Acad. D. Dečev*, Sofia, Académie Bulgare des Sciences, 1958, p. 707-726. Dans le premier numéro de la revue d'Eliade (*Zalmoxis*, 1, 1938, p. 130-176), Coman avait écrit sur « Orphée, civilisateur de l'humanité ».

astrologues, magiciens, partisans d'un culte religieux masculin à l'exclusion totale des femmes, créateurs d'ordres religieux, habitant des montagnes », effectuant une catabase aux enfers. « On a l'impression, écrit Coman, qu'Orphée est un décalque sur Zalmoxis »; en fait, il en serait plutôt un double, car il fut son grand prêtre et son missionnaire; dans cette perspective il tiendrait le rôle de « roi spirituel » de la nation. En « bon Roumain » donc, Coman établit un rapport de dépendance entre Orphée et Zalmoxis, d'autant plus « évident » pour le lecteur qu'il ne repose sur aucune donnée. La réforme de Zalmoxis, dans la vision de Coman, n'est pas sans rappeler l'idéal d'une Roumanie totalitaire – qu'il s'agisse de l'État ethnocratique de Nichifor Crainic, de celui ultra-religieux de la Garde de Fer ou de celui, discipliné, d'Antonescu[1] –, parce qu'elle établit les bases de l'organisation de la nation : l'unité nationale, la justice qui crée la concorde et l'amour fraternel, la tempérance, un patriotisme sans bornes, une profonde foi religieuse afin d'accomplir la cohésion tribale. De même, les naturalismes et les polythéismes compliqués des tribus furent remplacés par un monothéisme robuste et pur, autour d'un dieu unique qui est le dieu de la lumière, des hauteurs célestes et de l'esprit. Le deuxième grand dogme religieux est celui de l'immortalité de l'âme. L'école théologique zalmoxéenne (terme déjà utilisé par Coman) se distinguerait en outre par la sobriété et l'antialcoolisme. Orphée annoncerait une reprise de la réforme zalmoxéenne, en qualité de grand prêtre de Zalmoxis; il s'agirait de remplacer la religion populaire de Dionysos afin d'imposer les deux dogmes fondamentaux : la croyance en un seul dieu et l'immortalité de l'âme.

> Ce n'est donc pas Zalmoxis qui a introduit les mystères orphiques chez les Géto-Daces, comme prétendait Carol Blum il y a quatorze ans[2], mais au contraire, c'est Orphée qui a repris et achevé la fameuse réforme religieuse zalmoxéenne. Ce n'est pas la doctrine de Zalmoxis qui est orphique, mais c'est la doctrine de l'orphisme qui est zalmoxéenne.

Zalmoxis et Orphée se révèlent ainsi être deux puissantes figures thraces qui ont imprimé « un rythme spirituel supérieur à l'histoire de leur peuple », en tant que

1. Le maréchal Ion Antonescu, « Conducător » (Dirigeant) autoritaire de la Roumanie (1940-1944), allié fidèle d'Hitler et participant à la guerre contre l'URSS.

2. Il s'agit de C. Blum, « Zalmoxis », *Analele Dobrogei*, 10, 1929, p. 115-124. Bien que publié en 1950, l'article de Coman était donc rédigé vers 1943, c'est-à-dire à l'époque de l'étude très nationaliste sur Décénée (parue en 1943), au temps de la « guerre sainte » contre le bolchevisme, présentée par la propagande comme la guerre de l'Europe civilisée et chrétienne contre la barbarie eurasiatique et athée.

> fondateurs de la vie organisée et de la culture des Thraces. Cette culture a donné tant d'éléments à l'orgueilleuse culture hellénique. Wilamowitz niait avec obstination cette contribution « barbare » à la splendeur grecque. Son amour pour la Grèce l'empêchait de lire critiquement l'histoire. Malgré le caractère composite de leurs personnalités, Zalmoxis et Orphée restent, dans l'histoire de l'Europe, des protagonistes spirituels.

Coman reprend et renforce le modèle idéaliste de Pârvan, auquel il se réfère constamment, mais ses intentions sont beaucoup plus radicales. Au fond, lire sa version de la religion dace, avec des détails et des développements à tonalité liturgique, revient presque à parcourir le programme de la droite radicale. Nation et religion se confondent dans sa volonté de présenter la doctrine de Zalmoxis et d'Orphée comme annonçant le christianisme orthodoxe, dans une variante ethnocratique ou légionnaire ; son étude antérieure sur Décénée illustre très clairement cette théorie pernicieuse. D'ailleurs, dans tous ses travaux (qui se poursuivent jusqu'aux années 1980), Coman parle d'une religion zalmoxéenne, de cultes à Mystères ainsi que d'un souffle missionnaire. Pour appuyer son discours, il cite un texte de Grégoire de Nazianze (devenu son argument fétiche), dans lequel Zalmoxis n'est qu'à peine mentionné. Coman en donne une traduction biaisée, et l'entend comme se rapportant à la divinisation de l'homme (car il est théologien), et parle d'une théologie zalmoxéenne : Zalmoxis se rapproche du Christ par l'action de diviniser ses adorateurs[1] !

Quatre décennies plus tard, à l'occasion du nouvel intérêt manifesté par Ceausescu pour les Daces et surtout autour du moment de paroxysme national de 1980 – quand le dictateur célèbre pompeusement « 2050 ans depuis la création du premier État dace centralisé et indépendant » de Byrébistas –, Coman reprendra ses positions sur Zalmoxis et Décénée dans quelques études publiées dans des revues ecclésiastiques, dans les actes d'un congrès de thracologie ainsi qu'à l'étranger – signe indubitable de la bénédiction du Parti. L'article sur l'immortalité des Gètes, publié en 1980 dans la *Revue de l'Histoire des Religions*, reprend toutes ses idées antérieures, dans une même vision nationaliste et spiritualiste[2].

Mais ce spiritualisme nationaliste qui exploitait l'image des Daces, très répandu, nous l'avons vu, et si multiforme, n'était point exempt de critique de la part de quelques esprits qui gardaient encore leur lucidité. Dans ses

1. Grégoire de Nazianze, *Carm.* 2.2.7.274 (*PG*, 37, col. 1572 A).

2. I. G. Coman, « L'immortalité chez les Thraco-Géto-Daces », dans R. Vulpe *et alii*, *Actes du IIe Congrès International de Thracologie*, t. III, Bucarest, Academia RSR, 1980, p. 241-269 (*Revue de l'Histoire des Religions*, 198, 1981, p. 243-278).

comptes rendus datant des années 1940, l'helléniste Dionisie M. Pippidi (1905-1993) – qui deviendra par la suite un épigraphiste réputé –, reprochait à Coman, lui aussi helléniste, non seulement l'absence des règles les plus élémentaires de la méthode historique dans la conduite de ses recherches mais aussi son éclectisme foncier (Zalmoxis comme dieu et homme, divinité ouranienne et chthonienne à la fois). Pippidi entrevoit déjà dans le texte d'Hérodote sur les repas de Zalmoxis une allusion à un banquet rituel, lançant l'hypothèse d'une communauté d'initiés[1], qu'il développera plus tard. Cette position ne sera pas connue d'Eliade, qui se trouvait alors à l'autre bout du continent, au Portugal. Pippidi critique davantage encore l'étude sur Décénée, « à la fois discutable quant au contenu et d'une cocasserie de forme rarement égalée même dans les ouvrages de cet infatigable auteur ». Rappelant que, selon Coman, « [les] entreprises et [les] réalisations [de Décénée] sont très actuelles », il dénonce les visées discutables du théologien. Finalement, Pippidi n'est pas étonné par le fait que ce théologien ait popularisé les mêmes opinions en roumain (dans la revue *Gândirea*) et ensuite en français (dans la revue *Zalmoxis*), mais « ce qui ne se comprend guère, c'est qu'il ait trouvé un directeur de revue disposé à les imprimer »[2]. Ce directeur n'était nul autre que Mircea Eliade…

Depuis la publication récente d'un dossier épistolaire, la politique d'Eliade concernant cette revue nous apparaît aujourd'hui plus clairement. De Lisbonne, il annonçait à son ami Constantin Noica, le 26 avril 1942, qu'il était résolu à publier le troisième tome de *Zalmoxis* :

> Ce volume de [la revue] *Zalmoxis*, je voudrais qu'il soit le plus roumain possible : folklore, ethnographie, préhistoire. Dis à [Ioan] Coman de

1. Mais cette thèse ne faisait que suivre l'opinion commune des historiens des religions, qui voyaient dans les religions méditerranéennes des pratiques eschatologiques autour de l'initiation lors des banquets ; la position de Pippidi est déjà rapportée par I. I. Russu, *Religia Geto-Dacilor*, *op. cit.*, p. 98 et 115 (ouvrage consulté par Eliade !).

2. D. M. Pippidi, compte rendu de J. Coman (« Zalmoxis », *Zalmoxis*, 2, 1939, p. 79-110), *Revista Clasică*, 15, 1943, p. 117-118 ; compte rendu de J. Coman (« Décénée », *Zalmoxis*, 3, 1942, p. 103-160), *Revue Historique du Sud-Est Européen*, 23, 1946, p. 340-342. « Si M. Coman persévère, c'est que sa vocation est bien forte, ou que l'expérience ne nous apprend rien » (p. 340). Mac Linscott Ricketts écrivait encore : « I have found no reference in writing to the third volume, which had an extremely limited circulation » (*Mircea Eliade. The Romanian Roots, 1907-1945*, t. II, New York, Boulder, 1988, p. 1086). Les réactions retrouvées de Pippidi sont, donc, encore plus précieuses.

> préparer quelque chose de *dace* (...) Dis-leur qu'il s'agit d'une action roumaine, en premier lieu[1].

La lettre laisse transparaître la crise nationaliste qu'Eliade traversait au Portugal[2] : il veut s'investir, lui aussi, dans la guerre, mais toujours d'un point de vue culturel ; la revue *Zalmoxis* doit, dans cette optique, devenir un outil de propagande roumaine, justifiant la politique belliciste et de revanche du moment par le rappel du passé glorieux et d'une spiritualité d'exception. Pourtant, Eliade était bien conscient de la véritable capacité de Coman, puisque dans une autre lettre à Noica, datée du 22 février 1943, il s'inquiète :

> Comment se présente [l'étude] *Décénée* de [Ioan] Coman ? ! L'as-tu prié de ne pas dépasser 25 pages ? Si c'est le [même] texte [que celui publié dans] *Gândirea*, il sera donc regrettable. Tout mon espoir repose sur les autres collaborateurs (...) Tu ne *donnes* aucun tiré à part. Qu'ils les préparent pour eux-mêmes (Coman surtout !) (*JP*, I, p. 475-476).

Dans ces années qui ont vu toute une génération basculer vers l'extrême droite, il est remarquable que Pippidi soit resté un esprit lucide ; il le demeura d'ailleurs tout au long de sa vie, même pendant les pires années de l'autochtonisme de Ceausescu[3]. Si Coman et les autres tenants du « roumanisme » faisaient, sous le prétexte d'articles érudits, l'apologie de la guerre civilisatrice aux côtés des Allemands, voire de la « guerre sainte » comme l'écrira Eliade dans quelques publications de conjoncture, voici ce que rapporte Mihail Sebastian dans son journal, à la date du 2 juin 1941, trois semaines seulement avant le déclenchement de l'opération Barbarossa, qui s'annonçait comme une nouvelle guerre du Péloponnèse :

> Visite chez [D. M.] Pippidi cet après-midi, avec Eugène Ionesco. Il nous a lu des pages de Thucydide, d'une troublante actualité. On eût dit un pamphlet contre les Allemands[4].

Dans un compte rendu de la monographie de Nour sur le culte de Zalmoxis, Pippidi se réfère – dans un français élégant – à toute cette série de productions dacistes au tournant de 1940 :

> Ce qui confère à ces recherches un air de famille, ce n'est plus tant le fait de porter sur le même sujet, mais l'ardeur à exalter ce qu'il est désormais

1. *Correspondance*, II, p. 357 ; *JP*, I, p. 474.
2. Voir *infra*, chap. IV.
3. Voir *infra*, chap. VI, p. 224-225.
4. M. Sebastian, *Journal (1935-1944)*, trad. fr., Paris, Stock, 1998, p. 319.

> convenu d'appeler la « spiritualité » gète et aussi – à l'égard des sources – une liberté qui, pour revêtir des formes différentes, n'en est pas moins frappante et significative.
>
> À la différence des jours, qui se suivent et ne se ressemblent pas, les travaux sur la religion gète se suivent et se ressemblent comme deux gouttes d'eau[1].

Les critiques de Pippidi, remarquables par leur lucidité, le sont encore plus par le fait que ce type de position reste largement minoritaire, dans un climat intellectuel dominé et contaminé par le roumanisme et l'insistance sur la spécificité orthodoxe. Ironiser, avec la confiance donnée par son authentique érudition, à propos de toutes ces productions qui occupaient et étouffaient l'espace scientifique, n'était pour Pippidi qu'un moyen, le seul possible, de critiquer le nationalisme omniprésent. Forme qui s'accompagnait d'une retraite dans ses lectures, ou dans les discussions avec une poignée d'amis restés à l'écart, sinon violemment écartés, d'une époque dont le visage devenait méconnaissable.

L'opinion dominante était, en réalité, profondément contaminée par la spiritualisation, en variante orthodoxe, des débats culturels. En guise d'exemple, dans son compte rendu du deuxième numéro de *Zalmoxis* (1939), le critique d'art Petru Comarnescu – figure de proue du groupe Criterion dans lequel Eliade avait été actif au début de la décennie – remarquait les deux contributions sur le dieu gète livrées par Clemen et Coman. Il s'attardait sur ce dernier, souscrivant à l'analyse d'une évolution spirituelle des Gètes et au parallèle esquissé avec le christianisme :

> Être proche de l'esprit thraco-gète ne signifie donc pas renoncer au christianisme, à la méditation et à la justice, bien au contraire. Et le fait de se solidariser avec Zalmoxis ne signifie pas s'éloigner du Christ, mais uniquement de voir avec fierté comment, en Zalmoxis, les Gètes ont présagé le Christ[2].

De ce fait, l'intérêt pour la religion des Daces devenait actuel, souhaitable, dans la ligne de l'idéal de la jeune génération, mariant la Nation et l'orthodoxie. Ce même intérêt pour les Daces engendra dans le milieu littéraire, et à la même époque, la naissance et le développement d'un nouveau courant autochtoniste, qui poussait à l'extrême la revendication d'une excellence primordiale : la thracomanie.

1. D. M. Pippidi, compte rendu de A. Marinescu-Nour (*Cultul lui Zalmoxis*, Bucarest, 1941), *Balcania*, 6, 1943, p. 537-539 (citation à la p. 537).
2. P. Comarnescu, compte rendu de *Zalmoxis*, 2, 1939, *Revista Fundaţiilor Regale*, 8, 1941, p. 226-227 (roum.).

Thracisme et thracomanie

Aux sources de la thracomanie roumaine se situe le livre extrêmement influent dans les milieux dilettantes du savant Nicolae Densuşianu (1846-1911). *La Dacie préhistorique*, publié après sa mort (1913), et qualifié par Pârvan de « roman fantastique », est un ouvrage dense, mélange bizarre d'érudition et de constructions fantasques. Selon l'auteur, l'espace ancien de la Roumanie est celui habité par les Pélasges et les Hyperboréens, au temps d'un puissant empire entourant la Méditerranée, dont naquirent toutes les autres civilisations. Le latin et le dace sont des dialectes issus d'une même langue, car les Latins sont venus de Dacie; il s'agit d'un étrange renversement de filiation, qui sera officialisé dans les écrits des dacomanes. La figure tutélaire est celle de Saturne, et ce n'est pas par hasard si celui-ci est identifié à Zalmoxis (Densuşianu cite Mnaséas de Patara). Son nom est « traduit » en roumain par *Zeul-Moş*, ce qui signifie « le Dieu Vieux » ou « le Dieu Ancêtre », car la langue gète aurait eu un caractère proto-latin[1] !

Cet ouvrage massif et confus sera le point de départ de la thracomanie de l'entre-deux-guerres, dans le nouveau contexte de la spiritualisation de la religion gète entraîné par les *Getica* de Pârvan et la prédilection de l'intelligentsia pour l'autochtonisme. Aux extrêmes du dilettantisme, nourris par la lecture de N. Densuşianu, se situent les écrits de ceux qui, autour de 1940, exaltent le dacisme du peuple roumain, comme N. Lupu et surtout l'écrivain I. A. Brătescu-Voineşti, qui voulaient justifier dans leurs écrits un « impérialisme » roumain dans le Sud-Est de l'Europe : ce dernier soutenait dans *L'origine du peuple roumain et de la langue roumaine* (1942) l'origine dace des nations et des langues européennes.

D'autres approches des dilettantes sont plus subtiles, favorisées par la radicalisation du spectre politique et la quête du fameux « spécifique national ». Dans sa monographie de 1970, Eliade rappelle les propos d'un de ses amis de jeunesse, le poète Dan Botta (1907-1958), sur la « nostalgie de la mort » dans le sens « thrace » du terme et sur le thracisme ethnique des Roumains, illustrés par Orphée, Zalmoxis et le berger de la ballade *Mioritza*. Comme Eliade le constatera (ou plutôt soutiendra) plus tard avec satisfaction, les poètes populaires et les intellectuels sentaient,

1. N. Densuşianu, *Dacia preistorică*, Bucarest, Carol Göbl, 1913. Critiques par L. Boia, *History and Myth*, *op. cit.*, p. 97 ; *La Roumanie*, *op. cit.*, p. 51. La thèse de l'identité des langues dace et latine sera ressuscitée au milieu des années 1970 par certains historiens du Parti Communiste Roumain ; elle est devenue un dogme des dacomanes actuels.

inconsciemment, une affinité secrète entre le destin du pâtre de *Mioritza* et celui du peuple roumain.

Selon Botta – devenu, lui aussi, sympathisant de la Garde de Fer –, *Mioritza* illustre la très ancienne conception thrace de la mort nuptiale et le panthéisme thrace, thème développé dans *Ondoiement et mort* (1936), texte dédié à son ami Eliade. On remarque sans surprise l'influence de Pârvan : « le sauvage idéalisme de la Thrace ne pouvait admettre ce que la Grèce sensuelle tolérait » ; les Thraces étaient monothéistes, adorant un dieu pur et parfait. Nommé Zalmoxis par les Thraces hyperboréens, il fut introduit en Grèce sous le nom de Dionysos, orientant l'âme grecque vers les idéaux les plus hauts. Mais la vision chrétienne est encore plus accentuée : « Zalmoxis, le dieu thrace, est enterré vivant dans une caverne montagneuse (...) et, tous les trois ans, le dieu ressuscite d'entre les morts » par son « épiphanie » (notons de nouveau ce terme), à l'instar de Dionysos en Grèce tous les deux ans. Citant le paradoxe d'Héraclite, « Le même dont Hadès et Dionysos » (D.-K. B 15), Botta identifie Zalmoxis aux deux divinités : leur unicité renvoie à l'identité entre l'ondoiement et la mort. Chez les Thraces, l'idée de la mort, vue comme seuil de la jubilation, était liée à l'idée du bonheur absolu, similaire aux noces cosmiques chantées par la *Mioritza* et à la fascination de la mort propre à la légende de *Maître Manole*. Cette dernière légende symbolise la purification à travers la mort et la nécessité mystique du sacrifice. On ne sera point surpris de retrouver exactement le même schéma chez Eliade, dans les analyses consacrées aux deux poèmes populaires dans ses ouvrages écrits au Portugal, et, par la suite, dans *De Zalmoxis à Gengis Khan*. Loin d'analyser ces légendes – qu'il qualifie toujours de « mythes centraux de la spiritualité roumaine » – dans un véritable cadre comparatiste, Eliade utilisera largement des thèses des années trente, dont la portée idéologique est plus patente et, aujourd'hui, particulièrement déconcertante. De plus, la circulation de ces idées à l'époque était courante : même un écrivain juif assimilé comme Horia Sanielevici, dès 1931, donc bien avant Botta, voyait dans la *Mioritza* un meurtre rituel, reproduisant le sacrifice du messager à Zalmoxis[1].

Dans le cas de Botta, cependant, on peut déceler le glissement d'une vision cherchant à définir l'irréductible national (qui est l'« espace

1. *ZGK*, p. 225-226 (sur D. Botta), 244 et 246 (affinité secrète) ; « Fragment pentru Dan Botta » (*Fragment pour D. B.*), dans *Prodromos*, 7, 1967, p. 19-21 ; *Exil*, p. 240-245 ; dans D. Botta, *Unduire şi moarte*, Iaşi, Institutul European, 1995, p. 9-14 ; D. Botta, dans *Unduire*, *op. cit.*, p. 28-37 [1936] ; H. Sanielevici, « Mioriţa sau patimile lui Zalmoxis » (*Mioritza ou la Passion de Zalmoxis*), *Adevărul literar şi artistic*, 10 (1931), p. 552-554.

mioritique » de Blaga, *ondulé*) vers une conception explicitement destinée à inspirer et à cautionner l'action politique. Plus qu'un banal essai avec des accents lyriques, l'insistance de Botta sur la *mort-jubilation* et sur le *sacrifice* – les mêmes termes sont utilisés par Eliade, dans son analyse des deux légendes populaires – est une métaphore plus que transparente de la mythologie légionnaire dont plusieurs intellectuels devenaient non seulement les porteurs, mais plus encore les artisans conscients et enthousiastes.

Le 28 mai 1941, dans le cadre du cycle « L'idée dace », Botta donne une conférence intitulée « L'esprit dace dans le monde ». Il prône au même moment, dans les pages de la nouvelle revue *Dacia* (1941-1942), ce qu'il appelle une vision *extatique* de l'histoire roumaine : les Roumains sont les seuls héritiers des Romains, ayant leur place dans la configuration et la conservation des valeurs européennes contre « l'Asie excentrique et informe ». Botta lance l'*idée impériale dace*, qui se réclame de l'influence décisive des Thraces, « peuple orphien (*sic*) de visionnaires et de poètes ». La thèse d'un impérialisme dace ou thrace, défenseur des valeurs européennes, très en vogue autour de 1940, et dont Botta n'était qu'un des nombreux propagateurs, constitue, à mon avis, la source première de la thracomanie affichée plus tard par J. C. Drăgan à partir des années 1970[1]. Le contexte de la guerre va radicaliser cette image des ancêtres qui, dépassant le pacifisme qui leur est attribué par Pârvan, se retrouvent investis d'une spiritualité sublime, d'une mission civilisatrice et davantage encore d'une vitalité conquérante, qualités et énergies transmises à leurs héritiers directs, les Roumains. Cette idéologie se propage dans les années mêmes où l'État roumain menait en Transnistrie (nom inventé pour l'espace compris entre le Dniepr et le Boug) une politique impérialiste assumée, politique accompagnée de la déportation et de l'extermination des Juifs : peut-on trouver meilleur exemple de concordance entre la propagande et les productions « culturelles » ? On ne sera point surpris de retrouver des propos comparables, sur la mission historique du peuple roumain et son combat civilisateur contre l'Asie/l'URSS, dans le *Journal portugais* eliadien. Il s'agit là d'un indice de la profonde imprégnation de ce thème parmi les nationalistes roumains, soit en vertu de leurs convictions de longue date, soit à travers la propagande politico-culturelle du régime d'Antonescu, favorisée par les épreuves de la guerre.

Dans le premier numéro de la revue *Dacia*, Botta se déclare inquiet en ce qui concerne le thracisme roumain. Esprit belliqueux, il se lance dans

1. Voir *infra*, chap. VI, p. 217.

une polémique contre Lucian Blaga et son concept d'« espace mioritique », l'accusant de plagier à travers cette théorie ses idées sur l'« ondoiement » thrace. Blaga lui répond de manière piquante : il démonte chronologiquement et textuellement l'accusation de plagiat – en réalité, c'est bien Botta qui reprend l'idée blagienne du rythme ondulatoire de l'espace roumain –, et ironise sur le thracisme de Botta. Blaga se doit de rappeler son article programmatique de 1921, paru la même année que le drame *Zalmoxe*, article où il avait posé « un accent résolu sur notre fonds thrace, ouvrant un horizon sur la ligne du sang ancestral »[1].

Comme le montrent les exemples mentionnés (articles, comptes rendus, livres), les controverses de l'entre-deux-guerres, nourries par des enjeux profonds au sujet du « spécifique national », du destin et de la « mission historique », témoignent d'un climat de féroce concurrence dans l'histoire des idées de la Roumanie contemporaine. Cette époque où se mélangent la confrontation et le dialogue, l'effervescence et la contamination, disparaîtra bientôt après la Seconde Guerre mondiale.

Primordialisme, vocation spirituelle, qualités raciales, impérialisme conquérant, sens de la mission, autant de thèmes qui illustrent le thracisme : le passage même des Daces aux Thraces (unité plus large) illustre les visées expansionnistes de la Roumanie, et sa volonté de domination régionale, dans le Sud et l'Est de l'Europe. Selon l'observation juste de Lucian Boia, la balance de l'importance respective accordée aux Daces ou aux Romains constitue une sorte d'indicateur idéologique, qui peut s'exprimer par les équations suivantes : Romains = Occident et Daces = nationalisme. Pour une large frange de dilettantes, les Roumains ne sont point des Latins, mais des Daces ; le roumain provient du dace, et s'apparente au latin rustique, comme l'écrivent plusieurs admirateurs et continuateurs de Densuşianu ; selon cette même logique, le culte de Zalmoxis annonce et prépare le christianisme[2]. Christianisme qui, dans sa variante orthodoxe, inspirait à cette époque les esprits les plus brillants de la génération d'Eliade.

1. D. Botta, *Unduire*, *op. cit.*, p. 325-328. La réponse de L. Blaga : « Hazul ţărănesc al imperialului Dan Botta » (*L'humour paysan de l'impérial D. B.*), dans *Timpul*, V, 1941, 1423, 26 avril, p. 2 (et dans les revues *Ţara* et *Porunca Vremii*). Le livre de Blaga, de 1936, s'appelait l'*Espace mioritique* (adjectif inventé à partir de la ballade populaire *Mioritza*, tenue pour exprimer l'âme nationale).

2. L. Boia, *La Roumanie*, *op. cit.*, p. 48. Pour l'autochtonisme et le dacisme, voir aussi A. Laignel-Lavastine, *Cioran*, *op. cit.*, p. 80-82 ; L. Boia, *History and Myth*, *op. cit.*, p. 96-100. Voir récemment R. Born, « Römer und/oder Daker. Zur symbolischen Funktionalisierung der Antike in Rumänien von 1918 bis 1989 », dans A. Bartetzky *et alii*, *Neue Staaten – neue Bilder? Visuelle Kultur im Dienst staatlicher Selbstdarstellung in Zentral- und Osteuropa seit 1918*, Cologne, Böhlau, 2005, p. 257-272.

La Garde de Fer : glorification du sacrifice et de la mort

Cette fascination pour la mort, chantée par Botta, n'est pas singulière à l'époque, tout au contraire, ni l'idée du mariage avec la mort, choisie par de nombreux jeunes gens engagés dans l'un des mouvements d'extrême droite les plus durs de l'Europe.

Le modèle intellectuel de la jeunesse de l'époque était le professeur charismatique Nae Ionescu (1890-1940), maître (trop) vénéré d'Eliade, et qui a même séduit un esprit aussi lucide que l'écrivain juif assimilé Mihail Sebastian. Selon Mircea Eliade, dans un article commémoratif qui se lit aussi comme une sorte de justification indirecte de son engagement gardiste – article particulièrement travaillé –, les étudiants de son époque se sont reconnus dans trois modèles : Nicolae Iorga (moment prophétique et dionysiaque), Vasile Pârvan (moment métaphysique et apollinien) et Nae Ionescu (fonction socratique). Après la disparition prématurée de Pârvan et de sa magie, les étudiants en quête d'un maître spirituel l'ont trouvé en la personne de Nae Ionescu [1], qui s'est progressivement rapproché de la Garde de Fer et qui a entraîné ses disciples sur la voie du nationalisme et de l'« orthodoxisme ». Or, si le rôle de Nae Ionescu a été non négligeable, il n'explique pourtant pas l'ampleur du phénomène, tout comme il ne l'excuse pas; en réalité, c'était une tendance générale, accompagnée et cyniquement exploitée par le « Maître ». On assiste alors au glissement vers l'extrême droite de la jeune intelligentsia, phénomène illustré, entre autres, par le parcours d'Eliade et de ses amis, qui s'engagent dans la nébuleuse légionnaire et deviennent son porte-parole dans la presse et dans les milieux intellectuels.

Parmi les mouvements nationalistes roumains qui pullulent à l'époque, celui qui a été le plus populaire, et qui a laissé derrière lui une triste renommée, est bien la Légion de l'Archange Michel ou la Garde de Fer, nommée aussi, pour une courte période, le Parti Tout pour la Patrie (*Totul pentru Țară*). Dans les années 1930, une grande partie de la jeunesse et notamment des jeunes intellectuels ont graduellement adhéré, pour diverses raisons, à l'idéologie de la Garde de Fer. Parmi eux, des historiens tels V. Christescu, Vl. Dumitrescu, P. P. Panaitescu, des philosophes

1. M. Eliade, dans *Nae Ionescu 1890-1940 (treizeci de ani de la moarte)* [*N. I. 1890-1940 (trente ans depuis sa mort)*], dans *Prodromos*, 10, 1970, p. 1-2; et p. 18-23, *cf.* aussi *Exil*, p. 256-259. Ce numéro de la revue était dédié à Nae Ionescu; un exilé légionnaire, C. Papanace, avait édité en 1963, à Rome, les conférences de Nae Ionescu sous le titre *Fenomenul legionar* (*Le phénomène légionnaire*).

comme C. Noica, et d'autres écrivains qui s'affirmeront à l'étranger, comme Vintilă Horia, Emil Cioran et Mircea Eliade. En somme, un premier processus de « rhinocérisation », qui touche la partie la plus visible et la plus prestigieuse des jeunes intellectuels roumains[1].

Si, en Allemagne, le nazisme était antichrétien, et militait pour le retour aux croyances païennes, en Roumanie l'idéologie de l'extrême droite était ultra-religieuse – dans sa variante orthodoxe –, et luttait à la fois pour la restauration du culte du passé national (le souvenir des combats passés, des humiliations subies) et pour l'exclusion des non-chrétiens (c'est-à-dire, en l'espèce, des Juifs). Dans ces conditions, le recours à Zalmoxis et à la religion des Daces était limité, ou, du moins, soumis à une grille d'interprétation chrétienne[2]. À la différence du nazisme, la mystique légionnaire se voulait profondément chrétienne, plus précisément orthodoxe, pour plusieurs raisons : afin de se démarquer davantage encore de l'Occident catholique, protestant ou athée; de réfuter l'athéisme bolchevique; d'exclure les non-chrétiens par excellence, les Juifs. Les exemples historiques vénérés étaient ceux du Moyen Âge, surtout les haïdouks. Zalmoxis, qui était pourtant païen, ne pouvait donc jouer un grand rôle – au même titre que la mythologie aryenne dans le Troisième Reich, ou la grandeur romaine dans l'Italie fasciste. Le patron du mouvement était un héros orthodoxe et militaire très populaire dans les Balkans, l'Archange Michel. Néanmoins, du fait que les années 1930 marquent une période de spiritualisation graduelle du spectre intellectuel roumain, ce mouvement touche aussi l'image de Zalmoxis, et la quête de l'originaire, de l'archaïque et de l'autochtone aboutit parfois à un dacisme manifeste, avec des accents d'autochtonisme démesuré; nous avons déjà cité les propos de Dan Botta,

1. Voir A. Heinen, *Die Legion « Erzengel Michael » in Rumänien. Soziale Bewegung und politische Organisation*, Munich, Oldenbourg, 1986; Fr. Veiga, *La mística del ultranacionalismo (historia de la Guardia de Hierro). Rumania, 1919-1941*, Barcelone, Bellaterra, 1989 (p. 133, l'intellectualité comme moyen de pénétration légionnaire à Bucarest). Le dernier remarque : « Aunque la latinidad rumana es más enteléquica que real, la conciencia de ser "los únicos ortodoxos latinos y los únicos latinos ortodoxos" est aún hoy exhibida por muchos rumanos » (p. 133). Selon l'évocation troublante d'Eugène Ionesco, « Le rhinocéros, c'est l'homme des idées reçues (…) Je l'avais vécu, une première fois, en Roumanie, lorsque l'intelligentsia devenait peu à peu nazie, antisémite, "Garde de Fer" (…). Les professeurs de faculté, les étudiants, les intellectuels » (*L'Express*, 1004, octobre 1970; *Antidotes*, Paris, Gallimard, 1977, p. 94); cité aussi par A. Laignel-Lavastine, *Cioran, op. cit.*, p. 237.

2. De la même manière, le régime de Ceausescu, nationaliste mais athée, n'a pas encouragé l'intérêt pour la *religion* des Daces. Cette mutation n'est survenue qu'après la révolution (1989), quand tout le monde s'est déclaré libéré des contraintes, et que la vogue du religieux, voire de l'occulte, s'est développée.

qui gravite dans la même nébuleuse légionnaire. Emil Cioran raconte une entrevue qu'il a eue en 1934 avec Corneliu Zelea Codreanu, le chef charismatique de la Légion, lors dc laquelle le « Capitaine » lui avait « exposé ses vues sur la manière de faire revivre les vertus daces »[1].

Il faudrait donc dépaganiser (ou christianiser) la religion gète, et c'est ainsi que les propos de Pârvan vont être repris sous une forme nouvelle : Zalmoxis est le réformateur d'une religion *monothéiste*, *ascétique*, dominée par des *élites*, dans une unité *organique* avec le peuple, mais aussi une religion qui promettait l'*immortalité* et grâce à laquelle les ancêtres ne redoutaient pas la *mort*. Vanter l'esprit de sacrifice des Daces et leur « mort pour la Patrie » préfigurait ainsi la vulgate légionnaire : ses membres, chrétiens et Roumains fanatiques, aiment la mort et vont à sa rencontre, contre les ennemis de la Nation et de Dieu (capitalistes, politicards, démocrates, Juifs, bolcheviques, francs-maçons et athées, des qualificatifs souvent interchangeables…). L'apologie, voire la mystique de la mort et du martyre, sont les convictions les plus affichées des légionnaires, malheureusement transposées dans la réalité. Ils désirent ardemment l'avènement d'un État *totalitaire* (cette expression revient constamment sous leur plume) et de l'*Homme nouveau*, qui arriveront bientôt pour un demi-siècle, mais de l'autre côté du spectre politique.

Dans ce cadre de pensée, les affirmations d'un chef légionnaire, Alexandru Cantacuzino, sont plus que transparentes :

> Rien ne détermine, ne définit ou ne différencie le plus exactement une vie, rien ne façonne plus manifestement un être humain ou la société que la manière de voir et de recevoir la mort. Une race d'hommes indifférents à la mort est une race vouée à des victoires illimitées… Dans le monde légionnaire nous nous vantons non seulement du mépris de la mort, nous nous glorifions de l'amour de la mort. La conception légionnaire de la mort fraternise, vingt siècles après, avec les enseignements de Zamolxis qui a prêché parmi les Géto-Thraces le culte de l'immortalité de l'âme… Restant sur la position chrétienne spirituelle, nous autres, légionnaires, nous sommes d'abord concernés par le fait d'acquérir les grands traits nationaux spirituels et corporels, les qualités d'exception de l'homme roumain exigées par la grandeur et la gloire de sa destinée.

Or, après avoir combattu en Espagne comme volontaire dans les rangs franquistes, avec d'autres camarades gardistes, tels les « martyrs » Moța et

1. A. Laignel-Lavastine, *Cioran*, *op. cit.*, p. 150.

Marin – dont la mort est déplorée par Eliade –, Cantacuzino[1] sera exécuté le 22 septembre 1939, dans un effort désespéré des autorités roumaines d'éliminer physiquement les chefs du Mouvement légionnaire, juste après l'assassinat du Premier ministre Armand Călinescu par des militants gardistes, le 21 septembre.

À cette époque, la presse légionnaire favorise plusieurs thèmes : l'ascendance dace, qui n'est pourtant pas privilégiée ; l'orthodoxie ; les héros tragiques, du roi dace Décébale au « Capitaine » Codreanu ; le destin implacable du peuple roumain ; la permanence et la continuité (également contre les éléments non-roumains). En somme, « Nous avons été prédestinés », clame cette littérature qui vante le « miracle roumain ». Après le dictat de Vienne, marquant la perte du Nord-Est de la Transylvanie au profit de la Hongrie (août 1940), Constantin Noica écrivait, le 12 septembre, dans la publication officieuse légionnaire *Buna Vestire* (*L'Annonciation*) : « Car nous n'avons pas besoin de cartes, mais d'âme dace (…) [et être] seigneurs sur la vie et la mort comme les Daces ». Un autre article du même journal, intitulé *Le sens de la révolution roumaine. De Zamolxe par le voïvode Étienne et Eminescu au Capitaine* – car toute l'histoire nationale était confisquée dans une vision gardiste du passé –, commençait avec les Daces, peuple ayant une conception de la vie totalement opposée à la vision grecque (écho manifeste de Pârvan). Ainsi,

> À travers le sacrifice et la mort vers la résurrection est la doctrine de ce grand messager de bien. (…) Zamolxe est le plus grand précurseur du Christ. Sa doctrine est l'Ancien Testament du christianisme roumain. Il est donc naturel que les Daces, latinisés entre-temps, imprégnés par cette doctrine, reçoivent si facilement la Loi du Sauveur (8 novembre 1940).

Dans l'article *Christianisme en Dacie*, le zalmoxisme annonce le christianisme :

> L'âme pieuse du peuple dace, amoureuse de sainteté, disposée pour le sacrifice, ancrée dès les premiers siècles dans le christianisme, comme dans la seule forme cultuelle qui convenait à son esprit (15 novembre 1940).

1. A. Cantacuzino, *Între lumea legionară şi lumea comunistă* (*Entre le monde légionnaire et le monde communiste*), Bucarest, 1935, p. 14. Voir M. Eliade, « Ion Moţa şi Vasile Marin », *Vremea*, 24 janvier 1937 (son premier article ouvertement légionnaire, *cf.* F. Turcanu, *Mircea Eliade*, *op. cit.*, p. 267). Vers la fin de sa vie, en accord avec son schéma explicatif, mais peut-être en accord avec son ancienne idéologie, Eliade notait : « En 1937-1938, la mort était le thème le plus populaire parmi les légionnaires. Celle de Mota et Marin en constituait le modèle exemplaire » (*Mémoire II*, p. 35).

Le peuple roumain est prédestiné à la victoire, de Zalmoxis au « martyre » de Codreanu, en passant par le poète Eminescu :

> Eminescu est le bon messager du triomphe roumain voué de nos jours par le Capitaine et voué selon la requête de notre immémorial Zamolxe (15 décembre 1940).

Tous ces articles datent de la courte période du régime hybride nommé « État national légionnaire » (septembre 1940-janvier 1941), quand le général Ion Antonescu et les légionnaires se partagent tant bien que mal le pouvoir. Elle prendra fin avec la rébellion légionnaire (fin janvier 1941), quand le général évince *manu militari* les gardistes du pouvoir, avec la bénédiction expresse d'Hitler.

Le médiéviste Petre P. Panaitescu (1900-1967), un historien doté de sympathies légionnaires, devenu recteur de l'Université de Bucarest sous l'État national légionnaire, revendique ouvertement l'héritage dace dans le quotidien qu'il dirige, *Cuvântul* (*La Parole*), l'ancien journal de Nae Ionescu où s'était affirmé Eliade. Il y écrit, le 20 novembre 1940 :

> Nous sommes des Daces ! Dans notre être physique, dans notre être spirituel, nous sommes et nous nous sentons les descendants de ce grand et très ancien peuple établi dans les Carpates des siècles avant Trajan. Nous n'avons pas de commencement. Nous sommes d'ici depuis toujours. Nous ne sommes pas uniquement les fils de la terre, mais nous faisons partie d'une race [*rasă*] qui se perpétue en nous : la race dace. Le mouvement légionnaire, qui a éveillé les échos les plus profonds de notre être national, a également promu à une place d'honneur le sang dace.

Il conclut en affirmant qu'une des caractéristiques de l'identité dace consiste à vivre en divinisation (*dumnezeire*)[1], ce qui rejoint les affirmations de Coman et des autres orthodoxistes. Mis à l'écart pendant les années 1950, Panaitescu sera réintégré dans le champ historiographique dans les années 1960. Or, lisant sa description de la religion dace (1969, posthume), on s'étonne de constater combien la doctrine qu'il a professée dans sa jeunesse demeure tenace. Dans cette perspective, les Daces sont différents des autres « Barbares » d'Europe ; leur royauté est soutenue par une religion

1. M. Ciauşu, « Panteonul mişcării legionare » (*Le panthéon du mouvement légionnaire*), dans L. Boia (éd.), *Mituri istorice româneşti*, Bucarest, Université de Bucarest, 1995, p. 199-219 (qui cite les articles de *Buna Vestire*) ; P. P. Panaitescu, « Noi suntem de aici » (*Nous sommes d'ici*), *Cuvântul*, 20 novembre 1940 ; *cf.* aussi L. Boia, *History and Myth*, *op. cit.*, 2001, p. 69. Dans le même journal (*Cuvântul*, 9 novembre 1940), Panaitescu reprend l'idée d'une synthèse : les Roumains héritent des Daces la compréhension de la divinisation et l'humanité, et des Romains l'esprit de justice.

supérieure spirituellement; l'immortalité gète est une *participation* à la vie du dieu, au bonheur éternel; les Daces partagent une croyance commune aux peuples de l'Europe occidentale et centrale, profondément différente du matérialisme des Méditerranéens; Zalmoxis est le dieu du Ciel, du bleu serein (échos de Pârvan). Leur morale est haute et héroïque : l'immortalité est accordée à ceux qui tombent au combat, tenants d'un culte propre à une élite (la classe aristocratique et guerrière, tandis que le peuple adorait la terre), d'une religion d'État soutenue par « un esprit héroïque et idéaliste ». Tout cela a été malheureusement, continue-t-il, anéanti par la conquête romaine. Les thèmes légionnaires sont encore très visibles dans son analyse de la religion gète : esprit, élite, immortalité, héroïsme[1].

Ce dacisme qui fait pendant au purisme latiniste nous invite à constater que, malgré le changement de référent, la même structure régit la pensée de ces différents auteurs : que l'identification mythologique s'effectue avec les Romains ou avec les Daces, les tenants de ces thèses, en apparence opposées, tentent, les uns comme les autres, de compenser une histoire et une place estimées marginales. Prisonniers complexés de la périphérie, ils revendiquent le fait de constituer le véritable centre, le point de départ ou d'origine ignoré, mais d'autant plus profond – thèmes exploités aussi par Eliade. En dernière instance, ce passé imaginaire offrait ce que le présent réel ne pouvait offrir[2], ou exhortait à un dépassement salutaire, vers un futur splendide. Ce constat vaut aussi pour les mouvances dacomanes actuelles, qui prolifèrent en Roumanie, où se manifeste, inconsciemment ou non, une forte nostalgie du régime national-communiste marqué par la démesure et l'autarcie.

BLAGA ET LE « STYLISME GÈTE » (*GETICA*, 1943)

Ce chapitre sur le motif de Zalmoxis dans le débat sur le « spécifique national », qui débute avec le drame « païen » *Zalmoxis* et le manifeste en faveur du fonds autochtone de Blaga (1921), se clôt avec une étude du même philosophe, intitulée *Getica* (1943), tout comme l'ouvrage influent

1. P. P. Panaitescu, *Introducere la istoria culturii româneşti* (*Introduction à l'histoire de la culture roumaine*), Bucarest, Editura Ştiinţifică, 1969, p. 41-45 ; M. Ciauşu, *Panteonul*, *op. cit.*, p. 204-207 ; L. Boia, *History and Myth*, *op. cit.*, p. 100 (sur le mythe dace comme mythe de fondation des légionnaires).

2. L. Boia, *La Roumanie*, *op. cit.*, p. 52.

de Pârvan[1]. On mesure encore une fois la pertinence du motif dace dans une radiographie de l'évolution culturelle du pays où, en dépit d'une utilisation qui reste multiforme, la direction imprimée à la fin des années trente rejoint de manière explicite le politique, et sert même d'accompagnement idéologique à des positions radicales.

Face à l'affluence d'écrits sur la « haute spiritualité » quasi chrétienne et ethniciste des Daces, Blaga ne manque pas de réagir, dans la mesure où il voyait le chemin défriché par lui détourné dans des directions auxquelles il n'avait même pas songé lors de sa première prise de position. Ironiquement, comme dans sa pièce *Zamolxe*, ses propos sont détournés dans un tout autre sens; et Blaga se sent obligé de se révolter, tout comme Zalmoxe contre son simulacre, en l'occurrence le thracisme qu'il avait lui-même lancé! Une nouvelle fois, Blaga se retrouve sous les traits de son personnage, cette fois involontairement. C'est pourquoi il ne ménagera pas ses propos: il attaque par deux fois Jean Coman, qui s'était fait une spécialité de la religion gète, publiant les mêmes thèses dans les revues *Gândirea* et *Zalmoxis*. Qualifié de « théologien », Coman était le partisan du monothéisme ethniciste dace, et Blaga ne manque pas de remarquer son intolérance religieuse affichée dans *Gândirea*. Selon le théologien,

> Le désaveu du monothéisme et de l'immortalité de l'âme gète (II) est organiquement lié au désaveu de la divinité de Jésus-Christ (I). Tout est lié en système[2].

Après la démolition des positions de Coman et de ses comparses, Blaga donne aussi sa propre vision de la mythologie gète, dans le cadre des croyances indo-européennes, selon ce qu'il appelle le critère de la « topographie stylistique » des peuples aryens. Il rejette comme exagérées les affirmations de Pârvan (« personnalité dominée par un spiritualisme stoïque avec de vagues nuances chrétiennes ») sur le caractère monothéiste et spirituel de la religion gète, et davantage encore celles de ses disciples. Dans cette « topographie stylistique », il trace les spécificités de chaque

1. L. Blaga, « Getica », *Saeculum*, 1 (4), 1943, p. 3-24 (*Isvoade. Eseuri, conferințe, articole*, Bucarest, Minerva, 1972, p. 63-86). Blaga commence par avoir un avis plus critique à propos de son propre article de jeunesse de 1921, en premier lieu son dacisme trop accentué; *Getica* de Blaga est un « essai brillant » selon I. I. Russu, *Religia Geto-Dacilor*, *op. cit.*, p. 73. La revue *Saeculum* fut fondée par Blaga à Sibiu (lieu d'exil de l'Université de Cluj, pendant l'occupation hongroise d'une partie de la Transylvanie).

2. I. Coman, « O Getică "stilistică" » (*Une Gétique « stylistique »*), *Gândirea*, 23, 1944 (1), p. 35-39 (réaction à l'étude de Blaga de 1943). La réponse de L. Blaga : « Încă o dată *Getica* » (*Encore une fois* Getica), *Saeculum*, 2 (2), 1944, p. 71-73.

mythologie : germanique (forte note réaliste, individualisation); grecque (un certain ordre statique); slave (divinités pacifiques; réalisme épique, tranquille et fantastique-végétatif); ainsi que celtique, iranienne et indienne. Quant aux Gètes, le vide historiographique requiert un effort d'approximation, poursuit Blaga, qui propose la formule de *post-existence* – expression qui lui est propre, plus tard « empruntée » par Eliade, sans que ce dernier n'avoue sa dette. Elle n'est pas conçue comme un spiritualisme sublime – à la manière de Pârvan, et d'Eliade aussi –, mais comme un mode de vie corporelle. Zalmoxis pourrait être le dieu d'un pouvoir céleste, mais aussi celui de l'abondance. Selon la définition blagienne, la mythologie gète se caractérise ainsi :

horizon illimité ;
affirmation défensive ;
géométrisme, stylisation très abstraite ;
participation magico-active à l'existence ;
anthropomorphisme ;
accomplissement dans la post-existence [1].

Compte tenu de la pauvreté déconcertante des sources disponibles, la précision avec laquelle Blaga décrit cette mythologie lui vient plutôt de son image idéale de « l'espace mioritique », matrice de l'existence anhistorique du peuple roumain, que d'une recherche poussée.

Néanmoins, la pensée de Blaga témoigne d'une évolution et sa vision demeure relativement lucide, qu'il s'agisse de sa propre œuvre ou des travaux de ses contemporains, ce qui fait de lui, selon Roberto Merlo, le type même de l'« intellectuel responsable et exigeant contre une dérive nationaliste et non scientifique » [2]. Il donnera la preuve de son intégrité intellectuelle à l'occasion de sa polémique contre les exagérations thracistes de Dan Botta, tout comme lorsqu'il réagira aux propos très idéologiques de Jean Coman, même dans le contexte sensible de la guerre. N'oublions pas, toutefois, que cette idéologie thraciste dont Blaga remet en cause les excès est née avec ses propres écrits, et qu'elle a été profondément influencée par ses constructions d'un espace prédestiné, définissant à jamais l'âme nationale.

En revanche, en dépit de sa connaissance avisée des capacités et des intentions de Coman, promoteur, à l'instar de beaucoup d'autres, d'un intégrisme religieux et nationaliste, Mircea Eliade préférera publier les

1. L. Blaga, « Getica », *Saeculum*, 1 (4), 1943, p. 3-24.
2. R. Merlo, *Getica vs. Getica*, *op. cit.*, p. 546-547.

productions du théologien dans la revue *Zalmoxis*, car il était question de promouvoir le « moment dace » ainsi que, souvenons-nous en, d'une « action roumaine »[1]. Si les deux premiers numéros sont vraiment internationaux et traitent de sujets susceptibles d'intéresser un public plus large – à l'exception, toutefois, des articles de Coman –, le troisième et dernier est un numéro exclusivement *roumain* et de propagande, un acte conscient d'engagement et de combat culturel dans une guerre qu'Eliade, alors à Lisbonne, soutenait lui aussi. Attitudes sur lesquelles le *Journal portugais* apporte des révélations inattendues[2].

1. Voir *supra*, p. 56-57.
2. Cf. *infra*, chap. IV, p. 145-174.

CHAPITRE II

ZALMOXIS : D'HÉRODOTE À MIRCEA ELIADE

Qui est Salmoxis ou Zamolxis ou Zalmoxis ;
et cette hésitation sur le nom du personnage
n'est que le début d'une longue histoire d'identité ?
Est-il homme, démon ou dieu ?[1]

Pour comprendre l'utilité du parallèle Zalmoxis-Eliade que j'entends développer, et avant d'analyser la théorie, particulièrement influente aujourd'hui, formulée par Eliade au sujet de ce personnage, une présentation du motif de Zalmoxis[2] est nécessaire. Elle sera faite sous trois angles : tout d'abord, sa fortune littéraire dans les sources anciennes, responsable de la fascination qu'il exerce encore aujourd'hui; ensuite, ses usages ultérieurs, médiévaux et modernes; enfin, les multiples interprétations au sujet de cette étrange divinité dans l'histoire des religions, et les disputes nourries par cette figure divine controversée[3]. Loin d'être un motif qui concernerait uniquement l'espace roumain, comme soutenaient orgueilleusement les auteurs mentionnés dans les pages précédentes, la figure de Zalmoxis est plus riche et moins « locale » que ses admirateurs modernes ne le laissent penser.

1. Fr. Hartog, *Le miroir d'Hérodote*, *op. cit.*, p. 164.

2. Le nom même de ce personnage soulève des controverses : par convention, j'utilise la forme *Zalmoxis*, bien que dans les sources grecques la forme la plus courante soit celle de *Zamolxis* (par métathèse; forme, à mon avis, ultérieure); à l'époque moderne, les deux formes sont utilisées simultanément, avec un léger avantage pour *Zalmoxis*.

3. Voir un aperçu dans mon article « Zalmoxis et la quête de l'immortalité : pour la révision de quelques théories récentes », *Les Études Classiques*, 75, 2007, p. 93-110.

USAGES ANCIENS ET MODERNES DE ZALMOXIS : ESCLAVE DE PYTHAGORE, PHILOSOPHE DES GOTHS, DIEU PARADIGMATIQUE

Zalmoxis, dieu des Gètes, peuplade thrace habitant anciennement la Roumanie et le nord de la Bulgarie, fait sa première apparition dans la littérature grecque chez Hérodote 4.94-96, sous le nom de Salmoxis. Sa figure complexe, telle qu'elle se présente à nous, est composée en particulier de *topoi* littéraires et de réinterprétations du récit hérodotéen, ce qui demeure valable pour la plupart des explications modernes. Le cas de Zalmoxis nous conduit dans ce territoire flou de la tradition grecque, dans les pays des « sagesses barbares », selon la formule consacrée par Arnaldo Momigliano[1], où se mélangent des figures comme Zoroastre et ses Mages, les Chaldéens, les Égyptiens, les Druides, les Brahmanes et Moïse. Il reste pourtant une différence majeure : malgré le fait que l'idéalisation des sages barbares soit très accentuée, et que les vérifications soient difficiles, en raison de la rareté des données, il existe un écart important entre l'image grecque et les traditions indigènes; le recours aux sources non grecques permet de constater cette discordance. Celles-ci font totalement défaut dans le cas de Zalmoxis, où l'on n'a que des mentions littéraires *grecques* : aucune source archéologique, iconographique ou épigraphique au sujet de Zalmoxis, en dépit des hypothèses de certains modernes; plus gênant encore, aucune source indigène. Par conséquent, seule la dimension littéraire reste à analyser, et la seule histoire à écrire est une synthèse qui rende compte de la richesse de ses interprétations successives. Face à une littérature extrêmement fournie – les théories au sujet de Zalmoxis –, j'ai fait le choix d'une approche historiographique, visitant des époques et des espaces des plus divers. Présenté par les sources anciennes comme dieu des Gètes et disciple de Pythagore, lié à l'immortalité, Zalmoxis n'a jamais cessé de constituer un moyen par lequel ceux qui apparemment parlent de lui ne font que parler d'eux-mêmes, que ce soit pendant l'Antiquité, le Moyen Âge, l'époque moderne ou bien de nos jours.

Zalmoxis est certainement la figure la plus connue de l'histoire gète dans la littérature ancienne. Le fait que Zalmoxis fut l'esclave de Pythagore constitue le trait canonique de sa légende dans la littérature grecque et le cœur même de son image qui n'a cessé de se transformer et de s'enrichir.

1. A. Momigliano, *Sagesses barbares. Les limites de l'hellénisation*, trad. fr., Paris, Gallimard, 1979 (titre angl. : *Alien Wisdom. The Limits of Hellenization*, Cambridge, Cambridge University Press, 1975).

Cette association pythagoricienne avait assuré la survivance du personnage gète dans la tradition grecque, dominant l'ensemble de son portrait. Disciple barbare de Pythagore, législateur, prophète et bienfaiteur divinisé, philosophe hors de la Grèce, toutes ces images dérivent des rapports supposés avec le sage de Samos et de Crotone, et forment la tradition la plus étendue et la plus influente sur le dieu gète.

Dès sa première apparition dans la littérature grecque, Zalmoxis joue un rôle jamais figé (malgré les apparences), où se mélangent son altérité et son origine « barbare », mais aussi ses rapports avec les Grecs. Le point de départ de sa fortune ultérieure a été précisément le récit qui le mettait en rapport avec Pythagore, personnage grec doté déjà d'identités très floues. Le « salmoxisme » n'est qu'une lecture en clé pythagoricienne, et hautement ironique, opérée par les Grecs du Pont et transmise, avec des doutes, par Hérodote. C'est d'ailleurs la conclusion de François Hartog, dans son chapitre intitulé « Salmoxis : le Pythagore des Gètes »[1].

Présentant l'expédition scythe de Darius (vers 514-513 av. J.-C.) à travers la Thrace, et avant l'arrivée de l'armée perse à l'Istros, Hérodote livre une digression au sujet des Gètes, population vivant au nord de la Thrace qui s'est opposée, bien qu'inutilement, aux Perses[2]. Il les qualifie

1. La véritable inflexion pour une meilleure compréhension de ce personnage a été donnée par François Hartog, dans une étude incluse en 1980 dans son *Miroir d'Hérodote*, *op. cit.*, p. 164-198, et parue peu avant sous le titre « Salmoxis : le Pythagore des Gètes ou l'autre de Pythagore ? », *Annali della Scuola Normale Superiore di Pisa*, 8, 1978, p. 16-42 ; il était question d'une lecture contextuelle d'Hérodote, historien engagé dans une rhétorique de l'altérité (surtout dans le cas du livre IV, sur la Scythie). Une même prise de conscience a eu lieu dans l'historiographie roumaine ; les articles de Zoe Petre sur le rôle des Thraces et des Gètes dans l'imaginaire grec, dont plusieurs au sujet de Zalmoxis, furent récemment inclus dans sa monographie *Practica nemuririi. O lectură critică a izvoarelor grecești referitoare la geți* (*La pratique de l'immortalité. Une lecture critique des sources grecques concernant les Gètes*), Iași, Polirom, 2004. On y trouve toute une méthodologie pour l'étude des textes antiques, mais également une proposition de lecture des sources grecques où les Gètes constituent un personnage dont le référent est plus souvent le savoir grec que la « réalité » indigène, véritable obsession de l'historiographie de nuance positiviste et nationaliste ; voir, en outre, ses études « Les Gètes chez Hérodote », *Analele Universității București. Istorie*, 33, 1983, p. 17-23 ; « Le mythe de Zalmoxis », *Analele Universității București. Istorie*, 42-43, 1993-1994, p. 23-36.

2. Hérodote 4.93-96. Pour l'historien d'Halicarnasse, voir, entre autres : A. Corcella, *Erodoto e l'analogia*, Palerme, Sellerio, 1984 ; C. Darbo-Peschanski, *Le discours du particulier. Essai sur l'enquête hérodotéenne*, Paris, Seuil, 1987 ; D. Lateiner, *The Historical Method of Herodotus*, Toronto, University of Toronto Press, 1989 ; R. Thomas, *Herodotus in Context. Ethnography, Science and the Art of Persuasion*, Cambridge, Cambridge University Press, 2000 ; M. Dorati, *Le* Storie *di Erodoto : etnografia e racconto*, Pise-Rome, Istituti editoriali e poligrafici internazionali, 2000 ; E. J. Bakker, I. J. F. de Jong, H. Van Wees (éd.),

d'une expression étrange, *hoi athanatizontes*. Habituellement traduite par « les Gètes qui se croient immortels/croient à leur immortalité », ce participe présent dérive d'un verbe factitif *athanatizō*, comme l'a montré Ian M. Linforth, qui traduit « *the Getae who practice deification* ». Il y reconnaît un sobriquet ironique qui tourne en dérision l'image des Pythagoriciens, sobriquet transféré sur les Gètes – tandis que chez Eliade, l'épithète revêtira une valeur positive, qui sert sa thèse, comme on le verra. Cette épithète formulaire attachée aux Gètes par Hérodote – « ceux qui s'immortalisent » ou « faiseurs d'immortalité » – dénote la méfiance et la dérision des Grecs à leur égard. De ce fait, Hartog traduit par « praticiens de l'immortalité », voire « faiseurs d'immortalité », insistant sur la même nuance ironique, et montrant que cette épithète devait être déjà présente dans le savoir partagé des Grecs, où Gètes et immortalité étaient associés [1]. Pour ma part, je préfère traduire par « ceux qui (se) rendent immortel(s) », prenant le verbe *athanatizein* comme transitif, avec le sens « rendre immortel ou divin », « déifier » ; c'est ainsi que ce terme est utilisé par la suite dans la littérature grecque, assez souvent en référence aux Gètes [2]. Appliquée aux Gètes, cette épithète provoque un effet de surprise et en même temps elle les singularise car, chez Hérodote, chaque peuple possède un *nomos* caractéristique, qui le distingue des autres.

Ces Gètes, auxquels Hérodote reproche l'*agnōmosynē*, le « manque de jugement » – puisqu'il estime vaine leur opposition à l'armée perse –, sont pourtant qualifiés comme « les plus vaillants et les plus justes des Thraces » (*Thrēikōn eontes andrēiotatoi kai dikaiotatoi*), une qualification contrastive par rapport aux autres peuplades de Thrace. Cette différence est réaffirmée en 5.3 et s'accompagne de la distinction de leurs coutumes, décrites en 4.94. La bravoure des Gètes, quoique inutile, détermine, comme il arrive souvent chez Hérodote, une déviation par rapport à la trame narrative ; c'est ainsi que le superlatif attribué aux Gètes devient un noyau

Brill's Companion to Herodotus, Leyde-Boston-Cologne, Brill, 2002. « Les *Histoires* sont en effet ce miroir dans lequel l'historien n'a jamais cessé de regarder, en fait de s'interroger sur sa propre identité » (Fr. Hartog, *Le miroir d'Hérodote*, *op. cit.*, p. 52). Pour le texte hérodotéen, j'ai suivi la traduction de Ph.-É. Legrand, modifiée.

1. Hérodote 4.93 ; même appellation en 5.4. C'est la première apparition du verbe *athanatizein* dans la littérature grecque ; pourtant, il faisait déjà partie du savoir partagé des Grecs de l'époque, et Hérodote le sort de son contexte pour l'appliquer aux Gètes (Fr. Hartog, *Le miroir d'Hérodote*, *op. cit.*, p. 172-173 et 185) ; Eliade traduit par « se rendre immortels » (*ZGK*, p. 40). Discussion du terme chez I. M. Linforth, « HOI ATHANATIZONTES (Herodotus IV. 93-96) », *Classical Philology*, 13, 1918, p. 23-33.

2. Hérodote 4.93-94, 5.4 et échos.

qui donne l'occasion d'une digression sur leurs coutumes, digression censée expliquer le sens de l'épithète qui les définit, *hoi athanatizontes*.

Il convient maintenant d'évoquer leurs traditions religieuses, une catégorie fondamentale dans la compréhension hérodotéenne des *nomoi* (coutumes) des autres. Rapporté en style indirect, le récit est donc considéré par Hérodote comme véridique (4.94). Il continue : *athanatizousi de tonde ton tropon*, « Voici la manière dont ils se rendent immortels : ils pensent qu'ils ne meurent point et que celui qui périt va rejoindre Salmoxis, un être divin (*para Salmoxin daimona*) ; certains d'entre eux considèrent ce même être divin comme étant Béleïzis » ; cette double dénomination chez les Gètes eux-mêmes ne fait que renforcer l'incertitude sur l'identité du dieu[1]. Le sens de cette phrase semble se rapporter à une coutume qui leur est propre : tous les quatre ans (*dia pentetēridos*), ils envoient un messager à Salmoxis, députation qui prend la forme d'un sacrifice humain. La victime est désignée par tirage au sort, dans le but de transmettre à Salmoxis les exigences de la communauté. La députation, en lançant l'homme sur trois javelines, se fait à la manière d'une ordalie : s'il meurt, c'est un signe favorable de la part de la divinité, mais s'il survit, il est incriminé comme un homme vil, un homme de rien (*andra kakon*), et est aussitôt remplacé par un autre.

Loin de faire des réflexions dépréciatives ou de critiquer l'usage du sacrifice humain, Hérodote se contente de décrire la manière, le mode (*tropos*) dont opèrent les autres, même en cas d'immolation ou de mise à mort rituelle d'êtres humains. Comme le montre Stella Georgoudi, une victime humaine est immolée ou elle se sacrifie de son plein gré, pour le

1. Contrairement à la majeure partie des éditions critiques, où l'autre épithète de Zalmoxis est Gébéleïzis, la forme initiale est assurément *Beleizin* (nominatif *Beleizis*), indiquée par les manuscrits les plus sûrs et les plus anciens (ABC). Les dernières éditions critiques l'ont déjà adoptée : H. B. Rosén, *Herodoti Historiae*, t. I, Leipzig, Teubner, 1987, p. 404 ; S. Medaglia, *Erodoto. Le Storie. Libro IV*, Rome-Milan, Fondazione Lorenzo Valla-A. Mondadori, 1992, p. 108 (et les notes de D. Asheri, p. 307-308). Pourtant, la forme Gébéleïzis a été largement diffusée et a constitué le point de départ pour toute une série de spéculations étymologiques. Nonobstant, elle a été amendée à son tour, le plus souvent à partir des partis pris de certains exégètes : Zébéleïzis par W. Tomaschek (dieu de la foudre) ; Méleïzis par Rh. Carpenter (Zalmoxis comme dieu-ours) ; Nébéleïzis par C. Poghirc (dieu de l'orage). Pour Eliade, conformément à sa vision généraliste, il s'agit d'un dieu de l'orage ou plutôt de l'ancien dieu du ciel, devenu un *deus otiosus* (*ZGK*, p. 58-61). Cependant, le sens du texte est clair : il ne s'agit point d'un dieu différent, mais d'un autre nom qui est donné à Salmoxis par une partie des Gètes. Renforcement de l'incertitude : voir Fr. Hartog, *Le miroir d'Hérodote*, *op. cit.*, p. 192-193.

bien commun[1]. Cela se vérifie dans le cas des Gètes : il s'agit d'une immolation d'un être humain, consentant (il est choisi par tirage au sort), jouant le rôle d'un messager (*angelos*) auprès de la divinité (destinataire divin du sacrifice) afin de lui transmettre les requêtes dont il était instruit de son vivant (*eti zōnti*). Pour les Gètes, le succès du rituel dépend donc de la mort du messager – signe de la bienveillance du dieu ; en revanche, l'échec signifie que la victime n'est pas acceptée par le dieu, et qu'il faut en trouver une autre. Or, pour la source grecque qui rapportait cette coutume, ainsi que pour Hérodote, cette mise à mort qui marquerait une survie et une rencontre avec une divinité était bien contrariante ; nous reviendrons bientôt sur cet aspect. Notons d'emblée qu'il s'agit d'un rite à caractère périodique (tous les quatre ans) et ayant une forte valeur sociale, car accompli au bénéfice de la communauté.

Hérodote ajoute une autre coutume des Gètes : pendant les orages, ils décochent des flèches en l'air contre le ciel (*toxeuontes anō pros ton ouranon*), action considérée par l'historien comme une menace envers le dieu (*apeileousi tōi theōi*), « car ils ne pensent pas qu'il y ait un autre dieu que le leur », *oudena allon theon nomizontes einai ei mē ton spheteron.* À l'époque moderne, une grande partie des commentateurs y ont vu l'attestation d'un monothéisme des Gètes, projetant en cela leur propre arrière-fond chrétien sur un peuple ancien[2]. Pourtant, la dernière remarque ne concerne pas le rituel ou les croyances des Gètes, mais bien la perplexité d'Hérodote : car le dieu auquel il songe est certainement le Zeus grec. Nulle trace alors d'un quelconque monothéisme gète, qui, en plus d'un anachronisme, n'est qu'une chimère moderne. Par ailleurs, ce rituel bizarre a été compris comme un acte de folie et d'*hybris* dans l'Antiquité (voir plus loin).

Après ces données rapportées d'après une source anonyme, Hérodote présente une autre version, en accord avec son habitude d'utiliser plusieurs types de sources et de donner des récits alternatifs dont il juge parfois la véracité. Car la voix de l'historien d'Halicarnasse est forte et égotique : il

1. Dans les *Histoires*, les sacrifices humains sont une pratique rare et résolument non grecque. Voir, en général, P. Bonnechere, *Le sacrifice humain en Grèce ancienne*, Athènes-Liège, 1994 (le sacrifice humain comme le propre des barbares, surtout p. 237-238) ; S. Georgoudi prend ses distances par rapport aux thèses de D. Hughes et surtout de P. Bonnechere, qui ont expliqué ces usages par les rites d'initiation (« À propos du sacrifice humain en Grèce ancienne : remarques critiques », *Archiv für Religionsgeschichte*, 1, 1999, p. 61-82).

2. Contre le monothéisme : R. Pettazzoni, « Il "monoteismo" dei Geti », dans *Studia in honorem Acad. D. Dečev*, Sofia, Académie Bulgare des Sciences, 1958, p. 649-655.

précise qu'il détient une autre explication, livrée par les Grecs habitant l'Hellespont et le Pont, *hōs de egō pynthanomai tōn ton Hellēsponton kai Ponton oikeontōn Hellēnōn*. Dans ce récit, Salmoxis est un être humain, ancien esclave de Pythagore, qui revient et trompe ses compatriotes crédules ; les Gètes sont ici remplacés par les Thraces. Nous avons affaire à un produit du « folklore colonial » des Ioniens du Pont, selon l'heureuse expression de Zoe Petre, folklore qui insiste sur l'infériorité intellectuelle des Scythes et surtout des Thraces.

Selon les Grecs pontiques, « ce Salmoxis serait un homme qui aurait été esclave à Samos, esclave de Pythagore fils de Mnésarque » – en contraste avec 4.94, où il est successivement dit *daimōn*, « être divin », et *theos*, « dieu ». Une fois affranchi, Salmoxis accumule d'abondantes richesses et retourne chez les Thraces. Ces derniers sont des « gens vivant misérablement » (*kakobiōn*) et « pas trop malins » (*hypaphronesterōn*)[1] ; Salmoxis avait appris, en revanche, le mode de vie ionien et des mœurs plus raffinées que celles des Thraces (*epistamenon diaitan te Iada kai ēthea bathytera ē kata Thrēikas*), du fait de sa fréquentation des Grecs et surtout de Pythagore, qui avait la réputation de ne pas être le sage le moins valeureux parmi les Grecs (*Hellēnōn ou tōi asthenestatōi sophistēi*)[2].

Fort de ses acquis, Salmoxis opéra tel un charlatan : il se fit construire une salle des hommes (*andreōn*) où il faisait office d'aubergiste (*es ton pandokeuonta*) et donnait des banquets aux plus éminents de ses concitoyens (*tōn astōn tous prōtous*), en leur enseignant (*anadidaskein*, c'est-à-dire qu'il reprenait l'enseignement de Pythagore) que « ni lui ni ses

1. *Cf.* Hérodote 4.46 : autour du Pont habitent les populations « les plus ignorantes », sauf les Scythes ; on ne leur connaît aucun homme instruit, à l'exception d'Anacharsis. Salmoxis est le seul à échapper à cette opposition, mais l'histoire des Grecs du Pont accentue la différence : les Gètes le considèrent comme un être divin, alors que les Grecs voient en lui un ancien esclave de Pythagore (voir Fr. Hartog, *Le miroir d'Hérodote*, *op. cit.*, p. 75).

2. Le terme *sophistēs* (4.95), l'une des premières mentions grecques conservées sur Pythagore, revêt alors le sens de *sophos*, « sage », et ne connaît point la dépréciation opérée par les dialogues platoniciens. Toujours est-il que l'histoire des Grecs du Pont témoigne d'une forte ironie envers les prétentions de Pythagore et de ses tenants, concernant justement une prétendue théorie sur la survie, la destinée après la mort et l'immortalité. Or, chez les intellectuels qui précèdent ou qui sont contemporains d'Hérodote, et dont on conserve des références à Pythagore (ca. 570-480 av. J.-C.), on observe la même ambiguïté, combinant presque toujours la reconnaissance de la sagesse du Samien avec la dérision de sa doctrine considérée comme trompeuse. Au Vᵉ et au début du IVᵉ siècle av. J.-C., la réputation de Pythagore est celle d'un sage fabuleux et d'un maître religieux, qui était parfois un charlatan aussi ; voir C. Macris, « Pythagore, un maître de sagesse charismatique de la fin de la période archaïque », dans G. Filoramo (éd.), *Carisma profetico. Fattore di innovazione religiosa*, Brescia, Morcelliana, 2003, p. 243-289.

convives (*sympotai*) ni leurs descendants à tout jamais ne mourraient, mais qu'ils iraient en un lieu où ils survivraient toujours et jouiraient de tous les biens » (*ta panta agatha*). Entre-temps, il se faisait construire une demeure souterraine (*katagaion oikēma*); dès qu'elle fut achevée, il disparut du milieu des Thraces dans cette cachette, où il vécut trois ans. Il était considéré comme mort par les Thraces, qui le pleuraient. Mais la quatrième année, il fit sa réapparition, et ainsi tous ses dires leur parurent croyables, *pithana sphi egeneto, ta elege ho Salmoxis*. À la fin de cette historiette, Hérodote refuse de juger la véridicité du récit de la demeure souterraine, tout en estimant que Salmoxis fut antérieur de bien des années à Pythagore. Et il conclut : « Qu'il ait été un homme, ou que ce soit un être divin du pays des Gètes (*eite de egeneto tis Salmoxis anthrōpos, eit' esti daimōn tis Getēisi houtos epichōrios*), laissons cela/salut (*chairetō*) », avec une formule finale qui exprime son indifférence. La digression se ferme en rappelant que les Gètes, une fois vaincus, suivirent l'armée perse[1]. Et Hérodote de préciser une fois encore la raison de sa digression, à savoir la coutume spécifique des Gètes, *houtoi men dē tropōi toioutōi chreōmenoi*, et qui doit se rapporter à leur étrange façon de députer auprès de leur divinité.

Dans sa digression au sujet des Gètes *athanatizontes*, Hérodote fait donc état de deux types de sources : 1) la description, en style direct, des rituels des Gètes, qui envoient un messager tous les quatre ans à leur dieu, Salmoxis, et qui, lors des tempêtes, lancent des flèches vers le ciel; 2) l'histoire des Grecs du Pont, en style indirect, selon lesquels Salmoxis aurait été esclave de Pythagore et avait trompé ses compatriotes tenus pour des sots. Cette histoire s'intègre dans une série de récits explicatifs de coutumes et de croyances des autres, forgés par les Grecs d'Olbia du Pont ou des environs, récits qui mettent toujours en rapport les réalités scythes et thraces avec des personnages *grecs* (Héraclès, Pythagore) et insistent sur la supériorité grecque par rapport à la sottise des barbares[2].

1. *Cf.* aussi Hérodote 4.118.

2. Peu avant, dans le cadre du *logos* scythe, Hérodote (4.13-16) avait parlé des disparitions mystérieuses, à Cyzique et à Métaponte, d'Aristéas de Proconnèse, personnage fort obscur auquel on attribuait le poème *Arimaspeia*. Pour deux autres personnages, cette fois scythes, Hérodote rapporte des récits sur leur adoption des mœurs grecques, entraînant leur fin tragique. Le premier est Anacharsis (4.76-78) qui, « après avoir visité beaucoup de contrées et y avoir donné de grandes marques de sagesse », retourna en Scythie et y célébra les rites de Cybèle, qu'il avait appris des Cyzicéens ; à cause de son adoption des coutumes étrangères, il sera tué par le roi Saulios. Le second est le roi Skylès (4.78-80), né d'une mère grecque d'Istros ; lors de ses séjours à Olbia, il menait le genre de vie hellénique et participait aux mystères bachiques, ce qui motiva son meurtre par les Scythes. Hérodote rapporte

Or, la manière dont Hérodote rapporte ces deux versions distinctes sur Salmoxis n'est jamais innocente, même dans le premier cas. Il donne certes une description sur un ton neutre du sacrifice humain, sans aucun jugement (car il s'agissait d'un *nomos* spécifique) ; mais, à propos du tir à l'arc contre le ciel, il exprime une remarque suggérant la déraison des Gètes, qui osent s'en prendre à Zeus. Les réserves d'Hérodote quant à l'histoire de l'immortalité promise par Salmoxis sont en revanche évidentes, car il exprime son doute concernant l'existence de la chambre souterraine et surtout la relation de dépendance Pythagore-Salmoxis.

Ce texte soulève, par conséquent, beaucoup plus de questions qu'une simple lecture ne pourrait le laisser croire. En voilà une autre : pour Hérodote, quels que soient leurs usages particuliers, tous les peuples paraissent s'adresser aux mêmes divinités ; ce sont, pour lui, les dieux que les Grecs nomment et honorent à leur façon[1]. Curieusement, comme le montre Linforth, seulement trois divinités échappent à l'identification hérodotéenne, à la différence d'autres peuples : Pleistôros (dieu des Thraces apsinthiens) (9.119), Kybèbè (= Cybèle) de Sardes (5.102) et Salmoxis (4.96), désignées tous les trois comme « divinité indigène / locale » (*theos epichōrios* ou bien *daimōn epichōrios*), indice de leur non-traductibilité. Pleistôros et Salmoxis sont associés en outre au sacrifice humain, ce qui rendait difficile une assimilation avec un dieu grec.

Question décisive, Salmoxis et les Gètes sont mis en rapport avec l'immortalité, précisément l'aspect retenu par Hérodote pour l'excursus gète : or, ce rapport transgresse nettement *la distinction grecque la plus importante entre les hommes et les dieux*, reflétée dans les termes mêmes de mortels et d'immortels. Car, pour les Grecs, les hommes, mortels, sont

également la version des Lacédémoniens, selon lesquels le sage scythe Anacharsis fut envoyé en Grèce par le roi des Scythes ; or, l'historien la rejette comme étant un récit inventé par les Grecs. La question de la frontière culturelle est posée ainsi chez Hérodote par deux épisodes du *logos* scythe, offrant deux approches antagoniques : Anacharsis et Skylès « oublient » en effet la frontière entre les Grecs et les Scythes et en subissent les conséquences, illustrant une fois de plus le pouvoir du *nomos* ; au contraire, dans l'épisode de Salmoxis, ce sont les Grecs du Pont qui font tout pour qu'on ne puisse « oublier » la distance les séparant des Gètes ; voir les analyses attentives de Fr. Hartog, *Le miroir d'Hérodote*, *op. cit.*, p. 135-200.

1. I. M. Linforth, « Named and Unnamed Gods in Herodotus », *University of California Publications in Classical Philology*, 9, 1928, p. 201-243 ; W. Burkert, « Herodot über die Namen der Götter : Polytheismus als historisches Problem », *Museum Helveticum*, 42, 1985, p. 121-132 ; W. Burkert, « Herodot als Historiker fremder Religionen », dans *Entretiens Hardt* 35 (*Hérodote et les peuples non grecs*), Vandœuvres-Genève, Fondation Hardt, 1990, p. 1-39 ; J. Rudhardt, « De l'attitude des Grecs à l'égard des religions étrangères », *Revue de l'Histoire des Religions*, 209, 1992, p. 219-238.

opposés par nature aux dieux, « ceux qui sont sans cesse » (*hoi aei ontes*), et qui forment une race différente, les non-mortels (*athanatoi*), les non-périssables (*ambrotoi*). Pour Hérodote aussi, cette polarité est la plus importante et traverse son œuvre[1]. Un rituel gète exceptionnel, rapporté par Hérodote en raison de la curieuse manière des Gètes de communiquer avec leur dieu Salmoxis, a reçu de la part des Grecs (du Pont) une explication selon leurs propres catégories : la transgression de la nette séparation entre le destin des hommes, les « mortels », et celui des dieux, les « immortels ». Par conséquent, les Gètes et leur Salmoxis furent mis en relation avec Pythagore, personnage déjà célèbre et doté d'une image ambiguë, où la reconnaissance de sa sagesse se mêle avec une certaine dérision envers ses doctrines. Selon ces Grecs, les Gètes auraient transgressé la différence primordiale entre dieux et mortels, par leur prétention à nier la mort; c'est plutôt une image qui a comme but de fixer les Gètes dans le savoir grec, renvoyant à des catégories *grecques*, et non pas à des réalités gètes, qui restent inconnues pour nous.

La religion des Gètes diffère donc diamétralement (dans le récit d'Hérodote) de la « normalité » grecque, principe qui se vérifie encore une fois dans un autre rituel bizarre, le décochement des flèches contre le ciel pendant les orages, entendu par Hérodote comme une menace envers le Zeus grec. Or, il me semble que le texte sur Salmoxis et les Gètes doit être lu, chez Hérodote, comme une partie de la digression sur les coutumes des Thraces, placée au livre V (5.3-8), et provenant d'une source inconnue. L'univers thrace y est défini de manière très cohérente par toute une série d'oppositions au référent grec : mariage et tatouage, activités et divinités, mais davantage encore en fonction de l'attitude envers la mort. Ainsi, les Gètes prétendent qu'ils ne meurent point et qu'ils vont auprès de leur dieu, ce qui constitue une référence au sacrifice humain; les Trauses déplorent les naissances et se réjouissent lors des funérailles; enfin, « ceux qui habitent au-dessus des Crestoniens », polygames, sacrifient la femme favorite à la mort du mari. Ces coutumes des trois peuplades qui se situent aux marges du complexe thrace (nord-ouest, sud et sud-ouest) font par conséquent système, car Hérodote les met explicitement en opposition avec les *nomoi* des autres Thraces. Toujours est-il que la description des coutumes thraces, générales ou particulières, relève en premier lieu d'une production de la rhétorique de l'altérité à l'œuvre dans les *Enquêtes* hérodotéennes, éloignant plus encore de nous le référent thrace.

1. Voir J.-P. Vernant, *L'individu, la mort, l'amour. Soi-même et l'autre en Grèce ancienne*, Paris, Gallimard, 1989, p. 7-39.

Comme dans le cas des Scythes, le texte hérodotéen a inscrit à jamais dans l'imaginaire grec les coutumes des Thraces. Cependant, de ces passages, parfois détaillés, les Anciens ont trop souvent privilégié une lecture sélective; les Modernes ne font-ils pas, fréquemment, la même chose? Dans l'imaginaire grec, les Thraces, polygames, vendeurs de leurs enfants comme esclaves (source de revenus) et guerriers par excellence, sont en premier lieu connus pour leur attitude radicale envers la mort: ils prétendent s'immortaliser, comme dans le cas des Gètes, qui semblent ignorer la différence entre la vie et la mort, accueillant même la mort avec joie – grâce à leur courage, comme on le dira plus tard, dans une lecture moralisante –, image encore plus répandue. Que le fait de mourir soit considéré comme admirable par les Thraces, comme pour d'autres barbares, deviendra un *topos* dans l'Antiquité; mais, faut-il toujours préciser, significatif pour le contexte grec. Car ce qu'Hérodote présente comme étant les coutumes d'une *partie* des Thraces sera retenu, en fait, comme le propre de *tous* les Thraces, à la lecture des sources ultérieures; et les modernes, notamment les historiens roumains, vont les attribuer de préférence aux *seuls* Gètes[1].

Toute restitution des croyances des Gètes reste hypothétique: à l'exception du nom de Salmoxis, dont le caractère échappe à la compréhension, et des deux rituels, on ignore tout de leurs cultes. Comme on le sait bien, un dieu ne se définit que dans le réseau complexe de relations tissées entre les figures divines d'un panthéon[2]; or précisément, le panthéon gète demeure inconnu. Nous ignorons également tout d'une éventuelle évolution du culte de Salmoxis. Quant aux traces archéologiques telles qu'elles sont publiées et interprétées, elles demeurent très insuffisantes, et les interprétations des archéologues sont souvent simplistes, quand elles ne

1. Par exemple V. Pârvan, qui a attribué, sur la foi des confusions tardives, toutes ces *croyances* eschatologiques *remarquables* aux Gètes; ils apparaissent ainsi comme ayant une attitude particulière envers la mort, qui proviendrait de leur croyance en l'immortalité, de leur grande religiosité, de leur profonde spiritualité. Cette image, construite de toutes pièces, a eu un impact profond sur l'imaginaire historiographique roumain, devenant un *ersatz* commode, et se retrouve telle quelle chez Eliade; *cf.*, par exemple, *HCIR*, t. II, p. 170-171: «exaltation presque morbide de la mort et dépréciation de l'existence» chez les Thraces.

2. Qu'il suffise de se rapporter aux considérations déjà classiques du regretté Jean-Pierre Vernant: «La comparaison n'est valable que dans la mesure où elle va de pair avec l'institution d'un champ d'enquête offrant des garanties suffisantes de complétude d'une part, de cohérence interne d'autre part» («Introduction» à M. Detienne, *Les jardins d'Adonis. La mythologie des aromates en Grèce*, Paris, Gallimard, 1989², p. IV).

sont pas partisanes. La pauvreté des sources est un réel écueil et interdit, pour le présent tout du moins, toute tentative de restitution[1].

On peut alors parler, dans le cas de la fortune ancienne aussi bien que moderne de ces coutumes thraces, et notamment dans celui des Gètes *athanatizontes*, d'un *working misunderstanding*, pour reprendre la formule de Marshall Sahlins. Ce « malentendu productif » de la source d'Hérodote est continué (souffrant d'autres mutations) par Hérodote lui-même, ses lecteurs et ses utilisateurs, et, nous n'en doutons pas, par les modernes. Car si le terme *athanatizein* se référait au sacrifice humain périodique par lequel les Gètes transmettaient leurs requêtes à Salmoxis et s'assuraient de sa bienveillance, et non pas, comme l'ont compris une large partie des modernes – et quelques anciens aussi – à l'immortalité de l'âme et aux croyances eschatologiques des Gètes[2], alors nous devons renoncer à toute tentative de reconstitution des croyances gètes. C'est la *généralisation* qui est responsable de cette image durable des Thraces dans la littérature ancienne comme dans les exégèses, souvent enthousiastes, des modernes : un peuple très religieux, ayant des croyances radicalement différentes concernant la mort. Dans le cas de Zalmoxis, Hérodote (ou sa source) a fait d'une pratique exceptionnelle (une fois tous les quatre ans, et impliquant une seule personne) le propre de tout un peuple ; les écrivains grecs l'ont compris de la même façon, l'attribuant à tous les Gètes ; de même, dans le cas des modernes, avec la notion très chrétienne de *croyance* – pour ne pas mentionner l'expression « le dogme de l'immortalité », qui revient souvent sous leurs plumes –, jusqu'aux spéculations récentes sur des pratiques mystériques et des initiations. Par conséquent, la seule alternative est de juger ces passages dans leur contexte de production et de transmission : contexte grec, des Grecs, se définissant par rapport aux excès des autres, manifestés dans les sacrifices humains réguliers, la transgression de la dichotomie hommes/dieux ou du couple naissance/mort. Replacer le récit sur les rituels gètes dans la digression sur les pratiques thraces, c'est les réintroduire dans un ensemble significatif. Significatif, cet ensemble l'était non pas pour les croyances des Gètes ou des Thraces, mais bien pour

1. Une seule donnée jusqu'à présent renvoie au contexte indigène : vers le milieu du IIIe siècle av. J.-C., un décret d'Istros, cité grecque en territoire gète, honore des ambassadeurs qui avaient obtenu le retour des otages et des biens de la cité de la part du dynaste *Zalmodégikos*, dont le nom assure comme authentique la forme *Zalmoxis* par rapport à *Zamolxis* ; voir D. M. Pippidi, *Inscriptiones Scythiae Minoris*, t. I, Bucarest, Academia RSR, 1983, n° 8 (commentaire p. 69-72).

2. Voir *infra* chez Eliade, p. 112-122.

l'imaginaire grec du Ve siècle, pour lequel la Thrace est souvent un monde à l'envers[1].

Ce schéma ancien est certes responsable d'une image, similaire dans ses grandes lignes, même à notre époque, dans de nombreux commentaires des modernes. Dans le cas de Salmoxis, l'incertitude qui plane sur son identité (est-il dieu, est-il homme ?), mais aussi la manière bizarre de lui dépêcher un messager, rendent compte de l'absence de traduction. Non seulement son altérité n'est pas traduisible, mais elle est encore redoublée par l'autre nom que certains Gètes lui donnent : Béleïzis, qui ne reçoit aucune explication de la part d'Hérodote. Celui qui chez les Grecs n'était qu'un esclave est tenu par les Gètes pour un être divin, tel est le sous-entendu ironique du récit des Grecs. Mettre en rapport Salmoxis et Pythagore est donc la seule manière de traduire Salmoxis en grec, de marquer les distances ou de construire son altérité : Salmoxis est un homme, ancien esclave de Pythagore ; finalement, il n'est qu'un charlatan, et les Gètes, dans cette perspective, sont tenus pour des sots[2].

Concernant les traditions et les images au sujet de Zalmoxis dans l'espace littéraire grec, il est vraisemblable que le seul point de départ soit le texte hérodotéen, car aucune autre information sur le Zalmoxis « réel » des Gètes ne viendra alimenter les connaissances des anciens. L'origine de cette tradition littéraire multiforme provient de la seconde version rapportée par Hérodote, mettant Zalmoxis en rapport avec Pythagore et faisant de lui une espèce de « Pythagore des Gètes ». Dans ce cas, nous avons affaire essentiellement à une *image littéraire grecque*, à un mythe livresque qui se développe en dehors de son propre contexte, que nous ignorons toujours. C'est donc uniquement la tradition littéraire *grecque* qui nous est accessible, à l'intérieur de laquelle l'historiette mettant en relation Zalmoxis et Pythagore a été retenue, privilégiée et repensée par les auteurs grecs, dont le choix a toujours influé sur l'image retenue par les modernes. Ce rapport au sage de Samos et à l'immortalité, qui constitue la raison de la

1. Malentendu productif : voir M. Sahlins, *Des îles dans l'histoire*, Paris, Gallimard, 1989. La Thrace comme monde à l'envers : I. Chirassi-Colombo, « The Role of Thrace in Greek Religion », *Thracia*, 2, 1974, p. 71-80 ; M. Rosellini, S. Saïd, « Usages des femmes et autres *nomoi* chez les "sauvages" d'Hérodote : essai de lecture structurale », *Annali della Scuola Normale Superiore di Pisa*, S. III, 8, 1978, p. 986-988 ; D. Asheri, « Herodotus on Thracian Society and History », dans *Entretiens Hardt* 35 *(Hérodote et les peuples non grecs)*, *op. cit.*, p. 131-169.

2. Voir Fr. Hartog, *Le miroir d'Hérodote*, *op. cit.*, p. 199. Trois termes sont associés dans la digression gète pour soutenir l'interprétation pythagoricienne de Salmoxis : l'immortalité, le courage et le repas pris en commun (p. 171-188).

persistance du mythe, tant ancien que moderne, de Zalmoxis, va donner naissance au *topos* durable de la religiosité gète. Personnage historique, esclave et disciple barbare de Pythagore, civilisateur des Gètes, Zalmoxis reste un exemple de « sagesse barbare » et une des figures de l'altérité par lesquels les intellectuels grecs pensaient leur propre culture.

L'étude de ces sources, bien différentes du point de vue de l'étendue, du contexte et bien sûr de l'intentionnalité, allant de la simple mention de son nom jusqu'à des développements particuliers, fait état de l'existence de plusieurs traditions littéraires, à travers lesquelles la légende et davantage encore les usages de la figure de Zalmoxis se sont propagés[1]. La lecture de la plupart des modernes, y compris Mircea Eliade, fut déterminée par une chasse de sources « réelles » et de témoignages d'ordre rituel et religieux, où leur arrière-fond organise les principes de cette sélection plutôt que l'interprétation avancée. Car trop souvent, les préjugés de tel ou tel savant ont orienté la recherche dans la direction qui devait nécessairement prouver sa thèse, et conforter, finalement, ses préjugés. Paradoxalement, même si les théories sur Zalmoxis sont infiniment variées, elles se fondent sur l'interprétation des mêmes passages (Hérodote et Strabon, parfois Platon), et davantage encore sur leur surinterprétation radicale, qui passe par le choix d'un auteur, d'un passage, d'une grille de lecture et d'analyse.

Les prétentions gètes à l'immortalité ne sont, pour les Grecs du Pont, que le fruit de l'enseignement de Zalmoxis, ancien esclave de Pythagore. Cette dépendance de Zalmoxis et des Gètes envers Pythagore et les Grecs est restée très puissante, et la relation semble n'avoir jamais été inversée. Même à l'époque hellénistique ou plus tard, quand l'idéalisation des Barbares aboutit au thème de la dépendance philosophique, culturelle et religieuse des Grecs, Zalmoxis reste toujours le disciple de Pythagore. L'explication réside dans le fait que la légende de Zalmoxis était déjà établie, bien avant l'apparition du courant privilégiant l'apport primordial des Barbares et la dette des Grecs, en premier lieu de Pythagore, envers ces mêmes Barbares[2]. Dans ce contexte, il est important de souligner

1. Plus d'une centaine de textes grecs sur Zalmoxis et la religion des Gètes, provenant d'environ soixante auteurs grecs, depuis Hérodote jusqu'à la fin de l'époque byzantine, témoignent de l'ampleur de ce répertoire ; voir D. Dana, *Fontes ad Zalmoxin pertinentes*, Iași, Editura Universității « Al. I. Cuza », 2011. Pourtant, cette image ne doit pas nous tromper, car les textes sont largement répétitifs, et les clichés abondent.

2. Quand une source obscure (reprise par Hippolyte de Rome, *Ref.* 1.2.17 et 1.25) attribue à Zalmoxis la transmission de la doctrine pythagoricienne aux Druides, c'est toujours la dépendance de Pythagore qui est renforcée : le Pythagoricien gète ne fait qu'assurer la

l'absence, dans ces traditions littéraires grecques, de tout élément qui soit attribuable aux Gètes. Si, pour d'autres personnages non-grecs (Zoroastre, Anacharsis, Hermès Trismégiste), leur doctrine est explicitement rapportée à la sagesse barbare, dans le cas de Zalmoxis, cette doctrine est pythagoricienne, donc grecque, et enseignée aux Barbares. Il apparaît ainsi en posture de civilisateur des Barbares ignorants, un motif du folklore colonial des Grecs du Pont au ve siècle av. J.-C., qui perdure.

Disciple *barbare* de Pythagore, même lorsque Pythagore est généralement tenu pour un disciple des Barbares, telle est donc la principale caractéristique de Zalmoxis à l'intérieur des traditions sur les sages barbares. Son image est, le plus souvent, positive. Elle le demeure dans la littérature chrétienne, à quelques exceptions près, car son exemple était utile aux apologies porteuses de la théorie du plagiat, en tant que sage non-grec (bien qu'il soit nommé disciple de Pythagore), et davantage encore en sa qualité d'esclave apte à la philosophie et à la vertu. D'autre part, des allusions ironiques sont présentes aussi, pour des raisons différentes : dénigrement de Pythagore, satire rhétorique ou polémique, pamphlets des auteurs chrétiens contre l'absurdité ou la cruauté des rituels païens, Grecs et Barbares confondus[1].

La biographie de Zalmoxis s'accroît, sur le modèle de Pythagore, tandis que ses connaissances se multiplient; en dehors de son voyage à Samos comme esclave et disciple, il voyage en Égypte, pays de l'initiation philosophique et religieuse, mais aussi en Italie du Sud, voire en Gaule, comme missionnaire pythagoricien auprès des Druides[2]. Quelques anecdotes le placent à l'intérieur de l'histoire légendaire des Pythagoriciens et l'on peut même parler, avec Zoe Petre, d'un *Roman de Zalmoxis*, qui se dessine en

survie du pythagorisme aux marges de l'œcoumène, parmi les Gaulois et, bien sûr, parmi les Gètes.

1. Sage barbare : Clément d'Alexandrie, *Strom.* 4.8. 57.2-58.2 ; Théodoret de Cyr, *Graec. aff. cur.* 1.25 ; Cyrille d'Alexandrie, *C. Iul.*, *PG*, 76, col. 705 B. Esclave vertueux : Hippolyte de Rome, *Ref.* 1.2. 17 et 1.25 ; Origène, *C. Cels.* 3.54 ; Énée de Gaza, *Theophr.* p. 34 Colonna. Dénigrement de Pythagore : Celse (chez Origène, *C. Cels.* 2.55). Satire : Lucien, *Jupp. Trag.* 42, *Deor. conc.* 9, *Scytha* 1 et 4, *Ver. Hist.* 2.17 ; Celse (chez Origène, *C. Cels.* 3.34) ; Agathias de Myrine, *Hist.*, *Prooim.* 3 ; Nicétas Eugénianos, *Anacharsis sive Anania* p. 220-221 Christidis. Critiques chrétiennes : Eusèbe de Césarée, *Laus Const.* 13.5 ; Grégoire de Nazianze, *Carm.* 2.2. 7.274 ; Jean Chrysostome, *De S. Babyla* 10.

2. Samos : Hérodote 4.95 ; Hellanikos de Lesbos, *FGrHist* 4 F 73 ; Lucien, *Jupp. Trag.* 42 ; Hésychios d'Alexandrie, s.v. *Zalmoxis*. Égypte : Strabon 7.3. 5 (C. 297) ; Eustathe de Thessalonique, *Ad Dion.* 304. Italie du Sud : Antonius Diogène, *Les merveilles incroyables d'au-delà de Thulé* (chez Photius, *Bibl.*, cod. 166, 110 a) ; Hippolyte de Rome, *Ref.* 1.2. 17 et 1.25.1-2 ; Dionysophanès, *FGrHist* 856 F 1. Gaule : Hippolyte de Rome, *Ref.* 1.2. 17 et 1.25.1.

parallèle avec le *Roman de Pythagore*, son modèle et son référent constant. Au cours du développement de cette biographie dépourvue de tout fondement historique – selon nos critères –, son *historicité* n'est jamais mise en doute par les Grecs (à l'exception d'Hérodote, mais son soupçon n'a pas, curieusement, attiré l'attention de ses lecteurs), ni même par les chrétiens, pour lesquels les dieux étaient des anciens hommes divinisés.

Le seul texte qui parle d'un Zalmoxis « gète » est celui d'Hérodote, avec la mention des deux rituels; leurs échos, provenant toujours d'Hérodote, sont rares et de plus en plus déformés. Qui plus est, ce même texte n'est que partiellement et diversement lu : selon les époques et les intérêts contextuels de chaque auteur, il subit des transformations incessantes, dans une constellation de filiations, de traditions et d'usages. Or l'image de Zalmoxis dans l'espace littéraire grec est solidaire de l'idée que les Grecs se faisaient des Barbares en général, et des Gètes en particulier : on privilégie, par conséquent, les clichés sur un peuple du Nord plutôt qu'une curiosité réelle. Car les Gètes qui habitent la littérature grecque ont essentiellement les mêmes traits depuis Hérodote jusqu'à la fin de l'époque byzantine, en dépit des changements politiques et des modifications d'appellations (depuis l'époque impériale, quand les sources, notamment les sources latines, parlent de Daces). C'est donc un indice clair qu'il s'agit plutôt d'images littéraires remaniées en fonction des contextes et des sensibilités de chaque auteur. Une polarité est assignée à cet espace par les écrits antiques, faisant coexister aux marges septentrionales de l'œcoumène des pratiques opposées : des guerriers redoutables mais également un peuple très pieux ; la pratique des sacrifices humains mais aussi le végétarianisme ; la polygamie et le célibat[1]. En fin de compte, Zalmoxis est certainement responsable de la constitution de l'image des Gètes comme peuple très ancien et pieux, telle qu'elle est donnée par Poséidonios d'Apamée à la basse époque hellénistique, dans la Seconde Sophistique à l'époque impériale ou chez les apologistes chrétiens pendant l'Antiquité tardive, jusqu'à la fin de la littérature byzantine.

Le texte hérodotéen a imposé ce personnage de fiction, comme le socle commun à toutes les spéculations *littéraires*, dont chaque contexte idéologique et philosophique a su tirer profit. Compte tenu de l'état fragmentaire et problématique de la littérature pythagoricienne « authentique », on ignore la place de Zalmoxis dans ces productions; mais, dans d'autres

1. Figure de Zalmoxis : voir Z. Petre, *Practica*, *op. cit.*, p. 270-271 ; sa postérité dans la littérature grecque (image de l'Autre, les marges du monde) et les Gètes comme *persona ficta* (p. 362-365) ; polarité (p. 206).

courants de pensée, son motif est largement utilisé. Sa mention par Platon dans le dialogue *Charmide*, allusion aux prétentions de rendre immortel par les incantations ou surchants (*epōidai*) des médecins thraces de Zalmoxis, sera reprise par les admirateurs de sa philosophie. Si le médecin thrace de Zalmoxis est certainement une fiction platonicienne (afin de mieux faire passer la thèse de la primauté de l'âme et du tout), le thème de la dépendance envers les Barbares saura utiliser cet épisode, notamment chez les chrétiens[1]. À l'époque hellénistique, on peut supposer une idéalisation de son image, dans le contexte de la littérature péripatéticienne sur la philosophie des Barbares, mais les traces en sont minimes. En revanche, les spéculations stoïciennes sont visibles chez Diodore de Sicile et chez Strabon, derrière lesquels on entrevoit l'œuvre, essentielle mais perdue, de Poséidonios d'Apamée : la divinisation des grands hommes, l'image de nomothète et de législateur, son importance politique. Chez Strabon, par exemple, les Gètes sont présentés comme un peuple très pieux, pratiquant le végétarianisme des pythagoriciens, introduit par Zalmoxis ; à cette image idéalisée s'ajoutent des informations récentes sur le royaume *dace* de Byrébistas (milieu du Ier siècle av. J.-C.), dont le grand prêtre Dékinéos bénéficie d'une biographie construite sur le modèle de Zalmoxis : voyage en Égypte, association à la royauté et présages, enfin divinisation. Ce sont pourtant les néoplatoniciens qui ont le plus transformé son image, intensément liée à Pythagore, comme chez les Chrétiens, qui partageaient le même climat intellectuel : Zalmoxis est un disciple remarquable de Pythagore et ses connaissances deviennent universelles, chez Porphyre ; législateur vénéré et divinisé, il fait partie des anciens pythagoriciens chez

1. Platon, *Charm.* 156 DE et 158 BC. Échos : Apulée, *Apol.* 26 ; Maxime de Tyr, *Or.* 28.4 ; Clément d'Alexandrie, *Protr.* 6.70.1 et *Strom.* 1.15.68.3 (thème du plagiat) ; Julien l'Empereur, *Sall.* 244 A et *Caes.* 309 C ; Hermeias d'Alexandrie, *Schol. Plat. Phaedr.* 274 C (p. 253 Couvreur) ; Stobée 4.37.23 ; Hésychios d'Alexandrie, s.v. *Salmoxis*. Sur Zalmoxis chez Platon : F. P. Coolidge Jr., « The Relation of Philosophy to *Sōphrosynē* : Zalmoxian Medecine in Plato's *Charmides* », *Ancient Philosophy*, 13, 1993, p. 23-36 ; M.-F. Hazebroucq, *La folie humaine et ses remèdes. Platon*, Charmide *ou* De la modération, Paris, Vrin, 1997, p. 111-143 ; L. Brisson, « L'incantation de Zalmoxis dans le *Charmide* (156 D-157 C) », dans Th. M. Robinson, L. Brisson (éd.), *Plato.* Euthydemus, Lysis, Charmides. *Proceedings of the* V Symposium Platonicum. *Selected Papers*, Sankt Augustin, Academia, 2000, p. 278-286 ; D. J. Murphy, « Doctors of Zalmoxis and Immortality in the *Charmides* », dans le même recueil, p. 287-295 ; Z. Petre, « "Zalmoxis, roi et dieu". Autour du *Charmide* », *Dacia*, NS, 51, 2007, p. 47-72 ; J. M. Redfield, "Socrates' Thracian Incantation", dans F. Prescendi, Y. Volokhine (éd.), *Dans le laboratoire de l'historien des religions. Mélanges offerts à Philippe Borgeaud*, Genève, Labor et Fides, 2011, p. 357-374. Pour le terme de « surchants », voir M. Carastro, *La cité des mages. Penser la magie en Grèce ancienne*, Paris, J. Millon, 2006, p. 204-207.

Jamblique; enfin, il devient un «homme divin» (*theios anēr*) chez Hermeias d'Alexandrie. L'immortalité dont parlait Hérodote se transforme en immortalité de l'âme, la supercherie en introduction des mystères[1].

Concernant l'éclairage des traditions littéraires comportant la légende de Zalmoxis, il y a des pertes singulières, dont on ne peut que deviner l'importance du fait de l'état fragmentaire de la documentation. Les sources conservées nous restituent en premier lieu les *topoi* de la légende «canonique». À cet égard, les lectures de sa légende sont largement moralisatrices et ajoutent des embellissements : il est un bon exemple en tant que pythagoricien, philosophe barbare[2], esclave remarquable, législateur, prophète inspiré. Cette approche moralisante va de pair avec l'utilisation rhétorique, ce qui atteste le fait qu'il était un personnage du répertoire littéraire, apte à servir à des multiples intentions. Zalmoxis devient une figure commune du vaste cortège des sages barbares, une référence presque obligatoire dans les listes, d'âge impérial ou chrétien, de personnes prestigieuses. Si les prétextes de son usage changent toujours, son image reste positive, et elle est même de plus en plus idéalisée. Ce trait est commun à toute l'Antiquité, et se maintient jusqu'à nos jours, dans la plupart des usages des modernes[3].

Son altérité est nette dans le texte d'Hérodote, puisque son nom n'est pas «traduit» en grec; il est associé aux rituels étranges, comme le sacrifice humain; et on insiste notamment sur la prétention des Gètes qu'«ils ne meurent point et que celui qui périt va rejoindre Salmoxis, un être divin». Pour l'expliquer, les Grecs du Pont ont forgé l'histoire de Salmoxis esclave de Pythagore, et cette seconde version sera privilégiée par les anciens, qui n'ont cessé de gloser en sa marge. Les identifications anciennes dont on a

1. Diodore de Sicile 1.94.2 (dans une liste avec Zathraustès, c'est-à-dire Zoroastre, chez les «Ariens», et Moïse dérivant ses lois de Iaô, c'est-à-dire Yahvé); Strabon 7.3. 5 (C. 297-298), 7.3. 11 (C. 304) et 16.2. 39 (C. 762). Poséidonios d'Apamée avait écrit sur les «pieux» (*theosebeis*) et «ceux qui marchent dans la fumée» (*kapnobatai*) chez les «Mysiens» (habitants de Mésie, aujourd'hui le nord de la Bulgarie), sur la catégorie des «fondateurs» (*ktistai*) chez les Thraces, ainsi que sur les Gètes très pieux (*peri to theion spoudēn*) (*FGrHist* 87 F 104 = F 277 Edelstein-Kidd, chez Strabon 7.3. 3-4, C. 296-297). Néoplatoniciens : Porphyre, *VP* 14-15; Jamblique, *DVP* XXIII, 103 et XXX, 173; Julien l'Empereur, *Caes.* 327 CD; Hermeias d'Alexandrie, *Schol. Plat. Phaedr.* 274 C (p. 253 Couvreur).

2. Voir, par exemple : [Apollonios de Tyane], *Epp. Apoll.* 28; Dion Chrysostome, *Getika*, *FGrHist* 707 F 1; Diogène Laërce 1.1; Léon le Diacre, *Hist.* 9.6.

3. G. Bessell, *De rebus Geticis*, Diss., Göttingen, 1854, p. 58, pouvait s'exclamer : «Quantae noționes conjunctae erant cum nomine Getarum! Zamolxis, Pythagoras, Thales, immortalitas animorum, lapis sapientium, ut ita dicam, medici insegnissimi, homines justissimi atque fortissimi, morum simplicitas, beata vita sorte sua contentorum, haec omnia cum nomine Getarum per longum tempus conjungebantur».

connaissance, fruit exclusif des spéculations littéraires, sont confuses : Cronos, dieu ambigu (en raison du sacrifice humain), Héraclès (héroïsation des mortels ?), Thalès enfin (sagesse ?). Cette altérité est toujours restée forte, et sa qualité de barbare ne cesse d'être renforcée. Il est remarquable qu'une des deux étymologies anciennes conservées explique son nom précisément comme « étranger » (*xenos anēr*), le projetant explicitement dans l'altérité qui le définit toujours, en tant qu'esclave, barbare, et possesseur de doctrines sur la survie [1].

En dépit du nombre élevé de mentions de Zalmoxis, l'on voit aisément que les traits les plus fréquents sont très stéréotypés. Sa biographie, minimale, n'est jamais cohérente dans tous les détails, parsemés ici et là. Zalmoxis, dont la « nationalité » change beaucoup selon les sources – il serait Gète, Thrace, mais aussi Scythe (à l'époque impériale et byzantine), voire Goth (comme le prétendent Cassiodore et Jordanès, au VIe siècle ap. J.-C.) –, est en fin de compte un personnage littéraire grec, et cette précision est importante. Constituer le dossier sur la religion des Gètes, dossier qui est dominé par la figure omniprésente de Zalmoxis, exploiter les sources peu connues, peu explorées, souvent ignorées, ainsi qu'identifier même des textes inédits, n'a fait que mieux contribuer à une mise en garde contre toute lecture naïve des textes sur les Gètes et sur leur Zalmoxis [2]. Nous n'en savons pas plus qu'Hérodote sur Zalmoxis, lui qui s'interrogeait sur le fait de savoir s'il était homme ou dieu. Mais il est beaucoup plus instructif

1. Zalmoxis identifié à Cronos : Mnaséas de Patara, F 23 Müller (*FHG*, III, 153) = F 28 Cappelletto ; Diogène Laërce 8.2 ; Hésychios d'Alexandrie, s.v. *Salmoxis* ; tradition lexicographique byzantine (Photius, *Etymologicum Genuinum*, *Souda*, *Etymologicum Magnum*) s.v. *Zamolxis* (et confusion avec *chronos*, « temps ») ; la mention des sacrifices accomplis par les Gètes prouve que la raison de cette association est la référence aux sacrifices humains, et aucunement à une post-existence paradisiaque, comme le soutient Eliade. Hercule et Thalès : Porphyre, *VP* 14. « Étranger » : Porphyre, *VP* 15.

2. Comme l'observe Fr. Hartog, cet autre des Grecs, qu'il soit Égyptien, Indien, Perse ou Scythe, est largement un être de fiction, avec lequel les intellectuels grecs font et défont leur propre culture, la revisitant ou la reconstruisant (« Les Grecs égyptologues », *Annales. ESC*, 41, 1986, p. 964). Dans la plupart des sources, la « nationalité » de Zalmoxis est gète ; il est également présenté comme Thrace (Platon, Apulée, Lucien, Diogène Laërce, Hippolyte de Rome, Porphyre, Julien l'Empereur, Théodoret de Cyr, Cyrille d'Alexandrie), comme Scythe – car Hérodote avait consacré son livre IV à la Scythie –, par Lucien, Celse, Cosmas de Jérusalem (*Comm. Greg. Naz. Carm.*, *PG*, 38, col. 509), les *Etymologika* byzantins, Léon le Diacre ; et même comme Goth : Eusèbe de Césarée, *Theoph. Syr.* 2.12 (version syriaque) et Jordanès, *Get.* V, 39 (avec sa riche tradition médiévale). J'ai eu l'occasion d'identifier plusieurs entrées sur Zalmoxis dans quelques lexiques byzantins inédits (*Lexicon Ambrosianum*, *Etymologicum Genuinum*, *Symeonis Etymologicum*, *Magna Grammatica*, lexique de Maxime Planude).

d'accompagner le sage gète lors de ses voyages dans l'espace littéraire grec: peu, sinon presque rien sur les pratiques réelles des Gètes. En revanche, beaucoup sur la manière dont les Grecs, à chaque époque, s'interrogeaient sur les peuples barbares, et, en fin de compte, sur eux-mêmes. Quelles furent, à cet égard, les lectures successives, et notamment celles des modernes?

Dans l'Occident médiéval et l'Europe moderne, le destin de Zalmoxis change d'images, toujours en fonction des sources qui sont accessibles, mais surtout des motivations et des enjeux des différents auteurs qui s'intéressent à son motif. Au Moyen Âge, il ne doit son existence et sa popularité qu'à une confusion riche en résultats, à travers laquelle les hauts exploits et les hommes sages des Gètes seront confisqués au profit des Goths. Cette opération, œuvre de Cassiodore et de Jordanès, aura des échos qui nous portent partout en Europe: en Normandie et en Allemagne, en Espagne et en Suède, pays où Zalmoxis fait figure d'ancêtre des Goths.

Dès l'Antiquité tardive, la littérature grecque n'est plus accessible dans la partie occidentale de l'Empire, à l'exception de quelques traductions. Dans ces conditions, l'utilisation directe du rhéteur Dion Chrysostome par l'érudit Cassiodore a été un moyen privilégié d'accès à une longue tradition littéraire sur la religiosité des Gètes et le portrait de leur personnage représentatif, Zalmoxis. Les *Getika* de Dion de Pruse, mélange habile de *topoi* sur les Gètes et d'informations plus récentes, insistaient sur la figure du grand prêtre Dékinéos, dans son rôle de conseiller spirituel et politique du roi Byrébistas, à travers son œuvre de réformation morale, législative et éducative; les Gètes y étaient célébrés comme plus savants que tous les Barbares et presque égaux aux Grecs. Or cette image, déjà très idéalisée et purement livresque, fut à son tour travaillée par l'érudit conseiller du roi ostrogoth Théodoric, Cassiodore, lequel se dépeint vers 520 sous les traits du *consiliarius Dicineus*. Son *Histoire des Goths*, perdue, confisquait toute la tradition ancienne sur les Gètes (et aussi sur les Scythes) au profit des Goths, en raison de la confusion et de l'identité universellement admises dans l'Antiquité tardive. Ces derniers seront présentés comme un ancien peuple barbare mais plein de vertus, à la fois martiales et morales, qui, originaire de Scandza (Scandinavie) et après un long périple qui les feront séjourner, entre autres, sur le Danube, arrivent dans le centre, Rome. Tout ce processus est encore discernable dans le résumé de Jordanès (milieu du VIe siècle), intitulé *Getica*, grâce auquel cette tradition sur Zalmoxis et

Dicineus sages des Goths deviendra très populaire dans l'Occident médiéval et se perpétuera pendant des siècles[1].

Plusieurs chroniques médiévales de Normandie, d'Allemagne, d'Autriche, de Suède et surtout d'Espagne reprennent cette confusion des Gètes/Goths, au sujet de leurs très anciens rois et sages, parmi lesquels Zalmoxis et Dicineus reçoivent une attention particulière. Parallèlement, au nord de l'Europe, une autre identification s'installe, entre les Daces et les Danois, de telle manière que le nom officiel du Danemark dans les documents latins sera d'habitude *Dacia*. La revendication des Goths comme ancêtres est particulièrement forte en Espagne lorsque celle-ci (re)découvre ses racines wisigothiques, et c'est l'histoire de l'archevêque de Tolède, Rodrigo Jiménez de Rada, au milieu du XIIIe siècle, qui est responsable du retour aux ancêtres *Godos* avec leurs sages, dont les plus loués sont *Zalmoxes* et *Dicineus*. Ce dernier est, d'après le modèle de Jordanès, privilégié dans ces écrits qui vantent l'excellence ainsi que la sagesse des Goths[2].

1. Dion Chrysostome, *Getika*, *FGrHist* 707; Jordanès, *Get.* V, 39-40 (les sages « goths » *Zeuta*, *Dicineus* et *Zalmoxes*) et XI, 67-73 (le sage *Dicineus*, conseiller du roi « goth » *Burvista*, avatar graphique du roi dace Byrébistas). Voir A. Momigliano, « Cassiodorus and Italian Culture of his Time », dans *Studies in Historiography*, Londres, Weidenfeld and Nicolson, 1966, p. 181-210; N. Wagner, Getica. *Untersuchungen zum Leben des Jordanes und zur frühen Geschichte der Goten*, Berlin, W. de Gruyter, 1967; *ZGK*, p. 69-72; G. Dagron, « Une lecture de Cassiodore-Jordanès : les Goths de Scandza à Ravenne », *Annales. ESC*, 26, 1971, p. 301-302; B. Croke, « Cassiodorus and the *Getica* of Jordanes », *Classical Philology*, 82, 1978, p. 117-134; B. Luiselli, « Cassiodoro e la *Storia dei Goti* », dans *Passagio dal Mondo Antico al Medio Evo da Teodosio a San Gregorio Magno*, Rome, Academia Nazionale dei Lincei, 1980, p. 225-253; Z. Petre, « À propos des sources de Jordanès, *Getica* 39-41 et 67-72 », dans L. Boia (éd.), *Études d'historiographie*, Bucarest, Université de Bucarest, 1985, p. 39-51; G. Zecchini, « Cassiodoro e le fonti dei *Getica* di Giordane », dans *Ricerche di storiografia latina tardoantica*, Rome, L'Erma di Bretschneider, 1993, p. 193-209; S. Terrei, « I *Getica* di Dione Crisostomo », *Aevum*, 74, 2000, p. 177-186; A. Søby Christensen, *Cassiodorus, Jordanes and the History of the Goths. Studies in a Migration Myth*, Copenhague, Museum Tusculanum Press, 2002, p. 54-83.

2. Normandie : Fréculphe de Lisieux (vers 830), *Hist.* 1.2.25 (*PL*, 106, col. 962 C-963 A); *Chronicon Vedastinum/Excerpta Duacensia* (fin du XIe siècle), *MGH, SS*, XIII, p. 679 Waitz; Guillaume de Jumièges (XIe siècle), *Gesta Normannorum ducum* 1.2-3; Benoît (fin du XIIIe siècle), *Chronique des ducs de Normandie* 467-476 (le plus ancien manuscrit en vieux français écrit sur le continent). Allemagne : Ekkehard d'Aura (après 1100), *Chronicon universale*, *MGH*, *SS*, VI, p. 120 Pertz. Autriche : Thomas Ebendorfer (vers 1460), *Cronica Austriae*, *MGH*, *SRG*, *NS*, XIII, p. 37-39 Lhotsky. Suède : Ericus Olai (vers 1460), *Chronica regni Gothorum* 6.36 (écho). Espagne : Rodrigo Jiménez de Rada, *Historia de rebus Hispanie* 1.10, 1.13 et 1.15; *Estoria delos Godos* (XIIIe siècle), p. 60-62 Ward; Alfonso X el Sabio, *Primera Crónica General de España* (vers 1270), chap. 388 et 393 (*De los sabios de los godos et de los sos conseieros*, sur *Dicineo*). Pour cette tradition espagnole, voir la section sur le livre

Les données de l'histoire changent à la Renaissance, quand les sources grecques mises de nouveau en circulation vont enrichir la figure du personnage gète. Bien que l'on continue à privilégier Apulée, qui écrivait en latin, ou que l'on utilise le plus souvent les traductions latines des premières éditions des ouvrages grecs, quelques textes antiques importants seront de plus en plus invoqués : Hérodote, Platon naturellement (avec le dialogue *Charmide*), Diodore de Sicile (avec la liste des législateurs inspirés), mais aussi Strabon. Et Zalmoxis change lui aussi d'images : la vogue de la *magia naturalis* à la Renaissance, de même que le développement de l'alchimie, ne tarderont pas à s'emparer à leur tour de ce personnage, qui passera pour un des fondateurs de l'*Ars*. À cette époque qui croyait fortement à la redécouverte d'une ancienne sagesse, préfigurant la vérité chrétienne, et disséminée à la fois en Grèce (Pythagore, Platon) et dans les contrées barbares (Hermès Trismégiste et le *Corpus Hermeticum*, Zoroastre et ses Mages), Zalmoxis acquit une place durable dans les longues listes de sages et de législateurs illustrant cette *prisca theologia*. Sur la base du texte d'Apulée, Zalmoxis, à côté de Zoroastre, devient même le fondateur illustre de la *magia naturalis*, de la bonne magie que les Grecs nommaient *mageia*. On le retrouve dans cette qualité de figure inaugurale chez Marsile Ficin, Pic de la Mirandole, Cornelius Agrippa von Nettesheim et Giambattista della Porta[1]. L'association de Zalmoxis avec la « magie

de Busuioceanu (chap. V). Les confusions Gètes-Goths, Daces-Danois : J. A. Leake, *The Geats of Beowulf. A Study in the Geographical Mythology of the Middle Ages*, Madison, University of Wisconsin Press, 1967 ; B. Luiselli, « Il mito dell'origine troiana dei Galli, dei Franchi e degli Scandinavi », *Romano-Barbarica*, 3, 1978, p. 89-121 ; C. Carozzi, « Des Daces aux Normands. Le mythe et l'identification d'un peuple chez Dudon de Saint-Quentin », dans *Peuples du Moyen Âge. Problèmes d'identification. Séminaire Sociétés, Idéologies et Croyances au Moyen Âge*, Aix-en-Provence, Publications de l'Université de Provence, 1996, p. 7-25.

1. Apulée, *Apol.* 26 ; Marsile Ficin, *Theologia platonica* [1482] 13.1, sur les Mages comme disciples de Zoroastre et Zalmoxis, *Zalmoxis Zoroastrisque spectatores* (trad. fr. R. Marcel, *Marsile Ficin. Théologie platonicienne de l'immortalité des âmes*, Paris, Les Belles Lettres, 1964, p. 198-199) ; Jean Pic de la Mirandole, *De hominis dignitate* [1487], trad. fr. Y. Hersant, *Giovanni Pico della Mirandola. De la dignité de l'homme (Oratio de hominis dignitate)*, Paris, Éditions de l'Éclat, 1993 ; *Cornelius Agrippa. De occulta philosophia libri tres* [1530], Leyde-New York-Cologne, Brill, 1992 (éd. par V. Perrone Compagni), p. 88 (trad. fr. par J. Servier, *Henri Corneille Agrippa. La magie naturelle*, Paris, Berg, 1982, p. 34) ; Giambattista Della Porta, *Magiae naturalis sive de miraculis rerum naturalium libri IIII*, Anvers, 1561, livre I, p. 1 [1558] ; Zalmoxis sera également présent chez le Français G. Naudé, *Apologie pour tous les grands personnages qui ont esté faussement soupçonnéz de Magie*, Paris, 1625. L'histoire de la réception de la figure de Zoroastre à l'époque moderne a été tracée par M. Stausberg : *Faszination Zarathushtra. Zoroaster und die europäische*

naturelle » explique aussi sa présence dans quelques contextes alchimiques : l'esclave de Pythagore se retrouve parmi les *emblemata* des fondateurs de l'alchimie. On lui attribue même un traité sur la pierre philosophale lui est même attribué, en 1608, sous le nom de *Xamolxides* (avec un texte en allemand)[1].

À partir de cette fascination pour la sagesse ancienne, une autre image de Zalmoxis va largement dominer, jusqu'au début du XIXe siècle, l'histoire de ses interprétations. Il s'agit de sa qualité de législateur, très en faveur naturellement, à l'époque des Lumières, quand, selon les mots d'un commentateur, il est appelé le « Numa des Gètes ». On assiste même à des développements intéressants, où la sagesse de Zalmoxis ne dérive plus de Pythagore et des Grecs, mais appartient en propre à un peuple simple, non corrompu par la civilisation. Zalmoxis des Gètes et Anacharsis des Scythes deviennent ainsi les symboles de cette simplicité et de cette innocence perdues, d'une égalité naturelle qui est recherchée par tant d'esprits[2]. On ne

Religionsgeschichte der frühen Neuzeit, I-II, Berlin-New York, W. de Gruyter, 1998 ; il parle de l'histoire des religions comme d'une *Rezeptionsgeschichte*.

1. Benedictus Figulus, *Thesaurinella olympica aurea tripartita*, Francfort, 1608, p. 73-85 : *Tractatus Aureus doctissimi Philosophi, Xamolxidis, quem Dyrrachium Philosophicum vocavit. Item eiusdem colloquium, quod habuit cum Montanis, in quo nobis Philosophis ostenditur verus nostrae Tincturae processus* (Benedikt Töpfer, *Thesaurinella olympica aurea tripartita*, Francfort, 1682², p. 91-109). *Emblema* (avec épigramme) : Daniel Stolcius de Stolcenberg, *Hortulus Hermeticus cupro incisis conformatus, & brevissimis versiculis explicatus*, Francfort, 1627, p. 17 fig. 12 ; J. J. Manget, *Bibliotheca Chemica Curiosa seu Rerum ad Alchemiam pertinentium*, t. II, Genève, 1702, Tab. VIII, fig. 12 (et épigramme à la p. 896).

2. Dans la liste des législateurs : M. Ficin, *Omnia divini Platonis opera*, Bâle, 1546, p. 49 ; T. Campanella, *Civitas Solis. Poetica Idea Reipublicae Philosophicae* (Francfort, 1623 ; Paris, 1637 ; Utrecht, 1643). Législateur : J. A. Fabricius, *Bibliotheca graeca sive notitia scriptorum veterum Graecorum*, t. I, Hambourg, 1718³, p. 538-539 (*De Zamolxi legislatore Getarum*) ; J.-B. Bourguignon D'Anville, *Mémoire sur la nation des Gètes et sur le Pontife adoré chez cette nation*, dans *Histoire de l'Académie royale des inscriptions et belles-lettres*, t. XXV, Paris, 1759, p. 34-47 (qui le compare déjà au Dalaï-Lama des Tibétains) ; J. Chr. Engel, *Commentatio de expeditionibus Traiani ad Danubium, et de origine Valachorum*, Vienne, 1794, p. 50-55 (*A Philosophis domesticis, et imprimis a Zamolxide Getarum Numa*). Même image dans les dictionnaires : s.v. *Zamolxis, Samolses*, dans J. H. Zedler, *Grosses vollständiges Universal-lexicon aller Wissenschaften und Wünste*, t. LX, Leipzig-Halle, 1749, col. 1484-1489 ; Chr. G. Jöcher, s.v. *Zamolxes*, dans *Allgemeines Gelehrten Lexicon*, t. IV, Leipzig, 1751, col. 2142-2143 ; s.v. *Zamolxis*, dans *Encyclopédie ou dictionnaire raisonné des sciences etc.*, t. XVII, Neuchâtel, 1765, p. 690-691 ; *cf.* aussi t. XXXV, p. 899, où Xamolxis est dit « génie supérieur, qui fleurissoit long-temps avant Pythagore » ; et D. Diderot, s.v. *Scythes, Thraces et Getes, philosophie des*, t. XIV, p. 848-849 ; s.v. *Zamolxis*, dans *Encyclopédie méthodique. Histoire*, t. V, Paris, 1791, p. 696-697. Zalmoxis est vu comme législateur par Montaigne, *Essais*, livre II, chap. XVI (*De la gloire*, écho de Diodore de Sicile), et par Rousseau (dernière réponse à M. Bordes, 1752 : Zalmoxis parmi les philo-

s'étonnera donc pas de retrouver Zalmoxis comme personnage de roman dans les *Voyages de Pythagore* du polygraphe Sylvain Maréchal, publiés en l'an VII sous la Révolution (1799). Porte-parole des Druides (remarquons les multiples « nationalités » de ce personnage bizarre !), il s'engage dans des conversations souvent contradictoires avec le sage grec, son ancien maître, lors de sa visite de la Gaule (au cinquième tome). À travers leur dialogue, tout le programme des années révolutionnaires se dessine, avec le culte de la Raison et de la Nature, la grandeur de la Nation, mais où le contrôle est détenu par cette élite politique et spirituelle que sont les Druides [1]. Inventeur de la bonne magie ou sage législateur et civilisateur de son peuple fruste, Zalmoxis est toujours considéré comme un personnage historique, ayant réellement vécu. Pourtant, son image n'est pas toujours positive : il commence à être vu comme un exemple d'imposture et de tromperie, dans une littérature qui s'attaque à la prééminence du christianisme ; il arrive même que les rituels cruels des Gètes soient dénoncés. Toujours est-il qu'il peut très bien servir d'exemple dans nombre de thèses, comme c'est le cas avec David Hume, pour lequel les Gètes sont théistes [2]...

La redécouverte des sources antiques avait entraîné un nouveau conflit entre les lettrés de l'ancien continent. Si le Sud, davantage en Italie, se

sophes des Barbares, écho de Diogène Laërce) ; ainsi que par l'Américain Noah Webster, dans *Examination of the Leading Principles of the Federal Constitution* (1787).

1. S. Maréchal, *Voyages de Pythagore en Égypte, dans la Chaldée, dans l'Inde, en Crète, à Sparte, en Sicile, à Rome, à Carthage, à Marseille et dans les Gaules ; suivis de ses lois politiques et morales*, t. I-VI, Paris, 1799. Voir P. Casini, « Pythagore en France à l'aube des Lumières », dans Chr. Mervaud, S. Menant (éd.), *Le siècle de Voltaire. Hommage à René Pomeau*, Oxford, The Voltaire Foundation, 1987, p. 254 ; P. Casini, « Sylvain Maréchal et l'avatar de Pythagore sous la Révolution », dans *Ici et ailleurs : le dix-huitième siècle au présent. Mélanges offerts à Jacques Proust*, Tokyo, 1996, p. 285-298 ; P. Casini, *L'antica sapienza italica. Cronistoria di un mito*, Bologne, Il Mulino, 1998, p. 225-238.

2. Imposture : *Traité des trois imposteurs. Moïse, Jésus-Christ, Mahomet. Attribué au Baron d'Holbach*, Paris, Éditions de la Passion, 1991. Paru en France en 1768 et connaissant plusieurs réimpressions, ce traité était déjà publié à Rotterdam, en 1721 (*De tribus impostoribus*) ; s.v. *Zamolxis*, dans *Encyclopédie méthodique. Antiquité, mythologie*, t. V, Paris, [1793], p. 890-891 : l'histoire de la chambre souterraine est un « prétendu prodige » ; quant au messager, « la manière dont ils le faisoient, également cruelle & bizarre, prouve qu'en mourant *Xamolxis* n'avoit pas beaucoup réussi à les polir ». Au début du siècle des Lumières, Pythagore fut, lui aussi, dévoilé : voir P. Casini, « Pythagore en Angleterre dans la seconde moitié du XVIIe siècle », dans G. Barber, C. P. Courtney (éd.), *Enlightenment Essays in Memory of Robert Shackleton*, Oxford, The Voltaire Foundation, 1988, p. 27-38. Théisme : « The *Getes...* were genuine theists and unitarians. They affirmed Zamolxis, their deity, to be the only true god ; and asserted the worship of all other nations to be addressed to mere fictions and chimeras » (D. Hume, *The Natural History of Religion*, Londres, 1757, p. 53).

réclame des Grecs et plus particulièrement des Romains, le Nord et les pays germaniques invoquent des racines non classiques et autochtones. *Humanitas* d'un côté, *barbaria* de l'autre, mais une « barbarie » qui est investie de beaucoup de qualités par ses tenants. Derrière cette controverse se cache la concurrence non seulement intellectuelle, mais plus encore politique, bientôt superposée par le découpage entre les protestants et les catholiques. *Germania* de Tacite et *Getica* de Jordanès sont, pour les tenants du germanisme, les sources *classiques* qui attestent la vigueur et l'excellence des peuples *barbares* du Nord. À l'intérieur de ce courant, le *gothicisme* réclame la reconnaissance de la prééminence et de l'excellence des Goths, un peuple qui aurait parcouru et conquis presque toute l'Europe.

Favorisé par la Renaissance allemande, le gothicisme connaît pourtant son apogée en Suède, où les savants invoquent Scandza comme berceau des Goths. Bientôt, dans ce type d'écrits, la Suède deviendra le lieu d'origine de toute la civilisation européenne, patrie de la langue originaire, de l'écriture et de la législation. Le texte de Jordanès (*Getica*) est le meilleur argument pour ceux qui soutiennent l'identité Gètes/Goths/Suédois, et les passages sur Zalmoxis et Dicineus deviennent vite très populaires. Toutefois, par rapport au Moyen Âge (quand l'image de Dicineus domine), cette fois c'est Zalmoxis qui retient davantage l'attention, car d'autres sources anciennes sont ajoutées afin de mieux dessiner son image. Cette abondance d'écrits au sujet de l'excellence des Goths/Suédois, qui trouve son sommet dans l'*Atlantica* de Rudbeck, est la mieux représentée, dans le cas de Zalmoxis, par la monographie qui lui est consacrée en 1687 à Uppsala; elle est signée par le juriste Carolus Lundius : *Zamolxis, primus Getarum legislator*. Législateur et roi des Goths, Zalmoxis est pour Lundius le meilleur argument permettant de prouver l'excellence des Goths, au moment où l'empire suédois connaissait la fin d'une période de prospérité et d'expansion autour de la mer Baltique[1]. Notons que la première

1. Sur le gothicisme : J. Svennung, *Zur Geschichte des Goticismus*, Uppsala, Almqvist & Wiksell, 1967 ; F. L. Borchardt, *German Antiquity in Renaissance Myth*, Baltimore-Londres, Johns Hopkins Press, 1971 ; J. Svenbro, « L'idéologie "gothisante" et l'*Atlantica* d'Olof Rudbeck. Le mythe platonicien de l'Atlantide au service de l'empire suédois du XVIIe siècle », *Quaderni di Storia*, 11, 1980, p. 121-156 ; K. Johannesson, *The Renaissance of the Goths in Sixteenth-Century Sweden. Johannes and Olaus Magnus as Politicians and Historians*, Berkeley, University of California Press, 1991. En Allemagne : H. Pantaleon, *Prosopographia heroum atque illustrium virorum totius Germaniae*, Bâle, 1565 : *Diceneus Magus*, p. 80; *Zamolxis Philosophus*, p. 56-57, (version allemande en 1571). Sur Rudbeck, *cf.* G. Eriksson, *The Atlantic Vision. Olaus Rudbeck and Baroque Science*, Uppsala, 1994 ; P. Vidal-Naquet, *L'Atlantide. Petite histoire d'un mythe platonicien*, Paris, Les Belles Lettres, 2005, p. 74-78 (Rudbeck remplace Israël par l'Atlantide dans son rôle de peuple élu).

monographie moderne sur Zalmoxis, motivée d'abord par sa forte légitimation dans l'Antiquité, n'est pas l'œuvre de ses « héritiers légitimes » (pour utiliser le langage de l'historiographie roumaine), mais le fruit d'un courant développé en Suède : indice de l'universalité, des voyages et des usages du motif de Zalmoxis.

Pourtant, le gothicisme n'était pas uniquement l'apanage des savants allemands ou suédois, car il a connu d'autres développements intéressants en Espagne, en Transylvanie (où les Saxons revendiquent comme ancêtres les Daces et les Gètes) ou en Prusse[1]. Encore plus étonnant est le cas de la Pologne, où, au début du XIXe siècle, le fondateur des études classiques dans ce pays, G. E. Groddeck, compose deux dissertations sur la religion des Gètes *athanatizontes* et sur les sources grecques concernant Zalmoxis. Il s'engage dans une correspondance à ce sujet avec Joachim Lelewel, dans une Pologne qui, jusqu'au milieu du siècle en question, revendique les « Géto-Daces » comme ancêtres et comme champions de la lutte pour la liberté[2].

Dans l'espace créé par ces débats, où le latin cède graduellement la place aux langues vernaculaires dans les écrits érudits, plusieurs inter-

1. Espagne : Pedro de Medina, *Libro de grandezas y cosas memorables de España*, 1548, chap. XVIII ; Iulian del Castillo, *Historia de los reyes godos que vinieron de la Scythia de Europa contra el Imperio Romano, y a España*, Burgos, 1582 (continuation par son fils, Madrid, 1624) ; voir A. Redondo, « Les divers visages du thème (wisi)gothique dans l'Espagne des XVIe et XVIIe siècles », dans J. Fontaine, C. Pellistrandi (éd.), *L'Europe héritière de l'Espagne wisigothique*, Madrid, Casa de Velázquez, 1992, p. 353-364. Transylvanie : voir K. K. Klein, « Die Gothen-Geten-Daken-Sachsengleichung in der Sprachentwicklung der Deutschen Siebenbürgens », *Südost-Forschungen*, 11, 1946-1952, p. 84-154 ; K. K. Klein, *Transsylvanica. Gesammelte Abhandlungen und Aufsätze zur Sprach- und Siedlungsforschung der Deutschen in Siebenbürgen*, Munich, R. Oldenbourg, 1963 ; K. K. Klein, *Saxonica Septemcastrensia. Forschungen, Reden und Aufsätze aus vier Jahrzehnten zur Geschichte der Deutschen in Siebenbürgen*, Marburg, Elwert, 1971, p. 24-25, 293-323. Prusse : M. Praetorius, *Orbis Gothicus*, Oliva, 1688. Un des derniers tenants de l'identité Gètes-Goths est Jacob Grimm (voir *infra*, p. 100, n. 1).

2. G. E. Groddeck, *Getae ATHANATIZONTES sive de immortalitatis quam Getis persuasisse dicitur Zamolxis ratione*, Vilnius, 1819 (13 p.) ; G. E. Groddeck, *Graecorum de Zamolxide fabulae*, Vilnius, 1821 (11 p.). Voir J. Trynkowski, « Problemy religii Getów w korespondencji Godfryda Ernesta Groddecka i Joachima Lelewela » (pol. : *Les problèmes de la religion des Gètes dans la correspondance de Godfryd Ernest Groddeck et Joachim Lelewel*), *Przeglad Historyczny*, 71, 1980, p. 325-331. À ce dossier s'ajoute le poème fragmentaire « Dacie » du romantique Teofil Lenartowicz (1822-1893) et le curieux ouvrage de S. Schneider, *Czy Getowie wierzyli w jednego Boga ? Studyum z zakresu religii i mitologii porównawczej* (pol. : *Est-ce que les Gètes croyaient en un seul Dieu ? Étude de la religion et de la mythologie comparée*), Cracovie, 1905. La paternité de la formule « Géto-Daces », devenue courante dans l'historiographie roumaine, est donc polonaise.

prétations de Zalmoxis commencent alors leur longue marche, allant de pair avec l'analyse plus poussée des sources, les comparatismes, les spéculations étymologiques, les parallèles ethnographiques.

Au cours des deux derniers siècles, tous les courants et les paradigmes en vigueur au sein de l'histoire des religions sont largement reflétés dans l'interprétation de Zalmoxis. Le plus influent est le naturalisme – Zalmoxis comme dieu de la terre et de la végétation, à partir d'une étymologie qui le rapportait à la « terre » –, avec la variante du totémisme (dieu-ours). Son image se colore ensuite, à partir de son assimilation à Dionysos et aux orgies (Erwin Rohde), avec une attention particulière portée à l'immortalité, dans plusieurs variantes spiritualistes. Plus récemment, on note le chamanisme, la religion initiatique (culte à Mystères), et même la religion trifonctionnelle, dans une approche inspirée par la théorie dumézilienne. Le même dossier interprétatif décrit la religion gète comme : polythéisme (Zalmoxis étant habituellement le dieu suprême), monothéisme (dieu unique, préfiguration de la doctrine chrétienne), hénothéisme (culte prééminent), dualisme (Zalmoxis comme divinité positive), culte ésotérique (initiations et Mystères)[1]. À l'exception de quelques approches isolées où Zalmoxis est considéré comme un fondateur ayant réellement vécu, il est généralement vu par les modernes comme une ancienne divinité « barbare ».

Les premières études avec des développements plus longs concernant Zalmoxis apparaissent vers 1850, et s'étoffent particulièrement grâce à l'essor de la philologie allemande. À la même époque se répand la vogue, et bientôt l'obligation, de proposer des étymologies et des comparaisons à l'intérieur de la famille indo-européenne, ainsi qu'avec les sociétés ethno-

1. Totémisme – à partir du texte de Porphyre, *VP* 14 : « Il y avait aussi un autre adolescent, acquis en Thrace, qui se nommait Zamolxis, parce que dès sa naissance on avait jeté sur lui une peau d'ours » (trad. É. Des Places) ; ainsi, J.-G. Frazer, *Le totémisme. Étude d'ethnographie comparée*, trad. fr., Paris, Schleicher frères, 1898, p. 49 ; exemple repris par S. Reinach, *Cultes, mythes et religions*, Paris, E. Leroux, 1922[3], p. 20 ; O. Kern, *Die Religion der Griechen*, Berlin, Weidmann, 1926, p. 14-15 ; et notamment Rh. Carpenter, *Folk Tale, Fiction and Saga in the Homeric Epics*, Berkeley-Los Angeles, University of California Press, 1946, p. 112-135. Monothéisme : J. Coman, « Zalmoxis. Un grand problème gète », *Zalmoxis*, 2, 1939, p. 79-110. Hénothéisme : V. Pârvan, *Getica*, *op. cit.*, p. 263-276 (p. 850-851, résumé fr.). Dualisme : A.-D. Xénopol, *Histoire des Roumains*, *op. cit.*, t. I, p. 27-34 (paradigme iranien) ; R. Pettazzoni, « La religione dell'antica Tracia », dans *Essays on the History of Religions*, Leyde, Brill, 1954, p. 81-94 (*L'onniscienza di Dio*, Turin, Einaudi, 1955, p. 259-285) (dualisme économico-social).

graphiques, prétendument identiques aux sociétés barbares anciennes, et considérées comme « inférieures » par rapport au monde grec aussi bien qu'à l'Europe occidentale. Ces études sont contemporaines de la naissance de la linguistique comparée et de l'histoire des religions [1], et elles reflètent les cheminements de ces deux disciplines.

À partir du milieu du XIXe siècle, Zalmoxis fut perçu surtout comme un dieu chthonien, de la terre et de la végétation ; l'histoire de la chambre souterraine est vue comme un indice des disparitions périodiques de la divinité, suivant les cycles de la nature. Par ailleurs, les Thraces étaient unanimement perçus comme un peuple barbare et sauvage, dominé par des rites orgiaques, tel le culte de Dionysos, censé être d'origine thrace – selon l'interprétation, très influente, d'Erwin Rohde dans *Psyché* [2].

Pourtant, parallèlement à cette conception, une autre vision subsiste et se développe. Il est ainsi possible d'affirmer que des croyances « supérieures » sont propagées par des Barbares, et le rapport de dépendance Grecs-Barbares se trouve donc renversé. Cette tendance sera

1. Ath. S. Rhousopoulus, *De Zamolxide secundum veterum auctoritatem*, Diss., Göttingen, 1852 (48 p., en grec) ; G. Bessell, *De rebus Geticis*, Diss., Göttingen, 1854 (en latin) ; C. Cless, s.v. *Zamolxis*, dans *Real-Encyclopädie der classischen Alterthums-wissenschaft*, t. VI. 2, Stuttgart, 1852, p. 2817-2819 ; E. R. Roesler, *Das vorrömischen Dacien*, Vienne, 1864, p. 44-66 ; K. Müllenhoff, *Deutsche Altertumskunde*, t. III, Berlin, Weidmann, 1892, p. 125-163 ; K. von Fritz, s.v. *Zalmoxis*, *Realencyclopädie der classischen Altertumswissenschaft*, Stuttgart, J. B. Metzler, t. IX.A. 2, 1967, col. 2301-2303. Dans un ouvrage intitulé *Über Iornandes und die Geten* (Berlin, 1846), Jacob Grimm soutenait encore la thèse de l'identité Gètes-Goths. Pour la naissance des études indo-européennes et de la mythologie comparée, voir M. Olender, *Les langues du Paradis. Aryens et Sémites : un couple providentiel*, Paris, Seuil, 1989 ; Ph. Borgeaud, *Aux origines de l'histoire des religions*, Paris, Seuil, 2004.

2. Origine thrace du culte de Dionysos et Zalmoxis comme Dionysos thrace : E. Rohde, *Psyche. Seelenkult und Unsterblichkeitsglaube der Griechen*, Fribourg-Leipzig, A. Kröner, 1893 et 1894 ; *Psyché. Le culte de l'âme chez les Grecs et leur croyance à l'immortalité*, trad. fr., Paris, Payot, 1952² [1928] ; après le déchiffrement des tablettes mycéniennes, la thèse de l'origine thrace de Dionysos n'est plus soutenable. Théories naturalistes sur Zalmoxis : W. Tomaschek, *Die alten Thraker. Eine ethnologische Untersuchung*, Vienne, t. II, 1884, p. 62-67 ; A.-D. Xénopol, *Histoire des Roumains*, *op. cit.* ; G. Kazarow, « Zalmoxis », *Klio*, 12, 1912, p. 355-364 ; H. J. Rose, s.v. *Thrace*, dans J. Hastings (éd.), *Encyclopaedia of Religion and Ethics*, Édimbourg, T. and T. Clark, 1921, p. 324-331 ; C. Clemen, « Zalmoxis », *Zalmoxis*, 2, 1939, p. 53-62 ; I. I. Russu, « Religia Geto-Dacilor. Zei, credințe, practici religioase » (*La religion des Géto-Daces. Dieux, croyances, pratiques religieuses*), *Anuarul Institutului de Studii Clasice–Cluj*, 5, 1944-1948, p. 61-139 ; F. Pfister, « Zalmoxis », dans G. E. Mylonas, D. Raymond (éd.), *Studies Presented to David Moore Robinson on his Seventieth Birthday*, t. II, Saint Louis (Missouri), Washington University, 1953, p. 1112-1123 ; I. I. Russu, s.v. *Zalmoxis*, dans *Realencyclopädie*, *op. cit.*, t. IX.A. 2, 1967, col. 2303-2305.

favorisée, d'une part, par l'intérêt national pour les origines, manifesté par la mise à l'écart des influences « classiques » au profit de « racines » locales, en Roumanie et en Bulgarie ; d'autre part, par le décentrage majeur opéré au XXe siècle par l'anthropologie, quand les populations « primitives » et « barbares » seront revalorisées, pour diverses raisons. De ce fait, la vision courante de nos jours découvre parmi les peuples « barbares » des pratiques qui sont (pour les spécialistes) très valorisées, consciemment ou non : initiations, chamanisme, symbolisme. Or la facilité avec laquelle cette nouvelle vision s'est imposée et propagée dans les milieux scientifiques et de vulgarisation est identique à celle qui, au XIXe siècle, voyait parmi les *mêmes* peuples des pratiques et des croyances tenues pour non civilisées, cruelles et absurdes (animisme, totémisme, sacrifices humains). Les données analysées sont, dans leurs grandes lignes, les mêmes ; les comparaisons s'effectuent toujours avec des sociétés « ethnographiques » ; pourtant, le résultat est inverse : car aujourd'hui ce sont les tenants non-grecs de la comparaison qui sont valorisés.

Vers la seconde moitié du XXe siècle, le paradigme interprétatif général ayant changé, le statut de Zalmoxis dans l'histoire des religions ne tardera pas à se transformer lui-aussi. Son culte est maintenant envisagé de deux façons : chamanisme, dans une vision qui reste encore influente ; ensuite, religion à Mystères, précisément la thèse popularisée par Mircea Eliade, et qui domine les approches les plus récentes.

La catabase relatée par Hérodote 4.95-96 (l'histoire de la chambre souterraine et de la tromperie de Salmoxis), interprétée presque unanimement au XIXe siècle comme un trait chthonien, sera ensuite généralement liée au chamanisme « thrace » ou « scythe », explication facile qui cherche à justifier tout ce qui ne semble pas « grec » ou « classique » à travers un diffusionnisme des pratiques venues du Nord. Le père de la théorie chamaniste dans le domaine grec est le savant suisse Karl Meuli, mais elle ne se répandra largement que grâce au livre influent d'Eric R. Dodds. Selon Meuli, les traits chamaniques en Grèce sont le résultat d'une influence soit scythe, soit autochtone en Grèce. En revanche, Dodds adhère fermement à la thèse de l'origine nordique du « chamanisme » grec, Zalmoxis étant censé jouer un rôle important dans cette médiation[1] :

1. K. Meuli, « Scythica », *Hermes*, 70, 1935, p. 121-176 (*Gesammelte Schriften*, t. II, Bâle-Stuttgart, Schwabe, 1975, p. 817-879) ; W. Burkert, « GOES. Zum griechischen "Schamanismus" », *Rheinisches Musem*, 105, 1962, p. 36-55 ; E. R. Dodds, *The Greeks and the Irrational*, Berkeley, University of California Press, 1951 (trad. fr., *Les Grecs et l'irrationnel*, Paris, Aubier, 1965, p. 148 et 151). Ce livre contient le texte des conférences présentées en tant que Visiting Professor à l'Université de Berkeley (Californie, 1949), ayant

> le véritable Zalmoxis était un *daimôn*, ou peut-être un chaman du passé lointain dont on avait fait un héros (...). Je conclus qu'Orphée est un personnage thrace dans le genre de Zalmoxis – un chaman mythique ou un prototype mythique du chaman.

Dodds soutenait la thèse de l'existence d'une forte influence chamaniste sur des personnages grecs prestigieux (Pythagore, Épiménide, etc.), à travers une médiation nordique, plus précisément scythe et thrace. De ce fait, Zalmoxis est vu comme un chaman héroïsé ou un prototype divin du chaman, dans une liste qui comprend aussi Abaris, Aristéas de Proconnèse, Épiménide, Pythagore, Empédocle, Orphée. La vision d'un Pythagore chaman, telle que Dodds la décrit, est forte encore chez Walter Burkert, qui parle d'une *tradition « chamaniste »*, davantage au sujet de Zalmoxis, dans son livre influent sur le pythagorisme ancien. C'est ainsi que la thèse d'un Zalmoxis chaman devient une opinion commune. Récemment, Peter Kingsley renforce cette même idée, en envisageant les Iraniens, ou bien les Scythes et les Thraces, comme intermédiaires de ces transmissions chamaniques aux Grecs. En revanche, dans son livre classique sur le chamanisme, Eliade relativisait la thèse du chamanisme grec et ne voyait pas en Zalmoxis un chaman [1], car, comme nous le verrons, il était partisan d'un culte initiatique.

Notons d'emblée que, dans l'histoire des religions, le traitement des religions des peuples habitant le Nord a été fortement influencé par l'image

comme objet l'étude de l'irrationalité humaine dans toutes ses manifestations, ainsi que la place dans la culture grecque du rêve, de la transe, de la magie. Voir son propre commentaire, qui est remarquable : « The labour seemed to me worthwhile, for in trying to understand a little better the ancient Greek world I was also trying, as I has always done, to understand a little better the world I lived in... In book form the lectures attracted an even wider circle of readers – mainly, I suppose, because they fitted in the *Zeitgeist*. The cultivated public in Europe as well as in America was growing tired of hearing the Greeks presented to it as model rationalists, the forerunners of the modern scientific outlook, and was glad to be told that they had also, like us, wrestled in their own way with the darker and less rational elements in human experience. I had acquired by accident something of an international reputation » (*Missing Persons. An Autobiography*, Oxford, Clarendon Press, 1977, p. 180-181).

1. Chamanisme : W. Burkert, *Weisheit und Wissenschaft. Studien zu Pythagoras, Philolaos und Platon*, Nuremberg, Hans Carl, 1962, p. 98-142 (p. 109 n. 75 : chez les Thraces, un chaman comme successeur de Zalmoxis, citant Strabon); M.-F. Hazebroucq, *La folie humaine et ses remèdes*, *op. cit.*, p. 34 n. 3 (pour Platon, *Charm.* 158 B); P. Kingsley, « Greeks, Shamans and Magi », *Studia Iranica*, 23, 1994, p. 187-198; P. Kingsley, *Ancient Philosophy, Mystery, and Magic. Empedocles and Pythagorean Tradition*, Oxford, Oxford University Press, 1995, p. 217-232; J. Bollansée, *Hermippus of Smyrna. FGrHistCont IV A 3*, Leyde-Boston-Cologne, Brill, 1999, commentaire au F 24, p. 263-276. Critique : M. Eliade, *Le chamanisme et les techniques archaïques de l'extase*, Paris, Payot, 1968² [1951], p. 305-306 (« Grèce ancienne », chapitre utilisé dans la monographie de 1970).

particulière donnée par les Grecs (dans un premier temps) ainsi que par les préjugés et les théories des modernes sur ces peuples « primitifs » (dans un deuxième temps) dont on accentue l'écart, voire l'opposition fondamentale face au monde grec, classique, rationnel. C'est ainsi que la vision de la religion thrace et scythe devint un moyen privilégié de reléguer tous les aspects arbitrairement définis comme « non-grecs » : chamanisme, rituels orgiaques, extatisme, sacrifices humains… Après un demi-siècle, même le livre de Dodds témoigne de son fort préjugé dans la bonne tradition classiciste : l'« irrationnel » est d'abord défini et décrit à l'intérieur de la culture grecque, et, finalement, il apparaît comme étant d'origine étrangère ! Il est significatif que les passages les plus cités par tous ces savants afin d'illustrer la thèse du chamanisme grec soient les plus tardifs, et par conséquent les moins susceptibles de nous restituer la « vérité » sur ces pratiques assignées à l'époque archaïque. Jan Bremmer démontre systématiquement la fausseté des théories animistes ou chamanistes pour les principales figures grecques. Par ailleurs, le chamanisme « scythe » (et plus encore thrace) est une fabrication des modernes, et il n'y a pas d'évidence probante d'une influence chamaniste en Grèce archaïque [1].

L'étude de la figure de Zalmoxis le prouve aussi. La catabase de Zalmoxis dans le récit prêté par Hérodote aux Grecs du Pont est la pièce maîtresse de l'argumentation de ceux qui aiment voir dans le dieu gète un chaman (et, pour d'autres, un maître des initiations). Ce qui me semble important dans toute cette tradition interprétative, c'est la supposition que le récit hérodotéen (provenant en réalité des Grecs du Pont) serait à comprendre comme relatant, même si à travers une évhémérisation / rationalisation, des pratiques religieuses gètes *réelles*. Or, force est de constater que ce passage n'est qu'une parodie des pratiques et surtout des croyances des Pythagoriciens. Le rapprochement entre Gètes et pythagoriciens ne nous apprend donc pas grand-chose, en réalité, sur les croyances et les pratiques religieuses effectives des Gètes. Qui plus est, tous les éléments supposés chamaniques dans le cas de Zalmoxis – la descente souterraine en

1. Voir l'étude capitale de R. N. Hamayon, « Shamanism : Symbolic System, Human Capability and Western Ideology », dans H.-P. Francfort, R. N. Hamayon (éd.), *The Concept of Shamanism : Uses and Abuses*, Budapest, Akadémiai Kiadó, 2001, p. 1-27. Dans le même recueil, P. Hadot réfute la thèse du « chamanisme grec », p. 389-401 et remarque que les travaux de Dodds, Burkert et Eliade se fondaient sur une conception du chaman très spiritualisée et idéalisée. Critiques du même concept fallacieux : J. Bremmer, *The Early Greek Concept of the Soul*, Princeton (N. J.), Princeton University Press, 1983 ; J. Bremmer, *The Rise and Fall of the Afterlife. The 1995 Read-Tuckell Lectures at the University of Bristol*, Londres-New York, Routledge, 2002, p. 27-40.

premier lieu, mais aussi les initiations, les incantations, le tatouage, la danse – font en réalité partie de la tradition *littéraire* du personnage gète, tradition placée dans le contexte de la littérature « romanesque » forgée autour de Pythagore et de ses émules. Surinterpréter ces textes, ignorer leurs raisons précises et contextuelles et supposer toujours derrière une réalité religieuse gète est un chemin interprétatif qui mène à une impasse – et qui est responsable, finalement, de la pléthore de théories au sujet de Zalmoxis[1].

Zalmoxis demeure ainsi un motif commode qui se plie à toutes sortes d'interprétations : imposture et sottise des indigènes mais également sagesse barbare; primitivisme des peuples non-grecs mais également initiations et cultes prestigieux des peuples archaïques; nationalisme et enjeux identitaires. Paradoxalement, ces thèses sont déterminées par le caractère lacunaire et ambigu des sources qui furent, à leur tour, utilisées de manière sélective, sinon partisane. L'une des grilles de lecture les plus exploitées, de manière consciente ou non, témoigne du paradigme chrétien, notamment dans l'interprétation du texte hérodotéen et dans la description de la « religion » de Zalmoxis, insistant de manière obsessionnelle sur l'immortalité. Plus récemment encore, le penchant contemporain pour des phénomènes comme le chamanisme, les initiations et les Mystères, dont l'association avec l'immortalité est plus affirmée que prouvée, joue dans le même sens. L'interprétation livrée par Mircea Eliade en 1970 doit être considérée dans ce tissu délicat de présupposés et d'usages, jamais innocents.

LE ZALMOXIS D'ELIADE : DIEU DE L'INITIATION ET DES MYSTÈRES (1970)

Le paradigme interprétatif le plus répandu aujourd'hui est celui qui propose de voir dans le culte de Zalmoxis une religion initiatique, schéma explicatif favorisé par la vogue pour les initiations et les « religions à Mystères ». L'arrière-plan est fourni par les rapprochements opérés dès le XIXe siècle entre le culte dionysiaque et Zalmoxis. Cette longue tradition est illustrée brillamment par Rohde dans *Psyché*, d'après lequel le culte orgiaque de Dionysos trouverait son origine en Thrace. Dans cette ligne, les mystères de Sabazios et de Zalmoxis auraient comme but d'assurer la survie de l'âme. Des interprétations diverses à propos d'une composante

1. Voir, pour plus de détails, mon étude « Preuve et malentendu. Le mythe historiographique de l'origine et de la transmission du chamanisme en Grèce ancienne », *Cahiers du Centre de Recherches Historiques*, 45, 2010, p. 109-128.

mystérique du culte de Zalmoxis seront nombreuses par la suite. Ainsi, l'historien des religions italien Ugo Bianchi, qui s'intéressait surtout à la gnose et au dualisme, voyait dans les traditions religieuses thraces des aspects « dualistes » : vie ascétique, penchant pour l'immortalité, un type de spiritualité dualiste et anti-cosmique, peut-être continué par les Bogomiles dans les Balkans[1]. Tout cela est, évidemment, extrêmement spéculatif. Cette interprétation spiritualiste touchera bientôt l'historiographie roumaine, favorisée par le nouvel intérêt pour les ancêtres daces. Dès les années 1930, Jean Coman, ami et collaborateur d'Eliade à la revue *Zalmoxis*, avait popularisé, en tant que disciple et admirateur zélé de Vasile Pârvan, une vision extrêmement spiritualisée du dieu gète : Zalmoxis comme personnage historique et civilisateur, fondateur et missionnaire d'une religion supérieure, prêchant le monothéisme et l'immortalité de l'âme.

Mais la thèse d'une religion gète fondée sur des Mystères ne sera affirmée de manière définitive que par Mircea Eliade, dans une monographie où il décrit sa vision de l'histoire religieuse des Daces, ancêtres « mythiques » des Roumains. Il serait utile de revenir brièvement sur la formation intellectuelle d'Eliade[2], ainsi que sur son rapport avec la Roumanie et surtout sa vision du passé. Dans le domaine de l'histoire des

1. P. Perdrizet, *Cultes et mythes du Pangée*, Paris-Nancy, Berger-Levrault, 1910, p. 22-23 et 54; G. Seure, « Les images thraces de Zeus Kéraunos : *Zbelsourdos, Gebeleizis, Zalmoxis* », *Revue des Études Grecques*, 26, 1913, p. 224-261 ; A. Loisy, *Les mystères païens et le mystère chrétien*, Paris, E. Nourry, 1919 (Zalmoxis est nettement mis en relation avec l'immortalité, les mystères, l'initiation); U. Bianchi, *Il dualismo religioso. Saggio storico ed etnologico*, Rome, L'Erma di Bretschneider, 1958, p. 46-47 ; U. Bianchi, « Dualistic Aspects of Thracian Religion », *History of Religions*, 10, 1971, p. 228-233. Bianchi évoque en outre une anthropologie spiritualiste encadrée dans un contexte d'« immortalisation » mystique attribuée aux Thraces « disciples de Zalmoxis » chez Platon ; la mentalité thrace lui semble avoir uni de façon étrange une sorte de pessimisme anti-cosmique (l'*appetitus maximus mortis* des Thraces) et abstentionniste avec un vitalisme très poussé et souvent proverbial (eudémonisme, érotisme, intempérance, cruauté); *cf.* aussi « Le dualisme en histoire des religions », *Revue de l'Histoire des Religions*, 159, 1961, p. 27 et 30-31 ; U. Bianchi, s.v. *Dualism*, *ER*, t. IV, 1987, p. 512.

2. Quelques titres récents pour la formation et la théorie d'Eliade : N. Spineto, « Le comparatisme de Mircea Eliade », dans F. Bœspflug, F. Dunand (éd.), *Le comparatisme en histoire des religions. Actes du Colloque International de Strasbourg (18-20 septembre 1996)*, Paris, Cerf, 1997, p. 93-108 ; N. Spineto, « Mircea Eliade : éléments pour un bilan historiographique », dans J. Ries, N. Spineto (éd.), *Deux explorateurs de la pensée humaine. Georges Dumézil et Mircea Eliade*, Turnhout, Brepols, 2003, p. 137-182 (article plutôt apologétique); Ph. Borgeaud, *Exercices de mythologie*, *op. cit.*, p. 179-205 ; M. Olender, *La chasse aux évidences...*, *op. cit.*, p. 147-153 ; D. Dubuisson, *Impostures et pseudo-science*, *op. cit.*

religions, ses repères fondamentaux, dès sa jeunesse riche en lectures, sont James Frazer, dont le style l'a fortement influencé; Raffaele Pettazzoni, dont il partage l'intérêt pour les religions à mystères et le penchant pour le comparatisme, dans une vision totalisante de l'histoire des religions (moins l'historicisme); Rudolf Otto, pour la conception du sacré entendu comme *ganz andere*; Vittorio Macchioro, enfin, pour l'extension des comparaisons et la religion conçue comme une expérience spirituelle. Très important sera ensuite son concept d'*archétype*, avant et après ses dialogues avec Carl Gustav Jung[1].

Certes, la religion dace n'est ni centrale ni très présente dans son œuvre monumentale d'intention universelle, mais l'intérêt précis qu'il porte à ce sujet marque certains de ses moments particuliers. Plutôt que l'Antiquité, Eliade favorise le folklore, vu comme le témoin privilégié d'un état spirituel pré- et protohistorique, héritier d'un substrat archaïque. Son intérêt pour le folklore et l'« essence » de la spiritualité roumaine s'accroît dans les années 1930, surtout dans la seconde partie – c'est-à-dire durant les années même de son engagement politique dans la Garde de Fer. Ces deux aspects – l'histoire des religions et l'intérêt pour le folklore – furent même réunis dans le projet couronné de succès de la revue *Zalmoxis* (1938-1942), évoqué dans le chapitre précédent. Parmi les sources roumaines, il faut noter son admiration (et sa dette) envers Lucian Blaga, qui avait réévalué l'importance du fonds autochtone gète. Dans un article de 1938 sur la philosophie de la culture de Blaga, Eliade l'estime supérieur à Frobenius et à Spengler, deux de ses inspirateurs, bien qu'il critique la documentation réduite de ses thèses[2].

Arrivé de Lisbonne, après la guerre, à Paris, où il ne subsiste et ne publie que grâce à l'aide essentielle de son ami Georges Dumézil, Eliade devient relativement vite connu et apprécié comme historien des religions

1. Dans son livre de 1924, Pettazzoni écrivait sur les croyances des Thraces (des Gètes surtout) et sur leur dieu agraire ou chthonien Zalmoxis, une sorte de Dionysos (*I Misteri. Saggio di una teoria storico-religiosa*, Bologne, N. Zanichelli, p. 60-63). De manière générale, il mettait les mystères en rapport avec une ancienne religiosité agraire et avec l'initiation chez les peuples archaïques. Dans une lettre du 3 mai 1977 à I. P. Culianu, Eliade désigne Pettazzoni comme son « maître » et « modèle », tout en n'approuvant pas son historicisme (*Correspondance*, I, p. 211).

2. M. Eliade, « Lucian Blaga et le sens de la culture », dans *L'île d'Euthanasius*, trad. fr., Paris, L'Herne, 2001 [1943], p. 171-177. Selon Eliade : « suivant Blaga, *la culture est pour l'homme le mode spécifique d'existence dans l'Univers* » (p. 175). Faisons un petit exercice – changeons, dans cette définition de la philosophie blagienne, le mot « culture » par « religiosité » (ou attitude envers le « Sacré » de l'*homo religiosus*) : on obtiendra l'équation de la pensée eliadienne… Voir aussi *Mémoire II*, p. 263-264.

avec le *Traité*, la deuxième édition de *Yoga*, le *Chamanisme*, mais davantage avec des livres plus philosophiques, tel *Le mythe de l'éternel retour*, ouvrages qu'il publie à la fin des années 1940 et dans les années 1950. Sa notoriété lui permet, à partir de 1957, de relancer sa carrière, à l'université de Chicago cette fois; des États-Unis, il devient l'historien des religions le plus connu au monde. Certes, dans tous ses écrits, Eliade est intéressé par l'universel et animé du désir de dépasser le « provincialisme » qu'il récuse depuis toujours. C'est pourquoi les réalités roumaines ne représentent jamais le repère central de son œuvre, et, quand elles sont traitées, sont toujours analysées dans un cadre universel et comparatiste. Néanmoins, il garde inaltéré le souvenir de son pays, accru par l'exil qu'il supporte mal et qu'il interprète, à sa façon, comme une « épreuve initiatique »[1]. Et, s'il fait assez souvent référence dans ses parallélismes au folklore du Sud-Est européen, il est question, dans quasiment tous les cas, du folklore roumain.

Il est désormais connu qu'Eliade nourrissait, depuis la guerre, l'idée d'écrire une monographie religieuse sur la Dacie : ainsi, dans son *Journal portugais*, il note, le 12 janvier 1942, le projet d'une *histoire religieuse de la Dacie*[2]. À la même époque, il avait déjà donné un court aperçu de la religion dace dans son précis d'histoire roumaine, ouvrage de propagande publié en 1943 en portugais et en espagnol, lorsqu'il était attaché de presse à Lisbonne[3]. Ici, Eliade se trouve manifestement sous la forte influence de Vasile Pârvan, le savant qui avait déterminé un intérêt accru pour la préhistoire de la Roumanie dans la première moitié du XXe siècle : tout en mentionnant l'absence d'un consensus entre les savants sur le caractère ouranien ou chthonien de Zalmoxis, il affirme comme une certitude la haute spiritualité de son culte, aniconique et sans temples, celui d'un dieu adoré sur les cimes des montagnes. Le nationalisme est le fil conducteur de l'ouvrage entier, ainsi que la prééminence du spirituel : Zalmoxis aurait même préparé la voie au christianisme.

Eliade ne présentera qu'assez tard, en 1970, le recueil de ses textes concernant son espace natal – sous le titre curieux et intriguant *De Zalmoxis à Gengis Khan. Études comparatives sur les religions et le folklore de la Dacie et de l'Europe orientale*. L'ouvrage contenait des textes écrits au cours des deux dernières décennies, la plupart déjà publiés. Le savant avait informé certains de ses amis, par exemple Georges Dumézil, mais aussi

1. Voir *infra*, chap. V, p. 193-205.
2. *JP*, I, p. 115.
3. Voir une analyse détaillée dans le chap. IV, p. 153-159.

l'iranologue suédois Stig Wikander, de son intérêt soutenu pour la religion de ses ancêtres daces. Dumézil, qui est même remercié dans la préface pour son aide, saluera ainsi le livre :

> [Eliade] se penche sur une patrie que trente années d'épreuves et de séparation lui ont peut-être rendue plus proche, plus intelligible [1].

Nous aurons l'occasion de revenir, à plusieurs reprises, sur la vision proposée par Eliade du passé et du folklore de sa patrie, afin de vérifier combien *proche* et *intelligible* celle-ci apparaît. Commençons par les intentions et les justifications données par Eliade, qui apparaissent d'autant plus nécessaires que le sujet qu'il entend développer est particulier.

Comme le remarquait l'un de ses commentateurs, « son titre est assez obscur et le sous-titre qui se propose de l'éclairer, loin de donner une idée exacte du contenu, en limite singulièrement la portée » [2]. L'ouvrage ne bénéficiera certes pas d'une place importante dans l'ensemble de l'œuvre d'Eliade, vu son caractère « provincial » – que le sous-titre cherche à contrecarrer par la mention de l'Europe orientale. En réalité, à l'exception de quelques variantes balkaniques et eurasiatiques, seul l'espace roumain est concerné. Si l'on se rapporte, par exemple, au chapitre dédié à Zalmoxis, deux milieux seulement seront touchés : la Roumanie, naturellement, à cause du renouvellement de l'intérêt accordé aux Daces et à leur religion [3] ; en Occident, les historiens de la religion concernés par les cultes

1. Lettre à S. Wikander (7 décembre 1961) : « … je préfère mourir à … Sarmizegetuza qu'à Chicago. (J'ai un faible pour la mort de Décébale. C'est d'ailleurs celle des Nibelungen…) » [(M. Timuş, E. Ciurtin, « The Unpublished Correspondence between Mircea Eliade and Stig Wikander (1948-1977). IV », *Archæus*, 6, 2002, lettre 51, p. 326; *cf.* aussi la lettre n° 53, du 7 janvier 1964, p. 329 : « Je préfère périr comme mes ancêtres Daces à Sarmizegetuza »)]. Selon F. Turcanu, *Mircea Eliade*, *op. cit.*, p. 467 : « Dans les années 1950 et 1960, sa préoccupation pour la religion de l'antique Dacie et pour le folklore roumain apparaît comme le pendant de sa littérature, à travers laquelle il retrouve toujours son pays. C'est une autre manière de renouer avec l'image de la Roumanie comme espace du mythe et d'approfondir sa vision, née à la fin des années 1930, sur le continuum religieux eurasiatique dont les Balkans formeraient l'extrémité occidentale ». Appréciation de G. Dumézil : « Le message avant la mort », dans *Les Cahiers de l'Herne*, 33, Paris, 1978 (numéro consacré à Eliade), p. 88.

2. J.-P. Roux, compte rendu de *ZGK*, dans *Revue de l'Histoire des Religions*, 181, 1972, p. 187. Exprimant ses réserves sur les trois premières études d'Eliade, U. Strutynski met en cause les « overdocumentation and typological juggling », car « the argument (…) mimes the rhetoric of a Jack Tale, or so it seems, and without clean lines of reasoning the conclusions appear more arbitrary than compelling » (compte rendu dans *The Journal of American Folklore*, NS, 40, 1990, p. 343).

3. Voir chap. VI.

initiatiques ou intéressés, occasionnellement, par le motif de Zalmoxis. Dans l'introduction, Eliade avertissait :

> Cet ouvrage ne constitue pas une histoire religieuse de la Dacie. Vu la pauvreté des documents, il est d'ailleurs douteux qu'une telle histoire puisse être écrite un jour. De toute manière, les fouilles archéologiques n'ont pas encore épuisé leurs surprises. (...) Nous avons essayé de décrypter dans les documents leurs significations profondes, maintes fois camouflées, dégradées ou oubliées [1].

L'avertissement sur l'état indigent de la documentation, bienvenu, témoigne du fait qu'Eliade avait longtemps réfléchi au sujet; mais il sera plus intéressant de vérifier ce qu'Eliade allait proposer, notamment à la lumière de son programme où l'on retrouve toute sa rhétorique sur les « significations profondes » et les « camouflages ». Dans les pages qui suivent, ma critique de la théorie eliadienne observera deux temps : d'abord, un suivi linéaire de sa présentation; ensuite, une analyse générale de l'ensemble de sa thèse.

Les deux premiers articles traitent de la religion dace, le second précisément de Zalmoxis; tout le reste regarde le folklore roumain. Son étude sur Zalmoxis couvre cinquante pages et demeure l'une des plus complètes aujourd'hui, abondante dans sa bibliographie, ingénieuse en ce qui concerne le traitement des sources, et la première qui esquisse le destin de Zalmoxis dans l'histoire des idées. Mais elle est aussi un exemple de la manière dont Eliade voyait le phénomène religieux, dans une région à laquelle il était intimement lié. En effet, son nationalisme – qu'il n'a jamais dépassé, et sur lequel nous reviendrons constamment – ainsi que sa nostalgie sont évidents dans le recueil, particulièrement dans le traitement des deux légendes roumaines, *Mioritza* (« La petite brebis ») et *Maître Manole*. La première serait un chef-d'œuvre, synthétisant l'esprit, l'essence même de la « roumanité », tandis que la seconde, pourtant présente sous de nombreuses versions dans l'espace multiculturel des Balkans, serait, dans sa variante roumaine, « supérieure » et parfaite [2].

Dans ses entretiens avec Claude-Henri Rocquet, tout en soulignant la difficulté de reconstruire les croyances des Daces, Eliade reconnaît avoir été fasciné par le sacrifice dans la légende du Maître Manole, dont la version roumaine serait préférable, et par la nostalgie du pasteur dans la

1. *ZGK*, p. 9-10.
2. « Maître Manole et le monastère d'Argeş » (p. 162-185); « L'agnelle voyante » (p. 218-246).

Mioritza. Il est donc évident que, pour lui, ces deux études étaient considérées comme les plus importantes, et il ne manque pas d'avouer qu'il s'agit d'« un livre très personnel en même temps qu'une expérience dans la méthode ». À ce propos, il convient de citer une de ses phrases, datant de 1937, par laquelle il soulignait son intérêt pour le fonds autochtone roumain ainsi que son appartenance *organique* au climat spirituel des années trente :

> Ce n'est pas la matière illustrant une théorie qui en révèle la structure intime, mais la méthode, l'orientation spirituelle de l'auteur[1].

Plus que le sujet, qui reste cependant significatif, c'est la méthode, et davantage encore l'« orientation spirituelle » qui définissent, aux yeux d'Eliade, l'insertion de toute approche dans son époque. Dans l'analyse de la *Mioritza*, par exemple, Eliade se laisse plus d'une fois emporter par son nationalisme[2], ainsi que par des considérations d'ordre métaphysique (présentes également dans son *Journal portugais*, comme on le verra) sur la « terreur de l'histoire » qui menace depuis toujours les Roumains, et dont la seule réponse efficace serait la création spirituelle. L'on sait désormais que le syntagme « terreur de l'histoire » apparaît pour la première fois sous la plume d'Eliade dans son journal, le 29 janvier 1944[3], avant de passer dans le livre qui le rendra célèbre, *Le mythe de l'éternel retour* (1949). Depuis le milieu des années trente, le folklore était devenu une préoccupation importante d'Eliade. Son intérêt pour cette partie du continent européen – le Sud-Est, bien que le titre porte la mention de l'Europe orientale – s'explique, comme l'a montré récemment Florin Țurcanu, par un double souci : d'abord, trouver une alternative non historiographique à l'image de l'identité balkanique ; ensuite, prouver que le folklore peut représenter une source primaire de l'histoire des religions. Eliade réunit donc des études sur les cultures populaires, rurales et archaïques, conservant selon lui des traditions religieuses depuis le Néolithique. Désireux d'identifier le « mythe

1. Aveu : M. Eliade, *L'épreuve du labyrinthe. Entretiens avec C.-H. Rocquet*, Paris, P. Belfond, 1978, p. 117. Appartenance organique : M. Eliade, *Cosmologie et alchimie babyloniennes*, trad. fr., Paris, Gallimard, 1991 [trad. de l'éd. roum. de 1937], p. 12 ; voir aussi A. Marino, *L'herméneutique de Mircea Eliade*, *op. cit.*, p. 110. Dans son livre (qui garde un ton élogieux), Marino souligne que toutes les idées et tous les thèmes centraux de la pensée eliadienne ont trouvé leur expression dans son œuvre roumaine ; il met en évidence son obsession des origines et des phénomènes originaires, ainsi que son orientation, parfois convergente, parfois divergente, de celle de L. Blaga, quant à la problématique des cultures « mineures ».

2. Voir déjà M. Eliade, « Thèmes folkloriques et création artistique », dans *L'île d'Euthanasius*, *op. cit.*, p. 52 (article de 1933).

3. *JP*, I, p. 223.

central » d'essence anhistorique, il le perçoit dans le cadre du « christianisme cosmique », autre syntagme devenu célèbre, défini comme un type de croyance où le folklore serait l'héritier d'un substrat culturel préhistorique, préchrétien, doté d'une « métaphysique archaïque »[1]. Le paysan du Danube se retrouve ainsi, chez Eliade, élevé au statut d'interlocuteur privilégié de l'Être, selon l'observation de Daniel Dubuisson[2].

Dans le premier chapitre, « Les Daces et les loups »[3], Eliade soutient que l'étymologie de l'ethnonyme renvoie au nom de ces carnassiers, et bâtit toute une théorie au sujet du rôle central que le loup aurait détenu et joué dans la mythologie dace. Le nom ethnique des Daces dériverait par conséquent de l'épithète rituelle d'une confrérie secrète guerrière, du type des *Männerbünde*, à travers une imitation rituelle du comportement et de l'aspect extérieur du loup. Mais, après un examen plus approfondi, rien de cette théorie ne résiste à la critique : Eliade part de spéculations étymologiques qui sont simplement erronées, interprète les sources (très douteuses) à son gré, couvre des pages entières avec des comparaisons qui n'ont aucune confirmation dans le cas précis qu'il analyse. Finalement, les considérations sur « la dimension mythique de l'histoire des Daces » nous en apprennent peut-être plus sur sa vision et ses convictions intimes, transmuées dans une philosophie de l'histoire appliquée à son propre pays, que sur la mythologie dace :

1. Voir F. Ţurcanu, « De l'histoire au mythe. La formation de l'image du Sud-Est européen dans l'ouvre de Mircea Eliade », *Studia Politica*, 1, 2001, p. 185-192 ; F. Turcanu, *Mircea Eliade*, *op. cit.*, p. 254-256 ; F. Turcanu, « Southeast Europe and the Idea of the History of Religions in Mircea Eliade », dans Chr. K. Wedemeyer, W. Doniger (éd.), *Hermeneutics, Politics, and the History of Religions. The Contested Legacies of Joachim Wach and Mircea Eliade*, Oxford, Oxford University Press, 2010, p. 241-260 (le rapport à l'Orient). Ce « mythe central » sera exposé pour la première fois dans ses *Commentaires sur la légende de Maître Manole* (en roumain, Bucarest, Publicom, 1943) ; c'est ici qu'il fait un pas décisif vers une théorie générale de la défense des sociétés archaïques contre ce qu'il appellera bientôt la « terreur de l'histoire » (F. Turcanu, *Mircea Eliade*, *op. cit.*, p. 330-331). Dans son *Avant-propos* (*ZGK*, p. 9-12), Eliade présentait le fonds pré- et protohistorique dans le Sud-Est de l'Europe comme un foyer de traditions archaïques. F. Ţurcanu précise : « Il est troublant de constater que, sous certains aspects, la valorisation par Eliade du folklore et de son rapport avec les mythes et les symboles apparaît comme l'accompagnement intellectuel de son engagement sans ambiguïté en faveur de la Garde de Fer roumaine. Cet engagement politique est d'ailleurs dominé par la perspective d'une rédemption collective sous le signe d'une nouvelle mythologie et d'un nouveau langage symbolique dirigés contre le monde moderne » (*De l'histoire au mythe*, *op. cit.*, p. 191).

2. D. Dubuisson, *Impostures et pseudo-science*, *op. cit.*, p. 58.

3. *ZGK*, p. 13-30 ; chapitre publié auparavant dans *Numen*, 6, 1959, p. 15-31.

> Il est significatif que le seul peuple qui a réussi à vaincre définitivement les Daces, qui a occupé et colonisé leur pays et leur a imposé la langue, ait été le peuple romain; un peuple dont le mythe généalogique s'était constitué autour de Romulus et Remus, les enfants du Dieu-Loup, Mars, allaités et élevés par la Louve du Capitole. Le résultat de cette conquête et de cette assimilation fut la naissance du peuple roumain. Dans la perspective mythologique de l'histoire, on pourrait dire que ce peuple fut engendré *sous le signe du Loup*, c'est-à-dire prédestiné aux guerres, aux invasions et aux émigrations[1].

Et, continue Eliade, dans « l'horizon mythique de l'histoire des Daco-Romains et de leurs descendants », le loup apparaîtra une troisième fois, car les principautés roumaines seront fondées après la grande invasion mongole :

> Or, le mythe généalogique des Gengiskhanides proclame que leur ancêtre était un Loup gris, qui descendit du Ciel et s'unit avec une biche…[2].

Cette référence à Gengis Khan explique certes le titre étrange du recueil, mais davantage encore le message secret qu'Eliade voulait faire passer[3]. Pour le moment, remarquons la manière dont Eliade mélange son destin personnel (l'exil) et celui collectif de son peuple (la domination soviétique/communiste), dans une immanence de l'histoire malveillante, la soi-disant « terreur de l'histoire ». Cette vision tragique de l'histoire de son peuple est, comme on aura l'occasion de voir, postérieure à la vision prophétique et optimiste qui le caractérisait encore au début de la guerre.

Le deuxième chapitre du livre, « Zalmoxis »[4], porte comme mention finale deux dates : 1944 et 1969. La première date pourrait suggérer l'achèvement d'une première variante – l'on sait grâce à son *Journal portugais* qu'il avait ce projet depuis janvier 1942, mais en réalité avant même son arrivée à Lisbonne –, tandis que la seconde marquerait la refonte totale de l'étude, à en juger d'après la riche bibliographie qu'il cite, notamment les titres des années 1960.

Dans son traitement, Eliade commence avec Hérodote 4.94-96, à juste titre présenté comme un texte ayant produit une forte impression dans le

1. *ZGK*, p. 29-30.
2. *Ibid.*, p. 30.
3. Voir chap. v, p. 193-205.
4. *ZGK*, p. 31-80; étude republiée dans *History of Religions*, 11, 1972, p. 257-302, lors de la traduction en anglais du livre : *Zalmoxis. The Vanishing God*, Chicago, University of Chicago Press, 1972; à noter le titre insistant sur les occultations qu'Eliade attribue au dieu gète.

monde antique, et toujours commenté par les modernes. Pour ce qui est de la bibliographie roumaine, il cite Vasile Pârvan (qui détient une place de choix dans son rapport au passé dace), Jean Coman (son article « Zalmoxis » dans la revue homonyme), ainsi que les ouvrages parus en Roumanie dans les années 1960 (principalement d'archéologie), dans un évident désir d'actualiser la documentation. Pour Eliade, l'histoire rapportée par Hérodote est cohérente, comme il le répète maintes fois :

> Les Grecs de l'Hellespont, ou Hérodote lui-même, avaient intégré ce qu'ils avaient appris de Zalmoxis, de sa doctrine et de son culte dans un horizon spirituel de structure pythagoricienne[1].

Eliade est donc convaincu que la similarité remarquée par les Grecs entre Pythagore et Zalmoxis indiquerait que le culte du dieu gète comportait la croyance à l'immortalité de l'âme ainsi que des rites initiatiques. En outre, Hérodote ne donne pas d'autres indications (conformément à sa discrétion à propos des Mystères), croyant Zalmoxis bien antérieur à Pythagore – détail important aux yeux d'Eliade.

Le savant roumain analyse par la suite les traditions sur la catabase de Pythagore, Hermippe en premier lieu, à interpréter peut-être comme une parodie du texte d'Hérodote concernant Zalmoxis. À ce moment Eliade souligne que les récits d'Hérodote et d'Hermippe ignorent ou dénaturent volontairement la signification religieuse de ces faits. Par conséquent, il s'attaque à l'un de ses sujets favoris : la catabase, le *descensus ad inferos* entrepris en vue d'une initiation. Nous assistons ensuite à la description de tout un scénario mythico-rituel eliadien : descendre aux Enfers signifie connaître une « mort initiatique » ; « disparition » (occultation) et « réapparition » (épiphanie) ; la grotte symbolise l'autre monde et l'Univers à la fois.

Ce scénario, répandu dans le monde méditerranéen et asiatique, sert de prétexte à une ample digression d'Eliade, particulièrement dans le domaine iranien. Finalement, il interprète le texte d'Hérodote de la manière suivante : Zalmoxis arrive pour instaurer un culte eschatologique, dont l'idée centrale est la survivance ou l'immortalité de l'âme. Eliade rappelle que, selon Linforth, le sens du verbe *athanatizein* n'est pas « se croire immortel », mais plutôt « se rendre immortel », et cette immortalisation serait indiquée dans l'histoire d'Hérodote : une post-existence bienheureuse, par le truchement d'une initiation. Ensuite, Eliade n'hésite pas à utiliser les informations d'Hellanikos de Lesbos sur les Térizes et les Crobyzes – Zalmoxis aurait introduit les « mystères », *teletai*, en Thrace – et de

1. *ZGK*, p. 33.

Pomponius Méla sur le « retour des morts », d'après une suggestion de J. Coman. Selon Eliade, il ne s'agit pas de métempsycose dans le culte de Zalmoxis et il rejette ainsi des opinions antérieures; il reste cependant confus dans la présentation et l'interprétation de ces données, qu'il ne soumet pas réellement à une critique historique. Par exemple, le texte de Méla est manifestement une compilation tardive, remaniant plusieurs sources, notamment Hérodote, et ne saurait être pris pour une source première concernant les croyances effectives des Thraces et des Gètes. De même, le texte d'Hellanikos n'est qu'un fragment présent dans une compilation lexicographique tardive amalgamant plusieurs sources; à titre d'exemple, Zalmoxis est présenté de la manière suivante : « esclave de Pythagore, selon Hérodote dans le quatrième livre, Scythe, qui, retournant (chez lui), enseignait que l'âme est immortelle » – ce qu'Hérodote ne dit certainement pas, mais qui paraissait évident sous l'Antiquité tardive ou à l'époque byzantine[1].

Une nouvelle digression[2] aborde le problème des extatiques et des thaumaturges grecs, relevant d'une mythologie fortement historicisée, selon Eliade : Amphiaraos, Trophonios, Pythagore, Aristéas, Abaris, Épiménide, Phormion, Empédocle, Parménide. Le savant passe en revue les opinions de Rohde (sur le caractère thrace de l'enthousiasme et de la croyance en l'immortalité), Meuli, Guthrie, Dodds et Burkert[3], avant de noter que des auteurs anciens aussi bien que certains modernes ont rapproché Zalmoxis de Dionysos et d'Orphée[4], ou encore des personnages mythiques ou fortement mythologisés, attestant une technique de l'extase de type chamanique, la mantique ou les catabases. Ces personnages présentent des traits nettement chamaniques, admet Eliade. « Mais ce qu'Hérodote nous relate sur Zalmoxis ne s'insère point dans le système des

1. Hérodote 4.95-96; Hermippe de Smyrne, *FGrHistCont* 1026 F 24; Hellanikos de Lesbos, *FGrHist* 4 F 73; Pomponius Méla 2.2. 18.

2. *ZGK*, p. 42-49.

3. Dans cette partie, il réemploie le matériel utilisé dans *Le chamanisme et les techniques archaïques de l'extase* (1968²).

4. Plus tard, Eliade estime, notant l'absence d'une allusion à l'immortalité dans les *Bacchantes* d'Euripide : « Cela suffit à distinguer Dionysos de Zalmoxis, avec lequel on le compare, et parfois on le confond, depuis Rohde; car ce dieu des Gètes "immortalisait" les initiés dans ses mystères. Mais les Grecs n'osaient pas encore combler la distance infinie qui, à leurs yeux, séparait la divinité de la condition humaine » (*HCIR*, t. I, p. 382). Aucune source ancienne conservée ne met directement en rapport Zalmoxis avec Orphée, ni, surtout, avec Dionysos; le rapprochement Dionysos-Zalmoxis était devenu canonique depuis Erwin Rohde.

mythologies, croyances et techniques chamanistes ou chamanisantes »[1]; en revanche, les éléments les plus caractéristiques de son culte – *andreōn* et banquets, occultation dans la « demeure souterraine » et épiphanie après quatre ans[2], « immortalisation » de l'âme et enseignement concernant l'existence bienheureuse dans un autre monde – rapprochent Zalmoxis des Mystères. Cependant, comme le remarque Philippe Borgeaud, Eliade décrit le chamanisme d'une manière comparatiste, mais tout entier construit autour de la notion transculturelle et anhistorique d'« extase » qui serait, pour Eliade, une expérience humaine primordiale et universelle. Or, proposant de voir dans le cas de Zalmoxis un culte à Mystères, Eliade lui conférait plus de prestige, avec le souci de l'âme, de l'esprit et la quête de l'immortalité[3].

Eliade situe donc sur un autre registre le rapprochement entre Zalmoxis et tous ces personnages : expériences extatiques, révélation de « mystères » concernant l'âme humaine et sa survivance. L'information de Mnaséas de Patara, selon lequel Zalmoxis est similaire à Cronos, va pour Eliade dans le même sens : une post-existence bienheureuse dans un « autre monde ». Le culte fondé par Zalmoxis serait centré sur une expérience eschatologique, susceptible d'assurer une post-existence bienheureuse à l'initié dans un au-delà de type paradisiaque; et son occultation vise la fondation d'un Mystère. Nous avons déjà vu que l'association avec Cronos s'explique plutôt par le sacrifice humain mentionné par Hérodote, et qu'elle ne pourrait être rapportée à une survie bienheureuse, comme l'entendaient la plupart des modernes. Eliade rejette par la suite, cette fois à juste titre, l'interprétation de Zalmoxis comme dieu chthonien ou agraire, particulièrement influente dans la philologie allemande, et passe en revue

1. *ZGK*, p. 49.

2. En réalité, après trois ans, si l'on se tient au texte d'Hérodote (4.95) !

3. Cependant, selon Eliade, on connaît chez les Géto-Daces des idées, des techniques ou des comportements chamaniques : l'extase (comme tous les Thraces, croit-il) ; les *kapnobatai* de Strabon, « marcheurs dans la fumée » (de chanvre), qui ne sont pas en relation avec le culte de Zalmoxis; le stratagème du prêtre thrace Kosingas (Polyen 7.22). Eliade avait proposé le même traitement dans la seconde édition de son livre de 1951, *Le chamanisme et les techniques archaïques de l'extase*, Paris, Payot, 1968², p. 305-306 (« Grèce ancienne », chapitre utilisé dans *ZGK*); et rejette aussi l'existence du chamanisme dans le folklore roumain (« "Chamanisme" chez les Roumains ? », dans *ZGK*, p. 186-197). Une certaine critique de sa position chez C. Le Manchec, « Mircea Eliade, le chamanisme et la littérature », *Revue de l'Histoire des Religions*, 208, 1991, p. 27-48; critique de la conception eliadienne du chamanisme : Ph. Borgeaud, *Exercices de mythologie*, *op. cit.*, p. 188.

les diverses étymologies modernes du nom, qui le rapportaient surtout à la terre[1].

L'épisode du sacrifice humain décrit par Hérodote entraîne une nouvelle digression[2] : selon Eliade, ce rituel réactualise les rapports directs entre les Gètes et leur dieu ; il ne s'agit pas d'un esclave ou d'un prisonnier de guerre comme dans d'autres religions, mais d'un « initié » dans les « Mystères » fondés par Zalmoxis. Il y aurait là une récupération de la situation originelle, ayant lieu tous les quatre ans, en relation avec les années d'occultation de Zalmoxis, et réactualisant son épiphanie[3]. Outre l'accent mis sur l'interprétation qui reprend des motifs privilégiés par Eliade dans une réitération d'une situation augurale, il nous faut insister sur le thème du sacrifice : il n'est, finalement, qu'un autre symbole cher à Eliade, tout comme il l'est dans son analyse des légendes *Maître Manole* et *Mioritza* :

> Il est significatif que ces deux créations du génie poétique roumain ont comme motif dramatique une « mort violente » sereinement acceptée. On peut discuter à l'infini si cette conception dérive directement ou non de la fameuse joie de mourir des Gètes. Toujours est-il que le folklore poétique roumain n'a jamais réussi à dépasser l'idée de la mort créatrice et de la mort sereinement acceptée[4].

Quant à l'origine de Gébéleïzis[5], Eliade accepte l'étymologie de W. Tomaschek, qui le rapprochait du dieu thrace Zbelsourdos, et propose de reconnaître en lui un dieu de l'orage ou plutôt un ancien dieu du ciel, à l'instar d'autres dieux similaires indo-européens (Donar, Taranis, Perkúnas, Perunŭ, Parjaniya). En dépit du témoignage d'Hérodote, comme il l'avoue lui-même, Eliade ne considère pas Zalmoxis et Gébéleïzis comme un seul et même dieu : « Leurs structures sont différentes, leurs cultes ne se ressemblent point ». Par la suite, le sens du rite relaté par Hérodote (le décochement des flèches pendant l'orage) serait à comprendre comme un acte cultuel positif, afin de menacer les puissances démoniaques. Sur la base d'un comparatisme avec d'autres dieux célestes, devenus plus tard des *dei otiosi* ou disparus du culte, Gébéleïzis, survivant peut-être sous

1. *ZGK*, p. 51-55.
2. *Ibid.*, p. 55-58.
3. Mais ce rapport chronologique est très discutable, car le sacrifice a lieu tous les quatre ans, tandis que la réapparition (une seule, et non pas plusieurs, comme veut l'entendre Eliade) a lieu après trois ans. Voir Fr. Hartog, *Le miroir d'Hérodote*, *op. cit.*, p. 190-191.
4. *ZGK*, p. 185.
5. *Ibid.*, p. 58-61.

un autre nom dans la religion gète, se serait transformé après la christianisation en saint Élie. Il entre donc dans une autre grille d'interprétation chère à Eliade, celle d'un évolutionnisme qui ne convainc pourtant pas [1].

Parmi les différentes hypothèses que nous trouvons dans cette étude, il faut relever celle faisant état d'un syncrétisme religieux encouragé par la classe sacerdotale, qui aurait fini par confondre les deux dieux. Il s'agit d'ailleurs d'un écho de la théorie de l'historien roumain Constantin Daicoviciu. Soucieux d'exploiter également les dernières données archéologiques, Eliade appuie sa théorie sur le fait que les sanctuaires daces n'avaient pas de toit; le grand sanctuaire de Sarmizegetusa présenterait un symbolisme céleste, attestant donc, vers l'époque romaine, du caractère ourano-solaire de la religion dace [2]. En fin de compte, Eliade présente Gébéleïzis comme étant l'ancien dieu céleste des Géto-Daces, patron de la classe aristocratique et militaire; en revanche, Zalmoxis est le « dieu des Mystères », le maître de l'initiation, celui qui confère l'immortalité. Pourtant, aucune de ces suggestions n'est soutenue par les sources anciennes ni, par ailleurs, par les données archéologiques. Qui plus est, comme nous l'avons vu, Béleïzis (et non Gébéleïzis) est tout simplement une autre appellation de Zalmoxis, et certainement pas un dieu différent.

Tous les autres textes sont interprétés de la même façon : chez Platon (*Charmide*), Zalmoxis est le dieu-thérapeute qui se préoccupe avant tout de l'âme humaine et de sa destinée. Il est aussi roi, ce qui donne à Eliade l'occasion d'évoquer la préhistoire des Indo-Européens, avec la divinisation des rois et l'importance du grand prêtre. Analysant le texte de Strabon sur le roi Byrébistas et son grand prêtre « Decaeneus » [3], Eliade, bien qu'il soit conscient que le géographe se réfère aux *Daces* des Carpates (tandis qu'Hérodote parle des *Gètes* pontico-danubiens), finit par croire que le culte de Zalmoxis avait subi des modifications : on aurait affaire à une nouvelle étape de la religion des Daces, dont témoigne Strabon, qui

1. D. Dubuisson reproche à Eliade « son évolutionnisme naïf (dieu céleste, puis dieu(x) de l'orage, puis, enfin, dieu des forces et des fertilités) [qui] est indéfendable et rappelle les pires arguments des écoles naturalistes de la fin du XIXe siècle » (*Impostures et pseudo-science*, *op. cit.*, p. 35-36).

2. Il cite les ouvrages des historiens roumains Constantin et Hadrian Daicoviciu, qui soutenaient cette opinion à l'époque. Depuis, elle s'est révélée fausse, car les sanctuaires daces étaient bien couverts; de plus, l'exploitation dacomane du symbolisme des sanctuaires daces a ridiculisé aujourd'hui toute tentative d'y déchiffrer un symbolisme quelconque.

3. Les graphies des noms du roi, *Boerebista*, et du grand prêtre, *Decaeneus* (latinisé), prouvent qu'Eliade connaissait Strabon par l'intermédiaire des historiens roumains, en premier lieu Pârvan (*Getica*), et qu'il utilisait l'édition Loeb : en fait, la traduction française qu'il donne est calquée mot pour mot sur la traduction anglaise de Horace Leonard Jones.

utilisait Poséidonios. Le caractère de Zalmoxis se serait sensiblement modifié à cette époque : on assiste à l'identification entre le dieu Zalmoxis et son grand prêtre, qui finit par être divinisé sous le même nom ; le grand prêtre vit seul au sommet de la Montagne Sacrée, tout en étant associé au roi ; il s'agirait d'un culte pythagoricien, car végétarien. Eliade s'empresse de souligner les aspects ésotériques et la tradition « mystérique » du culte de Zalmoxis, conservés uniquement parmi les ermites et les religieux géto-daces. Il remarque enfin que Dicineus apparaît chez Jordanès comme grand prêtre et héros civilisateur, tandis que Zalmoxis est rangé parmi ses successeurs[1].

Dans la partie suivante, *Dacia capta*[2], Eliade annonce une étude sur les cultes syncrétistes de la Dacie romaine, jamais achevée. Il se dit convaincu de la survivance des réalités religieuses autochtones à l'époque romaine mais aussi après la christianisation, c'est-à-dire, dans les traditions folkloriques. En accord avec certaines spéculations d'avant la Seconde Guerre mondiale en Roumanie, il accepte le parallélisme entre le culte de Zalmoxis et le christianisme :

> N'oublions pas que les traits caractéristiques du culte de Zalmoxis étaient de type mystérique et eschatologique (...) On peut donc penser que les croyances relatives à Zalmoxis et à son culte furent absorbées, et radicalement transformées, par le christianisme. On conçoit difficilement qu'un complexe religieux centré sur l'espoir d'obtenir l'immortalité par le modèle – et la médiation – d'un dieu de structure mystérique, ait été ignoré par les missionnaires chrétiens. Tous les aspects de la religion de Zalmoxis – eschatologie, initiation, « pythagorisme », ascétisme, érudition de type mystérique (astrologie, thérapeutique, théurgie, etc.) – encourageaient la confrontation avec le christianisme. La meilleure, et la plus simple, explication de la disparition de Zalmoxis et de son culte devrait peut-être être cherchée dans la christianisation précoce de la Dacie (depuis avant 270 A.D.).

En conclusion, le culte de Zalmoxis se prêtait à « une christianisation presque totale »[3]. À ce propos, il importe cependant d'insister sur deux faits : a) il n'y a aucune source épigraphique à propos des cultes daces dans

1. *ZGK*, p. 69-72.

2. *Ibid.*, p. 72-75.

3. *Ibid.*, p. 74-75. Il nuance toutefois dans une note (*ZGK*, p. 74 n. 135) : « Ceci ne veut pas dire, comme le pensent certains auteurs roumains, que Zalmoxis avait anticipé, ou préparé, le christianisme » ; il fait allusion, sans le nommer, à Jean Coman. Même thèse sur une christianisation précoce de la Dacie : E. Lozovan, « Dacia sacra », *History of Religions*, 7, 1968, p. 209-243.

la province romaine de Dacie (phénomène unique dans l'Empire); b) l'abandon de la province de Dacie a lieu plus tôt, au milieu du IIIe siècle, et la thèse d'une implantation précoce du christianisme au nord du Danube (défendue par Pârvan et redevenue en vogue après 1989) est insoutenable. Quant à la superposition du christianisme au culte de Zalmoxis, il s'agit là d'une autre théorie pieuse.

La dernière partie est particulièrement intéressante: *Les métamorphoses de Zalmoxis*[1]. Eliade souligne les aléas de la fortune du dieu gète:

> Le destin de Zalmoxis est certes paradoxal. Disparu chez les Daco-Romains, il a survécu loin de sa patrie, dans les traditions des Goths et, par conséquent, dans l'érudition historiographique, fortement mythologisée, de l'Occident. Il a survécu justement parce qu'il symbolisait le génie des Géto-Daces[2].

Toutes ces pages sont le résultat de l'utilisation de deux études: celle de Jane Acomb Leake sur la confusion Gètes-Goths, et celle d'Alexandru Busuioceanu sur la tradition espagnole. Eliade présente l'image des Géto-Daces dans les sources anciennes comme particulièrement positive: qualités morales, héroïsme, noblesse, simplicité de vie; mais, à cause de leur confusion avec les Scythes, ils seraient aussi présentés comme sauvages, poilus, non tondus, habillés de fourrures[3]. Cette tradition a été assimilée surtout en Espagne, note-t-il, citant Busuioceanu. De nouveau, remarquons que cette interprétation témoigne du nationalisme d'Eliade et de l'influence considérable de Pârvan dans l'opinion qu'il se faisait des « ancêtres ». En réalité, l'image des Gètes et des Daces dans les sources anciennes est ambivalente, voire ambiguë: a) un peuple vivant modestement, avec des mœurs et des croyances louables, très religieux (en témoigne la légende de Zalmoxis); b) un peuple très guerrier, farouche, cruel et indompté, pratiquant les sacrifices, la polygamie, etc. Cette deuxième image ne dérive certainement pas, comme le soutient Eliade, d'une confusion avec les Scythes – qui, eux aussi, ont une image *ambivalente*. Ce n'est finalement qu'une vision pleine de stéréotypes sur un peuple lointain et barbare, utilisable dans n'importe quel contexte.

Eliade découvre l'existence d'un processus contraire, dans la conscience historiographique des Roumains: depuis le XVIe siècle, le thème

1. *ZGK*, p. 75-80.
2. *Ibid.*, p. 75.
3. Il suit J. A. Leake, *The Geats of Beowulf*, *op. cit.*, p. 31.

central était celui de la descendance latine ; mais, au milieu du XIXe siècle, on « redécouvre » les Daces (Hasdeu), et ce n'est que vers 1920, avec Pârvan et ses élèves, que la protohistoire et la préhistoire de la Dacie commencent à être scientifiquement étudiées. Très vite se développe, surtout parmi les écrivains et les amateurs, le courant de la « thracomanie » ; on parle de la révolte et de la revalorisation du « fonds autochtone » : Zalmoxis joue un rôle capital dans cette récupération du plus lointain passé du peuple roumain. Il reparaît, bien qu'Eliade n'en exemplifie pas, en tant que prophète dans des pièces de théâtre ; en tant que réformateur religieux, à l'instar de Zarathoustra, dans différents essais et monographies ; comme dieu céleste, fondant le « prémonothéisme » gète, dans certaines interprétations historico-religieuses de tendance théologique [1].

> Mais, toujours et partout, Zalmoxis est valorisé parce qu'il incarne le génie religieux des Daco-Gètes, parce que, en dernière instance, il représente la spiritualité des « autochtones », de ces ancêtres presque mythiques vaincus et assimilés par les Romains [2].

Les Géto-Daces ont été récupérés en tant qu'« ancêtres mythiques », parce que « chargés de maint symbole para-historique » ; on reconnaît ici le penchant d'Eliade pour des explications d'ordre trans-historique. Cette redécouverte de Zalmoxis « est, elle aussi, œuvre de culture et s'insère dans l'histoire des idées de la Roumanie moderne » [3]. La fin de l'étude est donc élégante, et témoigne de sa lucidité. Ainsi, selon Zoe Petre :

> Quant aux conclusions de Mircea Eliade (...), même si elles pèchent parfois par un excès de systématisation ou de comparatisme généralisé, elles font preuve d'une vue équilibrée et d'une attitude critique envers les excès dilettantes de l'entre-deux-guerres, qu'Eliade dénonce fermement au tournant d'une phrase [4].

Eliade donne pourtant l'impression de croire vraiment à une importance spirituelle personnifiée par Zalmoxis, dont le culte devait nécessairement laisser des traces dans la matrice de la spiritualité roumaine. Toujours est-il qu'il n'a pas échappé au mirage du dieu gète, en

1. Théâtre (L. Blaga, 1921) ; réformateur religieux (N. A. Constantinescu, 1941) ; prémonothéisme (J. Coman, 1939) (voir *supra*, chap. I, pour une analyse détaillée). À l'exception de Blaga, toutes les autres contributions lui étaient connues grâce aux articles et comptes rendus de la revue *Zalmoxis*, confiés à son collaborateur Jean Coman.

2. *ZGK*, p. 79-80.

3. *Ibid.*, p. 80.

4. Z. Petre, *Le mythe de Zalmoxis*, *op. cit.*, p. 33.

dépit de ses observations lucides quant aux dérives nationalistes des autres exégètes.

Sa vision de la religion gète sera ensuite résumée en 1978 dans le deuxième tome de son *Histoire des croyances et des idées religieuses*. Il y consacre un chapitre à la religion thrace et un autre à Zalmoxis [1]. Ainsi, dans « Les Thraces, "Grands Anonymes" de l'Histoire », dont le titre est un écho évident de Lucian Blaga (moins transparent pour les lecteurs occidentaux, il est vrai), on apprend que « les Grecs avaient reconnu assez tôt l'originalité et la force de la religiosité thrace ». Eliade est convaincu qu'à l'instar des autres peuples anciens (Slaves, Baltes, Germains, Celtes), l'héritage religieux des Thraces s'est conservé dans le folklore roumain et balkanique. L'« Arès » thrace est vu originellement comme un dieu céleste, devenu dieu de l'orage et de la guerre, tandis que « Hermès » est une divinité solaire. Chez les Thraces, il y avait aussi le mythe exemplaire de la hiérogamie entre le dieu de l'orage et la Terre-Mère, dont le fruit serait « Dionysos ». Toutes ces interprétations, dans une optique évolutionniste, ne convainquent pas. Eliade insiste par la suite, et sans surprise, sur la croyance en l'immortalité et la certitude de la béatitude de l'âme chez les Thraces, de la manière suivante :

> Les expériences extatiques renforçaient la conviction que l'âme n'est pas seulement autonome, mais qu'elle est susceptible d'une *unio mystica* avec la divinité. La séparation de l'âme du corps, déterminée par l'extase, révélait d'une part la dualité fondamentale de l'homme, et d'autre part, la possibilité d'une post-existence purement spirituelle, conséquence de la « divinisation ». Les croyances archaïques en une survivance, vague et approximative, de l'âme furent progressivement modifiées, aboutissant, en fin de compte, à l'idée de la métempsycose, ou aux différentes conceptions de l'immortalité spirituelle [2].

Eliade souligne, par la suite, que ces croyances aboutissent chez certaines tribus thraces à une exaltation presque morbide de la mort et à la dépréciation de l'existence, évidentes dans l'exceptionnel courage des Thraces; « On reconnaît cette valorisation religieuse de la mort dans certaines créations folkloriques de la Roumanie et des peuples sud-est européens », ajoute-t-il. L'allusion est ici transparente aux deux légendes roumaines qui, selon Eliade, tournent autour du « sacrifice créateur ». Cependant, chez les Thraces, l'extase, l'idée de la métempsycose,

1. *HCIR*, t. II, p. 167-171 (§ 178) et p. 171-175 (§ 179), avec des ajouts bibliographiques, p. 448-449.

2. *Ibid.*, t. II, p. 170.

l'immortalité spirituelle, sont acquises non uniquement par des orgies, mais également par l'ascèse, soutient Eliade. En somme, l'historien des religions ne fait ici qu'insister sur des phénomènes qui le passionnent depuis toujours.

Le chapitre suivant, « Zalmoxis et l'"immortalisation" », est manifestement un abrégé du chapitre consacré à ce motif dans *De Zalmoxis à Gengis Khan*. On a affaire à deux dieux différents, Zalmoxis et Gébéleïzis : le second devient un *deus otiosus* (ce concept cher à Eliade), transformé plus tard en saint Élie du folklore roumain. On assisterait ainsi à un syncrétisme religieux entre les deux divinités, encouragé par la classe sacerdotale. L'histoire d'Hérodote est cohérente : les Grecs de l'Hellespont, ou Hérodote lui-même, avaient intégré ce qu'ils avaient appris de Zalmoxis, de sa doctrine et de son culte dans un horizon spirituel de structure pythagoricienne. Pour Eliade, il est évident que ce culte comportait la croyance en l'immortalité de l'âme et certains rites de type initiatique, impliquant le caractère mystérique du culte. Le fait que cette « immortalisation » soit acquise par le truchement d'une initiation rapproche le culte instauré par Zalmoxis des Mystères grecs. Les informations d'Hérodote indiquent un scénario mythico-rituel de « mort » (occultation) et de « retour sur la terre » (épiphanie) : ce sont des termes typiquement eliadiens.

Aucune critique soutenue n'a été menée jusqu'à présent sur la thèse eliadienne du Zalmoxis fondateur des Mystères et maître de l'initiation, thèse qui est largement acceptée et suivie par les antiquisants et par les historiens des religions. Or chacun des points de sa démonstration pose de nombreuses questions. Tout d'abord, dans ses deux études, Eliade semble escamoter le problème du statut de Zalmoxis – réformateur (donc personnage historique) ou dieu –, même s'il semble opter pour la première variante. Car, pour lui, il était plus important de démontrer que le culte était initiatique, faisant suite à une révolution spirituelle – un autre concept qui lui est cher –, donc, en dernière instance, perçu comme la conséquence de l'action d'une personnalité exceptionnelle. Il soutenait depuis toujours, d'ailleurs, la « primauté du spirituel »[1], et voyait la révolution spirituelle comme une constante de l'histoire universelle.

1. Conviction maintes fois exprimée par Eliade, par exemple à son ami Mihail Sebastian (*Journal 1935-1944*, *op. cit.*, p. 76 et 112 : c'est ainsi que, le 2 mars 1937, il justifiera son « adhésion fervente à la Garde de Fer »).

La bibliographie utilisée par Eliade est abondante, comme dans toute son œuvre[1], surtout en ce qui concerne le pythagorisme, et il ne semble pas avoir omis d'étude importante. S'il donne l'impression de faire la critique des sources, en réalité ce n'est pas le cas. Sauf Hérodote, dans la traduction de Legrand, il ne semble pas connaître les autres sources de première main et, le plus souvent, il ne fait que reprendre les compilations bibliographiques des études antérieures. Ainsi, pour l'image des Gètes et des Daces dans l'Antiquité et leur fortune au Moyen Âge, il ne fait que résumer et utiliser les travaux de J. A. Leake et d'A. Busuioceanu, en y ajoutant sa touche personnelle. Pour ce qui est du traitement des sources, notamment pour Zalmoxis, il semble trop débiteur de ses devanciers, d'où il extrait les données anciennes, les références, parfois les commentaires mêmes ; à titre d'exemple, Eliade utilise largement l'étude biaisée de Jean Coman. C'est ainsi que l'on observe même des détails qui certifient cette connaissance relative des sources, et témoignent qu'il lui arrive parfois de donner des références erronées. Ainsi, il affirme : « Selon Suidas, Héra serait la variante grecque de Zalmoxis »[2]. En effet, il suit ici l'interprétation de Coman (« Héra n'est que la variante grecque de Zalmoxis »), sans vérifier la source même, cependant citée en note par Coman[3] : *Zamolxis thēlykōs, onoma theas*, « Zamolxis : du genre féminin, nom de déesse ». Il s'agit ici, très vraisemblablement, d'une confusion d'un compilateur byzantin, liée au génitif « féminin » de ce nom divin (en *-idos*), sans aucun rapport avec les réalités religieuses gètes ; nulle mention donc d'une Héra dans le lexique byzantin *Souda* ! Ailleurs, Eliade cite « Strabon (VII, 67) » (? !), d'après Rohde[4] ; il s'agit en effet du livre XVI (la référence correcte est 16.2. 39).

Notons plusieurs autres absences, et d'abord des données qui, paradoxalement, auraient pu illustrer sa thèse initiatique ou sa vision idéalisée sur l'importance du dieu gète. Ainsi, parmi les sources anciennes qu'Eliade utilise grâce à la bibliographie moderne, on remarque l'absence des « sources mineures », par exemple le roman d'Antonius Diogène, *Les merveilles incroyables d'au-delà de Thulé* – où Zalmoxis, disciple de Pythagore, est divinisé par les Gètes et est médiateur d'un oracle ; de même, on ne retrouve point le caractère d'« homme divin » attribué à Zalmoxis par

1. D. Dubuisson, *Impostures et pseudo-science*, *op. cit.*, p. 43 : « Bien qu'ils témoignent de vastes lectures, les ouvrages d'Eliade agacent en même temps. La thèse métaphysique précède toujours la démonstration, réduite pour cela à sa forme la plus expéditive, c'est-à-dire à l'accumulation de témoignages partiels et de rapprochements arbitraires ».

2. *ZGK*, p. 51.

3. J. Coman, « Zalmoxis », *Zalmoxis*, 2, 1939, p. 95 et n. 1.

4. *ZGK*, p. 42.

Hermeias d'Alexandrie. Si Eliade connaissait la tradition médiévale de Jordanès, grâce aux travaux de Busuioceanu et de Leake, il ignorait, en revanche, l'étendue réelle du destin de Zalmoxis à l'intérieur des divers gothicismes européens; rien, également, sur la première monographie sur Zalmoxis, du Suédois Carolus Lundius (1687). Encore plus étonnante est l'absence de toute référence à la figure de Zalmoxis comme fondateur de la « magie naturelle » ou dans les écrits alchimiques, deux de ses sujets de prédilection, de la part de celui qui, dans son mémoire de licence de 1928 (Italie), traitait de *La philosophie de la Renaissance de Marsile Ficin à Giordano Bruno*.

Dans un autre registre, le titre de la version anglaise du livre[1], *Zalmoxis. The Vanishing God*, illustre l'image qu'Eliade se faisait d'un dieu, selon lui, qui disparaît et réapparaît périodiquement. Et pourtant, il n'est nulle part question, dans les sources antiques, d'un retour périodique de Zalmoxis ! L'histoire d'Hérodote décrit un *seul* épisode, parodie de la doctrine pythagoricienne et illustration de la crédulité des Gètes. S'il est vrai que le texte hérodotéen a été vu comme un retour périodique, cette interprétation est particulière à l'époque moderne, dans le cas des historiens qui considéraient Zalmoxis comme un dieu de la végétation, sur le modèle de Dionysos. On reconnaît là, par conséquent, un autre résidu des thèses naturalistes (qu'il critique par ailleurs), pourtant interprété dans un sens mystérique par Eliade. Et, s'il accepte une *évolution* dans la religion dace, il n'appuie cette théorie (soutenue par Coman ou par les archéologues roumains) que pour mieux illustrer le processus de *spiritualisation* progressive dont cette religion aurait témoigné. Cela tourne donc autour d'une mythologie personnelle, où l'approche critique d'une documentation lacunaire est remplacée par une reconstitution enthousiaste.

Une des sources théoriques inavouées est précisément le poète et philosophe roumain Lucian Blaga : il n'est pas cité dans la monographie consacrée à Zalmoxis, mais seulement dans les chapitres concernant le folklore. Pourtant, deux expressions blagiennes utilisées par Eliade sont péremptoires : la « post-existence »[2], se rapportant à l'immortalité gète, à une existence heureuse dans l'au-delà; et, plus explicitement encore, l'évocation des Thraces vus comme « les Grands Anonymes » de l'histoire.

1. M. Eliade, *Zalmoxis. The Vanishing God*, Chicago, University of Chicago Press, 1972.

2. Concept spécifique de la philosophie de L. Blaga. Cette expression est utilisée explicitement par Blaga [« Getica », *Saeculum*, 1 (4), 1943, p. 13] pour qualifier la mythologie gète (« l'achèvement dans la post-existence »); cette étude parue en Roumanie n'était peut-être pas connue d'Eliade, qui connaissait, en revanche, le reste de l'œuvre blagienne.

Or le principe transcendant de la philosophie de Blaga était précisément le « Grand Anonyme »... Blaga voyait le village roumain – d'après lui, matrice de l'essence nationale – comme hors du temps et de l'histoire, tandis que dans la ballade populaire *Mioritza*, il discernait la communion tragique et irréductible entre un territoire, le destin et le sacrifice prédestiné. Contrairement à la conception latiniste dominante, il a privilégié la « révolte des origines non latines », à savoir la vision cosmique d'origine thrace et slave, opposée à la rationalité et à l'équilibre latins. Cette valorisation de l'élément thrace [1], exprimée initialement dans son « drame païen » (*Zamolxe*, 1921), reléguait les Thraces et l'essence roumaine, essentiellement rurale, dans un monde anhistorique et organique, mélange indissociable de croyances païennes et de christianisme. Toutes ces idées se retrouvent, sans les subtilités philosophiques et sous des formes variées, chez Eliade, dont la conception du folklore roumain et du « destin historique » du peuple roumain doit énormément à la philosophie blagienne.

Malgré tout, l'étude d'Eliade a ses mérites : à l'époque, c'était l'essai le plus complet sur Zalmoxis, donnant la bibliographie essentielle, une critique des thèses antérieures et une interprétation qui est largement personnelle. Le prestige dont il jouissait, ainsi que l'intérêt croissant à l'époque pour l'initiation et les cultes à Mystères ont naturellement assuré le succès de cette théorie, dont les fondements ne semblent cependant pas avoir été soumis à un questionnement critique. Elle sera ensuite résumée, réénoncée, le plus souvent changée, mais, dans ses grandes lignes, elle sera tenue pour la théorie standard : Zalmoxis est une sorte de réformateur religieux, instituant (et célébré dans) un culte mystérique ; sa religion est une religion aristocratique, initiatique, en tout cas de facture « supérieure ».

Or la méthode d'Eliade pose des problèmes, et sa thèse sur une religion à Mystères dans le cas de Zalmoxis repose davantage sur ses propres convictions et suppositions que sur des démonstrations. Premièrement, son interprétation, ou son absence d'interprétation du texte d'Hérodote soulève un questionnement légitime, car Eliade ne s'interroge pas vraiment sur les bien-fondés du récit de la « catabase » : s'il est la version des *Grecs* du Pont, et s'il est, en outre, intégré dans une grille *pythagoricienne* – Eliade en est bien conscient –, pourquoi alors lui fait-il pleine confiance, et le considère-t-il comme un témoignage important sur les croyances et les pratiques rituelles *gètes* ? Sans se poser le problème de la véridicité des sources (déjà

1. Blaga n'est pourtant pas thracomane, car il critique âprement les opinions de Jean Coman sur la religion gète, comme nous l'avons vu dans le chap. I.

mises en doute par Hérodote !), Eliade ne fait que gloser selon ses propres catégories qu'il entend comme universelles, mais sur un texte qui n'est qu'une construction des Grecs du Pont rapportée avec ironie par Hérodote, et nullement un récit véridique sur les croyances des Gètes. Pourquoi mettre en rapport le « mythe » (catabase, occultation, épiphanie) avec le « rite » (sacrifice du messager)[1] ? Pourquoi, enfin, voir dans le récit ironique des Grecs la transposition d'une mythologie gète, et discerner une correspondance entre les *trois* ans d'occultation de Zalmoxis et les *quatre* ans dans le cas du sacrifice ? Car, à vrai dire, cette correspondance n'est pas évidente.

Qui plus est, la vision d'Eliade sur les « Mystères » était traditionnelle et témoignait de ses préférences personnelles. Or, dans les dernières décennies, on assiste à des critiques pleinement justifiées de la vision courante sur les Mystères : le concept tout-puissant dans la première moitié du XXe siècle était celui des *sterbende und auferstehende Götter*, « dieux qui meurent et qui ressuscitent » ; cette vision était trop influencée, d'une part, par l'interprétation de type stoïcien (symbolique et naturaliste), d'autre part par les Pères de l'Église (la résurrection). Dans sa monographie consacrée aux Mystères, Walter Burkert adopte une position lucide : il constate une érosion générale des positions de Cumont[2] et de Reitzenstein, et remet en question tous les stéréotypes, jusque dans leurs moindres détails. Ces clichés sont nombreux et persistants : les religions à mystères seraient tardives, orientales par leur origine, leur style, leur esprit ; elles seraient spirituelles, à la recherche d'une spiritualité plus haute, et s'apparenteraient donc à des religions du salut (*Erlösungsreligionen*), préparant le christianisme ou parallèles à lui. Or, constate Burkert, dans les Mystères il n'y avait ni foi dogmatique en un triomphe sur la mort, ni dévalorisation de la vie ; le savant suisse abandonne donc dès le départ, et à juste titre, le concept de *religion* à mystères[3].

1. Même critique chez Fr. Hartog, *Le miroir d'Hérodote*, *op. cit.*, p. 190, rejetant la lecture du chap. 95 en tant que « mythe » se rapportant aux *rites* du chap. 94.

2. Voir C. Bonnet, « Franz Cumont : entre ciel et terre », dans C. Bonnet, V. Pirenne-Delforge, D. Praet (éd.), *Les religions orientales dans le monde grec et romain. Bilan et perspectives*, Rome-Bruxelles, 2009, p. 17-22.

3. U. Bianchi, « Lo studio delle religioni di mistero », dans U. Bianchi, M. J. Vermaseren (éd.), *La soteriologia dei culti orientali nell'Impero Romano*, Leyde, Brill, 1982, p. 1-16 ; W. Burkert, *Les cultes à mystères dans l'Antiquité*, trad. fr., Paris, Les Belles Lettres, 2003². Il y critique le type du « dieu souffrant » comme caractéristique aux mystères, héritage de l'interprétation frazérienne sur un « dieu oriental de la végétation » qui meurt et ressuscite périodiquement (p. 70-72), dérivant aussi de la doctrine paulinienne du « mourir avec le Christ et ressusciter avec le Christ ».

Eliade est bien conscient, et il le répète plusieurs fois, que toutes les données existantes sur Zalmoxis sont l'œuvre des auteurs étrangers. Malgré cela, il n'hésite pas à présenter son scénario témoignant d'une évolution – selon lui, un processus comparable aux « autres religions de Mystères à l'époque du syncrétisme gréco-oriental » :

> La transformation de Zalmoxis en héros civilisateur et en philosophe est uniquement l'œuvre des auteurs étrangers : nous n'avons aucune preuve que le même processus ait eu lieu chez les Géto-Daces. En somme, depuis Hérodote et jusqu'à Jordanès, tout ce que nous savons sur Zalmoxis et la religion des Daces, nous le savons par les informations et les commentaires des écrivains étrangers. En essayant de déchiffrer, à travers des interprétations de ces auteurs, ce qu'était la religion de Zalmoxis et en quel sens elle s'est développée, on arrive à ce résultat : le caractère mystérique de Zalmoxis et sa fameuse doctrine de l'immortalité, qui avaient tellement impressionné les Grecs, ont été complétés par l'intérêt croissant pour la médecine, l'astronomie, la mystique et la « magie »[1].

Tout en étant d'accord avec la première partie de sa conclusion, je ne peux aucunement partager son second volet[2]. Il est peu probable que le culte de Zalmoxis ait été de nature initiatique et se soit apparenté à une religion à Mystères, comme le veut Eliade, qui interprète à sa manière le récit des Grecs du Pont et les spéculations des écrivains grecs. L'exilé roumain a toujours conservé une image idéalisée de la religion gète, et sa théorie est en accord avec les aspects religieux qu'il trouvait les plus intéressants et les plus « authentiques » : initiation, extase, occultation et épiphanie, voyage de l'âme, symbolisme en général[3].

À ce propos, passons à une autre observation, à la lumière du programme exposé par Eliade dès l'introduction :

> En effet, ce n'est que dans l'univers des valeurs spécifiques des chasseurs et des guerriers, notamment à la lumière des rites initiatiques, que le nom ethnique des Daces révèle sa signification religieuse primitive. De même, le culte de Zalmoxis ne devient compréhensible qu'après qu'on a dégagé le sens initiatique de l'occultation et de l'épiphanie du dieu[4].

1. *ZGK*, p. 72.
2. Les considérations d'Eliade sont parfaitement contradictoires.
3. Eliade observe avec justesse que « c'est sans doute surtout à la faveur de la doctrine de l'immortalité et de l'épisode qui faisait de lui l'"esclave de Pythagore", que les auteurs anciens ont continué à parler de Zalmoxis » (*ZGK*, p. 72 n. 128).
4. *Ibid.*, p. 10.

Chez Eliade, il est facile de remarquer l'importance considérable de quelques thèmes récurrents, qui le fascinent tout au long de son œuvre – s'ajoutant à son option de privilégier toujours la préhistoire et la protohistoire : les sociétés secrètes (*Männerbünde*, terme qu'il emploie fréquemment dans son œuvre), les rites initiatiques (individuels ou collectifs), l'extase, l'ascèse, le chamanisme, la vitalité de la Nature, les sacrifices sanglants comme « mort créatrice ». Il n'est donc pas surprenant qu'il favorise *exactement* ces aspects dans l'étude sur Zalmoxis : initiations, sociétés secrètes, culte aristocratique, sacrifice humain, pratiques ascétiques, ou encore sa vision des *Männerbünde* de jeunes Daces, guerriers redoutables s'identifiant aux loups. De même, pour ce qui est de la vision d'Eliade sur la religion grecque, on ne peut qu'être frappé par l'attention prépondérante accordée aux cultes initiatiques et aux courants mystiques, de sorte que l'apparition de Dionysos est vue comme une « révolution spirituelle »[1].

Comme le montre l'analyse de Daniel Dubuisson, l'œuvre abondante d'Eliade a exercé et continue encore d'exercer une influence multiforme et diffuse auprès de nombreux historiens des religions. Malgré ses imperfections et ses lacunes, elle illustre très bien l'approche mystique et irrationnelle, dont l'importance ne doit pas être sous-estimée, par le simple fait que son auteur apparaît comme le plus populaire historien des religions. Dubuisson reproche à Eliade, à juste titre, de graves défauts de méthode, en raison de son attitude mystique, n'accordant son attention qu'à un indicible *au-delà*, et substituant sans cesse ses propres convictions aux conditions que requiert toute démonstration sérieuse : a) des choix arbitraires et simplificateurs ; b) une indifférence complète aux contextes historiques et ethnographiques ; c) de nombreuses généralisations abusives ; d) des interprétations contestables. La critique la plus forte à l'égard d'Eliade, et pleinement justifiée, vise son mépris foncier et délibéré du conditionnement historique, qui lui fut maintes fois reproché. Ainsi, comme le résumait dernièrement Philippe Borgeaud, Eliade fait une « économie pernicieuse »,

1. Thèmes récurrents : D. Dubuisson, *Impostures et pseudo-science*, *op. cit.*, p. 83-96. Voir déjà A. Motte, « Mircea Eliade et la religion grecque », dans Ch. M. Ternes (éd.), *Actes du colloque international « Eliade-Dumézil » (Luxembourg, avril 1988)*, Luxembourg, 1988, p. 109-121 ; « Peut-être Mircea Eliade a-t-il tort parfois de vouloir retrouver partout un même schéma initiatique symbolisant la mort et la résurrection de l'initié » (p. 117). Même analyse chez D. M. Cosi, « Mircea Eliade tra discontinuità e protagonisti. La storia religiosa dei Greci », dans L. Arcella *et alii*, *Confronto con Mircea Eliade. Archetipi mitici e identità storica*, Milan, Jaca Book, 1998, p. 287-307 (son manque d'intérêt pour le contexte historique et la religion civique).

celle de l'histoire et des contextes culturels[1]. Force est de constater que toutes ces critiques s'appliquent également à sa monographie sur Zalmoxis et le folklore roumain.

Il serait utile de regarder de plus près l'intérêt d'Eliade pour l'héritage de ses ancêtres assumés. En 1937, dans son introduction à *Cosmologie et alchimie babyloniennes*, il cherche à se justifier auprès des journalistes nationalistes l'accusant de ne pas avoir abordé dans ses ouvrages scientifiques (comme *Yoga*) le fameux spécifique national, le « roumanisme » (débat omniprésent à l'époque). Eliade est loin de critiquer une telle attitude ; en revanche, il va dans le même sens, car il est conscient que :

> Ce qui caractérise la problématique actuelle de la culture roumaine, c'est l'*autochtonie*, c'est-à-dire la résistance des éléments ethniques aux formes de culture étrangères.

Comme preuve de son intérêt, il invoque son introduction aux œuvres du polygraphe roumain B. P. Hasdeu, qui avait écrit, vers 1860, une étude, *Les Daces ont-ils péri* ?, et rappelle ensuite l'importance de V. Pârvan. Très importante également est la mention de L. Blaga, avec sa « révolte du fonds autochtone ». Eliade souligne qu'un des résultats précis dans le *Yoga* était justement la résistance du fonds autochtone pré-aryen. Par conséquent, il ne faisait rien d'autre que de vérifier dans la culture indienne ce que Hasdeu cherchait à démontrer dans la culture roumaine. Et c'est précisément cette vérification, souligne Eliade, qui « prouve en tout cas l'appartenance

1. D. Dubuisson, *Impostures et pseudo-science*, *op. cit.*, p. 32 ; voir récemment D. Dubuisson, « The Poetical and Rhetorical Structure of the Eliadean Text : A Contribution to Critical Theory and Discourses on Religions », dans Chr. K. Wedemeyer, W. Doniger (éd.), *Hermeneutics, Politics, and the History of Religions. The Contested Legacies of Joachim Wach and Mircea Eliade*, Oxford, Oxford University Press, 2010, p. 133-146. Critique de l'opposition pré-moderne/moderne d'Eliade, et des sociétés prémodernes comme plongées dans une atmosphère de sacralité : F. Remotti, « Thèses pour une perspective anthropopoiétique », dans C. Calame, M. Kilani (éd.), *La fabrication de l'humain dans les cultures et en anthropologie*, Paris, Payot, 1999, p. 19-20 ; ainsi, « Il vaut mieux prendre tout de suite ses distances avec ce mode d'appréhension des rituels d'initiation (anthropogénétiques et/ou anthropopoiétiques), avec des catégories aujourd'hui peu crédibles en anthropologie, comme celles de "sociétés prémodernes" ou d'une "pensée archaïque" plongée dans la sacralité (Eliade). Depuis longtemps déjà, l'anthropologie a abandonné des catégories aussi vastes et réductrices. Depuis que l'on s'est aperçu des "différences" substantielles qui peuvent exister entre sociétés trop uniformément considérées jusque là comme "primitives", "archaïques" etc., on n'a plus pu partager le schéma d'Eliade opposant société moderne et société prémoderne » (p. 19). Fabio Mora critique à son tour la vision d'Eliade sur les croyances des Celtes et des Gètes et le pythagorisme (*Religione e religioni nelle* Storie *di Erodoto*, Milan, Jaca Book, 1985, p. 178 n. 39). Voir en outre U. Bianchi, *The History of Religions*, Leyde, 1975, Brill, p. 184-191 ; Ph. Borgeaud, *Exercices de mythologie*, *op. cit.*, p. 181.

organique de l'auteur [Eliade] au moment spirituel roumain contemporain ». Ainsi :

> Le peuple roumain, qui n'a eu ni un Moyen Âge glorieux (dans le sens occidental) ni une Renaissance et qui n'a donc pas été de ceux qui ont « fait » l'histoire et la culture européennes, a une préhistoire et une protohistoire égales en valeurs à celles de n'importe quelle nation européenne importante, et un folklore incontestablement supérieur à tous les autres. Aujourd'hui, la science roumaine a l'occasion unique de mettre en valeur la spiritualité et l'histoire secrète de notre nation [1].

Eliade insiste donc sur l'exploitation d'un « moment historique ». De plus, il faut observer qu'il doit se justifier dans un cadre polémique, marqué par la montée d'un climat d'intolérance et par un nationalisme virant vers l'extrême droite; la presse, notamment, demandait à tout intellectuel son adhésion inconditionnelle au « roumanisme ». Si Eliade doit légitimer ses intérêts « exotiques » (donc inutiles pour la cause du roumanisme) et se conformer au climat et au langage, il le fera pourtant à sa manière.

Tel était son programme idéologique en 1937 et, à la lecture du *De Zalmoxis à Gengis Khan*, force est de constater qu'Eliade n'a pas modifié sa pensée. Dans l'introduction, il écrivait par ailleurs :

> Car le culte de Zalmoxis, par exemple, aussi bien que les mythes, les symboles et les rituels qui informent le folklore religieux des Roumains, plongent leurs racines dans un monde de valeurs spirituelles qui précède l'apparition des grandes civilisations du Proche-Orient antique et de la Méditerranée [2].

Pour l'ensemble de son œuvre largement diffusée en Occident, où presque tout se trouvait d'ailleurs en germe dans ses écrits de Roumanie, Eliade va cependant reformuler certaines de ses positions après la guerre, dans une version transcendant la perspective nationaliste pour se réclamer d'un humanisme universel, à travers la théorie de l'archaïque et de l'archétype [3]. Or, dans *De Zalmoxis à Gengis Khan*, bien qu'il apparaisse moins nationaliste qu'autour de 1940, Eliade garde une position beaucoup plus conservatrice que dans le reste de ses ouvrages, position qui est en outre très influencée par son regard nostalgique d'exilé : le culte de Zalmoxis préfigure donc l'unicité, l'originalité et la profondeur spirituelle

1. M. Eliade, *Cosmologie*, *op. cit.* [1937], p. 11-14.
2. *ZGK*, p. 9.
3. *Cf.* Ph. Borgeaud, *Exercices de mythologie*, *op. cit.*, p. 185; et p. 191-196 (l'« archaïsme » comme mot fétiche d'Eliade).

qui semblent prédestinées au peuple roumain. Cette étude est en réalité annoncée par plusieurs de ses écrits, de la période roumaine, lors de la guerre ou dans la presse de l'exil, où se dessine une certaine évolution de la vision eliadienne. Toute cette production eliadienne, peu exploitée jusqu'à présent et jamais présentée comme un ensemble, fera l'objet de plusieurs des chapitres suivants.

POPULARITÉ ET POSTÉRITÉ DE LA THÈSE D'ELIADE

Le titre de la monographie *De Zalmoxis à Gengis Khan*, parue en 1970, était tenu, par les critiques, pour « assez obscur »[1], et l'intérêt réel de l'ouvrage est resté en deçà des ambitions initiales d'Eliade. Et pourtant, la thèse de celui-ci, alors au sommet de son prestige, de l'existence d'une religion à Mystères autour de Zalmoxis, est rapidement devenue une opinion commune qui sera reprise et réinterprétée par d'autres historiens des religions. Bientôt, Zalmoxis sera présenté comme réformateur, chaman[2] et prophète d'une religion initiatique. Nombreux furent les historiens qui, au sujet du dieu gète, mais pas uniquement, accréditèrent cette image, sans jamais interroger de plus près ses fondements, souvent douteux[3].

1. J.-P. Roux, compte rendu dans *Revue de l'Histoire des Religions*, 181, 1972, p. 187-191 ; il est assez réservé, tout en approuvant les deux articles sur les Daces. Il estime, en revanche : « sans doute l'imprécision du titre et le manque d'unité du volume détourneront un certain nombre de gens parmi le public cultivé » (p. 191).

2. Bien qu'Eliade ait rejeté la thèse de Zalmoxis chaman, le dieu gète continue à être vu à la fois comme réformateur religieux et chaman dans la littérature ultérieure, ce qui témoigne de la vision toujours floue du Nord et des « barbares » dans l'historiographie. Ainsi, pour R. Turcan (s.v. *Deification*, *ER*, t. IV, 1987, p. 259-260), les Gètes immortalisent « through a kind of shamanism that may have involved Zalmoxis » ; pour D. Lateiner, Zalmoxis est soit un chaman, soit un réformateur, conformément à la thèse d'Eliade (« Deceptions and Delusions in Herodotus », *Classical Antiquity*, 9, 1990, p. 241-245).

3. Chr. Riedweg, « Orfeo », dans S. Settis (éd.), *I Greci*, t. II. 1, Turin, Einaudi, 1996, p. 1265 (la similitude entre les Mystères thraces et les rassemblements des sociétés secrètes masculines d'Iran) ; J. Vidal, s.v. *Zalmoxis*, dans P. Poupard (éd.), *Dictionnaire des religions*, t. II, Paris, P.U.F., 1993[3], p. 2151-2153 (résumé fidèle de l'étude eliadienne). Reprise de la thèse eliadienne : J. Ries, s.v. *Immortality*, *ER*, t. VII, 1987, p. 136 ; R. Baladié, *Strabon. Géographie. Tome IV (livre VII)*, Paris, Les Belles Lettres, 1989, n. complém. 3 à la p. 83. Deux des commentateurs du roman d'Antonius Diogène, n'ont pas manqué l'occasion de gloser dans la ligne d'Eliade : M. Fusillo, *Antonio Diogene. Le incredibili avventure al di là di Tule*, Palerme, Sellerio, 1990, p. 21 ; M. Biraud (qui avoue la dépendance de M. Eliade et de J. Ries), « Parcours initiatiques dans les *Merveilles d'au-delà de Thulé* », dans *L'initiation. Actes du colloque international de Montpellier 11-14 avril 1991. II. L'acquisition d'un savoir ou d'un pouvoir. Le lieu initiatique. Parodies et perspectives*, Montpellier, Université Paul-

Un cas à part est celui de la thracologie bulgare, discipline lancée par le régime communiste de Sofia, selon laquelle les Thraces seraient des « ancêtres culturels » de la nation bulgare mais aussi les détenteurs d'une culture plus ancienne et plus profonde que la culture grecque. La spiritualité thrace, présentée comme « supérieure » d'une autre façon à la culture classique – car orale et profondément initiatique –, serait centrée autour d'Orphée et de Dionysos, auxquels s'ajoute Zalmoxis. Les thracologues bulgares intègrent dans leur discours la thèse eliadienne, qui leur est bien utile : Orphée et Zalmoxis, deux réformateurs culturels et deux modèles pour la royauté (roi et grand prêtre, roi-dieu), instituent des Mystères, dont l'essence regarde le concept de l'immortalité, lié au culte initiatique des guerriers [1].

En Occident, deux spécialistes de la religion grecque donnèrent leur vision du culte de Zalmoxis, tout en étant très fortement influencés par Eliade : Fritz Graf et Jan Bremmer. Pour Graf, le récit d'Hérodote comporte deux aspects : la religion thrace, avec la divinité Zalmoxis agissant comme un initiateur divin dans un culte secret (selon la théorie d'Eliade) ; mais aussi un versant politique – on remarque le souci anthropologisant de Graf –, dont témoignerait Hérodote, car Zalmoxis a invité les plus éminents des concitoyens à ses banquets. D'autres sources, rappelle Graf, font de Zalmoxis le conseiller du roi avant de devenir dieu (Strabon, d'après Poséidonios) et législateur parmi les Thraces (Diodore de Sicile). En conclusion, ses Mystères ne pouvaient être tenus pour un culte eschatologique marginal, car ils étaient impliqués au centre du pouvoir, puisque les prêtres qui les accomplissaient étaient considérés comme à la fois ses successeurs [2] et les conseilleurs royaux, le plus connu étant Décénée, grand

Valéry, 1992, p. 37-45. W. Fauth se montre assez réservé : « Astraios und Zamolxis. Über Spuren pythagoreischer Aretalogie im Thule-Roman des Antonius Diogenes », *Hermes*, 106, 1978, p. 220-241. Pour la vogue de l'initiation, voir l'adhésion de J. Ries, « L'homme, le rite et l'initiation selon Mircea Eliade » et « Les rites d'initiation et le sacré », dans J. Ries (éd.), *Les rites de l'initiation*, Louvain-la-Neuve, Centre d'Études des Religions, 1986, p. 13-26 et 27-37 ; M. Taufer, « Zalmoxis nella tradizione greca. Rassegna e rilettura delle fonti », *Quaderni di Storia*, 68, 2008, p. 131-164.

1. Voir, en guise d'exemples : A. Fol, I. Marazov, *À la recherche des Thraces*, Paris, France-Empire, 1978 ; D. Popov, « Zalmoxis après M. Eliade », dans *Europa indo-europea. Atti del VI° Congresso Internazionale di Tracologia e del VIII° Simposio Internazionale di Studi Traci. Palma da Mallorca 24-28 Marzo 1992*, Rome, 1994, p. 167-173 ; D. Popov, « Zalmoxis (le dieu aux différents noms) », dans P. Roman (éd.), *The Thracian World at the Crossroads of Civilization (Proceedings of the Seventh International Congress of Thracology, Constanța-Mangalia-Tulcea, 20-26 May 1996)*, t. I, Bucarest, 1997, p. 571-591.

2. Graf prend donc à la lettre les informations de Strabon ; en réalité, il est sûr que Strabon (ou sa source) a élaboré ce passage à partir des informations réelles sur le royaume dace, mais en accord avec toute une tradition *littéraire* sur Zalmoxis.

prêtre sous Byrébistas. Cette institution serait une réminiscence de la société secrète développée dans le royaume iranien, où les guerriers initiés sont devenus les compagnons vassaux des rois. Graf apporte comme preuve l'étymologie ancienne du nom de Zalmoxis chez Porphyre (Zalmoxis enveloppé après sa naissance d'une peau d'ours); similairement, le *bersekir* (« Bärenhäuter »), le guerrier extatique du Nord, était vêtu d'une peau d'ours.

La théorie de Graf, à première vue soucieuse du contexte historique et politique, est trop conjecturale, et prend pour des faits précis des élaborations littéraires. En outre, voir dans ce présumé culte initiatique une réminiscence des sociétés secrètes iraniennes montre une fois de plus qu'on peut tout affirmer à propos des peuples lointains, tout en ignorant leurs histoires précises. Dans cette ligne, on peut même assister à l'interprétation de l'épisode hérodotéen de la descente souterraine comme une transformation du motif de l'ascension, parmi les Gètes[1]... D'autre part, cette même descente avait été interprétée auparavant comme preuve de la qualité chthonienne de Zalmoxis[2].

Kurt W. Treptow se situe presque dans la même ligne interprétative, décrivant une religion géto-dace structurée autour de l'aristocratie militaire, qui avait érigé le culte de Zalmoxis en religion d'État. Treptow, peu familier de l'histoire ancienne, reste également très confus et maladroit dans l'histoire des religions : Zalmoxis évolue d'un culte totémique à un

1. F. Graf, « Orpheus : A Poet among Men », dans J. Bremmer (éd.), *Interpretations of Greek Mythology*, Londres, Croom Helm, 1987, p. 91-92. Graf cite les études de Widengren, Alföldi, Merkelbach, mais il est étonnant qu'il ne cite pas l'étude d'Eliade, « Les Daces et les loups » (*Numen*, 6, 1959, p. 15-31 ; *ZGK*, p. 13-30), qui aurait pu argumenter sa thèse sur une confrérie de guerriers associés aux carnassières. Graf voit Orphée, à l'origine, comme un initiateur divin ou héroïque des sociétés guerrières (p. 92). Même vision d'Orphée comme un héritage du passé indo-européen, aristocratique, et d'une société guerrière d'initiés, chez J. Bremmer, « Orpheus : From Guru to Gay », dans Ph. Borgeaud (éd.), *Orphisme et Orphée. En l'honneur de Jean Rudhardt*, Genève, Droz, 1991, p. 13-30. Récemment, J. Bremmer, s.v. *Zalmoxis*, *Der Neue Pauly*, t. XII. 2, Stuttgart, J. B. Metzler, 2002, col. 691 : un culte initiatique de l'aristocratie, comportant des Mystères. Ascension : A. F. Segal, « Heavenly Ascent in Hellenistic Judaism, Early Christianity and their Environment », *Aufstieg und Niedergang der römischen Welt*, II. 23.2, 1980, p. 1351.

2. Tomaschek, Rohde, Russu, etc. ; et R. Pettazzoni, *I misteri*, *op. cit.*, p. 61-62 et 173 (caractère chthonien, voire agraire). Sur la construction moderne de l'opposition chthonien / ouranien, voir R. Schlesier, « Olympian Versus Chthonian Religion », *Scripta Classica Israelica*, 11, 1991-1992, p. 38-51. Comme la fameuse polarité apollinien/dionysiaque donnée par Nietzsche, la polarité chthonien/olympien a ses origines dans les études de mythologie des romantiques, et fut déjà regardée comme canonique dans les premières décades du XIXe siècle.

culte solaire, préparation pour le christianisme ; son culte était monothéiste, aristocratique, d'État, uniquement masculin, faisant partie d'une religion polythéiste; le dieu est le modèle du pouvoir royal dans un État ecclésiastique (!). Copiant même le titre d'après *De Zalmoxis à Gengis Khan* d'Eliade – son ouvrage s'intitule *From Zalmoxis to Jan Palach. Studies in East European History* –, Treptow a mis en difficulté les critiques par la référence au dieu gète[1]. Cet historien américain, ayant reçu pour son étude sur Zalmoxis le prix du département d'histoire de l'Université d'Illinois en 1989, a été impliqué dans un retentissant scandale médiatique à l'automne 2002 en Roumanie (à Iași, où il travaillait pour le Centre d'Études Roumaines), quand il fut convaincu à la fois de pédophilie, de sympathies pour l'extrême droite et de collaboration avec les services secrets roumains. À la lumière de ces connexions, la description qu'il a donnée de la religion dace n'est nullement gratuite, c'est le moins que nous puissions dire.

Tout récemment, Carlo Marcaccini, interprétant le passage hérodotéen, insiste sur la croyance en l'immortalité, l'existence d'une élite sacerdotale et aristocratique restreinte accomplissant son rôle politique, et une spiritualité de type orphico-bachique. Durant les dernières années, une chercheuse originaire de l'espace ex-soviétique, Yulia Ustinova, popularise partout sa thèse sur quelques figures chthoniennes et mi-chamaniques, patronnant des rites d'initiation, placées dans le centre et le nord des Balkans (Amphiaraos, Trophonios, Asclépios, Zalmoxis, Rhésus), émettant l'hypothèse de la dispersion ou d'une origine de Thrace, y compris pour des figures chamaniques (Orphée, Abaris, Aristéas). Le dieu gète joue un rôle essentiel dans sa démonstration, très influencée par Eliade : catabase et résidence souterraine, guérison, rites d'initiation. Deux épiclèses d'Apollon, *Iatros* (répandue dans le Pont, en tant que patron des cités ioniennes), respectivement *Phōleutērios* (à Istros), sont mises en rapport par Ustinova avec ce type de croyances des Thraces, plus précisément des Gètes. Or, bien au contraire, ces deux appellations sont évidemment d'origine ionienne, donc grecque, et n'ont aucun rapport apparent avec

1. K. W. Treptow, « A Study in Geto-Dacian Religion : The Cult of Zalmoxis », dans *From Zalmoxis to Jan Palach. Studies in East European History*, New York, Columbia University Press, 1992, p. 5-22 (*East European Quaterly*, 21, 1988, p. 501-515). R. Hutchings, dans le compte rendu paru dans *The Slavonic and East European Review*, 71, 1993, p. 328, remarque : « a title which to most people, even scholars, will be incomprehensible (which is my first criticism) » ; quant au chapitre sur Zalmoxis, « the unusualness of the theme is its special merit here » ; en revanche, S. A. Kent accepte l'interprétation sur Zalmoxis (compte rendu dans *Slavic Review*, 53, 1994, p. 620).

la population indigène[1]. Prétendant respecter le contexte indigène et pratiquer la comparaison avisée, ce type d'études ne fait que perpétuer, dans une forme plus subtile et plus « documentée », le mythe scientifique du chamanisme scythe et thrace qui aurait influencé la Grèce archaïque.

S'interroger sur Zalmoxis, à travers toutes ces théories, se révèle donc comme une occasion d'explorer des sujets sensibles de l'histoire grecque, et notamment de l'histoire des religions : Pythagore et le pythagorisme, Orphée et l'orphisme, Dionysos et l'influence thrace, le chamanisme. Mais c'est également un moyen privilégié d'analyser le regard et le jugement portés par toute une science occidentale sur un peuple barbare et marginal, ainsi que par l'intelligentsia roumaine sur son passé, sur cette catégorie des « ancêtres » en laquelle on aime se projeter et se reconnaître. Plus que par la fortune de Zalmoxis à travers les siècles, mon attention a été retenue par les enjeux de cette tradition particulière, ainsi que par ses usages successifs. Pour les modernes, ces multiples interprétations témoignent en effet de la représentation variable des historiens occidentaux à l'égard des peuples non-grecs ou de la construction orientée d'un passé prestigieux pour les historiens roumains. En cela, le cas d'Eliade est encore plus intéressant car, connaisseur des deux mondes, il relève de ces deux contextes et en fait la synthèse. Sa théorie s'inscrit, elle aussi, dans cette continuité d'interrogations, d'usages savants et de mythologies suscitées par le motif de Zalmoxis.

La fascination exercée par la thèse eliadienne est encore très forte de nos jours, et, dans l'historiographie occidentale, elle ne semble pas avoir été soumise à une vérification quelconque. L'origine roumaine d'Eliade

1. C. Marcaccini, « Hdt. 4.93-96 : Zalmoxis Dioniso del nord », *Sileno*, 24, 1998, p. 135-158 ; Y. Ustinova, « "Either a Daimon, or a Hero, or Perhaps a God" : Mythical Residents of Subterranean Chambers », *Kernos*, 15, 2002, p. 267-288 ; *Eadem*, « Truth Lies at the Bottom of a Cave : Apollo Pholeuterios, the Pholarchs of the Eleats, and Subterranean Oracles », *Parola del Passato*, 59, 2004, p. 25-44 ; *Ead.*, « Greek Knowledge of Thracian and Scythian Healing Practices and Ideas on Afterlife and Immortality », *Ephemeris Napocensis*, 14-15, 2004-2005, p. 41-52 ; *Ead.*, « Apollo Iatros : A Greek God of Pontic Origin », dans K. Stähler, G. Gudrian (éd.), *Die Griechen und ihre Nachbarn am Nordrand des Schwarzen Meeres. Beiträge des Internationalen archäologischen Kolloquiums Münster 2001*, Münster, 2009, p. 245-298 ; P. Bonnechere, *Trophonios de Lébadée. Cultes et mythes d'une cité béotienne au miroir de la mentalité antique*, Leyde-Boston, Brill, 2003, p. 99-100 et 109-115 (défenseur de la thèse du chamanisme grec ; Zalmoxis est un personnage-clé dans la chaîne de transmission, voire le « chaînon »). Pour les deux épiclèses, voir N. Ehrhardt, « Apollon Ietros. Ein verschollener Gott Ioniens ? », *Istambuler Mitteilungen*, 39, 1989, p. 115-122 ; L. Vecchio, *Le iscrizioni greche di Velia*, Vienne, 2003, p. 76-96.

n'a rien fait d'autre, peut-être, que d'apporter un argument supplémentaire, car en raison précisément de ses racines, Eliade est supposé connaître très bien le sujet et en donner l'interprétation la plus juste. Or, si l'on regarde attentivement l'étude eliadienne et l'utilisation qui en fut faite en des contextes bien différents, avec des intentions variables, la thèse de Zalmoxis comme dieu et maître de l'initiation n'est qu'une construction dont il faut bien interroger les fondements. Comme, par ailleurs, la vogue récente des lectures en clé initiatique des mythes et des rites, qui inonde la littérature actuelle[1].

Selon les mots de Dumézil, déjà rapportés, « [Eliade] se penche sur une patrie que trente années d'épreuves et de séparation lui ont peut-être rendue plus proche, plus intelligible ». Nous avons déjà visité le milieu culturel du jeune Eliade, qu'il a quitté à jamais au début des années 1940, et nous avons vu combien il a été décisif pour la compréhension de son œuvre, mais aussi de l'image qu'il donne de la spiritualité de ses ancêtres et de son peuple. Retournons alors au moment où Mircea Eliade connaît le tournant de sa vie.

1. Vogue de l'initiation dénoncée par R. Buxton, *La Grèce de l'imaginaire. Les contextes de la mythologie*, trad. fr., Paris, La Découverte, 1996, p. 14.

CHAPITRE III

LES MÉTAMORPHOSES ET LES CAMOUFLAGES D'ELIADE

Disparu chez les Daco-Romains, [Zalmoxis] a survécu loin de sa patrie, dans les traditions des Goths et, par conséquent, dans l'érudition historiographique, fortement mythologisée, de l'Occident[1].

La Roumanie des années 1930, avec ses débats incessants et sa productivité culturelle intense, mais aussi avec la montée d'un climat d'intolérance qui annonce déjà le demi-siècle des totalitarismes à venir est devenue, pour Eliade, une sorte de « paradis perdu ». De l'épreuve de la guerre, celui-ci ressort changé ; en outre, il doit s'accoutumer à un exil qui ne finira jamais. Les idées – et les idéaux – d'Eliade connaissent, à l'épreuve de la guerre et de l'exil, sinon une évolution, du moins une mutation et une maturation dont les contours et les justifications sont dorénavant visibles grâce à la publication de son *Journal portugais*. C'est pendant la guerre qu'il fait le choix, capital, d'entamer une carrière en Occident, sans pour autant renoncer à ses convictions et à sa « mission ». Selon ses propres mots, il quitte le destin provincial d'une « culture mineure » pour s'affirmer – et transmettre son message – dans le monde occidental et le milieu savant. Ce choix, dans le contexte de l'effondrement de ses idéaux idéologiques et politiques – en particulier la vocation du « roumanisme » en Europe, et l'accomplissement personnel dans le cadre d'une culture qu'il juge désormais « mineure » –, le conduit à suivre une

1. *ZGK*, p. 75.

voie plus « universelle » dans le domaine scientifique : il ne renie pour autant ni son idéalisme spiritualiste ni son ancien « roumanisme ». Le premier sera transmué sous le nom d'« humanisme universel », quant au second, il sera occulté et périodiquement visité. Si les moyens changent, la finalité reste, dans ses grandes lignes, la même, et c'est pour atteindre ce but que l'exilé Eliade s'emploie dorénavant à toujours cacher son passé afin de transmettre son « message », qu'il appelait à la naissance d'un renouveau spirituel, cette fois à intention universelle.

Comme nous l'avons vu, dans la monographie de 1970, Eliade réservait toute une section aux *Métamorphoses de Zalmoxis*[1]. Par cette expression, il entendait le destin occidental du personnage gète, présent dans les traditions mythologisées des Goths en Espagne, et pourtant oublié dans son propre pays ; espace où il reviendra, beaucoup plus tard, comme figure privilégiée dans l'histoire des idées. Bien que cette présentation repose sur des données plus ou moins rigoureuses[2], l'interprétation est largement conforme aux schémas eliadiens : si le destin de Zalmoxis est occulté, voire oublié, dans son propre pays, son motif survit et se transforme ailleurs, comme symbole de la sagesse des Daco-Gètes. Illustration de plus, donc, des survivances et des manifestations des « symboles », en tant que signes privilégiés de l'absolu et du sacré, dans le profane et dans l'Histoire. Or, il me semble que dans cette image, et d'abord dans la manière dont il la présente, Eliade se reconnaît lui-même : « oublié » ou plus précisément interdit dans la Roumanie stalinienne et communiste, il continue de créer en Occident, en exil, « loin de sa patrie », transmettant, sous une forme camouflée ou métamorphosée, le même message. Comme nous le verrons plus loin, la même remarque, mais dans un registre positif et prophétique, sera présente chez son disciple Culianu[3], pour lequel Eliade est le « Zalmoxis des Roumains » : un sage disparu et exilé, mais ayant conservé la mémoire sacrée de son peuple, auquel il envoie périodiquement des signes.

L'exil, la guerre, les invasions, les camouflages sont d'ailleurs les leitmotive de la monographie de 1970 : mais Eliade parle-t-il alors du passé roumain et de la spiritualité ancienne de *ses* ancêtres, ou plutôt de ses propres crises, doutes et tragédies qui, malgré la célébrité acquise, le rendent mal à l'aise dans son nouveau monde ? Exil, métamorphoses, camouflages aussi, tous ces termes ne sont point innocents, et renvoient à la mythologie personnelle du savant, plus qu'à la mythologie gète ou

1. *ZGK*, p. 75-80.
2. Connues grâce aux recherches de Busuioceanu, voir *infra*, chap. V.
3. Voir *infra*, chap. VII.

roumaine qu'il entend, et prétend, analyser. Ce sont, également, des termes qui apparaissent pour la première fois dans son *Journal portugais*, dont il parle dans ses mémoires ou dans la presse de l'exil, et même dans ses écrits scientifiques – lorsqu'ils portent sur des sujets roumains.

Les chapitres suivants vont aborder, par conséquent, et en prenant comme point de départ ce parallèle mi-caché mi-révélé, les diverses métamorphoses qui ont affecté le parcours d'Eliade : au cours de la guerre d'abord, et du séjour portugais, avec une mutation notable ; l'exil définitif ensuite, qui comporte deux périodes, l'une parisienne et l'autre américaine, quand Eliade écrit dans la presse de l'exil et constitue une référence incontournable de l'émigration littéraire roumaine ; enfin, la dernière étape de sa vie, marquée par trois phénomènes qui s'enchaînent : premièrement, une reconnaissance universelle ; en deuxième lieu, les divers degrés de sa *récupération culturelle* dans la Roumanie national-communiste de Ceausescu ; enfin, les suspicions et bientôt les controverses autour de son passé d'abord, de son œuvre ensuite, où se joue sa crédibilité savante, dans ce qu'il convient d'appeler le « Dossier Eliade ». Plus ou moins paradoxalement, sa postérité connaît elle aussi des métamorphoses incessantes, en fonction des regards et des intentions des modernes qui tiennent Eliade pour un modèle ou, inversement, pour un anti-modèle : figure qui ne cesse, et qui ne cessera de fasciner, tout en modifiant ses apparences.

Parti des métamorphoses de Zalmoxis en Espagne et en Occident, dont nous avons étudié les enjeux particuliers, nous arrivons donc à des métamorphoses bien différentes : ce parcours marqué par l'exil et la récupération, ensuite par le doute et les questionnements, dont témoigne la biographie d'Eliade, rejoint et répète le destin particulier du motif de Zalmoxis dans l'Europe médiévale et à l'époque moderne. Admiration *et* ironies dans le cas de Zalmoxis, éloges *et* critiques dans le cas d'Eliade, voici une autre communauté de destin que partagent ces deux personnages à multiples facettes.

Dans la présentation eliadienne, si Zalmoxis est oublié dans sa patrie, avant d'être redécouvert beaucoup plus tard, sa mémoire sera cependant conservée ailleurs, illustrant, selon ses propres mots, un « destin paradoxal »[1]. De même, Eliade, oublié et même interdit en Roumanie jusqu'après la guerre et dans les années 1950-1960, demeure connu et reconnu dans l'exil littéraire roumain – outre sa reconnaissance universelle comme historien des religions –, avant de retourner « chez soi », comme détenteur d'un message caché (notamment à l'adresse de l'intelligentsia

1. *ZGK*, p. 75.

roumaine). En vérité, un destin paradoxal ! Ses considérations à propos de Zalmoxis seront, dans cette perspective, prophétiques, car, après 1970, Eliade reparaît à travers ses écrits, dans son propre pays, et il reparaît entouré aussi bien de *prestige* que de *mystère*. Ce processus de récupération, légitimé par la renommée universelle qu'avait acquise Eliade, s'explique d'ailleurs précisément par son intérêt pour l'histoire et pour la spiritualité ancienne de la Roumanie, outre sa gloire universelle; la récupération demeure malgré tout très sélective.

À la fin de sa vie, Eliade pouvait, certes, se réjouir de sa réussite, et notamment de son retour « chez soi », car ses écrits et sa vogue connaissent une voie ascendante dans les années 1980 en Roumanie. Ils atteindront un apogée inimaginable dans les années 1990, à l'époque même où, en Occident, la crédibilité scientifique d'Eliade s'enfonce dans le marais de la suspicion et des accusations. En cela donc, force est de constater l'existence concomitante de deux miroirs non seulement différents, mais reflétant une image presque opposée, entre la Roumanie et l'Occident, dans la postérité même d'Eliade, et dans le rapport au passé. Car les contextes et les enjeux sont bien différents : approche identitaire et anticommuniste en Roumanie, où Eliade sert désormais de Modèle, à la fois roumain/local et occidental / universel; questionnement du passé et des motifs idéologiques (en particulier d'inspiration fasciste) disséminés dans les théories savantes en Occident. Débats ou dialogues avortés pour lesquels Eliade constitue un prétexte idéal : ayant connu autant de mondes, ayant illustré ou combattu autant d'idéologies, ayant laissé, surtout, autant d'écrits à l'intention de la postérité, Eliade devient une sorte de symbole des contradictions du siècle. Passé exemplaire et modèle perdu et retrouvé, ou bien passé devenu trop encombrant et nécessitant un réexamen, c'est à travers ces deux modalités d'approche que son destin posthume continue à occuper le devant de la scène.

Avant de poursuivre notre enquête, partons d'une remarque pertinente de Dubuisson :

> On serait tenté de penser qu'Eliade, dans son œuvre, et plus encore dans sa vie personnelle, a su très habilement « montrer et camoufler » en même temps, ainsi qu'il le disait lui-même des hiérophanies. Or, n'oublions jamais qu'il attribuait un rôle prophétique à sa propre œuvre ainsi qu'à l'Histoire des religions telle qu'il la concevait [1].

1. D. Dubuisson, *Impostures et pseudo-science*, *op. cit.*, p. 67. Selon ce dernier, « toute autre approche, qui prétend que la pensée d'Eliade serait le résultat d'une sorte de méditation

Métamorphoses, camouflages, exil : s'y ajoute la métaphore, décisive, de l'occultation, des disparitions et des réapparitions qu'Eliade attribue au personnage gète, maître de l'initiation et détenteur d'un message de salut. Il y a là un nouveau parallèle à creuser, cette fois avec un savant convaincu de sa « mission » spirituelle, soucieux de l'image exemplaire qu'il voulait léguer à la postérité, néanmoins tourmenté par son lourd passé : à son mépris et son combat contre l'« Histoire » s'associe toujours, désormais, l'exercice d'occulter son passé, et plus exactement une certaine partie de son passé. Car précisément, du passé d'Eliade, le lecteur occidental ne connaîtra que son voyage initiatique en Inde et son début prometteur dans une Roumanie paradisiaque, épisodes décrits par le savant comme autant de temps essentiels, selon ses schémas exemplaires. Tout ce tissu biographique, habilement construit lors de ses *Mémoires* et *Fragments d'un journal*, sera mis à l'épreuve quand, peu à peu, des morceaux du passé occulté et jamais avoué feront surface.

Précisons, d'entrée de jeu, et gardons toujours à l'esprit la considération suivante, sans laquelle la compréhension des choix d'Eliade, mais notamment de sa postérité en Occident et en Roumanie, restera limitée, incomplète, et toujours profitable soit aux « détracteurs », soit, plutôt, aux apologistes d'Eliade. Si en Occident, surtout dans les dernières décennies du XXe siècle, quand une nouvelle prise de conscience (accompagnée de l'importance de la mémoire) s'est affirmée, le Mal absolu est le nazisme, la Shoah figurant, dans cette perspective, comme forme de repoussoir absolu, en Roumanie c'est le communisme qui est vu, après 1989, comme étant ce fameux Mal absolu. Dans son pays d'origine, toute atteinte à Eliade, dont l'anticommunisme était connu et apprécié (en exil, dans la Roumanie d'avant et d'après la Révolution), est vue comme une machination communiste, gauchiste, finalement totalitaire. En cela, cette vision continue et se justifie selon les schémas d'Eliade (qui parlait de « calomnies » et clamait son innocence), mais aussi selon un ancien schéma d'une culture mineure, invoquant toujours une incompréhension injustifiée, tout en demeurant jalouse de ses « idoles » universelles, qu'il faut défendre à tout prix[1]. Ce sont donc des choix et des enjeux prioritairement idéologiques qui orientent ce débat autour de la « validité » d'Eliade, débat qui n'est pas un

intemporelle et désincarnée, n'est qu'une mystification et une escroquerie intellectuelle » (*Ibid.*, p. 28).

1. Selon les remarques pertinentes d'A. Laignel-Lavastine, *Cioran*, *op. cit.*, p. 27 : « Hantise de l'anonymat, imaginaire du complot, complexes d'infériorité culturelle rémanents, pérennisation de représentations de soi structurées selon l'axe culture dominante (l'Ouest)/culture dominée (la périphérie est-européenne "méprisée") ».

dialogue, mais qui, étant donné ces repères disparates et ces références opposées, apparaît comme un dialogue de sourds. Ironie suprême, ce combat autour de la vérité sur le passé d'Eliade, et sur la crédibilité de son œuvre – aspect sur lequel il faudra dorénavant centrer la discussion – est, des deux côtés et paradoxalement, mené au nom même de la liberté et contre le discours totalitaire !

Comme l'avait posé avec lucidité Norman Manea :

> Établir un lien entre ses études et sa période « fasciste », jeter le regard de l'inquisiteur sur les détails « suspects » présents dans ses nombreuses études érudites, reviendrait à donner l'exemple parfait d'une méthode totalitaire [1].

Cette mise en garde était bienvenue à l'époque (1992), quand la révélation du passé eliadien pouvait entraîner des jugements hâtifs. D'autre part, les limites entre le côté politique (ou le passé) et le côté scientifico-érudit, supposé imperméable aux engagements politiques, ne sauraient être étanches. Dans ce postulat réside en effet la principale défense de ceux qui réfutent toute mise en cause des écrits érudits d'Eliade, en invoquant le prétexte commode selon lequel son œuvre scientifique serait exempte de motifs ou de penchants d'ordre idéologique. De même, l'approche opposée, qui pense découvrir dans tous les écrits eliadiens le même univers de références « fascistes » est décidément trop orientée et pratique une lecture qui prétend retrouver la clé – comme la formation – de la pensée eliadienne dans sa période d'engagement gardiste, alors que l'image est beaucoup plus complexe. Quand Norman Manea écrivait ces considérations, l'enjeu était de reconnaître dans le débat naissant le poids de l'engagement totalitaire réel d'Eliade, quitte à disculper en bloc son « œuvre érudite ». Or, depuis, et grâce à la nouvelle documentation, le sujet des liens entre l'œuvre, la vie et les convictions idéologiques se doit d'être traité de façon nuancée.

Dépasser le passé, c'est d'abord dépasser un type de questionnement qui demeure réductionniste, car on ne peut plus juger ce passé uniquement en fonction des enjeux du présent, et le réduire à un terrain où se jouent les controverses et les idéaux qui nous sont contemporains. Faire d'Eliade un « fasciste » notoire et un antisémite obsessionnel dans *tous* ses écrits, tout comme faire de lui une victime *innocente* des détracteurs « gauchistes », ainsi qu'un savant dont l'universalité et la véridicité de la théorie sont infaillibles, revient à une même prise de position idéologique, qui s'exerce

1. N. Manea, « Mircea Eliade et la Garde de Fer », *Les Temps Modernes*, n° 549, avril 1992, p. 108.

à la lecture du passé avec les yeux du présent. Cela consiste à faire l'économie de la diversité, de la complexité de toute époque, des choix et des contextes qui motivent, suscitent et justifient les faits d'un autre temps. Ce sont donc plusieurs niveaux de lecture, et d'intelligibilité, qui se déploient.

Nous sommes parti du motif de Zalmoxis et de la spiritualité dace dans les écrits d'Eliade. L'on sait désormais que le savant nourrissait depuis la guerre l'idée d'écrire une monographie sur ce sujet : ainsi, dans son journal, au Portugal, il note, le 12 janvier 1942, le projet d'une « histoire religieuse de la Dacie » ; les autres projets étaient : une synthèse sur les origines de la science ; une mythologie de la mort ; une géographie mythique [1]. Ce *Journal portugais*, récemment publié, constitue un témoin de premier ordre des choix d'Eliade, déchiré entre un passé trop engagé, une culture « mineure » qu'il veut dépasser, un pays éloigné et éprouvé par la guerre, et son avenir incertain, mais prometteur pour l'accomplissement de son message à vocation désormais universelle.

1. *JP*, I, p. 115.

CHAPITRE IV

AU TOURNANT DE LA VIE ET DE L'HISTOIRE

> *Je n'aurais jamais pensé que j'arriverais au désespoir métaphysique partant de la politique et du nationalisme*[1].

Expulsé d'Angleterre où il avait été attaché culturel, Eliade arrive au Portugal en février 1941 en tant qu'attaché de presse (et par conséquent culturel); il y tient un long journal « authentique », qu'il a gardé et apporté avec lui aux États-Unis. Ce document de premier ordre sur ses convictions intimes, désigné couramment comme son *Journal portugais*, a été récemment publié dans sa version originale en Roumanie, en 2006[2].

Les réactions roumaines sont assez diverses, comme l'illustrent d'une façon prémonitoire les trois préfaces différentes qui enrichissent cette édition : celle de Sorin Alexandrescu (dans une logique eliadienne, une apologie non-convaincante de sa rupture avec le gardisme), celle de Florin Țurcanu (chapitre de sa biographie de 2003, lucide et critique, marquant le désenchantement d'Eliade), et enfin celle de Mihai Zamfir (critique de la mégalomanie, mais respect pour l'œuvre scientifique d'Eliade). Même si

1. *JP*, I, 165.

2. *JP*, t. I-II. Il a été publié d'abord dans une traduction espagnole (*Diario portugués*, Barcelone, Kairós, 2001) ; toujours avant l'édition originale, plusieurs passages furent cités et commentés en français par A. Laignel-Lavastine, *Cioran*, *op. cit.*, p. 275-328 ; et notamment dans la biographie récente de F. Turcanu, *Mircea Eliade*, *op. cit.*, p. 313-342. Sur cette période portugaise : *Mémoire II*, p. 69-96 ; S. Alexandrescu, *Mircea Eliade, dinspre Portugalia*, Bucarest, Humanitas, 2006.

les adeptes du culte d'Eliade peuvent y retrouver le talent de leur modèle, mêlé à l'expression de ses tourments, mais aussi la vision prophétique de son esprit, par exemple lorsqu'il prédit la destruction de l'élite intellectuelle par le régime communiste, toujours est-il que la mégalomanie déployée sans aucune retenue leur apparaît gênante, de même que l'aveu répété de son adhésion à l'extrême droite roumaine; ou encore les pages, troublantes, où il s'emploie à justifier son propre génie, tout en déplorant la gêne occasionnée par l'agonie de son épouse. Toutefois, même si des voix critiquent sa mégalomanie, ses « erreurs » politiques, voire le talent littéraire discutable de certains de ses écrits, la *vérité* de l'œuvre *scientifique* eliadienne demeure, pour le moment tout du moins, un dogme persistant et inébranlable dans son pays d'origine[1].

Quatre décennies plus tard, dans ses *Mémoires*, Eliade écrira :

> Au cours de nos près de quatre années passées au Portugal, j'ai tenu un *Journal* assez élaboré, surtout entre 1942 et 1945. S'il arrive qu'il soit un jour intégralement publié, l'éventuel lecteur y trouvera nombre d'informations utiles pour comprendre cette époque. Je ne tenterai pas de les résumer ici. Je me bornerai à mentionner ce qui a joué un rôle dans la trajectoire que j'ai suivie et à indiquer les changements, les révisions et, en dernière instance, le renouveau des conceptions et des espérances qui étaient miennes avant mon départ de Roumanie[2].

Mais Eliade se demandait déjà, le 5 février 1945, si l'idée de pouvoir publier quelques fragments de ce journal plus tôt qu'il n'avait prévu (avant 1967) « [l]'intimide autant, au point de ne plus oser tout avouer. De cette idée, je dois m'en débarrasser » ; il décide de ne choisir que des fragments, sur le modèle de Gide ou de Julien Green[3].

À présent, il est possible de confronter ces notices plus ou moins « authentiques » avec le groupe de journaux et de mémoires publiés, manifestement conçus et présentés comme une biographie exemplaire. Or, les révélations du *Journal Portugais* marquent l'énorme écart par rapport à la somme de mémoires publiée par Eliade, dont on savait pourtant qu'elle était profondément construite. Et le portrait d'Eliade, tel qu'il ressort de

1. En septembre 2006, Bucarest a accueilli, pour la première fois, un congrès international d'histoire des religions, occasion de commémorer et de célébrer Eliade et, en même temps, essai réussi d'institutionnaliser une discipline grâce au seul prestige du savant d'origine roumaine.

2. *Mémoire II*, p. 77.

3. *JP*, I, p. 317.

cette comparaison, apparaît fort éloigné de l'exemplarité dont il se prévalait.

Entre gardisme et roumanisme

Loin de sa patrie, qu'il ne reverra plus après juillet 1942, Eliade traverse une période tragique sur plusieurs plans : la maladie et la mort de sa femme ; le milieu de la diplomatie roumaine qu'il déteste, et, surtout après la visite parisienne, le sentiment de l'inutilité de la représentation d'une « culture mineure » au Portugal ; le sort de son pays, qui participe à la guerre antisoviétique aux côtés des Allemands, mais qui finira par être englouti sous la domination soviétique ; enfin, la tragédie de la guerre et les bouleversements qui affectent l'Europe, notamment la menace communiste et l'imminence de la victoire des « Anglo-Soviétiques ». Victoire qu'il redoute, car il soutient les Allemands, tenus pour les champions de la civilisation européenne et chrétienne. Le ton d'Eliade est, à cet égard, tout à fait comparable à celui de la propagande de l'Axe, et plus précisément de la propagande de guerre roumaine, qui insistait sur la dimension « chrétienne » de la lutte contre le bolchevisme athée, dans le cadre d'une « guerre sainte ». Et, afin de mieux supporter ces temps, quel meilleur moyen que celui d'une explication qui lui était propre (d'ordre « supra historique »), comme il note le 15 septembre 1942 :

> Nous vivons une catastrophe cosmique : c'est l'unique sens de la guerre (*JP*, I, p. 136).

Pour tout lecteur, ses accents démesurés de mégalomanie sont certes invraisemblables (ils se retrouvent pourtant dans ses mémoires publiés précédemment, mais à une échelle plus modeste) : Eliade n'hésite pas à se comparer à tous propos, et la comparaison joue toujours en sa faveur, avec Goethe ou avec Eminescu, le « poète national » roumain, et n'économise pas les mots pour décrire ses compétences et surtout ses potentialités. Ainsi,

> Ma capacité à comprendre et à saisir la culture, dans toutes ses formes, est illimitée. (…) Je ne pense pas qu'on ait jamais rencontré un génie d'une telle complexité – en tout cas, mes horizons intellectuels sont beaucoup plus vastes que ceux de Goethe (11 décembre 1941) (*JP*, I, p. 112).
>
> J'ai énormément lu. J'ai énormément souffert. J'ai médité sur mon système philosophique. J'ai découvert la formule de mon futur centre de missionnarisme roumain que je voudrais fonder (10 février 1942) (*JP*, I, p. 116) ;

> Je me rends compte que depuis Eminescu la nation roumaine n'a pas vu une personne aussi complexe, forte et douée [que moi] (15 juillet 1943) (*JP*, I, p. 205)[1].

Ses convictions spiritualistes et élitistes, dont il reste imprégné à jamais, le font écrire :

> L'homme élu – et tout homme peut devenir *élu* quand il est infusé avec de l'esprit – évolue pourtant à un autre niveau (17 mai 1942) (*JP*, I, p. 121).

Mais un deuxième aspect, encore plus dérangeant, hante son journal, dont les pages sont marquées par ses angoisses, par ses crises de désespoir, par ses accents nationalistes, quand il rappelle son engagement légionnaire et ses espoirs dans l'idéologie gardiste. Ainsi, par exemple :

> Mon furieux amour de patrie, mon nationalisme incandescent m'abattent. Je ne peux rien faire depuis que la Roumanie est entrée en guerre (30 juin 1941) (*JP*, I, p. 102).

Cette note se réfère au déclenchement, le 22 juin, de l'opération Barbarossa, à laquelle la Roumanie du maréchal Antonescu participe activement en tant qu'alliée d'Hitler, afin de récupérer les territoires cédés à l'URSS en juin 1940, après un ultimatum soviétique. On lit plus loin, à la date du 1er décembre 1942 :

> Si je ne m'étais senti si *Roumain*, peut-être pourrais-je me détacher sans difficulté même dans mes travaux imposés par les circonstances. Mais Corneliu Codreanu a fait de moi un Roumain fanatique. Aussi longtemps que je juge *dans l'histoire* – et non pas dans l'absolu –, je ne peux rien penser sans tenir compte de mon peuple [*neam*] (*JP*, I, p. 156).

On apprend donc que c'était le « Capitaine », le chef charismatique de la Garde de Fer, qui avait transformé Eliade en un « Roumain fanatique ». Le mot qu'il utilise, *neam*, est le terme le plus prisé par les nationalistes roumains : au lieu du mot neutre *popor* (« peuple »), qui désigne la foule, ou du néologisme politique *națiune* (« nation »), il emploie le terme *neam* tout

1. D'autres passages : « Je sais toujours plus et davantage que l'on voit de mes livres » (11 janvier 1942) (*JP*, I, p. 114) ; « Le trait caractéristique de ma personnalité est la totale absence d'ambition » (26 mai 1944) (*JP*, I, p. 229) ; « Aujourd'hui, j'ai lu *Kir Ianulea*. Déprimé par l'aspect slavo-grec de la langue. L'humour de Caragiale nous a causé beaucoup de mal. Relisant les notes de Caragiale sur [Mihail] Eminescu, je me retrouve parfaitement dans les ambivalences, la nervosité, l'instabilité du poète. La coïncidence des initiales est étrange : M. E. » (27 mars 1942) (*JP*, I, p. 117). Il s'agit d'I. L. Caragiale (1852-1912), écrivain satirique roumain, ironisant surtout sur le balkanisme et les mœurs autochtones qui persistent en dépit de l'occidentalisation apparente.

au long de son journal, impliquant des liens de parenté, d'origine et de sang, plutôt dans le sens de « race », car impliquant l'« organique ». D'autre part, ce terme était largement utilisé à son époque, alors que « peuple » renvoyait plutôt à une masse amorphe. L'ancien attachement à la Garde de Fer qu'Eliade reconnaît ne l'avait point quitté durant ces années ; à cette époque, le mouvement était pourtant interdit dans la Roumanie du maréchal Antonescu, après la sanglante rébellion légionnaire de janvier 1941. Or, pendant sa courte visite à Bucarest, en juillet 1942, Eliade est concerné tout d'abord par cet engagement : « À la maison, plusieurs amis m'attendaient, qui se sont amusés de l'entrevue, mais qui étaient pourtant déçus : ils avaient espéré que mon audience aurait eu un sens politique (qu'Ică essaie, à travers moi, une entente avec la Légion) ». Son audience auprès de « Ică », surnom de Mihai Antonescu, ministre des Affaires étrangères et factotum du maréchal Antonescu (aucun lien de parenté, malgré l'homonymie) – qu'il croyait importante, car il devait transmettre un message de Salazar –, restera sans aucun résultat notable. Eliade s'étonne de constater que :

> Notre guerre n'est pas présente à Bucarest. À peu près personne – sauf les légionnaires – ne réalise ce à quoi il faut s'attendre si les Anglo-Russes étaient victorieux.

Et il poursuit :

> Je continue mon enquête parmi les amis légionnaires : qu'est-ce qui s'est passé, et *pourquoi*, le 24 janvier ? Je suis persuadé de plus en plus qu'on leur a tendu un piège, dans lequel ils sont tombés comme des naïfs (*JP*, I, p. 131-132).

L'épisode sur lequel il s'interroge est celui de la défaite de la rébellion (ou « Révolution », dans le jargon gardiste) légionnaire, en janvier 1941, quand le général Antonescu a écarté la Garde de Fer du pouvoir, grâce à l'armée qui lui était demeurée fidèle, et après le feu vert donné par Hitler. Il s'agit là d'un sujet qui tourmente manifestement Eliade :

> Ma discussion véhémente chez Mircea Vulcănescu entre Dinu Noica et tous les autres, au sujet de la Légion.

Nous retrouvons donc certains de ceux qui, dans les années trente, avaient illustré le dacisme, en parallèle avec leur engagement politique totalitaire, dans lequel Eliade était partie prenante. Son ami, le philosophe Constantin (Dinu) Noica (1909-1987), très engagé dans la Légion[1], était

1. Voir, par exemple, les articles cités dans le chap. I, p. 66-67.

alors fortement remonté contre les nombreux légionnaires qui, après chaque « persécution », avaient fait profil bas, en invoquant le prétexte commode de n'être que des « techniciens », et entendaient « servir l'État, sans distinction pour sa forme » politique. Après avoir été emprisonné sous le régime communiste, Noica va adopter la même attitude de résignation : s'il ne sert pas l'État comme « technicien », car il vit un exil intérieur, dans un endroit reculé, il devient toutefois un maître à penser isolé mais toléré par le régime de Ceausescu, et un chantre nostalgique du « sentiment roumain de l'être ». Eliade participe à cette controverse, qui le concerne directement, car il était lui-même un « technicien » dans la légation de Lisbonne :

> J'interviens de manière épisodique dans la discussion, avouant que, bien que (je sois) légionnaire, j'ai suspendu tout jugement politique interne tant que durera la guerre avec la Russie (*JP*, I, p. 133).

La réponse de Noica, d'un purisme intransigeant, tellement différent du comportement qu'il adoptera par la suite, est la suivante :

> Dinu me dit que la guerre n'est pas une chose décisive. Que seul le problème moral est décisif – la participation ou non à un État qui aujourd'hui est dirigé par un Carol II, demain par le maréchal, après-demain par un soviet, et aussi le fait de se faufiler sans problèmes de conscience, en se disant simplement qu'on est « technicien » (*JP*, I, 133).

Mircea Vulcănescu répliqua violemment, rétorquant à Noica « la Légion crée un nouveau dreyfusisme » ! Eliade partageait cette opinion, et justifiait par la défense de la cause roumaine son ralliement à l'autorité d'Antonescu, au service duquel il se trouvait par ailleurs, dans sa mission officielle. À cette époque encore, Eliade reste un nostalgique de la Légion, retrouvant ses « amis légionnaires », engageant des discussions « véhémentes », éprouvant un « nationalisme incandescent » et essayant de comprendre l'échec du mouvement, autant politique que « religieux », comme il le précisera plus tard, pour lui trouver une justification – et, par la même occasion, pour se justifier lui-même.

Or, toutes ces notices intimes ne sont point surprenantes. Même son ancien ami, Mihail Sebastian (de son vrai nom Iosif Hechter), qui subissait à Bucarest toutes les mesures successives d'un antisémitisme d'État, observait dans son *Journal*, le 27 mai 1942 :

> À Lisbonne, son orientation politique (plus légionnaire que jamais) ne rend pas service[1].

Cette remarque est antérieure à la visite d'Eliade qui, retrouvant ses amis spirituels, manque la dernière occasion de revoir celui qui avait été pour lui un ami précieux. L'apologiste le plus acharné d'Eliade, Mircea Handoca, pouvait encore écrire en 1999, essayant de minimiser à tout prix les témoignages troublants de l'écrivain juif, et se référant exactement à la note tirée du journal de Sebastian :

> Personne ne peut prouver avec un quelconque article ou un acte officiel, qu'en 1942 Mircea Eliade « était plus légionnaire *que jamais* » (cf. *Dossier*, II, p. 9).

Pour une fois, ce sont les propres aveux d'Eliade, dans son journal qu'il a préféré conserver, et rendre accessible à l'« éventuel lecteur », qui viennent infirmer le plaidoyer, naïf ou calculé, de ses indéfectibles apologistes…

Mais le rapport avec son ancien engagement légionnaire, ou plus précisément la raison qui avait causé la fin de sa belle amitié avec Sebastian, lors d'une jeunesse que tous les deux décrivent comme exemplaire, ressurgit encore une fois dans le *Journal portugais*. Quand il apprend la mort de Sebastian (tué dans un accident de circulation), Eliade, rattrapé par un regret tardif, écrit :

> Même dans mon climax légionnaire, je l'ai senti si proche (29 mai 1945) (*JP*, I, p. 365).

Sauf que, cette fois, la « sincérité » des paragraphes sur Sebastian, qu'il a refusé de rencontrer lors de sa dernière visite en Roumanie, apparaît très douteuse[2]. D'autre part, encore en 1940, dans une lettre à Alexandru Rosetti expédiée de Londres (le 6 mai 1940)[3], Eliade chargeait Sebastian d'encaisser et de rendre la subvention pour le deuxième tome de la revue *Zalmoxis*.

1. M. Sebastian, *Journal*, *op. cit.*, p. 432.
2. Voir F. Turcanu, *Mircea Eliade*, *op. cit.*, p. 326-327 et 342.
3. Cf. *JP*, I, p. 503.

PROPAGANDE CULTURELLE ET GUERRE SPIRITUELLE

Attaché de presse à l'ambassade roumaine au Portugal, Eliade prend très au sérieux son rôle de lien – sur le plan culturel – entre les deux pays latins, qu'il veut renforcer, entre autres avec ses articles à sujet roumain, principalement sur l'histoire et la culture, qu'il écrit dans la presse portugaise[1]. Sa productivité, qui lui semble insuffisante, n'est cependant pas négligeable : rédaction d'articles de presse, publication de quatre livres, préparation d'autres ouvrages (qu'il allait publier après la guerre, en français), journal intime et écrits d'ordre littéraire. En 1942, il publie en Roumanie un ouvrage, *Salazar et la révolution au Portugal*, dont la première version du titre était « La contre-révolution » ; et, l'année suivante, une brève histoire des Roumains, œuvre à la fois de propagande et de vulgarisation, en espagnol et en portugais, dont le sous-titre est « Les Latins de l'Orient »[2]. Il publie également, cette fois à Bucarest et en roumain, *Le mythe de la réintégration* (1942) et *Commentaires sur la Légende de Maître Manole* (1943), sur le thème du sacrifice créateur[3].

À propos du premier ouvrage, conçu comme une histoire moderne du Portugal mais dédié en réalité à l'État salazarien, Eliade rapportait, le 31 mars 1942 :

> Il y a peu de livres pour lesquels j'ai travaillé avec un tel dégoût, dégoût qui me domine et m'exténue depuis que j'ai commencé *Salazar et la contre-révolution au Portugal*. (…) L'histoire de la révolution et de la contre-révolution n'est pas sans intérêt et, surtout, je crois, sans utilité pour la Roumanie. (…) Mais j'ai choisi Salazar afin de servir le plus mon pays, pour avoir au moins l'illusion de faire, moi aussi, mon devoir en temps de guerre (*JP*, I, p. 117-118).

Ne nous méprenons pas : loin d'être un simple ouvrage de propagande et un gage d'amitié envers l'État hôte, ce livre est envisagé comme utile d'abord à son propre pays, et comme une manifestation personnelle, dans le champ littéraire et idéologique, du nationaliste Eliade, tant il décrit le

1. Cf. *JP*, II, p. 283-388.

2. M. Eliade, *Salazar şi revoluţia din Portugalia*, Bucarest, Gorjan, 1942 ; M. Eliade, *Os Romenos, Latinos do Oriente*, Lisbonne, Livraria Clássica Editora, 1943 ; voir aussi, *Los Rumanos. Breviario histórico*, Madrid, Estylos, 1943 ; et *JP*, II, p. 219-279 (version fr. : *Les Roumains. Précis historique*, Bucarest, Roza Vînturilor, 1992, que je vais citer dorénavant) ; *cf.* aussi L. Boia, *History and Myth*, *op. cit.*, p. 100. Brève mention du livre dans *Mémoire II*, p. 85.

3. M. Eliade, *Commentaires sur la Légende de Maître Manole*, trad. fr., Paris, L'Herne, 1994 ; voir F. Turcanu, *Mircea Eliade*, *op. cit.*, p. 328-333.

régime autoritaire et chrétien de Salazar avec une évidente sympathie ; c'est également un modèle qu'il propose pour son propre pays, à l'intention du maréchal Antonescu. Le dégoût dont il parle concerne plutôt le genre de l'ouvrage, trop politique, lui qui aurait préféré se consacrer à des essais philosophiques ou érudits, où il se sentait manifestement plus à l'aise et plus inspiré. C'est ainsi qu'Eliade motive – et se motive – quand il s'obstine à terminer la monographie, laissant de côté ses préoccupations savantes, ou plutôt d'ordre métaphysique, dont les pages de son journal ont conservé la trace. Il écrivait ainsi :

> Mon ancienne manie : je viens de commencer le livre sur Salazar et mon esprit s'enfuit vers l'histoire des religions (27 décembre 1941) (*JP*, I, p. 113).

Sa brève histoire des Roumains me semble en revanche bien plus intéressante à commenter. Trois décennies plus tard, dans une lettre au ton très mesuré, datée du 25 juin 1972 et adressée à Gershom Scholem – qui lui demandait de s'expliquer sur les accusations d'antisémitisme dont il faisait l'objet –, Eliade soutenait :

> J'ai également publié, à Lisbonne, un petit travail sur l'histoire et la culture des Roumains (*Os Romenos, latinos do Oriente*). Ce dernier, comme d'ailleurs le livre sur Salazar, avait comme objectif le rapprochement des deux pays latins les plus éloignés l'un de l'autre, la Roumanie et le Portugal. Ceci faisait partie de la politique « pan-latine » de ces années-là. Je ne la juge pas. Elle appartient à l'histoire et sera jugée par les historiens [1].

De même, dans une lettre à sa femme Nina (alors à Bucarest), Eliade faisait la même allusion au caractère politique d'un ouvrage

> qui n'est pas un livre (qui soit) le *mien*, mais [qui est] écrit exclusivement pour faire connaître l'histoire et la culture roumaines (13 juin 1942) (*JP*, I, p. 441).

Livre qui appartient à l'« histoire » (ce qui impliquerait le dégagement de toute responsabilité), ou bien à une politique pan-latine pendant la guerre (donc, un livre conjoncturel), ou tout simplement livre de propagande, *Les Roumains, Latins de l'Orient* reste cependant un livre écrit par Eliade, et marqué par sa sensibilité particulière. Les critiques roumains d'aujourd'hui s'accordent unanimement pour y reconnaître une vulgate nationaliste dans le ton de l'époque, et en notent les naïvetés évidentes. L'insistance portée sur la latinité s'explique par le fait qu'Eliade fait de ce

1. *Cf.* D. Dubuisson, *Impostures et pseudo-science*, *op. cit.*, p. 185 n. 114.

facteur le principal dénominateur commun entre la Roumanie et le Portugal et l'Espagne (outre le caractère autoritaire des régimes).

Cependant, il serait totalement inapproprié de ne voir dans ce petit livre qu'une banale compilation. En réalité, Eliade s'est réellement investi dans l'élaboration d'une vision de l'histoire roumaine, de sorte que les marques de ses propres convictions et de ses propres idéaux sont omniprésentes. Elles s'accordent le plus souvent avec le nationalisme ambiant, bien sûr, mais le dépassent aussi et proposent une image qui comporte fréquemment des accents très personnels et qui porte largement l'empreinte eliadienne, en premier lieu par les sujets qui dominent sa présentation : spiritualité, culture, religion bien sûr, mais surtout le destin et la mission du peuple roumain. En cela donc, la lecture du livre nous en apprend beaucoup sur son idéologie et sur sa vision des réalités roumaines, permettant ainsi de faire le lien avec certaines de ses productions ultérieures concernant la religion dace et le folklore roumain. Écrit sur le passé et sur l'histoire, cet ouvrage est manifestement, et tout d'abord, un indicateur du présent et d'aspirations qui, bien qu'encombrées d'épithètes comme « culturelles » et « spirituelles », n'en sont pas moins, pour autant, politiques. Globalement, d'ailleurs, les exégètes de Mircea Eliade n'ont pas fait grand cas de cet ouvrage[1], qui n'a été jugé ni significatif ni représentatif de la pensée eliadienne ; et pourtant, force est de constater qu'il contient certaines considérations, à la fois éloquentes et troublantes. Sortons donc de l'occultation de l'« Histoire », où Eliade l'avait volontiers reléguée, cette brochure qui compte une cinquantaine de pages.

Le premier sous-chapitre porte le nom plus que prémonitoire « Sous le signe de Zalmoxis »[2], qui marquerait la naissance du peuple roumain ; des années plus tard, rappelons-nous, dans sa monographie *De Zalmoxis à Gengis Khan*, Eliade mettra la naissance des Roumains *Sous le signe du Loup*, c'est-à-dire, comme il s'emploie à l'expliquer, qu'il les définit comme un peuple prédestiné aux invasions, aux exils et aux guerres. Nous constatons ainsi le passage d'une vision *optimiste* et encore prophétique d'un peuple béni à une vision pas réellement pessimiste, mais plutôt *tragique*, à la suite des événements récents, dans sa vision de l'Histoire marquée par l'exil et l'avènement du communisme en Roumanie. Vision tragique qui, partant des réalités du présent, projette cette même analyse dans le passé, et dans *tout* le passé : Eliade y cherche une justification pour

1. Tout comme plus tard *De Zalmoxis à Gengis Khan*, en raison du thème « provincial » traité dans ces deux ouvrages.

2. M. Eliade, *Les Roumains*, *op. cit.*, p. 6-8.

les malheurs du présent – car ces malheurs sont vus comme une constante historique, comme une malédiction périodique du destin. Tout fonctionne comme si le fait de mythifier le présent ou l'histoire aiderait à mieux supporter sa condition. Et, comme nous le verrons plus loin, la réponse et la solution d'Eliade sont toujours d'ordre « spirituel » et « culturel », et nullement historique : postulant le caractère illusoire de toute résistance ou de toute action sur le plan réel, historique (car pour lui le « réel » se trouve ailleurs), il s'enfonce dans une nostalgie et une idéalisation qui l'aident à subir, justifier et surmonter le présent.

Revenons maintenant à l'ouvrage sur les « Latins de l'Orient », et tout d'abord à la préhistoire des ceux-ci. La Dacie préromaine aurait été un pays débordant de richesses, une « Californie de l'Antiquité », habitée par un peuple sédentaire, travailleur, héroïque et très religieux. Peuple dont « le caractère profond et véritable de sa vie religieuse » est marqué par le mépris de la mort et la croyance en l'immortalité. Cette image d'extrême religiosité est inspirée par Pârvan (*Getica*) : le « spiritualisme élevé » du culte aniconique de Zalmoxis, pratiqué sur les cimes des montagnes ; l'espace dace est également voué à une occidentalisation très précoce, antérieure à la conquête romaine. La Dacie aurait ainsi constitué un pont entre divers mondes, en qualité de « carrefour des grands courants culturels venant de l'Occident et de l'Orient », espace même ou « l'histoire a initié les premières fusions de l'Orient et de l'Occident »[1]. C'est dans cette vocation qu'Eliade aime voir une « anticipation de l'histoire pathétique » du peuple roumain, destiné à subir et à surpasser des invasions et des influences contradictoires – idée qu'on retrouve plus tard dans *De Zalmoxis à Gengis Khan*. Mais Eliade étoffe cette analyse avec des idées plus personnelles, qui lui tiennent particulièrement à cœur, présentes dans ses écrits de Roumanie ou d'après-guerre : les Anciens furent profondément impressionnés par « l'idée de la primauté de l'esprit » des Géto-Daces, dit-il en citant Platon[2] ; les Roumains ont conservé la « substance ethnique » du peuple dace, « *son style*, sa vigueur, son authentique personnalité physique et morale » ; si les Grecs n'ont pas retenu les données politiques et événementielles de l'histoire des Géto-Daces, ils ont

1. *Ibid.*, p. 7.

2. *Ibid.*, p. 6. La *primauté du spirituel* est une obsession typiquement eliadienne. L'expression, qu'il reprend tout au long de sa vie, est empruntée au livre de Jacques Maritain, *La primauté du spirituel* (1927).

> heureusement (...) conservé dans leur mémoire des choses beaucoup plus précieuses : ils n'ont omis ni Zalmoxis, ni les vertus des Daces, ni leur horizon spirituel si pur et vaste,

et ces témoignages de la vie spirituelle et culturelle, apportés par la préhistoire, l'archéologie et l'ethnologie, sont « décisifs »; c'est ainsi que l'on « peut déchiffrer le sens de la spiritualité d'un peuple » [1]. À la suite de la conquête romaine par l'empereur ibérique Trajan, la romanisation de la Dacie est rapide, bien qu'elle n'ait pas « produit une modification radicale de la substance ethnique aborigène », car les Daces, tout en apprenant le latin, ont conservé leurs coutumes, leur mode de vie et leurs « vertus ancestrales ». Par exemple,

> Dans les villages et dans les montagnes, on perpétuait le culte de Zalmoxis et on l'a fait même plus tard, lorsqu'il a changé de nom. Ainsi, quand les premiers missionnaires chrétiens sont venus propager la nouvelle foi, les Daces ont tout de suite adopté le christianisme, bien avant d'autres peuples : Zalmoxis les y avait préparés des siècles durant [2].

Le début du Moyen Âge est pour la Dacie une nouvelle époque préhistorique, quand « la résistance miraculeuse des Daco-Romains » s'explique par la renaissance du « particularisme » qui a entraîné « l'esprit de l'ancienne culture géto-dace, la vitalité des précurseurs, la virilité mystique de Zalmoxis » [3]. Ce dernier passage n'est pas sans rappeler les articles du jeune Eliade sur l'ascétisme et la virilité qui seraient destinés à changer le visage de la Roumanie.

Nous retrouvons donc les termes typiquement eliadiens, que celui-ci va employer jusqu'à la saturation dans son œuvre, et dont Dubuisson souligne, s'il était encore besoin, le caractère interchangeable et, avouons-le, essentiellement creux : *profond*, *véritable*, *élevé*, *primauté de l'esprit*, *substance* (à noter l'expression « substance ethnique », signe indubitable du présent !), *style*, *authentique*, *essentiel*, *pur*, *vaste*, *décisif*, *spiritualité*, *vitalité*, *virilité* (ce dernier, écho de ses articles de Roumanie). Le « style », ce concept blagien, renvoie déjà à l'éclectisme foncier d'Eliade.

1. M. Eliade, *Les Roumains*, *op. cit.*, p. 8-9.
2. *Ibid.*, p. 12. À comparer avec les descriptions du roman de V. Horia, *Dieu est né en exil* (1960) (voir chap. v).
3. M. Eliade, *Les Roumains*, *op. cit.*, p. 17. Pour une comparaison pertinente entre les visions de Pârvan et d'Eliade sur les origines roumaines, voir F. Ţurcanu, « Entre Occident et Orient. Vasile Pârvan, Mircea Eliade et la fascination de la protohistoire dans la Roumanie de l'entre-deux-guerres », *Studia Universitatis Babeş-Bolyai. Philosophia*, 2006 (1), p. 41-52.

Le leitmotiv du livre est pourtant, et en dépit des accents de spiritualisme dont Eliade est le spécialiste, d'ordre politique. Car le peuple roumain, oasis de latinité rattachée à l'Occident, a une mission historique, en tant que peuple de frontière, défenseur de la chrétienté et de l'Europe; cette vocation serait une constante de l'histoire roumaine, depuis les origines jusqu'à la « guerre sainte contre les Soviets », guerre qui a une « signification spirituelle » : « la protection des valeurs chrétiennes et européennes contre la mystique eurasiatique »[1]. Si l'on retrouve ici la même rhétorique guerrière utilisée sous le régime Antonescu, son usage ne se borne pas à fournir une preuve de loyauté et de conformité à la propagande : car cette guerre revêt, ou devrait revêtir selon Eliade, une *signification spirituelle*, justification suprême qui requiert son engagement et signe son adhésion.

Deux raisons expliqueraient « le miracle historique »[2] du peuple roumain et sa vitalité incomparable, selon Eliade. Face aux Roumains, connaisseurs de leur propre pays (selon la correspondance organique âme-paysage) et dont la croyance chrétienne était constitutive de leur naissance, les Barbares n'ont rien pu faire; ils étaient empêchés, en outre, par leur *Weltanschauung*[3], une vision du monde qui s'apparente à la nostalgie de l'Asie, de l'Eurasie ou du Nord de l'Europe. Amour pour sa terre, d'une part, christianisme spécifique, transfigurant le Cosmos[4], de l'autre : on y reconnaît l'avatar de ce qu'Eliade appellera plus tard le *christianisme cosmique*[5]. Cette religion particulière possède un double héritage, rural et culturel, qui rappelle le double héritage que revendiquent également les Roumains (notons l'évacuation des Slaves, toujours mis à l'écart par les intellectuels roumains) :

1. M. Eliade, *Les Roumains*, *op. cit.*, p. 22-23 et 45.

2. Allusion au titre du livre *Une énigme et un miracle historique : le peuple roumain* (Bucarest, 1937), écrit par Gh. I. Brătianu (1898-1953), historien et homme politique libéral, proche de l'école des *Annales*, mort dans les geôles communistes.

3. Soulignons l'emploi de ce terme allemand qu'Eliade utilisera par la suite fréquemment.

4. M. Eliade, *Les Roumains*, *op. cit.*, p. 46-48.

5. Nom qui désignerait la religion populaire de l'Europe préchrétienne, mais qui n'est qu'une appellation ambiguë et fallacieuse selon D. Dubuisson, *Impostures et pseudo-science*, *op. cit.*, p. 121-123. Ce type de religion est déjà suggéré par Eliade, en novembre 1942, quand il parle du christianisme qui a sauvé une tradition immémoriale (païenne); phénomène imité par la culture européenne moderne, « qui a repris l'historicisme du XIXe siècle et s'efforce de donner un sens, de découvrir la signification ultime, métaphysique, au pis aller "culturelle" – à toutes les époques de l'histoire universelle, à toutes les expériences humaines, des superstitions folkloriques jusqu'au mobilier et au sport » (*JP*, I, p. 145-146).

> Des Géto-Daces, [les Roumains] ont conservé le mépris de la mort, la croyance dans l'immortalité de l'âme, la sérénité devant la souffrance ; des Romains ils ont assimilé le respect de l'ordre et de la hiérarchie, l'équilibre spirituel et le manque de fanatisme[1].

Ce passage, inspiré par la prose moralisante de Pârvan, offre une image idéalisée des ancêtres et des vertus qu'ils ont léguées à leurs héritiers légitimes. Eliade souligne par la suite le « *naturalisme* de sa foi chrétienne », « une croyance qui transfigure le Cosmos sans pour autant le détruire ou le répudier », « une vision totale de l'Univers » qui est optimiste[2]. Après cette présentation qui s'apparente à une introduction, il insiste sur ce qu'il appelle les deux mythes centraux de la spiritualité roumaine – la légende de *Maître Manole* et celle de la petite brebis (*Mioritza*)[3] : la première constituera le sujet de ses *Commentaires*, publiés en roumain en 1943 – interprétation dans laquelle on peut aisément reconnaître des motifs légionnaires, autour de la mort et du sacrifice. Plus tard, les deux sujets seront développés dans *De Zalmoxis à Gengis Khan*, en tant que symboles de la spiritualité roumaine et d'un prétendu remède contre l'Histoire malveillante. Eliade se dit convaincu que « toute culture a son mythe essentiel qui se révèle et que l'on retrouve dans toutes ses grandes créations »[4]. Lisons, à ce propos, le passage suivant d'Eliade, à la lumière de l'affirmation d'A. Cantacuzino sur l'importance accordée à la vie et à la mort par les gardistes[5] :

> Une culture, de même qu'un individu, se révèle non seulement par sa manière d'interpréter la vie, mais aussi par son attitude envers la mort.

L'organicisme est donc omniprésent, dans ce lien indestructible avec la terre, dans la continuité avec les ancêtres, dans la vision particulière de la vie et de la mort, surpassant finalement les aléas de l'Histoire. Eliade accentue davantage cette attitude particulière envers la mort, en laquelle il voit une « conception héritée des ancêtres géto-daces »[6] ou bien une interprétation particulière du christianisme.

Enfin, Eliade met en valeur, au cours de sa présentation des personnalités marquantes de la culture roumaine, leur nationalisme, dont la manifestation la plus significative est le « roumanisme ». Dans les écrits de ces personnalités, c'est le folklore qui passe pour une « *source* intarissable

1. M. Eliade, *Les Roumains*, *op. cit.*, p. 47.
2. *Ibid.*, p. 48.
3. *Ibid.*, p. 48-51.
4. *Ibid.*, p. 48.
5. *Ibid.*, p. 50 ; le passage d'A. Cantacuzino a été cité dans le chap. I, p. 65.
6. Comme il le rappellera dans *ZGK*, p. 185.

d'inspiration », heureuse raison pour laquelle il existe une « continuité organique entre la tradition et leurs œuvres »[1]. Cet ouvrage respire donc pleinement l'atmosphère culturelle du roumanisme des années trente, avec un accent particulier porté sur la merveilleuse spiritualité dace et sur l'image d'un peuple roumain prédestiné à accomplir une mission historique noble. Le contexte de la guerre exige, dans cette perspective, de privilégier le sens de cette mission, qui est avant tout, pour Eliade, d'ordre « spirituel ». La similarité avec, d'une part, ses articles antérieurs sur l'organicisme, le folklore et le « moment dace »[2] et, d'autre part, ses écrits nostalgiques, qu'il s'agisse du recueil *De Zalmoxis à Gengis Khan* ou des textes publiés dans la presse de l'exil, est plus que transparente. À cet égard, *Les Roumains, Latins de l'Orient* constitue, dans l'histoire de la pensée et de l'œuvre eliadienne, le chaînon manquant entre les années trente et la période occidentale ; mieux encore, il s'agit d'un témoignage à la fois particulier et analogue de son « roumanisme » qui faisait périodiquement surface.

UNIVERSALISME ET ACCOMPLISSEMENT DE LA « MISSION SECRÈTE » *VS.* PROVINCIALISME ET ROUMANISME

À travers les pages du *Journal portugais*, plusieurs choix d'Eliade, au tournant de sa vie et de sa carrière, se dessinent. Car le séjour portugais, outre ces productions occasionnelles, constitue également, et en premier lieu, le moment fort de la germination de ses futurs livres, grâce auxquels Eliade deviendra mondialement célèbre : *Prolégomènes* (le futur *Traité d'histoire des religions*, 1949) et *Cosmos et Histoire* (le futur *Mythe de l'éternel retour*, 1949).

Il affirme ainsi à plusieurs reprises sa volonté de dépasser le provincialisme[3], au moment même où il décide de ne plus retourner en Roumanie, sur le point de tomber sous la domination soviétique ; son but en est de « valider scientifiquement » ses conceptions dans le milieu savant occidental. Il pensait encore, le 23 septembre 1942, que « le nouveau

1. M. Eliade, *Les Roumains*, *op. cit.*, p. 55-57.

2. Cf. *supra*, chap. I, p. 46-50.

3. Ainsi : « L'accablante médiocrité de la vie culturelle et des journaux roumains. Après la lecture des journaux et des revues reçus du pays, j'ai envie de pleurer. Je commence à me sentir seul en Roumanie » (28 mars 1942) (*JP*, I, p. 117) ; ou encore : « Combien m'écrase ce complexe d'infériorité d'une petite culture, forcée à se faire connaître par n'importe quels moyens et le plus vite possible » (3 septembre 1942) (*JP*, I, p. 134).

monde anglo-soviétique n'acceptera pas dans son sein des hommes comme moi », car la défaite allemande apportera le danger de voir « la civilisation latino-chrétienne sombrant sous la soi-disant dictature du prolétariat, en réalité la dictature des plus abjects éléments slaves ». Ce désespoir lui fait craindre ceci :

> Seulement deux attitudes trouveront leur raison : la mystique et l'orgie ; la croyance en la sainteté et la cynique désagrégation dans la volupté. C'est alors qu'on se rend compte combien inutiles furent, durant autant de siècles, les sacrifices du roumanisme (*JP*, I, p. 137).

Au moment même où il voit le « roumanisme » mis en échec, Eliade essaie de justifier un autre abandon, celui de sa propre culture, comme il l'écrit le 12 octobre 1942 :

> Mes lectures historiques de ces derniers temps me font répéter que j'ai constitué une culture que je ne pourrais pas mettre toute entière au profit immédiat de mon peuple [*neam*] (*JP*, I, p. 139).

Cependant, il pensait encore – cette fois, prophétiquement ! –, le 10 août 1943 :

> En Amérique, après trois-quatre ans, j'obtiendrai une gloire, un public et une fortune considérable si j'ai le cœur de renoncer au roumanisme pour une autre culture. Mais je ne peux pas. Sans mon peuple [*neam*], rien d'autre ne m'intéresse dans l'histoire (*JP*, I, p. 209).

Sa décision finale surviendra pourtant après une courte visite parisienne (novembre 1943), qui le bouleverse :

> J'ai passé quinze jours à Paris, d'où je reviens avec deux cents livres et le cœur malade. Habiter au Portugal – quand il y a Paris ! (16 novembre 1943) (*JP*, I, p. 215).

C'est alors qu'après l'expérience parisienne, et renonçant à se présenter à un concours lui permettant de postuler à un poste universitaire à Bucarest, il décide de s'affirmer à un tout autre niveau (25 novembre 1943) :

> La vérité est aussi que je ne suis plus intéressé à parler et à écrire pour un public qui, même s'il m'avait compris, ne pourrait donner aucune résonance universelle à mes idées. À Paris, j'ai appris une chose décisive : qu'on ne peut faire fructifier sur le plan universel des sciences limitées par le cadre d'une culture mineure. Je crois que j'ai à dire quelque chose d'important. Je crois que je suis plus qu'un simple savant. Mes idées et mes méthodes pourraient avoir une résonance et des conséquences pour l'ensemble de la pensée européenne. Mais à condition de les rendre accessibles, ces idées et ces méthodes.

> Je me suis décidé à « pénétrer » en Europe plus profondément et avec plus d'insistance que je ne l'ai fait jusqu'à présent avec *Yoga* et *Zalmoxis*. Je veux préciser mes idées dans des études et des monographies brèves, à paraître dans les revues européennes spécialisées et de culture générale. J'ai achevé – sur le plan scientifique et esthétique – l'étape roumaine. C'est risqué, mais les résultats seront considérables (*JP*, I, p. 216).

Ortega y Gasset, qu'il fréquentait à Lisbonne, avait dit à un certain docteur Mariaux, à propos d'Eliade (qui rapporte la conversation), que « seulement un Roumain pourrait être philosophe mystique et homme de science à la fois, car nous [les Roumains] sommes proches d'Orphée, mais nous pouvons également regarder vers l'Occident », de telle manière qu'« Eliade est un homme de science orphéisant ». Eliade répondait au docteur, le 2 février 1944 :

> Je (…) me considère un cheval de Troie dans le camp scientifique et (…) ma mission est d'en finir définitivement avec « la guerre de Troie » qui dure depuis longtemps entre la science et la philosophie. Je veux valider scientifiquement le sens métaphysique de la vie archaïque : à savoir, convaincre les sociologues, les comparatistes, les ethnographes et les folkloristes que leurs études ne trouvent du sens qu'en valorisant comme il se doit, en comprenant tel *qu'il est*, l'homme des cultures traditionnelles (*JP*, I, p. 223).

Or, il se trouve que cette même expression revient sous la plume d'Eugène Ionesco, dans sa lettre expédiée de Vichy (où il était alors secrétaire culturel de la légation roumaine) à Tudor Vianu, le 20 février 1944. Ionesco s'étonne du fait qu'il n'y ait pas à Bucarest, non une conférence, mais une « chaire de philosophie de la culture » destinée à Vianu, « afin de contrecarrer l'enseignement néfaste de Lucian Blaga ». Fin connaisseur de l'idéologie eliadienne, Ionesco donne une analyse pertinente, qui vaut à la fois pour le passé et pour le futur d'Eliade :

> Hélas, au lieu d'être contrecarré, cet enseignement sera je crois renforcé si Eliade et Noica saisissent la conférence ! Eliade est moins dangereux que Noica, semble-t-il – parce qu'il est un homme qui ne résiste pas au « moment historique » et son orientation peut se laisser, plus ou moins, influencer par une orientation générale des courants d'idées.
>
> J'ignore si la culture a, dans le destin cosmique, quelque signification essentielle ; j'ignore si pour Dieu ou pour le Néant la civilisation a quelque « valeur », ou si, du moins, on enregistre son existence, mais l'histoire du monde est l'histoire même de la civilisation (et de ses luttes avec les forces naturelles contre lesquelles la civilisation se constitue, se maintient) – mais introduire, dans une des citadelles les plus caractéristiques de la civilisation (l'Université !) les représentants des *forces obscures*, les

> ennemis de l'histoire, est un non-sens, une immense sottise : Eliade est un ennemi de l'histoire, il est pour la « protohistoire » (la Roumanie a une grande valeur, elle est supérieure à l'Occident parce qu'elle n'est pas passée par la Renaissance, parce qu'elle n'a pas d'histoire mais une protohistoire, écrivait Eliade, tandis que Blaga faisait l'éloge de la « permanence de l'histoire »). Je crois que les universitaires ne seront pas assez idiots pour introduire dans leur propre cité le cheval de Troie de la « préhistoire permanente », ceux qui attaquent la cité « civilisation » (au sens français, à la fois esprit et technique) dans ses fondements mêmes, avec autant de « lumière obscure » qu'ils ne le font.
> La « culture nationale », le « traditionalisme », le « ressentiment contre les Français et les démocraties occidentales », la « supériorité de la spiritualité orthodoxe contre la spiritualité papiste » [*papistaşe*] et tous les multiples *semănătorisme*, thracismes, gardismes, etc., sont, on le sait bien, en fait, les signes d'une profonde maladie intellectuelle – le refus de la culture.

Forces obscures, ennemi de l'histoire, champion de la protohistoire, Ionesco ne mâche pas ses mots, car « la pensée roumaine est *négativiste* pour un Européen »[1]. Négation dans laquelle il inclut, avec les constructions anhistoriques et douteuses de Blaga et d'Eliade, plusieurs des courants qui ont retenu notre attention dans le troisième chapitre, l'« orthodoxisme », le thracisme, le gardisme.

Chose étonnante, la même stratégie du cheval de Troie est explicitement mentionnée dans une lettre de Julius Evola, adressée à Eliade à la fin de l'année 1951 : le traditionaliste italien y écrivait qu'il n'y aurait rien à dire contre la tentative d'introduire « quelques chevals (*sic*) de Troie dans la citadelle universitaire »[2]. On reviendra, à la fin, sur ce motif fabuleux du « cheval de Troie », assumé volontiers par Eliade ainsi qu'assigné à lui par ses critiques ou, au contraire, par ses amis[3].

1. E. Ionescu, *Scrisori către Tudor Vianu*, t. II (1936-1949), Bucarest, Minerva, 1994 (éd. M. Alexandrescu-Vianu et V. Alexandrescu), p. 232-234 ; cf. *Dossier*, III, p. 98-100 ; brèves allusions chez A. Laignel-Lavastine, *Cioran*, *op. cit.*, p. 360 et 411 (elle aussi frappée par la même image du « cheval de Troie ») ; contrairement à ce qu'affirme l'historienne, les universitaires visés par Ionesco sont ceux de Roumanie, et non pas « [de l'Ouest] » (son insertion dans le texte) ; mais le futur dramaturge ne pouvait encore imaginer la portée ultérieure de ses avertissements. Le terme très dépréciatif *papistaş* (« tenant du Pape ») était employé par les « orthodoxistes » pour désigner les catholiques ; le *semănătorism* (de « semer ») est un courant littéraire roumain qui idéalisait la vie paysanne.

2. *Correspondance*, I, p. 278. Lettre citée par A. Laignel-Lavastine, *Cioran*, *op. cit.*, p. 473 ; F. Turcanu, *Mircea Eliade*, *op. cit.*, p. 388 ; D. Dubuisson signalait à son tour la stratégie du « cheval de Troie » défendue par Eliade dès 1951 (*Impostures*, *op. cit.*, p. 182 n. 103).

3. Voir *infra*, p. 277 (propos de Vasile Posteucă).

Dans les mémoires d'Eliade, l'écho de ces états d'âme et de ses résolutions après la visite parisienne est, en revanche, présenté brièvement et d'une manière neutre :

> Cette brève immersion dans l'atmosphère culturelle de Paris m'enthousiasma.
> Je sentais que l'époque de « création » dans le contexte de la culture roumaine contemporaine s'achevait. Je savais que je me trouvais sur le seuil d'une nouvelle étape[1].

Il n'empêche que cette métaphysique, qu'Eliade présentera par la suite comme étant « archaïque » et, par là même, seule « authentique », apparaît comme une projection idéale, nourrie par ses réflexions de la période roumaine, et accentuée par les épreuves de la guerre. Dès lors, ses objectifs ne sont pas des moindres, et il accumule les notes à ce propos :

> Ce qui me caractérise : le désir de concilier la *philosophia perennis* avec l'« existentialisme » du plus luxuriant individualisme. D'ici découle ma passion bizarre pour le symbole, la métaphysique traditionaliste, l'occultisme et l'ethnographie – et, sinon simultanément, du moins alternativement, ma passion, non moins significative, pour toutes mes « expériences » (...) (septembre 1942) (*JP*, I, p. 135).
> J'entrevois une nouvelle interprétation de la mort chez les Indo-Européens (12 septembre 1942) (*JP*, I, p. 136).
> J'essaie une chose grandiose : une nouvelle synthèse de la culture universelle (octobre 1942) (*JP*, I, p. 140).

Ses méditations sur ces sujets s'enchaînent :

> Le problème du sacré (donc le problème religieux) est le problème fondamental de la connaissance. *L'autre* – est, en fait, l'objet (12 novembre 1942) (*JP*, I, p. 150).

Mais ce qui frappe le plus est le rapport, conscient, entre les théories qu'il propose (ou plutôt qu'il entrevoit) et ses propres expériences, tirées tout droit de sa biographie. Un des meilleurs exemples est un passage plus développé, daté du 14 novembre 1942, où il établit un rapport de correspondance et d'homologie sur tous les plans :

> L'ambivalence et la polarité se vérifient non seulement dans toute culture et sur n'importe quel plan (...) mais aussi dans la vie de l'individu (...).
> Je suis arrivé à cette théorie, en m'observant attentivement moi-même. Rarement la polarité se vérifie d'une manière plus sensationnelle que dans

1. *Mémoire II*, p. 88-89.

> ma vie : ascèse et orgie, individualisme et soif de collectif, création et dégradation dans l'érudition. La multilatéralité est tantôt un effort vers l'universel, tantôt une chute dans le fragment (*JP*, I, p. 151).

Correspondances à tous les niveaux (voir par ailleurs ses correspondances macrocosme-microcosme), conception organique de la culture, ambivalences et polarités, existence qui vérifie et se vérifie à travers la théorie générale qu'il propose : dans ce passage, Eliade nous livre, une fois de plus, une de ses nombreuses réflexions dans lesquelles il s'efforce de découvrir la signification véritable contenue dans chaque pan de la réalité. Peut-on encore parler, dans ce contexte, d'une œuvre détachée de la vie de son auteur, ou d'une séparation entre convictions personnelles, croyances métaphysiques et idéologiques et, pour finir, thèses scientifiques[1] ? Eliade décrit sa propre vie comme une parfaite *coincidentia oppositorum*, dans laquelle il se serait exercé ; serait-il permis de nous demander si sa célèbre « coïncidence des opposés » ne serait pas, au moins en partie, une justification d'ordre théorique qui l'aide à expliquer et à dépasser ses propres crises, crises qui ponctuent sa vie et la rédaction de ses œuvres ? Ajoutons un détail : dans cette chaîne d'oppositions, à la création (dont Eliade est le champion proclamé) s'oppose la « dégradation dans l'érudition ». Ou, comme il le dit ailleurs :

> Sans le vouloir, je m'éloignerai de la savanterie [*savantlâc*] (il était grand temps, par ailleurs !). Je porte, en tête, quelques livres de philosophie de la culture sans notes. Non que je n'aurais pas les notes, mais je commence à ne plus croire en elles (août 1942) (*JP*, I, p. 134).

Lassé par le « roumanisme », ou plutôt par la tragédie de la guerre qu'il interprète comme une nouvelle manifestation malveillante de l'Histoire, Eliade décide de se consacrer à une autre « mission », sur un autre plan, dans le domaine savant et érudit, tout en demeurant fidèle à son message. Il note avec une amère ironie, le 4 janvier 1943, à propos de ses accents récurrents de désespoir, qu'ils n'étaient pas liés à « une expérience personnelle, ni l'effet de [s]a condition dans l'univers, mais la conséquence de [s]es méditations sur le cours de la guerre » :

> Tout me semble inutile et absurde, si un monde nouveau se construit au prix de la disparition de la Roumanie comme État et comme nation. Je ne

1. Voir, à ce propos, les considérations de M. Olender : « Érudit, poète et romancier, Eliade souhaitait qu'on lût son œuvre comme une totalité cohérente. Ce "lien secret" qu'il décelait dans tous ces écrits anime aussi ses nouvelles » (*La chasse aux évidences*, *op. cit.*, p. 151).

> suis intéressé par aucun paradis terrestre (auquel, par ailleurs, je ne crois pas) s'il est obtenu par le sacrifice de mon peuple [*neam*].
> Je n'aurais jamais pensé que j'arriverai au désespoir métaphysique à partir de la politique et du nationalisme (*JP*, I, 165).

Remarquons encore une fois qu'à ce moment, il parle bien de « politique et de nationalisme » (référence plus que transparente à son engagement gardiste), et non pas, comme il le fera plus tard, d'un mouvement uniquement religieux, sans aucune finalité – ou vocation – politique… En moins d'une décennie, Eliade subissait sa deuxième déception et défaite, à cause de son engagement nationaliste : après l'internement de 1938 (avec l'élite légionnaire), il avait déjà pris la décision de se consacrer à l'érudition (entre autres, la revue *Zalmoxis*) ; de même, la perte de la « guerre sainte », dans laquelle il voyait le salut de son pays et même du continent, l'amène de nouveau à renoncer à une bataille déjà perdue (car, comme il le dira plus tard, on ne peut pas s'opposer à l'« Histoire »), et à s'adonner à une autre mission salvatrice. Tout ce désespoir est, par conséquent, investi dans un *autre* domaine, où l'on trouve déjà la définition qu'il va donner dans tous ses futurs écrits au « sacré », au « religieux », ou à son héros spirituel qu'il désignera plus tard sous le nom d'*Homo religiosus*.

Au sujet de ses *Prolégomènes*, commencés à Oxford, et qu'il considère comme étant son « grand » livre – il s'agit du futur *Traité d'histoire des religions* –, il pensait :

> L'intérêt exceptionnel de ce livre réside dans ma manière entièrement personnelle – « personnelle » par rapport aux critères modernes, mais archaïque et validée par une histoire multimillénaire des religions – de considérer le fait mystique et l'expérience religieuse. Je ne suis pas un homme avec des expériences religieuses ordinaires, ni un agnostique ou un antireligieux. Pour moi, tout comme pour un Indien, un primitif, un Grec, un homme du Moyen Âge, la religion *est.* (…) La religion, pour moi, est la soif et l'intuition du *réel*, de l'absolu. J'identifie cette soif dans tout fait significatif de l'homme, à toutes les époques (23 décembre 1942) (*JP*, I, 161).

Par exemple, l'archétype du labyrinthe est, pour Eliade, universel, atemporel et non conditionné par les contingences historiques :

> Il n'est pas le produit de certaines circonstances historiques, il n'est pas la création d'un certain peuple et d'un certain moment historique – mais il est une « donnée immédiate » de la prise de conscience de l'homme dans le Cosmos, une révélation. L'histoire des religions est faite de pareilles révélations, d'hiérophanies. (…) Telle que je la conçois, l'histoire des religions constitue la passerelle entre la métaphysique et la biologie. (Tous

les aspects économiques, érotiques ou sociaux – peuvent être intégrés dans la sphère de la biologie) (2 août 1945) (*JP*, I, p. 373) [1].

Cette vision – et définition – essentialiste et universaliste qu'il affectionne est directement exposée dans son journal (dans l'avenir, Eliade va renoncer, sagement, à donner une quelconque définition de la religion), mais elle l'est aussi de manière indirecte. Car il commence à nourrir davantage encore sa profonde méfiance envers l'histoire et l'éphémère, en raison de son idéalisme spiritualiste :

> La poésie, la métaphysique, la mystique – sont universellement éternelles et valables. Mais elles doivent être purifiées de leurs contingences historiques, si l'on veut qu'elles soient réellement utiles (5 février 1943) (*JP*, I, p. 179).
>
> Ma passion pour les symboles, les structures, les traditions : un mode plus universel de revivre le drame de l'humanité, de rester au centre des désespérances, de la métaphysique et du salut (14 février 1943) (*JP*, I, p. 182).

La tragédie de la guerre – car il voit dans la défaite allemande la fin de son pays et même de la civilisation européenne (il est très marqué par l'épisode de Stalingrad, le renversement de situation sur le front russe, la défection italienne et les débarquements des Alliés en Afrique et en Europe) – accroît, chez Eliade, sa répulsion envers l'Histoire :

> Mon dégoût envers l'histoire a augmenté d'autant plus que presque rien de ce qui se passe au monde ne m'intéresse plus (janvier 1944) (*JP*, I, p. 221).

Cette répulsion donne naissance à sa fameuse théorie sur la « terreur de l'histoire », expression qui apparaît pour la première fois sous sa plume exactement à cette époque, et qui est nourrie par ses propres crises existentielles :

> Je voudrais pouvoir écrire une fois cette chose terrible : *la terreur de l'histoire*, la terreur de l'homme contre l'homme. Ce n'est pas vrai que l'homme a peur de la Nature, des dieux : cette peur est minime par rapport à l'effroi qu'il a enduré, des millénaires durant, au milieu de l'histoire (29 janvier 1944) (*JP*, I, p. 223) [2].

1. Pour ce motif, voir le texte « Le mythe du labyrinthe », écrit par Philippe Borgeaud à la suggestion d'Eliade et publié pour la première fois dans sa revue de Chicago, *History of Religions*, 14, 1974, p. 1-27 (*Exercices de mythologie*, *op. cit.*, p. 33-64).

2. *Mémoire II*, p. 98 : « Pour nous autres, Roumains, 1944 s'annonçait assez sombre. Vers la fin janvier, je notais dans mon *Journal* : "Je voudrais écrire un essai sur la *terreur de*

De toutes ces crises, Eliade donnera, dans ses mémoires, une image extrêmement raccourcie :

> L'automne 1941 se passa sous le signe de la guerre. J'essayais pourtant, par moments, d'échapper à la terreur de l'histoire contemporaine[1].

Si Eliade veut refaire le chemin commencé en 1928, il se propose de trouver de « nouveaux moyens » pour les « problèmes et les techniques de cette époque-là » : le salut par intégration, le symbole comme seule voie de contact avec toutes les régions ontiques, tout en restant dans le domaine concret. Le but est d'obtenir à nouveau une « conscience cosmique de l'homme », sujet qu'il aborde avec le titre *L'Homme comme symbole*. Au moment même du débarquement des Alliés, Eliade note :

> Ma préoccupation principale est justement le salut d'histoire ; le symbole, le mythe, le rite – les archétypes (juin 1944) (*JP*, I, p. 232).

Rattrapé par une Histoire que, pour le dire simplement, il déteste parce qu'elle détruit ses espoirs politico-idéologiques, Eliade pense entrevoir, comme seules chances de sauvegarde, la fuite, l'évasion de cette histoire « malveillante », et le retour à ce qu'il considère être les aspects permanents et significatifs de la réalité. Dès lors, sa « mission » n'est pas des moindres, et elle n'est plus confinée au « roumanisme », en tant que prisonnier d'une « culture mineure » :

> Ma mission dans la culture du XXe siècle est de redécouvrir et faire revivre la vie présocratique (4 janvier 1945) (*JP*, I, p. 284).

Cette vision de l'histoire comme contrainte et oppression le pousse à idéaliser l'anhistorisme, relégué dans un passé atemporel et encore libre, bien avant le déterminisme et la causalité apportés par l'Histoire et la modernité :

> Ma passion pour l'histoire des religions, le folklore et l'ethnographie trahissait d'abord l'intérêt pour un monde de libertés, que l'homme moderne a perdu depuis longtemps (5 janvier 1945) (*JP*, I, p. 285-286).

C'est ainsi qu'Eliade exhorte l'« homme déchu, l'homme européen d'aujourd'hui » à prendre en compte « la capacité de liberté des autres, leur volonté créatrice, leurs possibilités de transcender "la chute de l'homme" » (2 janvier 1945) (*JP*, I, p. 282). Ce qu'il fera lui-même en investissant de

l'histoire". Mais je me consacrai aux *Prolégomènes* (*Traité d'histoire des religions*), pour lesquels je disposais d'un riche matériel documentaire ».

1. *Ibid.*, p. 77-78.

ces mêmes valeurs les archaïques, les primitifs ou les peuples de cette Asie qui « entre dans l'histoire » après la guerre; ses nouveaux héros vont rejoindre les paysans de l'Europe du Sud-Est comme témoins privilégiés d'une existence plénière, d'un *illud tempus* à l'abri de l'Histoire et du devenir, considéré comme une « chute ».

Son besoin irrépressible de donner un sens à toutes ses expériences le fait aller jusqu'à tenir la mort de sa femme Nina pour l'expression de la volonté de Dieu de lui insuffler une créativité nouvelle, de lui donner un sens eschatologique. Il se souvient, à l'occasion, de la séparation de Maitreyi, épisode qu'il interprète de la manière suivante : « J'ai fui l'Inde, j'ai abandonné le Yoga et la philosophie indienne pour la culture roumaine et pour ma littérature » (décembre 1944) (*JP*, I, p. 271).

Quant à l'antisémitisme d'Eliade, dont la réalité est très controversée, on ne pourrait ajouter qu'une seule note, bien que l'interprétation en soit délicate; il décrit ainsi une opposition entre les religiosités indo-européenne et « sémite » en ces termes :

> Les Sémites voient le monde dynamiquement, c'est-à-dire politiquement. Même la religiosité sémite se focalise autour de l'idée de *force*. Comparée aux conceptions religieuses indo-européennes, par exemple, ou extrême-orientales, la religion sémite est révolutionnaire aussi bien par l'intensité de la dévotion que par le caractère de totale dépendance face à la divinité de l'expérience religieuse (décembre 1943) (*JP*, I, p. 218).

Tout au moins, et laissant de côté le caractère stéréotypé et naïf de ces considérations (qui étaient très en vogue à l'époque), on peut observer qu'Eliade assigne à la « religion sémite » des attributs qui sont, et seront à ses yeux, négatifs ou inférieurs : dynamique et politique – ce qui implique mouvement et surtout évolution, donc déclin par rapport à une situation primordiale. Pourtant, l'intensité de l'expérience religieuse « sémite » est à comprendre plutôt, conformément aux schémas eliadiens, comme un attribut positif, car plus penché vers le Sacré. De même, bien qu'inventeurs de l'Histoire[1], les Juifs l'ont cependant *sacralisée* : nous en revenons au schéma eliadien de la sacralisation du profane. Tout cela relativise, voire infirme la thèse d'un antisémitisme eliadien dans ses descriptions plus ou moins savantes[2].

1. Argument capital pour Daniel Dubuisson dans sa perspective d'un « antisémitisme ontologique » d'Eliade.

2. Lors d'une conférence à l'Université de Bruxelles, le 18 décembre 1978, Maurice Oldender avait déjà exprimée des réserves sur le schéma simpliste d'Eliade (« La mythologie

À mesure que la guerre s'achemine vers sa fin, Eliade conçoit, de manière rétrospective, un lien indissociable entre sa vie personnelle, son œuvre et ses implications politiques. Lisons le témoignage suivant, qui est décisif, et qui certifie qu'en réalité ce journal était déjà conçu pour être lu, dans la mesure où il propose des modèles qui sont à la fois exemplaires et paradoxaux :

> À mon penchant pour une aventure érotique commune et commode correspond, au niveau de la création, ma tendance vers le scientisme, l'érudition et la tiédeur philosophique.
> À mon amour pathétique pour Nina, ou à mon aventure légionnaire – correspond ma passion pour l'Absolu, en métaphysique et en religion (9 janvier 1945) (*JP*, I, p. 292-293).

Encore une fois, notons la même dichotomie eliadienne entre inférieur/supérieur, superficiel/profond : ce sont le « scientisme », l'érudition et la tiédeur philosophique (c'est-à-dire les approches historiques et historicistes, érudites et théoriques) qui sont méprisables, même si Eliade s'était exercé (ou dégradé ?) lui aussi dans l'érudition ; et c'est, en revanche, sa passion pour l'Absolu, qu'il entend pratiquer en métaphysique et en religion, qui correspond à son « aventure légionnaire » et aussi à son « amour pathétique » pour sa femme, Nina Mareş, qui venait de mourir, et qui était plus légionnaire encore qu'Eliade. Force est de constater que l'on aurait difficilement pu imaginer un aveu plus explicite de cette quête de l'Absolu, dans la métaphysique, dans la religion *et* dans la politique. Notons que le terme « aventure » suggère que, pour Eliade, cet engagement politique était considéré comme terminé et épisodique ; mais observons toutefois que, si pour les défenseurs récents d'Eliade, cet engagement est une « éphémère erreur de jeunesse » (en opposition avec la valeur de son œuvre scientifique), pour Eliade il se rangeait précisément sur le plan « supérieur » de la quête de l'Absolu.

VISION TRAGIQUE DU PASSÉ ET NOUVEL OPTIMISME SPIRITUEL

Ces années tourmentées constituent donc, à plusieurs titres, le vrai tournant dans la vie d'Eliade. Elles annoncent ses idées, ses livres, ses choix, ses attitudes. Choisissant d'être un « cheval de Troie » dans sa disci-

de l'Éternel Retour chez Mircea Eliade. Le temps circulaire "archaïque" face à la révolution historique des "acteurs bibliques" »).

pline, l'histoire des religions, il ne va pas pour autant renoncer au « roumanisme », comme le prouvent son activité littéraire et journalistique dans l'exil roumain, mais davantage encore ses productions consacrées au folklore roumain et à la spiritualité gète. Le roumanisme demeure cependant relégué à l'arrière-plan, voire il est occulté, dans les profondeurs où Eliade pouvait se réfugier à l'occasion.

Étrangement, les préoccupations d'Eliade pour la religion des Daces et Zalmoxis, ou bien pour le folklore roumain, transparaissent assez peu dans son *Journal portugais*. Il s'agit là de thèmes quelque peu occultés, bien qu'il ait rempli des cahiers sur la spiritualité gète, quand il compose ses *Commentaires sur la légende de Maître Manole* (dont il parle dans le journal) ou quand tous ces sujets seront intégrés dans sa brève histoire des Roumains. Car c'est d'abord la tragédie de la guerre, qui est omniprésente dans le journal, et présente même lorsque Eliade, pour échapper au présent et feindre de l'ignorer, s'obstine à écrire ; tragédie qui s'accompagne d'une réflexion douloureuse qui annonce l'essentiel de sa pensée future, et qui lui conférera une célébrité universelle.

Lire, écrire, méditer sur ses prochains ouvrages, c'est d'abord une stratégie pour échapper au présent ; mais il y a là pour lui également un moyen de transposer ses propres idéaux dans un passé primordial. Pour écrire son ouvrage historique, il note avoir « lu une étagère de livres (découvrant, par ailleurs, l'histoire des Roumains – dont je n'ai pas à avoir honte) »[1]. Livre dont il s'estime finalement satisfait, parce qu'« une série de réflexions m'ont été provoquées par les lectures et les questions imposées par cette épreuve »[2].

Quant au dossier dace, on ne trouve dans le journal de cette période que les quelques notes suivantes :

> J'ai commencé à écrire, hier, en français, le bouquin sur le peuple [*neamul*] roumain, que [João] Ameal m'avait demandé cet été. J'écris à présent sur les Daces, et j'écris difficilement, d'une part à cause de la langue, d'autre part parce que je veux dire [des choses] aussi nombreuses et essentielles que possible en 80-100 pages (29 septembre 1942) (*JP*, I, p. 139).

Comme d'habitude, Eliade s'est donc efforcé de concilier sa prolixité naturelle avec sa volonté de centrer son attention sur l'« essentiel ». Pourtant, même après la parution du livre, il continue ses recherches sur Zalmoxis et la religion des Daces :

1. *JP*, I, p. 155 (28 novembre 1942).
2. *JP*, I, p. 156-157 (4 décembre 1942).

> Énormément de lectures, toutes en rapport avec l'histoire des religions thraces[1] et helléniques (25 septembre 1943) (*JP*, I, p. 211).

Mais nous y retrouvons également des considérations sur l'importance de la spiritualité populaire et du folklore, à défaut d'avoir une « Histoire » (la « grande histoire » politico-événementielle), ce qui constituerait le seul moyen adéquat d'insertion de sa propre culture dans le circuit universel des valeurs :

> Une histoire universelle n'est pas faisable à partir des documents écrits, mais uniquement des documents spirituels, c'est-à-dire des mythes et des croyances. L'Europe, et notamment l'Occident doit être comparé à l'Orient et aux steppes des nomades non par ses documents, mais par ses mythes.
> Par exemple, l'histoire roumaine doit être homologuée à l'histoire occidentale par nos mythes : Mioritza, Maître Manole, les ballades héroïques, le Prince Charmant, etc. (17 novembre 1942) (*JP*, I, p. 154).

Cette idée constituera la base théorique de son recueil de 1970, *De Zalmoxis à Gengis Khan*. Et relevons un passage de son journal, écrit lors d'une de ses crises provoquées par les événements militaires : le 12 mars 1944, il signale l'ébauche d'une pièce de théâtre intitulée provisoirement *1241*, au moment même ou les Russes s'apprêtaient à envahir son pays[2] ; le 6 avril il note le cauchemar qui dure depuis deux semaines, quand les Russes ont franchi le Dniestr[3], et réitère le projet d'écriture d'un livre sur la *Terreur de l'Histoire*. Ce chiffre – 1241 – fait sans aucun doute référence à la grande invasion mongole sur l'Est de l'Europe (menée par Batu Khan), et donc, aux yeux d'Eliade, à la nouvelle invasion du « mysticisme asiatique », menée par l'URSS. D'autre part, ce projet inachevé explique encore mieux la seconde part du titre intriguant *De Zalmoxis à Gengis Khan*…

Eliade s'était toutefois beaucoup investi, dans la première partie des années 1940, dans sa passion pour les Daces. Celle-ci est patente non seulement à la lecture de son journal, mais aussi de cette lettre, datée du 6 mai 1941, adressée à sa femme Nina (alors à Bucarest) :

1. Le 19 janvier, Eliade note son émotion après la lecture du livre I d'Hérodote, dont il n'avait lu, entre autres (et depuis le collège), que des fragments du livre IV, allusion transparente au passage sur les Gètes et leur Zalmoxis (*JP*, I, p. 171).

2. *JP*, I, p. 226.

3. *JP*, I, p. 226-227.

> Si j'avais achevé l'œuvre de ma vie – *Vie nouvelle* et l'*Histoire religieuse de la Dacie* –, je me retirerais demain dans un monastère, le seul refuge de ceux qui croient aux valeurs permanentes de l'esprit et sont terrifiés par leur lente décomposition causée par la prospérité matérielle (*JP*, I, p. 431).

Cet extrait de sa correspondance témoigne de l'ancienneté de son intérêt pour les Daces ; quant au livre *Histoire religieuse de la Dacie*, signalé également parmi ses projets, le 12 janvier 1942[1], il ne sera illustré que par ses deux études rassemblées dans la monographie de 1970 où, dès l'introduction, il rappelait, cette fois lucidement : « Cet ouvrage ne constitue pas une histoire religieuse de la Dacie » – précisément en raison de la documentation indigente[2].

Quant au roman *Vie nouvelle*, commencé à Oxford, dans lequel Eliade voyait, comme chaque fois qu'il s'adonnait à la littérature – et rappelons qu'en Roumanie il était tout d'abord connu et apprécié en tant qu'écrivain – son vrai chef-d'œuvre, il devait illustrer sa fidélité à la doctrine légionnaire. Il écrivait par ailleurs dans le journal spécial dédié à ce roman (1940-1942), le 1er novembre 1940 :

> [Le roman] doit refléter en lui-même tout le drame de la Roumanie moderne. Évidemment, la tragédie légionnaire y jouera le rôle essentiel. Mais je ne dois pas oublier que toute la Roumanie doit être présente dans mon roman (*JP*, I, p. 384).
>
> Je dois revenir à tout prix sur [le personnage de] Tuliu, dans un chapitre spécial, où expliquer sa philosophie, pour que le lecteur ne croie pas qu'il ait affaire à un simple « occultiste » de foire. Au fond, ses théories ne me sont pas totalement étrangères. Tuliu dira ce que – pour diverses raisons, sur lesquelles il n'est pas approprié d'insister ici – je n'ai jamais eu le courage d'avouer publiquement. À l'exception de quelques amis à qui j'ai, parfois, confessé mes croyances « traditionalistes » (pour utiliser le terme de René Guénon) (27 juillet 1941) (*JP*, I, p. 391).

Ce roman, inachevé, constituera pourtant la base de *Forêt interdite* (1955) ; et notons que, dans ses mémoires, la nouvelle période d'après-guerre d'Eliade, occidentale, portera le titre prémonitoire : *Incipit vita nova*. Phrase que l'on retrouve par deux fois dans le *Journal portugais*, tout d'abord lorsqu'il se voit attribué, après une longue attente, un visa *illimité* pour la France[3] ; la seconde fois, à la fin du journal, lorsqu'il médite sur le « passé » qui l'écrase toujours, lui rappelant ainsi sa condition humaine, qui

1. *JP*, I, p. 115.
2. *ZGK*, p. 9.
3. *JP*, I, p. 383 (22 août 1945).

l'empêche de savourer la plénitude du présent[1]. Eliade note alors qu'il devrait mettre en relation ce thème avec les « observations sur la régénération de l'homme à travers l'abolition du temps, par le retour à l'instant amoral, de "ce temps-là" »[2]. Par conséquent, le sens de l'expression *incipit vita nova* serait :

> reprendre la Création. La lutte de l'homme contre l'« histoire », contre le passé irréversible (5 septembre 1945) (*JP*, I, p. 383).

Cependant, cette métaphore de la « vie nouvelle », qu'il va beaucoup utiliser dans ses écrits sur les initiations et les renaissances symboliques, renvoie également à une famille spirituelle connue. Car cette « vie nouvelle », symbole de la renaissance intégrale, qui traverse toute l'œuvre d'Eliade, y compris les écrits de sa période occidentale, n'est en réalité qu'un des slogans de la Garde de Fer, prometteuse, à l'instar de bien d'autres idéologies pernicieuses du XXe siècle, d'une « vie nouvelle » et d'un « Homme nouveau ». On y reconnaît le jargon des idéologies totalitaires, qu'elles soient fascistes ou communistes. Par incidence, signalons que, lorsqu'il attend le visa pour la France, Eliade se laisse pousser la barbe (comme lors de sa crise en Inde, en 1930) et note :

> Au fond, je dois inventer à tout prix un « homme nouveau » ! ! … (29 mars 1945) (*JP*, I, p. 347).

Mais le rapport profond qui le liait au « roumanisme » ne disparaîtra jamais. Certes, ces écrits et méditations à sujet roumain ne sont ni très visibles, ni très influents en Occident, mais ils témoignent d'une nostalgie qui n'a jamais quitté le savant qui ne reverra jamais son pays. Et, s'il va accommoder ses théories générales pour les faire accepter par le milieu savant (par exemple, en minimisant sa fascination pour René Guénon), les sacrifices seront infimes dans le cas des sujets « roumains », comme on l'a déjà vu dans *De Zalmoxis à Gengis Khan*. Il y a à cette résistance deux raisons complémentaires : d'une part, leur assez faible notoriété (sujets périphériques ou provinciaux) permettait à Eliade de conserver l'essentiel de sa vision nationaliste, sous le manteau/camouflage d'une étude érudite ; d'autre part, il avait enfin l'occasion de livrer une « histoire mythique » ou une philosophie historique du destin de son peuple, comme un message adressé à la fois à l'Occident (expliquant et idéalisant une situation

1. À propos du thème de Berdiaef sur le temps comme malédiction de l'homme déchu.

2. *Cf.* aussi le souvenir de « ce temps-là » vécu avec sa femme, avatar donc de son *illud tempus* (31 décembre 1944) (*JP*, I, p. 281).

particulière) et à ses compatriotes, ceux de l'exil, bien sûr, mais davantage encore ceux enfermés dans un éprouvant « exil intérieur ». Le réformateur Zalmoxis avec ses occultations et ses initiations, le berger de la ballade *Mioritza* ou le Maître Manole, obsédés par la mort et le sacrifice, et métaphores d'une création spirituelle particulière, sont, en fin de compte, les mêmes que les personnages archétypaux des années portugaises, quintessences d'une spiritualité exceptionnelle, modèles peuplant un espace libéré du temps et de l'Histoire.

Ce qu'Eliade y ajoutera, et c'est là une mutation notable par rapport à sa période roumaine, ensuite portugaise, c'est une nouvelle dimension, *tragique*, celle de la guerre, de l'exil et d'une Histoire toujours malveillante envers son malheureux peuple. Et, comme depuis toujours, Eliade va insister sur le « spirituel » et le « culturel », mots et concepts fétiches, érigés, comme à tout instant, en seule solution de résistance et de créativité. De cette image triplement construite, car idéaliste-spiritualiste, nationaliste et nostalgique, Eliade ne s'est jamais affranchi. Il ne le voulait d'ailleurs pas, puisque les liens et les fidélités qui l'unissent à son passé et à son espace de référence lui tenaient à cœur; en cela donc, son universalisme tant revendiqué a été mis à l'épreuve. Visiter le milieu de l'émigration littéraire roumaine, où Eliade est une référence bientôt indispensable, et où ses idées trouveront un écho favorable, voire un espace de diffusion à valeur salvatrice, aidera à mieux comprendre les mobiles et les intentions ayant présidé à la rédaction de l'étrange recueil *De Zalmoxis à Gengis Khan*.

CHAPITRE V

L'EXIL COMME ÉPREUVE INITIATIQUE

> *Je ne hais pas l'histoire en tant qu'exilé, mais en tant que Roumain (…) mon exil, ainsi que le martyre de mon peuple, ne sont que des épreuves.* (V. Horia)

Dans la logique de sa mythologie personnelle, Eliade aimait voir et comprendre son exil comme une *épreuve initiatique*. Et, entre deux types d'exil – celui, nostalgique, d'Ovide à Tomi et celui, viril, de Dante à Ravenne –, il propose à ses compatriotes exilés le modèle de Dante, exaltant la valorisation du dépaysement, « en le considérant comme une pénible et longue *épreuve initiatique*, vouée à nous purifier et à nous transformer », tout en le définissant comme une voie vers le *centre*; dans une autre phrase remarquable, il insiste sur « *l'image* de la Patrie que nous portons avec nous, ici, en exil » [1]. Épreuve initiatique et image de la patrie, ces deux aspects ont été développés non seulement par Eliade, mais aussi par un groupe plus large, qu'il convient d'examiner dans les pages suivantes.

1. M. Eliade, « Între Tomis şi Ravena » (*Entre Tomi et Ravenne*), dans *Îndreptar*, juillet 1952 (cf. *Exil*, p. 132-135); même image de l'exil comme *épreuve initiatique*, accompagnée de la figure archétypale d'Ulysse revenant vers le « centre » (Ithaque), dans *FragmJournal*, t. I, p. 317. Pour le phénomène de l'exil littéraire roumain, voir maintenant Fl. Manolescu, *Enciclopedia exilului literar românesc 1945-1989. Scriitori, reviste, instituţii, organizaţii* (*L'encyclopédie de l'exil littéraire roumain 1945-1989. Écrivains, revues, institutions, organisations*), Bucarest, Compania, 2003.

Dans cette perspective, il ne sera pas inintéressant de visiter quelques productions de l'exil littéraire roumain, où l'on retrouve plusieurs amis d'Eliade, qui écrivent avec une nostalgie accrue sur le passé de leur lointaine patrie et notamment sur Zalmoxis. Cette insistance sur Zalmoxis s'explique par leur arrière-plan culturel commun, qui est celui esquissé par Pârvan et sa vision d'une Dacie immémoriale; vision qui, peu exploitée par eux-mêmes lors des années trente, est investie d'une signification nouvelle en exil. Dans ce groupe d'amis, on retrouve le thème d'un *Zalmoxis en exil*, une des illustrations du « mirage gète » dans cette littérature particulière. La métaphore de l'exil passionne par-dessus tout Eliade et ses camarades, et elle apparaît maintes fois lors de leurs rencontres ou dans leur correspondance : ainsi, dans les lettres échangées avec ses amis, on ne sera pas surpris de retrouver le motif de Zalmoxis (avec A. Busuioceanu), ou bien la notion de « terreur de l'histoire » (avec V. Horia). Plus important encore, l'échec subi par ce dernier écrivain, qui s'est vu refuser l'attribution du prix Goncourt en 1960 en raison de son passé politique, sonnera pour Eliade comme un avertissement, car la lourdeur de son propre passé, dont il n'était que trop conscient, menaçait de surgir au grand jour.

Une grande partie des talents littéraires roumains (dont certains assez actifs dans les années 1930), qui se trouvaient en Occident au moment de la guerre, ont choisi d'y rester après l'instauration du régime communiste en Roumanie. Les premières années furent marquées par une répression féroce menée par les staliniens roumains contre l'ancienne élite politique et intellectuelle (qu'elle soit d'extrême droite ou bien démocrate), dont les membres furent démis de leurs fonctions, emprisonnés, parfois même éliminés physiquement. Un autre petit groupe, dont faisait partie Eugen Lozovan, a pris la fuite au dernier moment. Confrontés à ces mesures répressives (qui ne faisaient que durcir leur anticommunisme foncier des années trente), les exilés roumains ont eu une position compréhensible; la nostalgie du pays était toujours très forte, et rendue plus vive encore par le sentiment que la domination et la répression soviétique sonnaient le glas de la Roumanie traditionnelle à laquelle ils étaient profondément attachés. Et, d'une certaine façon, cette Roumanie avait disparu pour toujours. Devenus encore plus méfiants envers l'« Histoire », leur choix fut de mener une bataille culturelle, de sauver leur Roumanie à travers le *culturel* et le *spirituel*, une idée qui revient constamment sous leurs plumes. Un bon nombre d'entre eux étaient d'ailleurs des nationalistes, voire des anciens légionnaires. Parmi ces derniers, les uns se réfugièrent dans l'Espagne franquiste ou en Amérique du Sud, d'autres maintinrent les liens avec la Garde de Fer en exil, d'autres, enfin, cessèrent tout engagement de nature politique.

Le thème de l'exil les obsède sans cesse : dans les pages qui suivent, j'ai choisi un groupe d'écrivains et d'historiens dont l'œuvre conserve un rapport douloureux avec leur patrie *et* avec leur passé. On ne s'étonnera pas qu'ils prônent le culte de Pârvan et sa vision idéaliste des ancêtres, soutenu par celui de la patrie lointaine et de sa spécificité irréductible. Ils ne feront rien d'autre que de pousser à l'extrême le roumanisme, tout en dénonçant l'hostilité permanente de l'Histoire à l'égard des Roumains. Leurs noms : Alexandru Busuioceanu, Eugen Lozovan, Vintilă Horia, Octavian Vuia et, bien sûr, Mircea Eliade, ainsi que son disciple Ioan Petru Culianu[1].

ZALMOXIS EN EXIL : ALEXANDRU BUSUIOCEANU ET MIRCEA ELIADE SUR LEUR PROPRE EXIL

Alexandru Busuioceanu (1896-1961), disciple de Pârvan, critique et historien de l'art, se trouvait en Espagne depuis 1942, en tant qu'attaché culturel à Madrid. Il y reste comme professeur de littérature roumaine et fondateur de l'Institut Roumain de la Culture. En liaison avec son activité, il entreprend une enquête dans les chroniques espagnoles, afin de voir comment celles-ci illustraient la conquête de la Dacie par Trajan, l'empereur d'origine ibérique. Il est étonné de n'y rien trouver à ce sujet mais, en revanche, il effectue une découverte à laquelle il n'avait pas songé. Il l'appellera par la suite « le mythe gète dans la culture espagnole » : plusieurs chroniques espagnoles parlaient en effet des Gètes, des Daces, de Décénée, de Zalmoxis ou d'autres figures daces. Il publie certains de ses résultats, de manière fragmentaire, dans les revues de l'exil ; en 1970, le fonds Busuioceanu est rapatrié en Roumanie, et d'autres parties du dossier « Zalmoxis » apparaissent dans les revues roumaines, en préparation de l'édition qui verra le jour en 1985 à Bucarest[2] : *Zamolxis ou le mythe dace dans l'histoire et les légendes espagnoles*. Notons pour le moment que la

1. Dont il sera question dans le chap. VII.

2. A. Busuioceanu, « Mitul dacic în istoria şi cultura Spaniei » (*Le mythe dace dans l'histoire et la culture de l'Espagne*), *Destin*, 4-5, novembre 1952 ; A. Busuioceanu, « Utopia getică » (*L'utopie gète*), *Destin*, 8-9, mai 1954 ; ainsi que dans les revues *Îndreptar* et *Cuvântul în exil*. Version espagnole : « Historia y destino », *Oriente*, 3 (3), juillet-septembre 1953 ; voir D. Sluşanschi (philologue classique, qui a préparé l'édition du manuscrit inachevé, abandonné vers 1946-1947), préface à A. Busuioceanu, *Zamolxis sau mitul dacic în istoria şi legendele spaniole*, Bucarest, Meridiane, 1985, p. 5-16.

publication de ce recueil de textes d'un émigré s'insère dans la récupération culturelle en cours, dont il sera question dans le prochain chapitre.

Deux thèmes avaient préoccupé Busuioceanu : a) le mythe gète dans l'idéologie médiévale espagnole, à savoir la confusion Goths/Gètes; b) le « projet dace » (inachevé) : les Daces vaincus prennent leur revanche sur les Romains ingrats qui les abandonnèrent dans un moment inapproprié (quittant la Dacie au milieu du IIIe siècle), en donnant à l'Empire plusieurs empereurs. L'exilé madrilène se place volontiers dans la tradition de Pârvan : Zamolxis est le dieu carpatique de l'immortalité, les Gètes sont essentiellement différents des Thraces. Il découvre que deux vers de Lucain – « Que le Dace d'un côté, que le Gète de l'autre nous accablent, que l'un courre aux Ibères, / que l'autre tourne ses enseignes contre les carquois orientaux »[1] – furent interprétés par Isidore de Séville comme une prophétie sur l'arrivée des Goths en Espagne.

C'est ainsi que Busuioceanu parvient à analyser la fortune de la confusion Gètes/Goths en Occident et surtout en Espagne (Orose, Isidore, les chroniques suivantes), culminant avec l'*Historia Gothica* de l'archevêque Rodrigo Jiménez de Rada et la *Crónica General* d'Alphonse le Sage[2]. Remarquons, au demeurant, que Busuioceanu croyait fermement que les Goths *avaient apporté* avec eux ce mythe en Espagne – l'immortalité de Zalmoxis et les traditions historiques gètes sur Byrébistas et Décénée, transmises par les traditions orales et les chants des Goths[3]. Cette interprétation est, à mon avis, hautement improbable, car toute cette tradition occidentale et ibérique autour des Goths/Gètes est un pur produit littéraire forgé pendant et après l'Antiquité tardive, et nullement le résultat

1. Lucain, *Phars.* 2.54-55 (trad. A. Bourgery). Lucain aurait invoqué l'invasion concertée des Barbares, afin de prévenir ainsi la guerre civile.

2. A. Busuioceanu, *Zamolxis*, *op. cit.*, p. 124-127. Il identifie plusieurs mythes dans cette tradition espagnole : biblique des origines (mythe *racial*, l'ancêtre étant Tubal, fils de Japhet); grec d'Hercule (mythe *héroïque*, l'un des premiers conquistadores en Espagne); goth, le plus ample : les exploits des Goths (même les Amazones *son de la noble natura de los Godos*), mais d'avantage le « mythe gète » de Décénée et des sages des Goths, dont l'évêque de Tolède fit le mythe de la sagesse et du bon gouvernement (*sabiduria e buen gobierno*) des nouveaux fondateurs de l'Espagne.

3. A. Busuioceanu, *Zamolxis*, *op. cit.*, p. 141-142 et 208 (où il parle d'une symbiose entre les Gètes et les Goths en Dacie). L'argumentation en dit long sur sa haute conception des Daces autochtones et l'infériorité des allogènes migrateurs : « Mais les Goths, primitifs et instables, ignorant leur propre histoire éparpillée lors des migrations et des luttes internes, souffraient naturellement de l'ascendant d'un peuple enraciné et possesseur d'une histoire de longue durée, empruntant les traditions, les croyances et les chants de ce peuple [des Daces] » (p. 142).

d'un transfert d'ordre culturel opéré lors du séjour des Goths au nord du Danube.

Dans deux parties plus enflammées de son livre, Busuioceanu se lance dans un essai de philosophie de l'histoire : la Dacie est le pays du mythe, le mythe gète migre en Espagne, où la figure grandiose de Zamolxis est remplacée par celle de Décénée; Zamolxis et la Dacie connaissent la transfiguration dans ce mythe gète espagnol. « L'idée gète est l'un des mythes les plus obsédants et les plus puissants de l'imagination des antiques », note-t-il. Zamolxis, dieu unique et solitaire, enveloppé dans son mystère, proche de Zoroastre, détenait une science du secret, car « le dieu de ce peuple cachait sa personne dans tout ce qui était lié à son culte et à ses noms ». Busuioceanu distingue deux plans, l'un de l'histoire, l'autre du mythe, reconnaissables à travers des noms parallèles, tels *Zamolxis-Gebeleizis*, *Danuvius-Ister*, *Carpathus-Caucasus*, *Daci/Davi/Dai-Getae*. Ce mythe aurait donné naissance à l'*Utopie gète*, inspirée par le génie des Daces. Busuioceanu y préfigure son autre projet, inachevé : Trajan porte en Dacie le mythe de Rome, le Mythe troyen, qui avait soutenu le monde antique et l'Empire. Pays où aura lieu « un de ces mystères qui président à la naissance d'un peuple » : la romanisation totale. Pourtant, les empereurs d'origine dace des IIIe-IVe siècles reviendront de l'Orient, apportant la destruction de Rome, comme une lointaine vengeance[1].

Tout comme Busuioceanu, Eliade parlera de deux plans dans son *De Zalmoxis à Gengis Khan*, celui du mythe (ou de l'« histoire mythique ») et celui de l'histoire; il y a là, encore une fois, la marque d'une utilisation et d'un emprunt qui, en dépit des critiques adressées à Busuioceanu (voir plus loin), agissent selon les mêmes principes.

L'exilé de Madrid avait fait part à Eliade de son étonnante découverte dès 1950. Le 9 décembre, de passage à Paris, Busuioceanu notait dans son journal :

> Eliade insiste auprès de moi pour donner une conférence à leur centre de recherches (Salle des Sociétés Savantes) sur mes recherches relatives à Zamolxe. Je ne lui promets rien. Ce centre est présidé par le prince Nicolas (légionnaires)[2].

1. A. Busuioceanu, *Zamolxis*, *op. cit.*, p. 177-189 et p. 191-213. L'*Utopie gète* se mue en *Utopie gothe*, nostalgie héroïque poussant le peuple à une guerre sacrée, la *Reconquista* (p. 210 et 213).

2. A. Busuioceanu, *Caietele de miezul nopții (jurnal 1939-1957)* [*Les cahiers de minuit (Journal 1939-1957)*], Bucarest, Jurnalul Literar, 2001, p. 118.

Des années plus tard, Eliade intégrera les recherches de son ami madrilène dans sa monographie de 1970[1]. Dans une lettre envoyée le 8 mars 1953 à Busuioceanu, il le félicitait pour son étude parue dans la revue *Destin*[2]. Dans sa réponse du 31 mars 1953, Busuioceanu rappelle qu'il avait découvert cette mythe-historiographie par hasard, et croyait que :

> Des explorations similaires pourront faire ressortir, bien sûr, le mythe de Zamolxis, dans les formes les moins attendues, pas uniquement sur les chemins parcourus par les Goths, mais dans le reste de l'Europe aussi, où le phénomène goth a eu toute sorte de réflexes[3].

Dans un article dédié à la mémoire de Busuioceanu[4], Eliade ne manque pas de mentionner sa découverte inattendue et la fonction qu'elle remplissait :

> À côté de son grand amour pour la poésie, une nouvelle passion avait commencé à le consumer; le « mystère » de Zalmoxis et les mythes daces. C'était une façon de retourner aux sources souterraines de la spiritualité roumaine. Il avait relu *Getica* [de V. Pârvan] en Ibérie, la patrie de Trajan (*Exil*, p. 192).

Quant à son étude sur Zalmoxis, il note :

> Cette étude, de seulement 16 pages de revue, doit être lue et relue plusieurs fois pour qu'on puisse percevoir toutes ses implications (*Exil*, p. 193).

Implications où se tissent des fils entre mythe, histoire et utopie. Grand déchiffreur et inventeur de significations, Eliade pense avoir trouvé le sens des recherches de Busuioceanu, sens qui l'avait aidé à surmonter l'épreuve de l'exil :

> Au Val d'Or, on a beaucoup conversé une fois, jusqu'après minuit, au sujet de Zalmoxis et des mythes des Daces. Il m'a même réprimandé à propos de ma lenteur à publier mon étude sur laquelle je travaillais depuis plusieurs années, et dont je lui avais parlé. Il lui semblait que Zalmoxis constitue le problème le plus passionnant de l'Histoire des Religions. M'ont ému l'ardeur et l'enthousiasme avec lesquels il me parlait de la Dacie proto-historique, qu'il n'avait qu'entrevue pendant ses années d'étudiant, en tant

1. *ZGK*, p. 78-79.

2. *Correspondance*, I, p. 136.

3. A. Busuioceanu, *Zamolxis*, *op. cit.*, p. 7-9, n. *. Il avait pleinement raison (voir chap. II, sur les différents gothicismes, notamment suédois, où Zalmoxis joue un rôle important).

4. M. Eliade, « Amintiri despre Alexandru Busuioceanu » (*Souvenirs sur A. B.*), dans *România*, mai-juin 1961, cf. *Exil*, p. 190-194.

> qu'élève de Pârvan, mais qu'il n'avait pas étudiée de plus près lorsqu'il était dans le pays [= en Roumanie].
> Plus tard, je crois avoir compris ce qui l'avait tant fasciné dans ces mythes et ces utopies gètes : c'était le mystère de son propre destin. Il avait lu et connu l'Espagne par, et pour, El Gréco. Mais une fois arrivé en Espagne, il retrouve Italica, où était né Trajan, et retrouve surtout Zalmoxen, Boruista et Dicineo, dans la *Crónica General* d'Alfonso el Sabio, et dans autant de chroniques espagnoles. Ce qui paraît totalement oublié dans sa Dacie, la Roumanie d'aujourd'hui, vivait dans la conscience historique de l'Espagne. « Le mythe gète » n'avait pas succombé ; il s'était juste déplacé à l'autre bout de l'Europe. Exactement ce qui allait lui arriver, au poète, à l'essayiste, au penseur Alexandu Busuioceanu (*Exil*, p. 193).

Busuioceanu n'avait pas disparu, poursuit Eliade, il s'était seulement camouflé, à l'instar du Gète Byrébistas sous les traits du Goth Boruista :

> Je me demande si, dans ses dernières années, difficiles, de souffrance, il n'était pas accablé par les regrets de n'avoir pu achever l'*Utopie gète*. Parce qu'elle lui semblait sa découverte la plus importante : que Zalmoxis n'était pas mort, qu'il s'était juste réfugié du Mythe en Utopie, là d'où aucune catastrophe cosmique ne peut le disloquer, là où la pensée peut toujours le retrouver (*Exil*, p. 194).

Nous y reconnaissons tout le jargon eliadien; mais nous retrouvons aussi la même identification au *destin* de Zalmoxis, exilé, réfugié, camouflé, caché dans l'Utopie, à l'abri du temps et de l'Histoire (les « catastrophes cosmiques »). Si Eliade décrit pertinemment la nostalgie accrue que Busuioceanu traversait en Espagne, sans doute est-ce parce qu'il se reconnaissait et se représentait sous les mêmes traits.

Encore en 1965, Eliade fournissait des références à l'iranologue suédois Stig Wikander sur l'activité de Busuioceanu (alors décédé) concernant Zalmoxis, ajoutant le détail que son compatriote croyait ce dieu d'origine iranienne, puisqu'il était disciple de J. Strzygowsky, savant qualifié par Wikander de « paniraniste fanatique »[1]. Un autre exilé roumain, l'écrivain Vintilă Horia, se souvenait également de Busuioceanu – comme en témoigne son journal – car l'exilé à Madrid lui avait exposé à Paris ses deux « projets daces » lors de conversations sur un sujet qui,

1. Lettre du 7 février 1965 [M. Timuş, E. Ciurtin, *The Unpublished Correspondence*, *op. cit.*, p. 331, lettre n° 54 ; *Correspondance*, III, p. 352]. Sur Strzygowsky : note du 21 février 1955, *cf.* M. Timuş, E. Ciurtin, *The Unpublished Correspondence*, *op. cit.*, p. 354.

manifestement, les passionnait tous deux[1]. Bien qu'il ait été décidément opposé aux légionnaires, dont il était entouré en Espagne (rappelons-nous sa méfiance concernant la proposition d'Eliade, car il ne voulait pas parler devant un club légionnaire), et qu'il proposait un modèle socialiste, force est de constater que Busuioceanu éprouvait le même nationalisme culturel que celui partagé par la plupart des intellectuels roumains[2].

L'EXIL D'OVIDE : ZALMOXIS, CHRISTIANISME ET TERREUR DE L'HISTOIRE CHEZ VINTILĂ HORIA

Un des exemples les plus significatifs de ces exilés roumains qui cherchent dans le passé le sens de l'exil et l'image de leur patrie est celui de l'écrivain Vintilă Horia (1915-1992)[3]. Pendant la guerre, il est attaché culturel et d'information à Rome et à Vienne (1940-1944), après avoir été en Roumanie rédacteur des revues légionnaires *Sfarmă-Piatră* et *Vestirea*; il était également collaborateur à *Gândirea* depuis 1936 et fondateur de la revue *Meşterul Manole* (« Maître Manole »). En 1960, Horia publie aux éditions Fayard le roman qui porte le titre insolite *Dieu est né en exil*, pourvu du sous-titre *Journal d'Ovide à Tomes*, roman couronné du prix Goncourt. Le prix ne sera jamais décerné à cause du passé politique de son auteur, à la suite d'une campagne conjointe de la gauche française et de la Légation de la République Populaire Roumaine à Paris[4].

Le roman tourne autour de cette « clé de la connaissance qui est l'exil ». L'inspiration est fournie en 1958 par la célébration du bimillénaire de la naissance d'Ovide, le malheureux poète ayant connu l'exil à Tomi, au bord

1. V. Horia, *Journal d'un paysan du Danube*, Paris, La Table ronde, 1966 (le 1er mars 1965), p. 89-91 (nommé « A. B. »). À propos du thème de la destruction de Rome par les empereurs « daces », V. Horia y voit « un reflet de notre drame actuel » et de toujours, celui de décomposer *nos* envahisseurs en utilisant « le subtile poignard de l'esprit ». Selon lui, Busuioceanu est « une victime de l'exil, donc des empires qu'il haïssait du fond de son âme sylvestre, habituée depuis sa naissance à la liberté sans compromis des loups, symboles héraldiques des Daces immortels » (p. 91).

2. Voir pour son activité à l'intérieur de la diaspora roumaine et son attitude anti-légionnaire son journal : *Caietele de miezul nopţii (jurnal 1939-1957)*, Bucarest, 2001. Le 28 mars 1955, après une discussion avec le poète légionnaire Horia Stamatu (1912-1989), il le juge « trop "dacisant" pour ne pas combattre la thèse "impériale" de Pârvan sur les origines de notre christianisme » [*Caietele*, *op. cit.*, p. 250].

3. L'exil l'a porté en Italie (où il rencontre Giovanni Papini), en Argentine, en Espagne et en France (Paris 1960-1964).

4. V. Horia, *Journal* (le 24 nov. 1964), p. 26; il dit avoir renoncé au prix avec joie, car « j'incarnais ces milliers d'innocents qui remplissaient les prisons en Roumanie ».

de la mer Noire et au pays des Gètes, de 9 à 17 ap. J.-C. Le roman de Horia doit énormément aux livres de Pârvan et aux discussions avec le philologue classique exilé N. I. Herescu. Dans une note finale, le romancier rend d'ailleurs un fervent hommage à Pârvan « dont la *Getica* m'avait familiarisé depuis longtemps avec l'histoire, la religion et la vie quotidienne des Daces »[1]. L'influence de Pârvan est très forte, elle se lit page après page : les détails de la vie des Grecs, des Gètes, des Romains ; l'esquisse de l'histoire des Gètes ; l'image de la romanisation spontanée de la Dacie ; et davantage encore la description de la religion dace, avec un dieu unique et des prêtres solitaires[2].

Exilé à Tomi (Tomes chez Horia), Ovide conserve dans les premières années l'espoir de retourner à Rome ; étrangement, il n'a pas peur des Gètes, commençant même à sympathiser avec eux. Il est aidé par une servante dace qu'il aime en secret, nommée Dokia[3], qui lui apprend la langue gète. C'est elle qui révèle à Ovide que le maître de leur vie est le dieu unique Zamolxis[4] ; cette révélation constitue d'ailleurs le leitmotiv du livre. Maîtrisant le gète, Ovide écrit :

> Je tâcherai de devenir un *vates* au pays des Gètes[5].
>
> Mais je ne vois que des Grecs abrutis par l'intelligence et par le commerce et des Gètes abrutis par la misère et l'ignorance. Je me trouve entre deux contrastes, seul représentant de l'équilibre parfait : Rome[6].

Des centaines de Romains, déserteurs, s'établissent pour vivre librement dans les villages gètes de Scythie mineure/Dobroudja, voire de la Dacie encore libre, mariés à des femmes gètes et apportant leur agriculture supérieure ; il adorent eux aussi Zamolxis, « le vrai Dieu ». Cette image idyllique dérive tout droit des reconstitutions invraisemblables de Pârvan.

Comme chez le fondateur des études gètes et les historiens des années trente, la religion dace est décrite tout au long du roman comme une

1. V. Horia, *Dieu est né en exil. Journal d'Ovide à Tomes*, Paris, Fayard, 1960, p. 311.

2. Outre *Getica*, un autre livre de Pârvan inspire constamment son roman : *Începuturile vieții romane la gurile Dunării* (*Les débuts de la vie romaine aux bouches du Danube*), Bucarest, Cultura Națională, 1923.

3. *Dochia* est un personnage emblématique des romantiques roumains, personnification de la Dacie.

4. « Ce nom me remplit le soir. C'était comme si le ciel, le jardin et la mer l'avaient prononcé, tellement il était grave et sonore, triste et puissant à la fois, comme ce paysage qu'il avait modelé d'après sa manière d'être et de penser. Je me sentis comme envahi par sa force, comme obligé de lui obéir et croire en lui » (p. 48).

5. V. Horia, *Dieu est né en exil*, *op. cit.*, p. 66.

6. *Ibid.*, p. 72.

préfiguration du christianisme; qui plus est, il s'agit d'un christianisme sublimé, sur lequel nous reviendrons. Lors d'une visite à Histria (Istros), Ovide assiste à la fête des Rosalia, où l'on crie « Les morts avec les morts, les vivants avec les vivants ». Toujours à Istros, sur une plage, une esclave indigène du nom de Géta chante au sujet d'un berger, ami d'une petite brebis qui venait de lui annoncer sa propre mort prochaine; on reconnaît immédiatement la ballade *Mioritza*, considérée par l'intelligentsia roumaine comme la quintessence de l'esprit national, et particulièrement significative aux yeux d'Eliade. Cette image du berger dace et de la petite brebis hanta le sommeil d'Ovide :

> Quelle splendeur poétique en ces vers qui ne font que reproduire l'idée que les Daces se font de la mort ! ;
> Je n'ai nulle part trouvé, même pas chez les Grecs, une beauté poétique plus simple et plus profonde. Ce berger existe. Il erre avec ses troupeaux là où Flavius Capito a choisi de vivre, au-delà du Danube, au pays où Zamolxis avait prêché à son peuple [1].

Dans la quatrième année d'exil, avec l'aide de ses amis gètes, Ovide traverse le Danube à la recherche des prêtres de Zamolxis, « pour connaître à fond la doctrine du dieu gète », en direction de « Kogaïonon, la montagne sacrée des Daces, au sommet de laquelle vit le grand prêtre, entouré de ses moines ». Chemin faisant, il se renseigne sur la religion dace : les guerriers tombés au combat vivent auprès de Zamolxis, dans les cieux, dans une heureuse éternité; à la naissance des enfants, on pleure leur sort, tandis qu'à la mort on fête leur libération. « Je trouve cette croyance d'une parfaite sagesse », note Ovide, car l'idéal suprême des Daces est l'heureuse éternité, en delà des limites du corps périssable, symbole de la douleur et de l'éphémère. Les prêtres, nommés *ctistes* ou *polystis (sic!)*, « fondateurs de villes », sont des végétariens qui mènent en commun une vie austère. Ovide s'éprend de la beauté du paysage dace : la musique dace ressemble à la courbe harmonieuse des collines, dans cette immensité de *paix* « qui parle d'un passé ou d'un avenir très lointains, quand l'âme humaine avait, ou aura, la forme de ce paysage » [2]. Ce passage, où l'on parle d'une conformité entre un espace prédestiné (Dacie/Roumanie) et l'âme de ses habitants (Daces/Roumains), dérive des spéculations des années trente (notamment de Blaga), dont on retrouve l'écho chez Eliade, dans son aperçu d'histoire

1. *Ibid.*, p. 119-120.
2. *Ibid.*, p. 150-151.

roumaine de 1943 : « le paysage qui, dès le IIIe millénaire av. J.-C., avait modelé l'âme de la population autochtone »[1].

Un vieux prêtre révèle à Ovide, dans une clairière : « Vous appelez Zamolxis notre Dieu, mais notre Dieu n'a pas encore de nom » ; il ajoute que l'on est dans le temps de l'attente de Dieu (autre leitmotiv du roman), car « des prophètes d'Israël avaient annoncé la venue de Dieu parmi les hommes et Zamolxis l'avait aussi prophétisée » ; c'est pourquoi l'exil d'Ovide n'est qu'une préparation, car l'âme seule est éternelle[2]. La mort hante chaque page du journal, mais pour les Daces elle est le « dénouement heureux », puisque seule la vie est dure à supporter[3].

Car « les maîtres de cette terre sont les Daces »[4]. Or la mort d'Auguste, dans la cinquième année de son exil, révèle à Ovide le sens de son épreuve : la découverte d'un autre Dieu, qui est unique[5]. On passe alors à un autre épisode décisif : le médecin Théodore de Dyonisopolis *(sic)*, pythagoricien et buveur, lui raconte ce qu'il avait vécu au mois de décembre 748 *ab Urbe condita* dans le village d'Efrata/Bethléem de Palestine où il avait assisté à la naissance du Messie ; à cet événement est également présent, enveloppé dans une longue tunique blanche, un prêtre dace, qui avait vu l'étoile et reconnu le signe, « car la venue du Messie faisait partie de la tradition de son culte »[6]. Ovide prend conscience du fait que « Dieu se trouvait déjà parmi nous », pour apporter une loi nouvelle, la vérité et la joie de la mort, au sujet desquelles les Daces en savaient quelque chose[7].

1. M. Eliade, *Les Roumains*, *op. cit.*, p. 16.
2. V. Horia, *Dieu est né en exil*, *op. cit.*, p. 164-166.
3. *Ibid.*, p. 185. À la fin du mois d'octobre 1965, V. Horia rencontre à Paris un certain « P. B. », qui l'informe des résultats des fouilles archéologiques dans la région de Sarmizegetusa / Kogaïonon, « où mon Ovide ne put jamais arriver » ; les Doriens furent des Daces, la langue dace rassemblait au latin, « le nom triangulaire de nos origines » est Sarmizegetusa-Athènes-Rome, les Daces étant des ancêtres de l'Occident et précurseurs européens du Dieu unique ; « [les Daces] furent romanisés et christianisés sans résistance aucune, puisqu'ils étaient des engendreurs de leurs propres conquérants. Nous sommes là depuis toujours. C'est la noblesse du paysan du Danube, celui qui donna Pan aux Grecs, le dieu dont une voix annonça la mort au moment où Jésus expirait sur la Croix et naissait dans nos âmes », car « la *mort de Dieu* voulait dire Sa naissance » ; *cf.* V. Horia, *Journal* (le 1er novembre 1965), p. 251-252. Ces considérations mélangent l'« orthodoxisme » avec la thracomanie des années trente.
4. V. Horia, *Dieu est né en exil*, *op. cit.*, p. 208.
5. « Grâce à lui [Auguste] je me connais. Sa cruauté me mit sur la route de Tomes et me lança à la recherche d'un autre Dieu. Sans Auguste je n'aurais jamais connu le prêtre, ni cet instant de paix sublime qui me fit entrevoir le paradis » (p. 200). L'image édénique de la Dacie est omniprésente.
6. V. Horia, *Dieu est né en exil*, *op. cit.*, p. 227.
7. *Ibid.*, p. 230.

« L'exil et ce journal secret constituent à mes yeux les seules preuves de ma participations au salut »[1]. À travers ces considérations attribuées à Ovide, Horia laisse alors transparaître sa nostalgie vibrante :

> Ce pays [la Dacie] se trouve au centre du monde.
> Je crois que le mystère que cette contrée cache dans ses hommes et dans l'harmonie de son paysage ne peut être expliqué que par la religion, une religion qui a tout formé, telle une main de sculpteur, âmes et lieux. Zamolxis fut un symbole passager, un précurseur du Dieu dont l'empire sera universel et dont le combat avec les hommes durera des millénaires[2].

Comme les fidèles de Zamolxis sont les seuls au monde à ne pas craindre la mort,

> Ils se trouvent donc préparés pour la nouvelle naissance et ils seront peut-être le premier peuple à se laisser modeler par la loi de Messie et à accepter sa doctrine, sans besoin de transformation essentielle[3].

On reconnaît ici les propos de Pârvan, de ses admirateurs (dont Coman) et d'Eliade, sur le culte de Zamolxis entendu comme précurseur du christianisme. Ovide se demande pourquoi le Messie n'est pas venu en Dacie : or, il s'emploie à expliquer que les prophètes parlent d'une souffrance, dont en Dacie personne n'est capable ; et où, de plus, tout le peuple l'aurait suivi tout de suite… C'est ainsi que, si l'on comprend bien Horia, les Daces ne sont pas capables de martyriser le Messie, mais les Juifs, eux, si. Un autre passage en dit beaucoup sur les rêveries ouvertement nationalistes de l'auteur, qui prône un organicisme foncier :

> Pendant de longs siècles les Daces continueront leur vie d'aujourd'hui. Des civilisés et des barbares passeront par ces terres et tous les vainqueurs seront des vaincus, car la vieille douceur de ces lieux germera dans leurs âmes, et quand cette terre touchera le fond de l'humiliation, puisque tous les guerriers du monde l'auront foulée sous leurs pieds, elle aura accompli sa mission et tous les peuples auront ainsi leur part de message[4]. L'espace où vivent les Gètes est grand. Cet espace connaît l'espoir de la mort et de la

1. *Ibid.*, p. 242.
2. *Ibid.*, p. 250.
3. *Ibid.*
4. *Cf.* V. Horia, *Journal* (le 24 novembre 1964), p. 38 : « Nous [les Roumains] nous sommes toujours résignés à assimiler nos envahisseurs, les faisant participer ainsi à notre sagesse ».

> vie future, ainsi que la force du Dieu unique. *Le passé et l'avenir des Daces forment un tout*[1].

Or, note Ovide,

> Je fais partie de ces vainqueurs vaincus. Et je sais que Dieu est né, Lui aussi, en exil[2].

Durant l'avant-dernière année de son exil et de sa vie, Ovide est conscient qu'il va mourir parmi les Gètes, dans ce qu'il appelle sa « dernière patrie provisoire ». Il apprend que le mari mystérieux de sa servante Dokia n'est autre que le commandant de la garnison romaine de Tomi, le centurion Honorius (mariage célébré par un prêtre dace, selon la loi de Zamolxis). Honorius prend la fuite avec sa famille en Dacie, comme d'autres centaines de déserteurs romains. Leur fille s'appelle également Dokia, et

> leur ressemble, mais (…) [elle] est, en même temps, autre chose, un être nouveau, une nouvelle forme humaine, l'image parfaite d'une autre race qui sera faite peut-être de ce qu'il y a de mieux chez les Daces et chez les Romains. Une race de l'avenir, chère à Dieu[3].

Cette « race de l'avenir, chère à Dieu », synthèse des vertus daces et romaines et née chrétienne, est le peuple roumain, selon une image qui est typique des années 1930, quand les chefs de la Garde de Fer promettaient « un pays splendide comme le Soleil dans le ciel ». L'année suivante, Ovide est prêt à partir vivre lui aussi en Dacie, mais sa fuite échoue.

Dans une lettre expédiée après la lecture du roman (le 16 juin 1960), Eliade écrivait à son compatriote : « Le titre est splendide et à lui seul il donne une nouvelle dimension à l'exil ». Bien qu'il se déclare étonné par l'anti-impérialisme du livre, il estime toutefois, à propos du sujet : « tout cela semble convaincant » (Zalmoxis, Bethléem), puisqu'il est « clairement, d'une manière cohérente, sobrement et néanmoins pathétiquement écrit »[4].

1. V. Horia, *Dieu est né en exil*, *op. cit.*, p. 251.
2. *Ibid.*, p. 252. « La religion de Zamolxis s'avère, elle aussi, comme une simple étape, comme une attente, consciente et active comparée aux attentes figées des autres religions, mais aussi inquiète que l'est mon âme aujourd'hui » (p. 256). Plus loin, une lettre de l'ancienne prostituée Artémis lui fait savoir que « Dieu, le vrai et seul, celui dont parlaient les Gètes, est né parmi nous » (p. 264).
3. *Ibid.*, p. 270.
4. *Correspondance*, I, p. 480.

Le roman de Vintilă Horia est en fin de compte une ode consacrée à la naissance du peuple roumain, contemporaine de « la nouvelle et vraie religion » (qui perpétue dans son essence celle des Daces, de Zalmoxis), comme le voulait la vulgate nationale depuis Pârvan, et comme elle l'est de nouveau aujourd'hui, avec l'axiome « le peuple roumain est né chrétien ». Comme le dit par ailleurs l'auteur lui-même, ses romans ont comme thèmes essentiels, d'une part, la profanation par le collectif et le politique et, d'autre part, le salut par le religieux et par l'individuel[1]. Ces thèmes apparaissent très proches, à cet égard, des convictions de Mircea Eliade. *Dieu est né en exil* est également le produit douloureux de l'exil, qui a sublimé son nationalisme foncier, mélangé à un christianisme manifeste – et qui, bien qu'épuré, est, par cette même insistance, le cœur de l'ancien gardisme. Dans son journal, Horia estime que les Roumains sont « un peuple innocent », ayant « le sens de l'universalité dans le bien », un peuple *saboteur de l'histoire* depuis toujours (car c'est l'histoire qui l'a toujours saboté), un « peuple de la Résistance » conservé afin d'accomplir « une tâche pour la fin des temps » :

> Je ne hais pas l'histoire en tant qu'exilé, mais en tant que Roumain (…) mon exil, ainsi que le martyre de mon peuple, ne sont que des épreuves[2].

Nous retrouvons une fois de plus la vision d'une mission historique, qui prend chez Horia une forme premièrement religieuse; son ton eschatologique trahit encore la rhétorique des années trente, à laquelle s'ajoutent les deux thèmes qui obsèdent Eliade tout autant que lui, l'Histoire malveillante et la signification cachée de l'exil.

Dans une lettre datée du 3 janvier 1953, adressée à Horia, Eliade essayait de nuancer ses propres affirmations (publiées dans la presse de l'exil, voir *infra*) et, en même temps, de tempérer les allégations du romancier, qui lui paraissaient exagérées :

> Les observations que tu fais sur l'Histoire, l'orthodoxie et le roumanisme sont exceptionnellement intéressantes et mériteraient un commentaire plus

1. V. Horia, *Journal* (le 8 janvier 1965), p. 50-51.

2. *Ibid.* (le 16 décembre 1964), p. 37-38. « Nous n'avons jamais voulu participer au processus de l'histoire, que nous avons toujours saboté, selon l'opinion de nos philosophes. Au fond c'est le contraire qui est vrai : c'est l'histoire qui nous a sabotés en tant qu'ennemis, l'histoire n'étant qu'une phase éphémère et nous ce qui lui survivra » (p. 37-38). « *Je suis un destructeur du temps historique* »; « cette volonté en apparence anarchique fait partie de la personnalité et de la chronologie de mon peuple, saboteur de l'histoire » (le 8 janvier 1965, p. 50).

attentif. Personnellement, je ne suis pas contre l'Histoire, mais contre l'historicisme de descendance hégélienne.

Quant au peuple roumain, il n'était pas du même avis que Blaga – peuple ayant boycotté l'Histoire –, car, poursuit Eliade, c'est la Roumanie qui « a été boycottée par l'historiographie européenne et est donc absente de la conscience historique » du continent[1] ; cette « guigne » a été fatale, car elle « nous a mis hors de l'Histoire » ; néanmoins, les Roumains sont les descendants de la romanité orientale, n'ayant rien à voir avec le monde slavo-eurasiatique[2]. Malgré ces nuances, demandons-nous en quoi la vision d'Eliade est réellement différente de celle de Horia : elle reste hautement métaphysique ; qui plus est, le sens même de la responsabilité est escamoté, puisque la faute incombe toujours aux autres, qu'il s'agisse de l'« Histoire » impersonnelle ou de l'historiographie européenne ; et, en fin de compte, l'on entrevoit de nouveau le thème de l'occultation d'une histoire ou d'une culture dont Eliade se doit de révéler les significations « profondes » et « oubliées ».

Au sujet de cette « terreur » qui hantait tellement Eliade, voici ce qu'il écrivait à Stig Wikander, le 27 mars 1977 – à propos, cette fois, d'un terrible tremblement de terre survenu en Roumanie le 4 mars 1977 :

> Je suis parfois tenté de croire que le sort de la Roumanie est préfiguré dans la destruction de Sarmizegetuza : {depuis dix-sept siècles, } rien que des cendres ![3].

Poussant à l'extrême la métaphysique discutable de Blaga comme celle d'Eliade, Horia se dit fier d'appartenir à une *race spirituelle*, celle du paysan du Danube « ennemi de l'histoire », descendant des Daces précurseurs du christianisme. Le paysan était devenu, dans les écrits des intellectuels roumains, un être métaphysique, réservoir pur de l'âme nationale, chez Pârvan, Blaga et beaucoup d'autres – et l'écho en est plus que manifeste chez Eliade et Horia. Ce dernier surenchérit dans son

1. Pour ce cliché qui traverse la littérature est-européenne et balkanique, *cf.* les propos d'Ismail Kadaré : « Je voudrais ajouter que la famille des peuples européens aurait dû se montrer un peu plus attentive envers cette nation [albanaise] avec qui l'Histoire s'est révélée si sévère. C'est en aidant ce pays à se libérer des fatalités qui ont si longtemps pesé sur lui et en l'intégrant dans son sein que l'Europe remédiera à son indifférence passée » (dans *Printemps albanais. Chroniques, lettres, réflexions*, Paris, Fayard, 1991, p. 116).

2. *Correspondance*, I, p. 457-458.

3. Lettre n° 73 à S. Wikander, du 27 mars 1977 (M. Timuş, E. Ciurtin, *The Unpublished Correspondence*, *op. cit.*, p. 351).

journal, intitulé précisément, rappelons-le, *Journal d'un paysan du Danube* :

> Le paysan est forcement un ennemi de l'histoire, qui aura une fin dont le christianisme lui a confirmé la nécessité et la venue. Les Daces, ancêtres du paysan du Danube, croyaient au Dieu unique bien avant l'ère chrétienne, ne craignaient pas la mort, conçue comme récompense. Ils pleuraient quand quelqu'un venait de naître et festoyaient allègrement l'entrée dans la mort, qui n'était pour eux qu'une façon personnelle de liquider la futilité historique et de pénétrer dans le sérieux de l'atemporel, c'est-à-dire dans l'éternité. (…) Si leur christianisme est essentiellement pur, c'est que leur religion antérieure n'était qu'une préparation et que seul l'élément cultuel y a changé [1].

Encore une fois, la similarité avec les convictions d'Eliade est étonnante. Or cette concordance s'explique partiellement par l'influence des écrits d'Eliade (comme la notion même de « terreur de l'histoire »), mais plus essentiellement par le fonds culturel commun, celui des années trente, où la « roumanité » était préfigurée dans une Dacie atemporelle ou dans une paysannerie qui incarne l'âme nationale.

Ce « paysan du Danube » d'Horia est décrit comme l'homme à venir, l'homme du futur et de l'abolition de l'histoire (un autre thème partagé avec Eliade) : en vérité, il n'est qu'un des nombreux avatars de l'*Homme nouveau*, interminablement célébré dans les années 1930 par la rhétorique gardiste. Du *Journal d'Ovide à Tomes* on passe au *Journal d'un paysan du Danube*, en conservant le même tissu de références. Eliade est visiblement excédé par les interprétations poussées à l'extrême par Horia, mais, encore une fois, leur arrière-plan tout comme leurs explications se ressemblent plus qu'ils ne se différencient.

Le cas de Vintilă Horia est très important d'un autre point de vue, pour le parcours d'Eliade : car le scandale qui est né autour de ce romancier exilé et porteur d'un passé politique démasqué au grand jour avait entraîné le refus de lui décerner le prix Goncourt. Cet épisode sonne pour Eliade comme un avertissement et déterminera, en moins de deux décennies, quand des allusions et des interrogations commencent à se multiplier, son

1. V. Horia, *Journal* (le 18 janvier 1965), p. 60. Le sens de la conquête de la Dacie serait mystique : Trajan avait voulu réaliser une synthèse entre les deux religions adorant le Dieu unique, celle de Zalmoxis et celle du Christ (le 29 janvier 1965, p. 69). Car « Zamolxis avait été remplacé par le Christ, dont il avait préparé la voie, en enseignant aux Daces l'immortalité et l'amour pour le dieu unique » (le 1 er novembre 1965, p. 251).

refus obstiné de reconnaître son passé, qui était encore plus lourd, et qui risquait de mettre en cause la célébrité universelle qu'il avait acquise.

DACIA SACRA

Un autre exilé, le linguiste Eugen Lozovan (1929-1997), parti de Roumanie en 1950 et établi depuis 1957 à Copenhague, est notamment l'auteur d'une étude portant le titre suggestif « Dacia Sacra », publiée dans la revue fondée par Eliade à Chicago (*History of Religions*) : il y reprend la thèse selon laquelle le nom des Daces signifie « les Loups » – hypothèse appropriée et popularisée par Eliade. S'il analyse le culte de Sabazios et celui de Diane en Dacie romaine à travers une grille traditionnelle (syncrétisme, romanisation, continuité des cultes dans le folklore roumain), il est surtout passionné par la question des « moines daces ». Il est le fervent adepte de la thèse d'une diffusion précoce du christianisme dans les territoires daces déjà préparés à son avènement, étant, en cela comme sur d'autres points, très influencé par Pârvan[1].

À la lecture de ses études érudites, il ressort clairement que Lozovan sacralise sa patrie et son passé qui déterminerait immanquablement son avenir : car il poursuit le dessein de Pârvan, privilégiant les relations de toute sorte avec l'Occident, face à la (nouvelle) barbarie orientale (le communisme soviétique) ; le sens de l'histoire de la patrie est donc préfiguré dans le passé et par le passé. Lozovan est de loin le plus nationaliste de ce groupe d'exilés (lui aussi, sympathisant de la Légion), ce qui n'empêchera pas, bien au contraire, Eliade d'utiliser ses analyses.

MÉDITATIONS DE ZALMOXIS ET MÉDITATIONS SUR LA CULTURE

Octavian Vuia (1914-1989), philosophe heideggerien exilé en Allemagne et l'un des fondateurs du Centre Roumain de Recherches de Paris (1949), est l'auteur de la pièce de théâtre *Le voyage de l'Argo* (autre

1. Voir E. Lozovan, « Dacia Sacra », *History of Religions*, 7, 1968, p. 209-243. Ses autres études : « Du nom ethnique des Daces », *Revue Internationale d'Onomastique*, 13, 1961, p. 27-32 [*cf.* M. Eliade, « Les Daces et les loups », *Numen*, 6, 1959, p. 15-31] ; E. Lozovan, « Les Loups et la Louve, introduction à une histoire religieuse de la Dacie », *Revue des Études Roumaines*, 1961 (7-8), p. 225-228 (version abrégée de *Numen*) ; repris dans *ZGK*, p. 13-30] ; « Les Pleistoi : des Carpates à Qoumrân », *Acta Philosophica et Theologica*, 2, 1964, p. 181-189 ; « Les Pleistoi daces – moines abstinents ? », *Orpheus*, 11, 1964, p. 141-147.

métaphore de l'exil) et d'un « mystère chrétien », *Dans le jardin Gethsémani*. Mais il est aussi l'auteur d'une suite de paraboles publiées sous le titre *Le retour de Zamolxe. Méditations dialogiques*; ces paraboles en prose furent publiées en deux parties dans une revue de l'exil en 1978 et 1983, une troisième partie n'étant jamais achevée[1]. L'ouvrage est parcouru par trois grandes sources d'inspiration: Nietzsche, Blaga et davantage encore le « poète national » Eminescu, dont les vers et les expressions s'y retrouvent constamment. En dépit du style qui est parfois naïf, car l'ouvrage est demeuré inachevé, il reflète pleinement la vision de Vuia sur la destinée de la culture en général, et de la culture roumaine en particulier.

Zamolxe est un penseur qui oscille entre lieux solitaires et bourgades. À deux citadins qui cherchent en vain la caverne de Zamolxe, il rétorque, sans révéler son identité, que Zamolxe n'est pas à chercher dans les tanières, car il ne se cache pas des hommes. Ou encore :

> Zamolxe n'est pas une légende qui se cache dans le passé, mais il est le porteur du futur éternel de l'homme, enveloppé dans le manteau d'un présent encore non déchiffré[2].

Les références chrétiennes ne manquent pas, par exemple l'existence au milieu d'une bourgade de l'ermitage de Jean du Pilier, qui s'y dissimule. Il provoque ainsi l'inquiétude des habitants, lesquels sollicitent Zamolxe pour les guider. Après avoir visité la hutte de l'ermite, Zamolxe revient et leur dit: « Mes amis, Zamolxe n'est pas retourné dans le monde afin qu'il enseigne au monde, mais afin qu'il apprenne du monde »; après le déluge, vient le temps du dégel spirituel et de la naissance d'une nouvelle culture. Dans une ville, il participe ensuite à une réunion littéraire, tenant un discours sur le sens et le destin de la culture. Il parle de trois périls: la laideur, la canaille des rues (écho d'Eminescu) et le « culturologue ». Car « la culture (…) est le produit d'une élite, mais non pour cette élite, mais pour tout le peuple ». À la rivière sacrée, il rencontre un groupe d'« adorateurs de Zamolxe » : il refuse d'être une idole, une icône, un prophète, un messie, s'estimant « un dieu perdu parmi les hommes », qui cherche des amis et non pas des adorateurs. En tant qu'immortel parmi les mortels, il juge l'immortalité comme un don divin, que l'on gagne en affrontant victorieusement la mort. Arrivant à un lac magique, Zamolxe y rencontre le

1. O. Vuia, *Întoarcerea lui Zamolxe. Meditații dialogice*, Bucarest, Jurnalul Literar, 2000 (p. 67-97), éd. N. Florescu. La revue de l'exil: *Revista Scriitorilor Români* (*Revue des Écrivains Roumains*) de Munich, 15, 1978, p. 9-17, et 20, 1983, p. 59-72.

2. O. Vuia, *Întoarcerea lui Zamolxe*, *op. cit.*, p. 71.

poète Pegasos qui lui expose sa vision : « La fantaisie, et non pas la raison sèche, nourrit l'humanité depuis des milliers et des milliers de siècles » ; ce poète, ressuscité de ses propres cendres tel l'oiseau Phœnix, n'est autre qu'Eminescu. Ensuite, Zamolxe médite sur le péril de la dévastation, qui a trois causes : la tyrannie des idéologies, la médiocrité des sub-cultures, la lâcheté des foules. On rencontre même un écho très eliadien : « La culture signifie *culte*, et le culte tient du sacré. La perte du sacré signifie le début de la profanation des cultures »[1].

La dernière section, « Le ciseleur de miracles », voit Zamolxe visiter l'atelier d'un ami sculpteur, lequel pratique la même réduction à l'essence que le philosophe, par le sacrifice et l'inspiration interne, afin d'atteindre la beauté et la tempérance. Il se trouve que cette partie réutilise largement un article antérieur, « Ce que j'ai appris de Brancusi » (1969), dans lequel Vuia décrivait ainsi le sculpteur d'origine roumaine, rencontré pour la première fois en 1947 :

> L'impression qu'il m'a faite (…) était telle que je croyais parler, au centre de Paris, avec un mage ou un prophète venu des profondeurs des Carpates, avec un descendant de Zamolxe ou même avec son incarnation actuelle.

Même Brancusi avait sa mythologie propre : les Romains ont apporté leurs lois et leurs gendarmes, et non la civilisation, car celle des Daces était plus ancienne encore. Dans l'article, Vuia le nomme d'ailleurs « Brancusi le Dace », estimant qu'il « portait dans son âme ce trésor immémorial, avec ses mythes et ses significations oubliés »[2]. Le ton eliadien de cette description illustre à nouveau la diffusion de la pensée de l'historien des religions dans le milieu de l'exil littéraire.

MIRCEA ELIADE : PRÉDESTINATION HISTORIQUE ET SALUT SPIRITUEL

Il est grand temps de revenir à l'exilé qui a été constamment en relation avec toutes les personnes que nous venons d'évoquer : Mircea Eliade[3]. À plusieurs reprises, et déjà à partir du milieu des années trente, ainsi que nous

1. *Ibid.*, p. 92.

2. O. Vuia, « Ce-am învățat de la Brâncuși » (*Ce que j'ai appris de Brancusi*), *Destin* [Madrid], 19-20, 1969, p. 101-107 ; aussi O. Vuia, *Întoarcerea lui Zamolxe*, *op. cit.*, p. 114-122.

3. Eliade avait rencontré Busuioceanu en Espagne (comme nouveau conseiller culturel), quand il préparait son livre *Os Romenos. Latinos do Oriente* (1943) ; cf. *Mémoire II*, p. 85-86 ; et *JP*, I, p. 145.

l'avons vu dans les chapitres précédents, son attention sera retenue, de façon épisodique – mais non moins significative cependant – par l'ancienne spiritualité de l'espace roumain. Ainsi, le « moment dace » dont il parle au moment de son édition critique de l'érudit Hasdeu, de même que son intérêt pour la préhistoire et la protohistoire; ensuite, le nom même de la revue *Zalmoxis* (1938-1942), où il réserve une place considérable aux études sur les croyances gètes et particulièrement au folklore local; ou encore en 1943, dans la brève histoire des Roumains, où le passé et la spiritualité daces jouent un rôle définitoire pour façonner l'âme comme le paysage d'un peuple prédestiné. Ces mêmes années portugaises virent la naissance du projet d'une étude sur Zalmoxis et la religion des Daces, qui sera en fait rédigée en deux temps (1944, 1969). Bien des années plus tard, Eliade s'interrogeait ainsi au sujet de sa monographie *De Zalmoxis à Gengis Khan*[1] :

> Le problème était celui-ci : nous disposons d'une tradition folklorique, et d'une tradition historique, importante aussi, mais dont les documents sont épars et vagues; comment, à partir de cela, reconstruire les croyances des Daces ?

Nous avons déjà vu quelle fut sa méthode, et davantage encore les motivations qui se laissent entrevoir tout au long de sa reconstruction. Or, si l'on se rapporte à un autre pan de l'œuvre d'Eliade – pan peu fréquenté, et pratiquement inconnu du public français, à savoir ses articles dans la presse de l'exil –, la cohérence aussi bien que la continuité de la pensée eliadienne se profilent avec une clarté qui ne manquera pas de susciter bien de questionnements.

Un second degré vient s'ajouter à cet univers qu'Eliade portait avec lui et qui le hantait – ou, selon ses propres mots, l'« *image* de la Patrie ». À la lumière de cette littérature particulière générée par l'exil roumain, la monographie scientifique publiée par Eliade en 1970 s'inscrit en réalité dans une continuité à plusieurs facettes : d'une part il est toujours marqué par les visions nationalistes courantes dans la Roumanie des années trente, comme en témoigne sa proximité avec les idées de Pârvan, dont nous avons évoqué les conséquences sur ses écrits; d'autre part, il est un écrivain important de la littérature de l'exil, sensible, nostalgique, sublimant le passé. On retrouve les mêmes idéaux et les mêmes obsessions eliadiens dans ses journaux et dans la presse de l'exil, surtout à la fin des années 1940 et dans les années 1950 – lors de sa période française. L'accent est mis sur

1. M. Eliade, *L'épreuve du labyrinthe*, *op. cit.*, p. 117.

une *histoire tragique*, amplifiée par les crises qu'il a traversées lors de son séjour portugais et par le non-sens initial de la guerre, ultérieurement perçue comme ayant une signification « cosmique ». C'est ainsi que se dessine son « histoire mythique », par le biais des correspondances qu'il s'empresse de souligner entre les « mythes centraux de la spiritualité roumaine » et le destin historique, depuis toujours tragique, de son peuple ; de cette manière, tout se constitue en un système de renvois et de justifications.

De tous ces épisodes de sa vie et de ses engagements successifs – spiritualisme, roumanisme, gardisme, propagande pendant la guerre, tragédie de la guerre, l'exil enfin, et le nouvel humanisme qu'il propose, cette fois en qualité d'historien des religions –, les indices parsemés dans son œuvre portant sur des sujets roumains sont aisément reconnaissables : élite guerrière et initiatique des Daces ; spiritualité merveilleuse des Daces autour d'un culte initiatique fondé par une révolution/réforme spirituelle ; culte centré sur le mépris de la mort, l'immortalité de l'âme et la croyance à une post-existence bienheureuse ; l'idée des noces avec la mort et du sacrifice créateur ; le « christianisme cosmique » comme réponse à la « terreur de l'histoire » ; le motif de Gengis Khan, qui fait allusion à la nouvelle invasion asiatique/soviétique et au régime communiste ayant englouti l'espace roumain ; et toujours la même vision d'une histoire tragique, malheureuse, martyrisant un peuple qui ne résiste, et qui ne pourrait résister autrement, que par sa spiritualité immémoriale, parfaitement méconnue par un Occident oublieux ou ingrat.

Dans les pages qui suivent, outre la littérature autobiographique, dans laquelle le savant s'est beaucoup investi après la guerre, je vais évoquer certains écrits d'Eliade dans la presse de l'exil, datant de la fin des années 1940 et des années 1950 : cette dernière documentation, peu exploitée jusqu'à présent, me semble très importante pour le sujet qui nous intéresse – la vision d'Eliade du passé national et de son propre passé. Tout d'abord, parce que presque toutes ses futures publications érudites à sujet roumain y sont préfigurées ou expliquées. Ensuite, ce qui est sans doute plus important, parce que c'est dans ces articles qu'Eliade reprend et explique ses thèses « scientifiques » générales (la matière des livres auxquels il doit sa célébrité), ainsi que ses visions et idéaux concernant l'histoire roumaine, dans son passé, son présent et son futur. Il s'adresse à un public différent de celui de ses livres érudits : c'est la raison pour laquelle il doit infléchir, sous l'angle roumain et chrétien, ses propos, qui restent toutefois imprégnés du même style envoûtant, toujours construit. En outre, c'est dans ces textes qu'il s'emploie à expliquer plus clairement ses véritables pensées, sans s'efforcer de les faire accepter par une véritable démonstration érudite. Mais notons d'entrée de jeu que, loin d'avoir une vision simplement idéaliste ou passéiste, comme nombre de ses compatriotes (Horia, par exemple), Eliade nuance toujours ses dires et, surtout, est manifestement animé par la volonté de faire fructifier les opportunités, sur le modèle de sa propre réussite. Il n'en reste pas moins imprégné, et convaincu, du roumanisme des années trente : à aucun moment il ne doute de l'importance exceptionnelle de la spiritualité roumaine, appelée à sauver l'Occident décadent. C'est ainsi qu'il inscrit tous ces thèmes, en les adaptant en même temps, dans un contexte familier à ses lecteurs ; néanmoins, détail particulièrement important, en dépit de sa vision tragique qu'il clame et affirme en même temps, il conserve un optimisme qu'il met toujours sous le signe du culturel et du spirituel.

Commençons avec les diverses expressions de son intérêt pour les Daces, intérêt qui se manifestera de manière répétée après son séjour portugais. Et lisons les propres notes d'Eliade, par exemple celles datées du 10 novembre 1953 :

> De temps en temps, « je suis pris » de passion pour la Dacie et pour Zalmoxis. Je reviens alors au texte d'Hérodote, lu et relu trente ou quarante fois déjà, aux autres petits témoignages sur les croyances des Gètes, recueillis dans les cahiers de 1941-1942, quand j'étais à Lisbonne. Pendant quelques jours je suis comme possédé, je ne fais que relire et rêver sur les manuscrits. J'écris des pages et des pages, remarques, commentaires, plans d'études et recherches à faire [1].

On retrouve ici, condensés, les motivations, les étapes et les états d'âme qui traversent le savant nostalgique. Le rappel de sa première ébauche d'ouvrage sur la religion des Daces et sur Zalmoxis, lors de son séjour portugais, avec la mention importante des cahiers de 1941-1942 – qui sont très probablement à la base de son traitement du passé dace dans *Les Roumains, Latins de l'Orient* (1943) ; ensuite, l'importance fondamentale du texte d'Hérodote, qu'il comprend et interprète comme un témoignage décisif d'une croyance en l'immortalité. Les retours périodiques d'Eliade, dans un état de surexcitation, sur ses propres pages, retours qui le font « rêver », sont plus intéressants encore ; impressions, intuitions, commentaires et plans s'ensuivent alors. C'est ainsi qu'on peut mieux mesurer la valeur affective du sujet pour Eliade, ainsi que la nature exacte du

1. *FragmJournal*, t. I, p. 217.

traitement des sources qu'il entreprend. Et le résultat, tel qu'on l'a vu[1], est à la mesure du travail accompli : maîtrise de la documentation (quoique plutôt de la documentation secondaire et moderne) ; idéalisation extrême des croyances gètes ; esquisse d'une histoire mythique des Roumains ; la conviction d'une haute spiritualité des ancêtres et d'une spiritualité particulière des Roumains, conservées dans les deux légendes majeures. Remarquons que le passage cité est un fragment qui provient de son journal d'après-guerre, et, à la lumière du *Journal Portugais*, il est possible de dire qu'il s'agit d'un fragment non remanié, tant il respire toute l'« authenticité » eliadienne.

Quelques années plus tard, alors qu'il est déjà aux États-Unis, il manifeste à nouveau de l'intérêt pour ses origines. Dans ses mémoires, Eliade décrira avec un certain recul la genèse de la rédaction de sa monographie publiée en 1970 :

> Vers la fin de l'hiver 1959, je compris que je devais interrompre mes travaux en cours : mes pensées étaient occupées par Zalmoxis et les religions géto-daces. Il me fallut quelques semaines pour relire et compléter la documentation que j'avais apportée à Chicago. Puis, en une nuit, je rédigeai un article sur les Daces et les loups, qui allait devenir le premier chapitre d'un livre : *De Zalmoxis à Gengis Khan*. Les années suivantes, j'écrivis les études sur les mythes cosmogoniques en Roumanie et en Europe orientale, sur Dragos Voda, sur la ballade de Miorita et le folklore religieux roumain, et mon livre fut publié chez Payot en 1970. Je ne m'en rendais pas compte alors, mais ces retours périodiques à l'étude des traditions spirituelles roumaines constituaient, d'une certaine façon, un moyen de préserver mon identité dans le *melting-pot* des États-Unis[2].

À nouveau, on constate chez Eliade la thèse des « retours périodiques » et la fascination exercée par Zalmoxis et la spiritualité des « ancêtres », auxquelles s'ajoutent quelques thèmes du folklore roumain. Particulièrement intéressante est la rédaction du chapitre sur les Daces et les loups, en une seule nuit (comme Eliade le faisait souvent), après la lecture des documents apportés avec lui à Chicago. Notons encore l'aveu du rapport explicite entre ce sujet particulier et son identité ; celui-ci revêt la forme d'une prise de conscience *a posteriori*, typique de ses mémoires qui renvoient l'image d'une biographie exemplaire, très éloignée des crises qui le tourmentaient périodiquement. Et relevons, toutefois, le caractère artificiel de la signification qu'il propose : il ne s'agissait pas uniquement

1. Cf. *supra*, chap. II, p. 107-131.
2. *Mémoire II*, p. 226.

d'une réaction inconsciente au *melting-pot*, mais d'une fascination qui le hantait depuis longtemps déjà.

Aux États-Unis, Eliade était certes devenu l'historien des religions le plus connu et le plus influent de son époque. Mais, dans une lettre du 12 septembre 1962, adressée au philologue Victor Buescu, il rappelait :

> Évidemment, je n'oublie pas qu'*il faut* que j'écrive un jour l'histoire des religions daco-balkaniques[1].

Cinq ans avant, dans une lettre à Georges Dumézil datée du 5 avril 1957, Eliade précisait déjà qu'il recueillait depuis des années des données sur « Zalmoxis et les religions de la Dacie », mais qu'il devait encore attendre entre huit et dix ans avant de les publier[2].

Le 4 janvier 1970, de passage à Paris où il devait présenter le manuscrit du *De Zalmoxis à Gengis Khan* chez Payot, Eliade répond à la curiosité d'une compatriote émigrée, l'écrivain Monica Lovinescu, curiosité éveillée par le sujet « roumain » du livre. La première question porte sur le thème même de l'ouvrage : Eliade rappelle son intérêt premier pour l'Inde et le fait qu'il s'était toujours considéré comme un historien des religions ; c'est ainsi, explique-t-il, qu'il en était arrivé à s'intéresser aux « religions de Dacie ou à la religion importante du culte de Zalmoxis ». Il précise ensuite que, dans ce cas particulier, comme en ce qui concerne le folklore religieux roumain, il s'est placé en qualité d'historien des religions, et non pas en tant qu'archéologue (tel Pârvan), historien ou romanisant. Le but qu'il avoue n'est pas, cependant, des moindres :

> J'ai l'impression que ce livre correspondrait à *Getica* et davantage à *Dacia* publié par Pârvan en anglais, mais qu'il a fait ce qu'on lui a dit de faire, une histoire de la protohistoire et de l'histoire ancienne de la Dacie, tandis que mon livre est une contribution à l'histoire de l'esprit humain, ainsi qu'elle s'est manifestée en Dacie [;] c'est aussi une histoire des idées.

Reprendre le sujet de Pârvan, mais d'un point de vue universel – la manifestation particulière de l'« esprit humain » en Dacie –, et y ajouter une nouvelle perspective, dans l'histoire des idées, telle était l'intention avouée. Il n'entendait pas autrement ses analyses :

1. *Correspondance*, I, p. 119.
2. *Correspondance*, III, p. 537.

> La ballade [*Mioritza*] représente, pour la culture roumaine, à la fois un problème de folklore et d'histoire de la spiritualité populaire, et un chapitre central dans l'histoire des idées [1].

Eliade insiste par la suite sur le fait qu'il avait toujours inscrit cette contribution dans un cadre comparatif et universel, afin d'intéresser le lecteur étranger ; à savoir, traduire ce « spécifique national », le faire connaître, le rendre compréhensible, et l'inscrire dans une entité plus vaste :

> Je voudrais que ces matériaux, ces documents qui reflètent des situations spécifiques, des manières spécifiques d'être un univers ou une pensée tout à fait personnelle, pénètrent et fassent partie du patrimoine commun de notre culture. Je crois que nous allons vers une culture universelle et [ce livre] est ma contribution à ce fait [2].

De retour à Paris, après un congrès d'histoire des religions à Stockholm, où son livre avait été particulièrement apprécié, Eliade aura un nouvel entretien avec l'émigrée roumaine, le 11 octobre 1970 ; il se dit fier d'avoir inscrit les deux légendes dans un circuit universel. C'est à cette occasion qu'il nuance sa position : le berger de *Mioritza* ne se défend pas de l'histoire – il en serait d'ailleurs parfaitement incapable ; si Lucian Blaga, dans *L'espace mioritique*, l'avait compris, il aurait élargi le sens de la notion du « boycott de l'histoire », « et probablement la théorie du boycott de l'histoire aurait introduit certaines nuances qu'il n'a pas eu le temps d'introduire jusqu'alors » [3].

Mais revenons un peu en arrière, au sujet d'un article de 1952, avec le titre plus que transparent « La chute dans l'Histoire » – motif présent dans son *Mythe de l'éternel retour* et qui n'est pas sans rapport avec les considérations de son ami Cioran, *La chute dans le temps* (1964). Eliade suggère la raison pour laquelle il utilisera plus tard l'expression « les Thraces, "Grands Anonymes" de l'Histoire », formule présente, on se rappelle, dans le deuxième tome de son *Histoire des croyances et des idées religieuses*. Utilisant une observation de l'historien roumain Nicolae Iorga [4], il déplore

1. *ZGK*, p. 221.

2. M. Lovinescu, *Întrevederi cu Mircea Eliade, Eugen Ionescu, Ştefan Lupaşcu şi Grigore Cugler* (*Entretiens avec M. E., E. I., Ş. L. et G. C.*), Bucarest, Cartea Românească, 1992, p. 25-34.

3. M. Lovinescu, *Întrevederi*, *op. cit.*, p. 43-45. Eliade déplore à nouveau le fait que Blaga n'ait publié sa théorie qu'en roumain (voir *infra*, *Conclusion*).

4. Exécuté par les gardistes en novembre 1940. Eliade écrit à ce propos : « L'assassinat de Nicolae Iorga, grand historien et génial prophète culturel, entachera longtemps encore le nom de Roumain » (*Mémoire II*, p. 61).

le fait que les Thraces aient manqué, avec l'épisode d'Alexandre le Grand, qui s'était tourné vers la Méditerranée et l'Asie, leur seule chance d'entrer dans l'histoire universelle en tant que facteur autonome; ils ont pourtant contribué à la création de l'histoire, mais toujours au nom des autres (l'Empire romain ou Byzance); c'est pourquoi les Thraces ont, politiquement, disparu sans héritiers. Il n'en est pas de même, en revanche, de leur héritage spirituel, sur lequel Eliade va maintes fois insister. Mais le savant était davantage intéressé par le rapport particulier entre son peuple et l'histoire : il est d'avis que les Roumains (« nous ») n'ont *aucun* motif pour aimer ou idolâtrer l'histoire, car ils sont le peuple le plus infortuné au monde; et il répète cette impossibilité sur un ton incantatoire. L'histoire a toujours été malveillante avec ce « peuple de frontière », prédestiné aux épreuves; la faute en incombe à l'Occident, qui n'a pas su percevoir le péril. Eliade déplore les cinq siècle perdus, hors de l'histoire, à cause des Turcs, quand les Roumains ont mené une existence végétative[1], permettant à l'Occident de s'épanouir. Observons cependant que cette même revendication d'une mission historique de sacrifice et de défense de l'Occident est partagée en réalité par tous les peuples de l'Europe de l'Est et centrale et fait partie intégrante de leur mythologie historique[2]. Partant de la théorie de Blaga, Eliade nuance toutefois :

> La formule est inexacte et injuste. Les Roumains n'ont pas boycotté l'Histoire. Ils l'ont affrontée et lui ont résisté de toutes leurs forces. (...) Cela ne veut pas dire boycotter l'histoire. Cela signifie, tout au plus, le malheur d'accomplir une mission historique de sacrifice, mission dont on ne tient même pas compte dans l'historiographie.

On reconnaît les prémices de ce qu'il allait écrire, des années plus tard, à Horia, sur l'ingratitude de l'historiographie occidentale. Comme toujours, il s'élève contre l'historicisme; et il exige le droit de voir en l'Histoire autre chose, de ne *jamais* lui reconnaître ni la nécessité ni l'autonomie. Or Eliade avait depuis toujours soutenu que la religion ou le spirituel ne doivent être traités d'un autre point de vue que celui de la religion ou du spirituel – dans une apologie de l'autonomie du religieux. Traitement qu'il refuse obstinément, en revanche, à l'histoire... Car « cette attitude de refus de

1. Variante de la théorie de Blaga sur les Roumains qui, durant un millénaire, ont boycotté l'Histoire.

2. *Cf.* les propos d'Ismail Kadaré : « Aujourd'hui, en notre fin de siècle, cette nation orpheline [albanaise], qui a porté une si lourde croix, frappe enfin à la porte de l'Europe, de sa mère qui a toujours battu froid, et qui, toute chrétienne qu'elle soit, ne s'est guère montrée bien charitable à son égard » (dans *Printemps albanais*, *op. cit.*, p. 17).

l'autonomie de l'Histoire découle nécessairement de certaines positions spirituelles que l'homme a eues, et possède encore, dans le monde ». Eliade poursuit en affirmant que, pour un chrétien, ce refus de l'Histoire ne doit pas pour autant constituer une évasion hors de l'Histoire; c'est pourquoi il exalte la fonction eschatologique du présent, de ce qu'il appelle le moment historique actuel. Or, continue Eliade, la même dialectique s'applique également aux histoires nationales, des peuples/races (pluriel *neamuri*); par conséquent, annuler l'Histoire et abolir le « passé » signifie œuvrer pour un salut de l'histoire dans son ensemble, voire pour sa transfiguration[1]...

Sur un autre registre, littéraire cette fois, c'est à cette époque qu'Eliade publie son roman qu'il considère fondamental par ses significations, *La forêt interdite* (1955); le personnage principal aussi bien que les épisodes renvoient en réalité à la biographie d'Eliade, notamment à l'engagement légionnaire, et on peut retrouver des passages qui sont, à n'en point douter, tirés de son *Journal portugais*. Le sens *véritable* du roman est bien compris par son ami Vintilă Horia, dans la *Festschrift* dédiée à Eliade (1969) : c'est le même que dans toute son œuvre scientifique, le même combat contre le temps historique[2].

La même année, dans un autre article, intitulé « Infelix culpa » – auquel fait écho et pendant le motif de la *felix culpa* dans ses derniers mémoires, ainsi que l'article « Happy Guilt » de Norman Manea –, Eliade aborde des sujets similaires : c'est l'Occident qui a un complexe de culpabilité envers l'Orient; les élites politiques occidentales sont victimes de la propagande marxiste; leur faute, ou la faute de leur vie, est d'ordre idéologique. En revanche, le monde de demain s'élabore dans des centres spirituels, par de simples individus, des groupes, des traditions; c'est alors que « nous » (à savoir, l'Europe de l'Est) avons comme « mission historique » l'éveil de l'Occident[3]. Une nouvelle fois, la faute incombe toujours aux autres; et, au

1. M. Eliade, « Căderea în Istorie », dans *Îndreptar*, octobre-décembre 1952 (cf. *Exil*, p. 135-147). La tonalité de ces considérations rappelle de façon évidente les idéaux des années trente.

2. V. Horia, « The Forest as Mandala. Notes Concerning a Novel by Mircea Eliade », dans J. M. Kitagawa, Ch. H. Long (éd.), *Myths and Symbols. Studies in Honor of Mircea Eliade*, Chicago-Londres, University of Chicago Press, 1969, p. 387-395. Deux détails en disent long sur les anciennes sympathies de Horia : il parle de la « tragédie de la Garde de Fer » ainsi que de la « révolution de la Garde de Fer », c'est-à-dire, dans le dernier cas, de la rébellion légionnaire de janvier 1941.

3. M. Eliade, « *Infelix culpa* », dans *Îndreptar*, 1952 (cf. *Exil*, p. 147-150). L'étude de N. Manea : « Mircea Eliade et la Garde de Fer », *Les temps modernes*, 549, 1992, p. 90-115 (version française de « Happy Guilt : Mircea Eliade, Fascism, and the Unhappy Fate of Romania », *The New Republic*, 5 août 1991, p. 27-36).

lieu de méditer sur sa *felix culpa* – son propre engagement au service d'une idéologie totalitaire –, Eliade condamne les erreurs d'autrui, tout en conservant la croyance dans une rénovation spirituelle, dont lui et son pays – en tant que détenteurs d'un message sotériologique – seraient les initiateurs. On retrouve un raisonnement similaire quand il parle des silences de Blaga ou de sa propre *felix culpa*[1].

L'année suivante, Eliade écrit sur un sujet qui lui tenait à cœur, le *Destin de la culture roumaine* : destin d'un peuple malchanceux, car « Trajan nous a prédestinés comme peuple de frontière »; au-delà du Boug, l'Europe cesse et commence l'« Empire des Steppes », d'où surgissent les nomades dont nous n'avons rien à apprendre. Dans cette histoire dont la seule constante est le fil tragique, Eliade pense que :

> Les ancêtres des Roumains étaient déjà chrétiens, lorsque le peuple [*neamul*] roumain s'engendrait au milieu des catastrophes cosmiques.

Notant une autre idée de Iorga – après la grande invasion mongole, le seul résultat positif serait l'apparition des États roumains, au milieu du XIIIe siècle –, Eliade s'adonne à son ancienne passion, l'histoire prophétique : il préconise, après l'invasion soviétique (dernier avatar des invasions asiatiques), une nouvelle création *culturelle* (et non pas politique), signifiant la véritable entrée de la Roumanie dans l'*histoire* culturelle de l'Europe. Durant des siècles, le folklore roumain avait boycotté et dévalorisé l'histoire; pendant ce temps, il avait christianisé le Cosmos, et avait promu la mort rituelle comme valeur suprême, comme un nouveau mode d'être. Ces mêmes idées sont à l'honneur dans sa monographie de 1970 : un cosmos liturgique, dans lequel s'accomplissent des Mystères, au sens religieux du terme; « une solidarité mystique entre l'homme et la Nature qui n'est plus accessible à la conscience moderne »[2]; la décision d'accepter le destin ne trahit pas une conception pessimiste, mais, au contraire, « réussit *à transmuter un événement malheureux en un sacrement* »[3].

Cette culture méconnue est le fruit d'une synthèse entre Rome, la Thrace et le christianisme, venant ainsi du *centre de la culture européenne*. Deux conséquences en découlent pour Eliade :

> L'Europe a, donc, besoin de la dimension orphique et zalmoxienne afin de pouvoir se compléter de nouveau et de pouvoir engendrer de nouvelles

1. Voir *infra*, *Conclusion*.
2. *ZGK*, p. 241.
3. *Ibid.*, p. 243.

synthèses ; l'Europe peut-elle consentir à ce *deuxième abandon de la Dacie de nos jours* ?

On reconnaît l'écho du thracisme primordialiste de Botta ou de Coman, avec leur accent sur les figures mythiques d'Orphée et de Zalmoxis, qui auraient façonné l'espace – mioritique ou du roumanisme, mais aussi l'espace européen. Eliade croyait, ou voulait (faire) croire, à la valeur rédemptrice de son pays, détenteur d'une spiritualité primordiale ; c'est pourquoi il reprend le mythe de l'abandon commis par l'Occident : après l'abandon de la Dacie par l'empereur Aurélien (marquant ainsi le début des invasions barbares), il ne faut pas *nous* sacrifier de nouveau, car la réponse détermine « notre » survivance mais également celle de l'Occident[1]. Cette mythologie identitaire est omniprésente dans les articles sur des sujets culturels qu'Eliade fait publier dans la presse de l'exil.

L'idée d'une synthèse, dont son espace d'origine resterait marqué à jamais, reviendra ensuite sous sa plume, dans la monographie de 1970 : car la Dacie a été « par excellence le pays des rencontres »[2] ; et même

> Le paradoxe de la Dacie et, en général, de toute la péninsule balkanique, c'est qu'elle constitue à la fois un « carrefour » où se croisent des influences diverses, et une zone conservatrice, comme le prouvent les éléments de culture archaïque qui y survivent jusqu'au début du XXe siècle[3].

Or cette prétention de constituer un espace prédestiné aux rencontres, aux synthèses, et plus encore un pont entre l'Orient et l'Occident, est une autre caractéristique de la mythologie culturelle et historique qui est au cœur de toutes les « cultures mineures » de l'Europe de l'Est ou des Balkans, et nullement une donnée inhérente à l'histoire roumaine, comme le voulaient les tenants indéfectibles du roumanisme.

Enfin, dans ce dossier sur la fascination eliadienne pour les Daces et Zalmoxis, il faudrait ajouter un projet avorté. Dans une lettre datée du 13 février 1958, Vintilă Horia lui détaille le projet d'un ouvrage sur la Roumanie, en français (qui devait être édité à Paris), projet auquel Eliade lui avait promis, paraît-il, sa collaboration. Horia lui demande d'écrire quelques chapitres, qui s'accordent bien avec les occupations qui tourmentaient Eliade à la même époque :

1. M. Eliade, « Destinul culturii româneşti », dans *Destin*, 1953 (cf. *Exil*, p. 164-176).
2. *ZGK*, p. 157.
3. *Ibid*, p. 158.

> Votre chapitre, ou plutôt les chapitres, sont : 1) L'homme : âme, race [*rasă*] et 2) L'antiquité religieuse du peuple roumain (dans ce dernier chapitre il s'agirait des Daces et de leur religion jusqu'à l'avènement du christianisme, sur lequel écrirait [George] Racoveanu)[1].

Eliade devait donc rédiger les chapitres sur la spiritualité ancienne mais aussi éternelle de la Roumanie, celle qui aurait façonné son « âme » ; on retrouve ainsi la correspondance organique entre espace/paysage, spiritualité et âme nationale, c'est-à-dire la définition même du « spécifique national ». Cet autre ouvrage de propagande culturelle, cette fois à l'intention de l'Occident, pour lequel on pourrait supposer un traitement similaire à celui, moins ambitieux, de 1943 (*Les Roumains, Latins de l'Orient*), ne verra jamais le jour. Parmi les collaborateurs envisagés par Horia – il y voulait associer tous les écrivains roumains de l'exil, en vue d'une « biographie de la culture roumaine » –, et tout d'abord dans le comité de rédaction, la plupart étaient des légionnaires, tels Horia Stamatu et George Uscătescu. La même orientation politique caractérisait George Racoveanu (1900-1967), directeur et animateur de quelques revues de l'exil dans lesquelles Eliade participait avec des articles sur des thèmes culturels (*Cuvântul în exil* et *Îndreptar*, par exemple, d'où sont issus beaucoup des passages cités). Toujours est-il qu'en 1970, dans *De Zalmoxis à Gengis Khan*, Eliade publiera cependant des études sur le même sujet et aboutira à des considérations similaires : l'historien des religions, comme il se présente expressément dans la préface du livre[2], ou pendant ses entretiens avec Monica Lovinescu, ne s'était, en réalité, jamais départi de son roumanisme.

Concernant cet amalgame dont Eliade cultive volontiers les ambiguïtés, citons ce qu'il pensait à propos des interprétations métaphysiques et philosophiques, qu'il a toujours privilégiées, dans l'ensemble de son œuvre, y compris et surtout dans ses écrits « érudits » :

> On peut critiquer et même rejeter en bloc les conclusions de Blaga et de Dan Botta, mais on ne peut pas récuser leur méthode sous prétexte qu'ils découvrent des sens nouveaux et introduisent des valeurs personnelles dans un univers spirituel archaïque[3].

Ou encore, cet exemple de sa vision essentialiste, sur le fait religieux considéré comme spontané et seule manifestation authentique du réel :

1. Cf. *Dossier*, VII, p. 141-142.
2. *ZGK*, p. 10.
3. *Ibid.*, p. 227.

> Seul l'adjectif « mioritique » est une invention des lettrés : le *monde mioritique* était déjà senti par le peuple roumain comme un univers à part, et incomparable. (…) Il était justifié de voir dans la ballade une expression exemplaire de l'âme roumaine[1].

Et reconnaissons que, pour un savant convaincu des valeurs éternelles et universelles de l'esprit, cette même insertion des « valeurs personnelles » dans le sujet qu'il prétend analyser est une constante de premier ordre. Comme, d'ailleurs, la référence à sa propre « mythologie personnelle », sur laquelle nous reviendrons[2].

Cette littérature de l'exil a largement pratiqué une lecture nostalgique du passé, où la spiritualité des ancêtres sera mobilisée au service d'enjeux contemporains : maintien et affirmation de l'identité ; revendication d'un passé exemplaire et tragique ; tentative, enfin, d'attirer la sympathie de l'Occident, et de contrecarrer le pessimisme de l'émigration ou la propagande du régime communiste opprimant le pays. Comme nous l'avons déjà vu, les membres de ce groupe d'exilés qu'on vient d'évoquer se connaissent, se rencontrent, se lisent, s'influencent mutuellement. Partis d'une même image idyllique esquissée par Pârvan, dont ils chérissent la mémoire – comme celle d'un savant prophétique –, et partageant le même nationalisme culturel des années trente, ils arrivent à recomposer, chacun dans son domaine – monographies scientifiques, études érudites, essais philosophiques, romans –, une image encore plus mythique de la Dacie, d'une haute spiritualité, gage de persistance et de renouveau spirituel. En dépit d'une *note* de protestation d'Eliade, la religion dace est toujours vue comme une préfiguration du christianisme[3] ; et il faut reconnaître que la position même d'Eliade était sur ce point ambiguë, ne serait-ce que pour la spiritualisation extrême qu'il attribue à la religion gète et pour les points de convergence avec le christianisme sur lesquels il insiste volontiers.

1. *Ibid.*, p. 232.
2. Voir *infra*, p. 278.
3. Citant l'étude d'Eliade sur Zalmoxis, S. S. Harakas (s.v. *Christianity*, *ER*, t. III, 1987, p. 373-374) suppose l'existence de conditions favorables en Thrace au développement du christianisme. En Roumanie, cette vision est banale, voir par exemple I. Barnea, « Le christianisme chez les Thraco-Daces de l'Empire romain », dans P. Roman, M. Alexianu (éd.), *Relations thraco-illyro-helléniques. Actes du XIVe Symposium National de Thracologie (à participation internationale). Baile Herculane (14-19 septembre 1992)*, Bucarest, 1994, p. 357. Mais, comme l'écrit Z. Petre, *Practica*, *op. cit.*, p. 382, il ne s'agit que d'une lecture de post-diction moderne.

Dans la figure de Zalmoxis en exil – dans les traditions espagnoles ou en Occident, chez Busuioceanu et Eliade – ils se reconnaissent tous. Chez Horia, c'est l'exilé Ovide (autre paradigme d'identification) qui est à la recherche du dieu unique, Zalmoxis, comme une préfiguration du christianisme qui naît à la même époque, selon des prophéties reconnues par les Daces, peuple libre et béni. Enfin, Eliade ne propose pas de manière innocente l'image des métamorphoses de Zalmoxis en Occident, destin auquel il comparait volontiers le sien, celui d'un mage du renouveau spirituel chassé de sa propre patrie. Observons que, même si l'image mythique de la Dacie s'inspire sans cesse des constructions de Pârvan (*Getica*), cette même image se colore bientôt des motifs, des représentations, des expressions d'Eliade. Si le modèle de Pârvan s'estompe, ou s'il fonctionne sur le mode incantatoire à partir d'un point d'origine mythique, c'est Eliade qui s'impose désormais comme le véritable maître à penser et à suivre; et, avec lui, les thèmes auxquels il donne, par son prestige de savant validé par l'Occident, une vigueur incontestable: les loups-Daces, la figure d'un Zalmoxis spiritualisé et exilé, les deux mythes centraux de la spiritualité roumaine, la terreur de l'histoire et, enfin, le destin de la culture roumaine.

Car, au-delà du fait de disserter sur leur passé remarquable ou leur folklore exceptionnel, Eliade s'adressait à leur présent éprouvé: « Au désespoir et au nihilisme on ne peut répondre que par une interprétation religieuse de la terreur de l'histoire », comme l'ont fait les populations rurales de l'Europe orientale, grâce au « christianisme cosmique »[1]. Tout comme, inconsciemment, les poètes populaires et les intellectuels (les élites créatrices, selon Eliade) « sentaient une affinité secrète entre le destin du pâtre et celui du peuple roumain »[2]; car « le héros mioritique *a imposé un sens à l'absurde même* »; « ce n'est pas autrement que les Roumains, comme d'autres peuples de l'Europe orientale, ont réagi devant les invasions et les catastrophes historiques », manifestations périodiques de la terreur de l'histoire. La Roumanie s'apparente à un espace où l'on se retrouve condamné par l'histoire, étant placé au carrefour des invasions ou dans le voisinage des Empires[3]. Et les deux catégories privilégiées par Eliade dans ses articles des années trente – les paysans et l'élite culturelle[4] –

1. *ZGK*, p. 245.
2. Mêmes considérations dans *FragmJournal*, t. I, p. 436-437.
3. *ZGK*, p. 244.
4. Voir, par exemple, « Realităţi româneşti » (*Réalités roumaines*), article du 16 juin 1935, dans M. Eliade, *Profetism românesc* (*Prophétisme roumain*), t. II, Bucarest, 1990, p. 101 : les paysans et les intellectuels sont les « groupes vitaux » dont le devoir est d'accomplir la « mission historique ».

réapparaissent sous la forme d'une convergence entre le plan folklorique et lettré dans le cas de la *Mioritza*, car autant le peuple que les intellectuels y reconnaissent leur mode spécifique d'exister dans le monde, et la réponse la plus efficace au destin hostile et tragique qui les accable – réponse qui « constitue, chaque fois, une nouvelle création spirituelle »[1]. Ce leitmotiv qui traverse toute l'œuvre d'Eliade, et toutes les étapes de sa vie, est érigé en modèle exemplaire : mais, plus qu'un type de réponse universellement valable, la raison véritable de toutes ces quêtes réside, selon les mots mêmes d'Eliade, dans le fait de donner, voire d'« *imposer un sens à l'absurde même* ».

Leurs registres sont certes différents – culturel et historique (Busuioceanu), religieux (Horia), historico-philologique (Lozovan), spirituel et érudit (Eliade), philosophique (Vuia) –, mais leur perspective témoigne d'un roumanisme qui se reconfigure sans cesse. Ce qui les unit c'est la référence au même passé idéalisé (qui, plus que la Dacie atemporelle, est en réalité la Roumanie des années trente), les difficultés du présent (l'exil ou le régime communiste) et la vision d'un futur coloré en fonction du passé (tel qu'ils le conçoivent) ou plutôt de la permanence prédestinée de leur peuple. À l'exception de Vuia et du recueil d'Eliade, pourtant ébauché depuis des décennies, cette littérature s'illustre principalement dans la première décennie de l'exil, la plus éprouvante. L'éloignement douloureux de leur patrie faisait repousser encore davantage, dans des profondeurs énigmatiques, cette Dacie où se cachaient Zalmoxis et ses mystères.

D'autres figures de l'exil littéraire roumain ont choisi d'autres chemins, tel Eugène Ionesco qui s'insurge depuis toujours contre l'uniformisation idéologique (d'abord fasciste, ensuite communiste), ou Emil Cioran, qui arrive à dépasser son exaltation de jeunesse (qui l'avait rapproché du mouvement légionnaire). Dans une lettre du 2 décembre 1946 à une amie restée à Bucarest, ce dernier confessait :

> J'ignore si tu crois encore en quelque chose ; quant à moi, j'ai liquidé toutes les choses et toutes les croyances, dans l'hypothèse que j'ai jamais cru effectivement en quelque chose. Pour me donner un prétexte d'activité, j'ai écrit dernièrement un « livre » en français, *Exercices négatifs*. (...) C'est une sorte d'*au revoir* aux illusions héritées ou maintenues

1. *ZGK*, p. 246.

> inconsciemment, une sorte de théorie de l'exil métaphysique sans prétention de philosophie, qui me semble plus que jamais ridicule [1].

Contrairement à cette prise de position lucide sur les « illusions héritées ou maintenues inconsciemment », le groupe évoqué a choisi de les cultiver volontairement, dont certains par fidélité à leur passé. Cette nouvelle mythologie historique – ou « histoire mythique » selon la formule d'Eliade – s'est donc largement diffusée dans le milieu fermé et, globalement, solidaire, de l'exil littéraire roumain. Alors précisément, il est temps de retourner dans le pays de Zalmoxis, d'où Eliade était parti pour toujours au début des années 1940, mais où ses écrits, auréolés de son prestige de savant reconnu en Occident, vont revenir investis de significations nouvelles. Comme toute signification implique, selon une thèse tellement privilégiée par Eliade, un retour et une répétition d'une situation originaire, nous ne serions point surpris de voir comment ces nouvelles significations rejoignent d'anciens fantômes d'un passé qui, pour Eliade, était originaire et exemplaire.

1. Annexe au journal de Jeni Acterian (Bucarest, Humanitas, 2008², p. 526).

CHAPITRE VI

RÉCUPÉRATION D'ELIADE DANS LA ROUMANIE DE CEAUSESCU

> *Quant à Zalmoxis, il a retrouvé, dans la culture roumaine moderne, le prestige religieux primordial, qu'il avait perdu aux premiers siècles de notre ère, lorsqu'il avait été réduit au rôle de héros civilisateur*[1].

En Roumanie, les controverses autour de la religion gète, qui débutent à la suite de la publication de la monographie *Getica* de Pârvan et se développent par la suite, se poursuivent également sous le régime communiste alors même que, *a priori*, le front historiographique aurait dû se montrer uni. Des thèses divergentes vont se confronter, mais derrière elles se rangent des écoles, des héritages, des centres, des antipathies, des préférences et surtout des méthodes. Dans le premier tome de l'*Histoire de la Roumanie* (1960), ouvrage conçu comme la version officielle d'une historiographie qui se voulait marxiste, c'est la thèse chthonienne et positiviste d'I. I. Russu, auteur d'une étude très influente sur la religion gète, qui est mise en avant. Vers 1980, le projet du régime, alors au comble de sa dérive nationaliste, de remanier la version officielle de l'histoire et de favoriser les Daces au détriment des Grecs et des Romains, entraîna une résistance inattendue de la part des historiens professionnels, et il sera enterré. Récemment, en 2001, dans la nouvelle version de l'*Histoire des Roumains* de l'Académie

1. *ZGK*, p. 80.

Roumaine (à remarquer le changement du titre !), deux thèses différentes sur la religion gète et davantage encore sur Zalmoxis ont été publiées ensemble, montrant ainsi que les vues concernant ce personnage sont trop différentes pour être harmonisées[1].

Le succès international d'Eliade, qui était un auteur interdit dans son pays d'origine – depuis la fin de la guerre et dans les années 1950, il était présenté comme un idéologue « fasciste », car son engagement légionnaire (ainsi que sa position de droite) étaient bien connus –, allait légitimer, en Roumanie, une récupération, au moins partielle, de son œuvre. Celle-ci a été de plus favorisée par le changement politico-idéologique opéré vers la même époque dans ce pays est-européen. Car, peu à peu, la fortune d'Eliade commence à toucher aussi son pays d'origine ; dès 1967, son nom n'est plus mis à l'index, et son occultation roumaine prend fin.

À partir de la fin des années 1960, on assiste à une relative libéralisation du marché intellectuel de ce pays du camp socialiste des « démocraties populaires » ; mais, dès le début des années 1970, la culture roumaine sera de nouveau dominée par l'idéologie nationaliste, durant le règne d'un quart de siècle de Nicolae Ceausescu. Dans cette quête d'une nouvelle légitimité – fondée sur l'obsession de l'indépendance, l'excellence du passé et de la spiritualité nationale –, s'inscrit aussi la réhabilitation et la récupération d'Eliade par la « mise en valeur critique de l'héritage culturel »[2]. Récupération dont Eliade était parfaitement conscient et potentiellement

1. I. I. Russu, « Religia Geto-Dacilor. Zei, credințe, practici religioase » (*La religion des Géto-Daces. Dieux, croyances, pratiques religieuses*), *Anuarul Institutului de Studii Clasice–Cluj*, 5, 1944-1948, p. 61-139 ; thèse devenue officielle dans le traité *Istoria Romîniei*, t. I, Bucarest, Academia RPR, 1960, p. 329-337 (C. Daicoviciu). Deux thèses divergentes (mais inspirées néanmoins par l'eliadisme) dans le récent traité *Istoria românilor²*, t. I, Bucarest, Editura Enciclopedică, 2001 : A. Vulpe (p. 429-444) ; I. Glodariu (p. 784-788).

2. A. Marino, *Politică și cultură. Pentru o nouă cultură română* (*Politique et culture. Pour une nouvelle culture roumaine*), Iași, Polirom, 1996, p. 42 (auteur initialement interdit, Eliade était entré dans le « plan de récupérations » du régime de Ceausescu, à côté de Blaga) ; A. Marino, dans *Al treilea discurs. Cultură, ideologie și politică în România* (*Le troisième discours. Culture, idéologie et politique en Roumanie*), Iași, Polirom, 2001, p. 86-87 ; K. Verdery, *National Ideology under Socialism*, *op. cit.*, p. 125 ; A. Laignel-Lavastine, *Cioran*, *op. cit.*, p. 465-470 ; F. Turcanu, *Mircea Eliade*, *op. cit.*, p. 468-471. Étude spéciale par M. Handoca, « La réception de l'œuvre de Mircea Eliade en Roumanie », dans J. Ries, N. Spineto (éd.), *Deux explorateurs de la pensée humaine. Georges Dumézil et Mircea Eliade*, Turnhout, Brepols, 2003, p. 289-304 (article apologétique, sur un ton plutôt naïf, rejetant surtout les « calomnies lancées par D. Dubuisson »). On lui préférera l'étude contextuelle de F. Turcanu, « Mircea Eliade et la renationalisation de la mémoire collective dans la Roumanie de Ceausescu », dans B. Jewsiewicki (éd.), *Travail de mémoire et d'oubli dans les sociétés postcommunistes*, Bucarest, Université de Bucarest, 2006, p. 46-63.

inquiet; déjà dans une lettre du 18 juillet 1966 adressée à son ami Stig Wikander, il fait référence au gouvernement de Bucarest « qui, entre nous, me fait un peu la cour »[1]. D'autre part, cette attitude de la part du régime communiste a créé des suspicions, voire suscité des réprobations de la part des autres émigrés roumains : ainsi, son ami légionnaire Vasile Posteucă (1912-1972) se montrait fermement opposé à cette politique de récupération. Face à cette intransigeance, Eliade se justifie de la manière suivante : s'il donne son accord à la réédition de son œuvre, il s'opposera résolument à faire des déclarations publiques selon *leurs* intentions[2]. Il avait déjà envisagé cette situation à Lisbonne, vers la fin de la guerre; dans l'éventualité (qu'il redoutait fort) de retourner en Roumanie, la seule condition qu'il exigeait serait d'« avoir la certitude que je peux réimprimer mes anciens livres et en publier de nouveaux »[3].

C'est le début du retour d'Eliade dans sa patrie, mais sa récupération est à la fois partielle et graduelle, comme attire opportunément l'attention une étude spéciale de Florin Țurcanu : dans un premier temps, il est toléré pour *certains* de ses écrits littéraires; ensuite, il est inséré dans la tradition encyclopédique nationale; enfin, il est célébré pour sa revalorisation de la préhistoire et pour son apport à la spiritualité autochtone. Dans cette dernière étape, sa monographie de 1970, *De Zalmoxis à Gengis Khan*, joue un rôle de choix. Dans le pays, les idées développées dans cet ouvrage circulaient dans divers milieux dès sa parution française, mais le livre ne sera traduit en roumain que dix ans plus tard (1980), après bien des tergiversations. Dans une lettre adressée à Mircea Handoca (le 11 septembre 1978), Eliade fait par ailleurs une allusion cachée à Ceausescu, par une appellation qui réussit à tromper la censure omniprésente : « Je regrette que *Zalmoxis* soit à nouveau différé (serait-ce à cause de Gengis Khan ?) »[4].

La thèse d'Eliade, presque jamais contestée, sera donc bientôt acceptée telle quelle ou fournira l'occasion d'autres développements. Pour une partie de l'intelligentsia roumaine, réticente envers l'idéologie marxiste (qui a toujours été assez floue en Roumanie), l'œuvre d'Eliade était « autre chose » et offrait des certitudes ainsi que des sources d'inspiration. Dans ce pays où Zalmoxis avait suscité une telle fascination et avait justifié la vision d'une haute spiritualité gète, l'étude d'Eliade ne faisait rien d'autre que de

1. M. Timuș, E. Ciurtin, *The Unpublished Correspondence*, *op. cit.*, p. 340, lettre n° 62.

2. Le 23 novembre 1967, cf. *Dossier*, VIII, p. 6.

3. *JP*, I, p. 309 (27 janvier 1945).

4. *Cf.* M. Handoca, *La réception*, *op. cit.*, p. 293. Lettre : *Dossier*, I, p. 8. *Cf.* aussi *FragmJournal*, t. II, p. 399 (note du 26 novembre 1978, révision de *ZGK* et ajouts bibliographiques pour la version roumaine).

la renforcer et de la légitimer une fois de plus, par son double prestige de compatriote et de savant occidental universellement reconnu. Les premières études apparaissent autour de 1980, l'année de la traduction roumaine, et implicitement de la « bénédiction » officielle : on était donc « libre » de suivre Eliade. D'autre part, le foisonnement d'études sur Zalmoxis n'était aucunement aléatoire, ni indépendant des raisons d'ordre politique – comme en témoigne le moment de délire national de 1980, quand on célébra les « 2050 années depuis la création du premier État dace centralisé et indépendant ». La réception et la récupération d'Eliade s'inscrivent ainsi dans le contexte du retour au nationalisme culturel et de la création d'une nouvelle mythologie identitaire. Qui plus est, nous avons affaire à une double récupération : par le régime (en quête de légitimité intérieure) *et* par l'intelligentsia (comme alternative au discours officiel). Ses écrits sur le folklore roumain et sur la spiritualité dace sont parmi les premiers traduits et popularisés par le régime ; d'une certaine façon, Eliade devient un auteur « officiel », mais de manière sélective, il faut le préciser. Si *De Zalmoxis à Gengis Khan*, *Aspects du mythe* ou l'*Histoire des croyances et des idées religieuses* sont traduits, d'autres ouvrages, beaucoup plus importants, ne le sont pas : *Traité d'histoire des religions*, *Le mythe de l'éternel retour*, *Le chamanisme* ; leurs thèses sont cependant connues, renforçant, par cette même absence, l'attrait et la fascination exercés par la figure d'Eliade. Comme l'observe à juste titre Florin Țurcanu :

> Cela explique pourquoi, au début des années 1990, la réappropriation sans limites et, souvent, sans aucune réflexion critique, de la figure d'Eliade par la culture roumaine a été perçue comme un des signes les plus éclatants d'une normalité intellectuelle retrouvée après quatre décennies de communisme[1].

LE RETOUR À L'INDIGÉNISME ET LE DEUXIÈME « MOMENT DACE »

Les historiens s'accordent aujourd'hui pour placer, après les dures années staliniennes, une courte période de libéralisation en Roumanie, de 1964 à 1971, durant la première partie du long règne de Nicolae Ceausescu. En 1964, tous les prisonniers politiques sont libérés. Les contacts avec l'Occident ont repris, les Slaves (très favorisés dans les années 1950) sont

1. F. Țurcanu, *Mircea Eliade et la renationalisation de la mémoire collective*, *op. cit.*, p. 60-61.

graduellement éliminés de l'historiographie *et* par conséquent de l'histoire (marquant une distance par rapport à l'URSS), et l'on revient ainsi à la symbiose daco-romaine pour expliquer la naissance du peuple roumain. Les historiens ont connu alors une certaine liberté, plusieurs des « historiens bourgeois » furent réintégrés, les écrits des maîtres d'avant l'avènement du communisme ne furent plus bannis après 1968.

Mais très tôt Ceausescu imposa, avec les célèbres thèses de juillet 1971, un autre cours, cherchant à contrôler aussi le front idéologique, littéraire et historique, à travers ses « indications ». En quête de légitimité intérieure, il se projette comme le continuateur d'une longue série de héros nationaux, culminant avec lui, combattant pour l'indépendance et l'unité du pays. D'anciens nationalistes se rallient au régime, tandis qu'une foule de nouveaux apparatchiks, d'une extrême indigence intellectuelle, deviennent les piliers fidèles du système. L'idéal du régime est l'autarcie, version tardive du socialisme national dans un seul pays ; or, dans les années 1980, l'intelligentsia, qui avait effectivement pratiqué le jeu du pouvoir en transformant le marxisme de circonstance en un nationalisme patent, constate la faillite de tout espoir[1]. Alexandra Laignel-Lavastine insiste plutôt sur le caractère négocié de la dynamique du national-communisme roumain, entre le Parti, d'une part, et les intellectuels et leur rôle actif dans la remise à l'honneur du vieux débat de l'entre-deux-guerres sur le « spécifique national », d'autre part ; de ce fait, il s'agit plutôt d'un compromis entre les intellectuels et les politiques[2]. Dans ce phénomène multiforme, le dacisme et bientôt la dacomanie des activistes et des dilettantes ne sont qu'un miroir dans le domaine de l'histoire. Les Daces reviennent en force dans cette nouvelle mythologie et sont les ancêtres privilégiés par le Parti : les archéologues découvrent partout des Daces, alors que, dans les années 1980, les « migrateurs » ou les « allogènes » sont quasi absents des résultats des fouilles archéologiques. Ce retour aux nationalismes historiques est également discernable dans d'autres pays

1. Cl. Karnooh, *L'invention du peuple*, *op. cit.*, p. 182-191 ; K. Verdery, *National Ideology under Socialism*, *op. cit.*, p. 167-214. Pour le cas albanais, similaire, voir M. Pillon, « Nos ancêtres les Illyriens : continuité illyro-albanaise et affirmation de l'identité nationale dans l'Albanie d'Enver Hoxha », dans S. Caucanas *et alii*, *Retrouver, imaginer, utiliser l'Antiquité*, Toulouse, Privat, 2001, p. 59-70 ; P. Cabanes, « Archéologie et identité nationale en Albanie au XXe siècle », *Dialogues d'Histoire Ancienne*, 30 (1), 2004, p. 115-122.

2. A. Laignel-Lavastine, « Le national-communisme en Roumanie », dans D. Cefaï (éd.), *Cultures politiques*, Paris, P.U.F., 2001, p. 341-364. Ce régime offre l'exemple d'une *hybridation* assez réussie entre un système répressif et ultra-centralisé et un système de mythes et de symboles plus anciens sur l'irréductible national, reproduits et réaménagés (p. 362).

communistes, notamment dans les années 1980; il concerne aussi deux territoires disputés à la Roumanie : la Dobroudja par la Bulgarie, et la Transylvanie par la Hongrie[1].

Au sud du Danube, une nouvelle discipline vient d'être créée ; elle est fortement soutenue par le régime communiste bulgare : la « thracologie », créée en 1972, avec son propre Institut. En Bulgarie, ce courant qui avait récupéré les Thraces en tant qu'« ancêtres culturels » insiste davantage, bien que d'une manière extrêmement spéculative, sur la religion et la spiritualité ; en revanche, en Roumanie, où la même discipline est créée en 1979, cet Institut maintiendra un caractère beaucoup plus archéologique et conservateur. Cependant, ceux qui écrivent sur la religion gète et sur Zalmoxis en Roumanie sont plutôt les historiens traditionnels (dans les universités et les instituts), et non pas les chercheurs de l'Institut de Thracologie (archéologues, linguistes, ethnologues), comme c'est le cas en Bulgarie[2].

Mais une autre direction, encore plus idéologique, est imprimée avec le dacisme soutenu officiellement par le Parti. Ainsi, le directeur de l'Institut d'Histoire du Parti Communiste Roumain, Ion Popescu-Puțuri, modifie le champ de ses intérêts, abandonnant l'histoire du mouvement ouvrier roumain au profit de celle des origines daces. « On imagine avec quelle compétence ! », ironise Lucian Boia[3]. Mais, à vrai dire, les activistes étaient bien préparés : car, comme l'histoire des mouvements de gauche, surtout du Parti communiste, était dans la Roumanie d'avant la Seconde Guerre mondiale l'une des plus insignifiantes d'Europe, elle devint, sous la plume

1. Dobroudja : voir D. M. Pippidi, D. Berciu, *Din istoria Dobrogei* (*De l'histoire de la Dobroudja*), t. I, Bucarest, Editura RPR, 1965 ; du côté bulgare, D. Angelov (éd.), *Dobrudža. Études ethnoculturelles*, Sofia, Académie Bulgare des Sciences, 1987 ; S. Dimitrov *et alii*, *Istorija na Dobrudža* (*Histoire de la Dobroudja*), Sofia, Académie Bulgare des Sciences, 1988 (slavisation ; « un peuple bulgare unique et unanime » dans cette région bulgare, berceau de l'État et de la culture bulgare). Transylvanie : B. Köpeczi (éd.), *Erdély története* (*Histoire de la Transylvanie*), t. I-III, Budapest, Akadémiai Kiadó, 1986 (version fr. abrégée en 1992) ; l'ouvrage a provoqué des réactions de paroxysme en Roumanie et de nombreuses réponses, dont Șt. Pascu, Șt. Ștefănescu (éd.), *Un jeu dangereux : la falsification de l'Histoire*, Bucarest, Éditions scientifiques et encyclopédiques, 1987.

2. Les autorités bulgares avaient organisé à Sofia le premier Congrès International de Thracologie en 1972, année même de la fondation de l'Institut de Thracologie. Le deuxième Congrès aura lieu à Bucarest, en 1976 ; dans ce pays, l'Institut de Thracologie sera dirigé par Dumitru Berciu, un historien soumis au régime. Selon R. Vulpe, « pour les Roumains, la thracologie est une discipline historique étroitement liée à leur propre conscience nationale » (« 25 années d'études thracologiques en Roumanie », dans R. Vulpe *et alii*, *Actes du IIe Congrès International de Thracologie*, t. I, Bucarest, Academia RSR, 1980, p. 17).

3. L. Boia, *La Roumanie*, *op. cit.*, p. 52-53.

de ces apparatchiks, extrêmement importante, pour mieux dominer l'histoire de la nation roumaine moderne. À la lumière de cet exercice continu de réécriture de l'histoire, commandée, falsifiée volontairement et le plus souvent au mépris absolu des faits, le résultat auquel les mêmes historiens sont arrivés quand la directive a imposé d'étudier exclusivement les Daces, de retrouver les Daces, de ne voir que les Daces, est tout à fait normal. C'est, selon Boia, « le moment dace du communisme », quand les Daces ont été placés au cœur du système national-communiste et dans les structures du pouvoir, à travers une filiation exclusive[1]. Si le premier « moment dace », pour reprendre l'expression d'Eliade, s'est manifesté dans les années trente comme un aspect du « roumanisme », ferment culturel de la Grande Roumanie, ce deuxième « moment dace », cette fois ouvertement soutenu par le régime, constitue le trait idéologique le plus visible vers la fin des années 1970 et dans la dernière décennie du régime.

Les productions autochtonistes allaient bon train en 1980, année du XVIe Congrès Mondial des Sciences Historiques qui se réunit en août à Bucarest, en même temps que la fièvre commémorative des « 2050 ans depuis la formation de l'État dace centralisé et indépendant de Byrébistas ». À l'occasion du Congrès était prévue l'édition de trois traités monumentaux : histoire nationale, histoire universelle et histoire de la langue roumaine ; ce projet ne fut jamais achevé en raison de la résistance inattendue des auteurs professionnels (voir plus loin). Cette même année, l'un des historiens du parti fit paraître une compilation peu travaillée, *Sources et témoignages étrangers sur les ancêtres du peuple roumain*. Récupérant l'historien nationaliste d'avant la guerre Nicolae Iorga, cité ainsi, « Il s'agit d'un peuple qui possède par ses ancêtres des racines quatre fois millénaires ; c'est là notre fierté, c'est là notre puissance » –, Mircea Mușat présenta l'histoire de « nos ancêtres Géto-Daces » comme étant l'histoire d'un peuple unitaire « qui a créé des valeurs matérielles et spirituelles d'une originalité profonde, qui font depuis longtemps partie du patrimoine de la culture universelle ». La langue de bois des cadres communistes est pourtant limpide ; parmi les tribus thraces, les Géto-Daces étaient l'« élément le plus avancé » ; Zalmoxis était également connu « des esprits éclairés du monde antique » ; la liberté indique l'influence profonde du zalmoxisme sur l'esprit de ses adeptes[2].

1. Z. Petre, *Le mythe de Zalmoxis*, *op. cit.*, p. 33-36 (et la situation d'après 1989) ; L. Boia, *History and Myth*, *op. cit.*, p. 102-106.

2. M. Mușat, *Sources et témoignages étrangers sur les ancêtres du peuple roumain. Recueil de textes*, Bucarest, Academia RSR, 1980 (version fr.), p. VII-VIII et XIV. Mircea

Très tôt, certains apparatchiks « découvrent » dans la « philosophie de Zalmoxis » la première pensée philosophique roumaine, préfigurant à la fois l'idéologie du régime et les premières philosophies du monde : Zalmoxis, figure de proue des spiritualistes et des nationalistes, devint du jour au lendemain un penseur dialectique, précurseur de l'athéisme[1] !

Selon l'historienne roumaine Zoe Petre :

> Les faux principes des années soixante, mais surtout le national-communisme de Ceausescu, vont réveiller cependant cette mystique dangereusement dilettante : une pléthore de pseudo-savants, pour la plupart sans aucune préparation linguistique ou historique, déversa soudain un flot de fictions ayant pour objet, du moins apparemment, la langue, l'écriture, la religion et la philosophie des Géto-Daces, faisant revivre avec une intrépide ignorance tous les thèmes de la dacomanie. Il serait impossible de citer toutes les élucubrations qui ont déferlé pendant plus de vingt ans des plumes délirantes d'ingénieurs, de juristes, de retraités de tout bord, devenus soudain philologues, déchiffreurs de textes inexistants ou voyants illuminés des initiations zalmoxéennes[2].

Cette armée de *kulturniks* (selon l'expression adaptée par Vlad Georgescu, historien mort en exil peu avant la révolution de 1989, du vocabulaire russe des cadres du Parti), activistes/propagandistes culturels du Parti, secondée par divers dilettantes nationalistes, s'attela à décrire cette Dacie éternelle ; certains d'entre eux le font encore, prolongeant le courant de la dacomanie, ou bien dans les rangs du parti ultranationaliste « La Grande Roumanie ». Ils servaient tous les thèses de Ceausescu, dépeignant un mythe archaïque d'un passé « thraco-dace » nébuleux et un héritage culturel et politique *« völkisch-heroisch »*. Sur le plan littéraire s'illustre le soi-disant *protochronisme* – courant littéraire qui cherchait des développements dans la culture roumaine *anticipant* les découvertes culturelles occidentales –, marquant le retour à l'indigénisme des années 1930 et la réinsertion de la *Nation* dans la vie intellectuelle. Initié par le critique littéraire Edgar Papu dès 1974, ce courant autochtoniste,

Muşat, activiste de la Section de Propagande du Comité Central du Parti Communiste Roumain, chef de la censure dans le domaine de l'histoire, est « naturellement » devenu, après 1989, l'un des leaders du parti extrémiste, ultranationaliste et antisémite « La Grande Roumanie », fondé en juin 1991…

1. Voir, par exemple, E. Fruchter, G. Mihăescu, « Interférences méditerranéennes dans la culture des Géto-Daces », dans *Actes du IIe Congrès*, *op. cit.*, t. II, p. 127-130 ; « Pensée philosophique, instrument logique et code éthique chez les Thraco-Gètes », dans le même recueil, t. II, p. 131-136.

2. Z. Petre, *Le mythe de Zalmoxis*, *op. cit.*, p. 33.

proclamant l'excellence roumaine contre la domination culturelle occidentale, sera, plus tard, annexé par le régime et traduira bientôt l'accentuation graduelle de l'isolationnisme et de la mégalomanie culturelle[1]. Or, il semble que ce soit précisément Eliade qui ait suggéré à Papu de relancer le débat sur le spécifique national. Ce même Papu voyait en Eliade un type de « gigantisme » roumain, estimant que l'attitude anti-historique eliadienne, après l'idée bien connue du « boycott de l'histoire » de Blaga, est une deuxième grande conception roumaine « opposée à notre fervent historisme »[2].

Comme dans les années trente, un second courant se développe aux côtés du dacisme : la thracomanie ressurgit en effet avec une nouvelle vigueur. Deux sources l'alimentent : d'une part, la redécouverte des anciens écrits (et particulièrement la *Dacie préhistorique* de Nicolae Densuşianu) ; d'autre part, un personnage extravagant, Josif Constantin Drăgan (1917-2008). Ancien légionnaire, enrichi pendant son exil en Italie où il était resté, il était pourtant l'ami du dictateur communiste et l'organisateur de congrès parallèles de « thracologie » à l'étranger. Une partie importante des productions thracomanes est l'œuvre de dilettantes, le plus souvent recrutés dans le milieu technique (ingénieurs, électriciens) ou de juristes rassemblés autour de Drăgan ; nombre d'entre eux sont encore très actifs aujourd'hui dans le mouvement thracomane. Encouragés par le dacisme du régime, ils ne jurent que par les livres de N. Densuşianu et de J. C. Drăgan, lisent et écrivent dans la revue patronnée par ce dernier, *Nous, les Thraces*, mais aussi dans des revues techniques ou de vulgarisation, voire dans des revues idéologiques du régime. L'exemple le plus significatif est sans doute la publication d'un livre sur le calendrier dace, qui aurait été plus précis que celui des Mayas, selon les calculs de trois ingénieurs. Or des fouilles menées peu après par les archéologues de Cluj dans le sanctuaire circulaire de Sarmizegetusa (point de départ de leurs calculs) ont relevé que le nombre des piliers était très différent de celui qui était donné dans le livre en question, dont la thèse fut aussitôt tournée en

1. Vl. Tismăneanu, « The Ambiguity of Romanian National Communism », *Telos*, 60, 1984, p. 73 ; Vl. Georgescu, *The Romanians. A History*, Ohio, Ohio State University Press, 1991, p. 261-262 ; L. Boia, *History and Myth*, *op. cit.*, p. 77-82.

2. Suggestion d'Eliade, selon N. Manea, *Mircea Eliade et la Garde de Fer*, *op. cit.*, p. 110 : dans les années 1970, d'après son ami Noica (comme l'indique Katherine Verdery), et depuis sa lointaine Amérique, Eliade incita le professeur Edgar Papu à lancer un débat en Roumanie sur le « protochronisme » ; *cf.* aussi A. Laignel-Lavastine, *Le national-communisme en Roumanie*, *op. cit.*, p. 351-355 ; E. Papu, « Mircea Eliade în context românesc » (*M. E. en contexte roumain*), *Viaţa Românească*, 1988 (1-2), p. 8.

dérision, empêchant par là même toute tentative future de retrouver le véritable calendrier dace[1]... Pourtant, le disciple d'Eliade, I. P. Culianu, présente cette hypothèse farfelue comme la meilleure recherche menée à propos du calendrier dace ! Cette thracomanie, méprisée ou le plus souvent ignorée par les historiens professionnels (car elle était tolérée par le régime) va bientôt pénétrer le milieu des ethnologues.

L'ÉGLISE ORTHODOXE ET SON HÉROS DÉCÉNÉE : RELIGION ET NATION

Avant la guerre déjà, Jean Coman, notre vieille connaissance, avait popularisé une vision « orthodoxiste » de la religion gète : selon lui, et sans se soucier le moins du monde de l'anachronisme de sa théorie, il s'agissait d'une religion *nationale* (c'est-à-dire ethnique), (pré)monothéiste, caractérisée par l'immortalisation. C'est là une transposition malhabile dans le passé dace du programme de la revue *Gândirea* dirigée par Nichifor Crainic et de son idéal d'un État ethnique orthodoxe, le soi-disant régime « ethnocratique » roumain[2]. Comme nous l'avons vu, dans les années trente, le *roumanisme* (*românism*) combinait le principe de l'ethnicité et l'insistance sur la primauté du christianisme orthodoxe, dans une vision organique de la « race roumaine » (*neamul românesc*).

Dans la période qui suit la guerre, marquée d'abord par la répression, ensuite par l'accommodation avec le pouvoir athée, des études de vulgarisation sur la religion gète (surtout des nouveaux apports archéologiques) paraissent dans les revues de l'Église Orthodoxe Roumaine (BOR : Biserica Ortodoxă Română). Mais l'Église entrera elle aussi dans le jeu du pouvoir lors de la commémoration 1980-2050 : on remarque à cette occasion un grand nombre d'articles écrits par des théologiens concernant la religion dace, avec une focalisation sur Zalmoxis et davantage encore sur Décénée. Parmi eux, Jean Coman fait de nouveau surface, reprenant ses anciennes positions des années 1930-1940.

1. J. C. Drăgan, *We, the Thracians and our Multimillenary History*, t. I, Milan, Nagard, 1976 ; S. Bobancu, C. Samoilă, E. Poenaru, *Calendarul de la Sarmizegetusa-Regia* (*Le calendrier de Sarmizegetusa-Regia*), Bucarest, Academia RSR, 1980.

2. O. Gillet, *Religion et nationalisme. L'idéologie de l'église orthodoxe roumaine sous le régime communiste*, Bruxelles, Université de Bruxelles, 1997, p. 91 : les théologiens de la revue *Gândirea* montraient le « lien fusionnel » entre l'orthodoxie et la roumanité tout en légitimant le fascisme comme seule alternative nouvelle à la démocratie capitaliste bourgeoise laïque et au communisme athée.

La soumission de l'Église au régime communiste change maintenant de statut : si auparavant elle avait recherché la neutralité dans ses rapports avec l'État athée, la BOR s'engage désormais plus fortement dans son rôle de célébration de la Nation, ce qui s'accorde d'ailleurs fort bien avec le nationalisme du régime[1]. L'Église joue donc un rôle nouveau sous Ceausescu, désireuse de renforcer sa position dans l'État; à cet égard, les cérémonies commémoratives de 1980 lui fournissent une excellente occasion, lui permettant de gagner une légitimité nouvelle. Les études publiées dans ses revues, faisant écho aux thèses officielles du régime, présentent un choix significatif : elles traitent de la religion ou de la spiritualité gète ; pourtant, le héros de la BOR n'est plus Zalmoxis, mais le *prêtre* Décénée – ce personnage cher à Jordanès, à Eliade aussi –, car le but que s'assigne l'Église est de reconquérir son rôle de conseiller spirituel de l'État[2]. On peut compter au moins quatre articles sur Décénée, dont trois de Jean Coman (qui parle d'un quasi-monothéisme zalmoxéen et de « Zalmoxis le père »)[3], sujet dont il était le « spécialiste » ; de plus, la lecture du livre *De Zalmoxis à Gengis Khan* d'Eliade renforce la nouvelle respiritualisation de la religion gète, dans laquelle excelle l'ancien ami d'Eliade…

L'article de Jean Coman, paru dans les actes du Congrès de thracologie de Bucarest, et repris dans une revue occidentale, la *Revue de l'Histoire des Religions* (témoignage explicite des faveurs du régime), est pourvu d'une dédicace éloquente :

1. *Ibid.*, p. 72-91. « Le lien établi entre l'orthodoxie et la nation roumaine est la pierre angulaire du nationalisme orthodoxe roumain et était le point central de l'argumentation de l'Église en ce qui concerne ses relations avec le régime communiste des années soixante à 1989 » (p. 75).

2. Si l'Église orthodoxe a été tolérée par l'État communiste, elle a renforcé sa position après 1989, utilisant l'électoralisme de tous les partis politiques.

3. I. Coman, « Nemurirea la traco-geto-daci şi atingeri cu creştinismul » (*L'immortalité chez les Thraco-Géto-Daces et contiguïtés avec le christianisme*), dans *Scriitori bisericeşti din epoca străromână*, Bucarest, Editura Institutului Biblic, 1979, p. 20-55 (pré-monothéisme, croyance à l'immortalité de l'âme) ; repris dans « Aspecte ale credinței în nemurire la traco-daco-geți » (*Aspects de la croyance à l'immortalité chez les Thraco-Géto-Daces*), *Mitropolia Banatului*, 28, 1978 (4-6), p. 197-203 ; I. Coman, « Deceneu – reformatorul religios şi promotorul culturii geto-dace » (*Décénée – le réformateur religieux et le promoteur de la culture géto-dace*), *Mitropolia Banatului*, 30, 1980 (4-6), p. 248-264 ; I. Coman, « Deceneu – geniu religios şi spiritual al geto-dacilor » (*Décénée – génie religieux et spirituel des Géto-Daces*), *Mitropolia Olteniei*, 32, 1980 (10-12), p. 747-753 ; I. Coman, « Marele preot Deceneu, colaboratorul lui Burebista » (*Le grand prêtre Décénée, collaborateur de Byrébistas*), *BOR*, 98, 1980 (7-8), p. 757-781 (p. 757 : « La réforme morale et intellectuelle [de Décénée et de Byrébistas] a généré un humanisme de haut niveau que nous, les Roumains, avons dans le sang ») (son ancienne étude de la revue *Zalmoxis*) ; I. Coman, « Cine a fost Deceneu ? » (*Qui a été Décénée ?*), *Magazin Istoric*, 15, 1981 (10), p. 15-18.

> Je dédie ces pages en guise d'hommage à mon grand Maître Vasile Pârvan, savant incomparable et modèle de travail et de vie, à l'occasion du cinquantenaire de l'apparition de la *Getica*, œuvre monumentale de science, d'abnégation et d'humanisme au service de la Patrie.

Publiée en plusieurs versions et centrée sur l'immortalité des Thraco-Géto-Daces, cette étude combine le nationalisme avec l'allégation d'un haut et fort caractère spirituel de la religion dace, nécessairement originale, annonçant le christianisme. Selon Coman, « la foi en l'immortalité a constitué un chapitre à part dans la culture avancée des Thraces, et particulièrement des Gètes ». Soutenant très fermement le caractère ouranien de Zalmoxis, Coman intègre à son discours la nouvelle thèse d'Eliade : l'immortalité gète dans le cadre des initiations mystériques pour les « principaux citoyens », ainsi que la catabase initiatique. Acceptant la description de Pârvan du paradis zalmoxéen comme une sorte de Walhalla, Coman s'en démarque sur un seul point, qui est cependant important, en n'acceptant pas la dégradation du corps ; on reconnaît ici le poids de son orthodoxie (il ne faut pas déconsidérer le corps). Un peu plus modéré en ce qui concerne la réforme de Décénée (par rapport à son étude de *Zalmoxis*), il insiste sur le symbolisme des temples daces, bien que le culte soit toujours vu comme « aniconique » (selon Pârvan). En qualité de patrologue, il utilise plusieurs passages sur Zalmoxis puisés dans les auteurs chrétiens afin de prouver à tout prix une affinité entre le dogme chrétien de la divinisation de l'homme et la croyance gète à l'immortalisation, rapprochant le zalmoxisme du christianisme :

> L'immortalité thrace en général, et géto-dace en particulier, a donc constitué une caractéristique de première importance chez un peuple très ancien, non sans grandeur, et surtout connu dans l'Antiquité parce qu'il paraissait avoir su s'assurer une immortalité divine.

Il est facile de voir comment Coman utilise les sources pour argumenter sa construction d'une religion gète, qui fait miroir au christianisme orthodoxe, centrée sur une divinisation de l'homme. Lors d'un entretien en juin 1981 avec Mircea Handoca, Coman semble accepter la thèse d'Eliade sur les « Mystères zalmoxéens » et invoque le texte d'Hérodote comme preuve du monothéisme ; la même continuité entre zalmoxisme et christianisme est clamée :

> Grâce à des analogies comme l'immortalité et la justice, le spiritualisme gète a été absorbé par le spiritualisme chrétien[1].

Une autre étude sur la religion dace, mais de piètre qualité, est signée dans une publication régionale de la BOR par un certain P. I. David[2], qui écrit avec fierté que « les fêtes de l'an 2050 sont des manifestations légitimes des descendants de la Rome éternelle et de la *Dacia felix* ». Le ton est celui d'un nationalisme patent, déjà influencé par J. C. Drăgan et les dacomanes, et en plein accord avec le dacisme du Parti : « Zalmoxe est la source ethnique et spirituelle de la civilisation » des ancêtres, dont l'idée-force était une seule croyance et un État centralisé et indépendant. La fin de l'article est proprement ahurissante :

> L'anniversaire des 2050 ans depuis la création du Grand État dace centralisé dirigé par Byrébistas et Décénée est une occasion pour nous de montrer plus de respect pour le passé, d'honorer et de fortifier l'espérance dans le futur le plus brillant possible de notre Patrie multimillénaire et éternelle.

Après 1989, la BOR, retrouvant une liberté nouvelle, renforce son rôle dans l'État. Le nationalisme est encore plus présent : le christianisme des Roumains est considéré comme étant d'origine apostolique (prôné par saint André), et par conséquent « les Roumains sont nés chrétiens » (dogme des années 1930). L'appropriation de la religion dace, conçue comme très spirituelle, continue bel et bien, et nombre de prêtres (dont certains anciens gardistes, tel Dumitru Bălaşa) écrivent des articles élogieux sur le merveilleux zalmoxisme. L'Église cultive et renforce le même nationalisme que celui des années trente, par la doctrine d'une fusion entre l'orthodoxie et la nation (le terme employé est *neam*, renvoyant à l'organicisme) dans un rejet de la modernité, attitude légitimée par une prétendue supériorité spirituelle par rapport à l'Occident catholique, athée ou décadent. D'autre part, à partir de 1989, la vogue exceptionnelle d'Eliade contribue fortement au retour à la religion (et, en général, à la spiritualité), retour au spirituel qui transparaît dans la plupart des écrits de la jeune intelligentsia roumaine.

1. *Ibid.*, « L'immortalité chez les Thraco-Géto-Daces », dans *Actes du IIe Congrès*, *op. cit.*, t. III, p. 241-269 (*Revue de l'Histoire des Religions*, 198, 1981, p. 243-278); M. Handoca, *Convorbiri cu şi despre Mircea Eliade*, *op. cit.*, p. 141-142 (propos de Coman).

2. P. I. David, « Aspecte ale vieţii spirituale a traco-dacilor în timpul marelui rege Burebista » (*Aspects de la vie spirituelle des Thraco-Daces au temps du grand roi Byrébistas*), *Mitropolia Olteniei*, 34, 1980 (7-9), p. 574-594.

L'ELIADISME DANS LES ÉCRITS DES HISTORIENS ET DES ETHNOLOGUES

Néanmoins, l'utilisation des théories d'Eliade pendant le national-communisme de Ceausescu reste marginale dans les écrits des activistes ou des thracomanes ; et, à l'exception des études de Coman, elle est plutôt présente dans les milieux savants, soit chez les historiens de profession (antiquisants), soit chez les ethnologues. Plusieurs ethnologues roumains s'intéressent en effet à la religion dace, principalement pour y déceler les traits de la mythologie roumaine ; en revanche, les historiens s'emploient à chercher des « survivances » daces dans le folklore roumain. Les études d'Eliade sur le folklore roumain sont rapidement appropriées et occasionnent un engouement nouveau pour l'analyse des spécificités du folklore national. Chez les ethnologues, le motif du messager de Zalmoxis comme précurseur du berger de la *Mioritza* est très répandu ; plus manifeste encore est la place de choix assignée aux deux mythes centraux de la spiritualité roumaine, tels qu'Eliade les a lui-même définis (*Mioritza* et *Maître Manole*)[1].

Dans un aperçu historiographique sur la mythologie roumaine, Romulus Vulcănescu réexamine les deux théories principales, l'hypothèse latine et l'hypothèse thrace, avec les études de Hasdeu (y compris son « Zamolxe » inédit), Densuşianu et « la grandeur de sa conception de cette mythologie céleste », Blaga et l'espace mioritique ; il voit déjà en Eliade l'interprète le plus authentique de la mythologie roumaine dans la perspective de la culture universelle, et n'oublie pas « la mythologie thraco-pélasgienne » de Drăgan. À la fin, se proposant de rejeter les exagérations (!), il proclame la complémentarité des hypothèses romaine et thrace. Pourtant, dans sa présentation de la mythologie dace, il est déjà très imprégné par la thracomanie. À vrai dire, le trait le plus notable des ethnologues intéressés par le passé dace est leur éclectisme dépourvu du moindre esprit critique. On retrouve ainsi l'ancien fantôme du totémisme : selon le même Vulcănescu, Zalmoxis a été marqué d'un tatouage sacerdotal lors de son initiation pythagorique à l'école du silence. En outre, Zalmoxis est présenté comme grand pontife d'une congrégation religieuse du type *Männerbund*, la « confrérie des oursins », où il a entrepris sa réforme mythologique à la

1. P. Tutungiu, « The Thracian Mythical Substratum of "Mioriţa" », dans *Actes du IIe Congrès*, *op. cit.*, t. III, p. 373-379. Ce motif était énoncé depuis Horia Sanielevici et Dan Botta (voir chap. I).

suite de laquelle il a été divinisé[1]. L'utilisation d'Eliade sombre dans ces écrits hautement confus.

Chez les historiens, en revanche, les approches sont plus critiques, ou plutôt leur usage d'Eliade observe une attente caractéristique de l'époque qu'ils traversent : car le statut officiel d'Eliade (pourtant un exilé) est encore flou, et, d'autre part, ses théories sont trop divergentes des thèses alors admises, principalement naturalistes et matérialistes (voire matérialistes vulgaires). Fils du « patriarche » de Cluj Constantin Daicoviciu, Hadrian Daicoviciu, un historien beaucoup plus ouvert, entreprend de nuancer les positions officielles sur la religion et l'histoire des Daces, profitant du bref climat de libéralisation, et popularise la version d'une religion ourano-chthonienne. On assiste même à un étrange phénomène d'interdépendance : Eliade utilise, dans *De Zalmoxis à Gengis Khan*, les études des deux Daicoviciu (y compris leurs travaux archéologiques) ; par la suite c'est le fils Daicoviciu qui utilisera les travaux d'Eliade. Dans une première phase (1968), il insiste, comme son père, sur le polythéisme, témoigné par Hérodote, avec Zalmoxis chthonien et Gébéleïzis ouranien. Et il critique à juste titre Pârvan :

> Idéaliste, animé par des conceptions subjectives ascétiques, cet historien et archéologue a essayé de présenter les Gètes comme un peuple totalement différent des autres peuples de l'Antiquité, leur étant supérieur par sa conception monothéiste et spiritualiste[2].

Quelques années plus tard, tout en défendant les positions de Russu et de C. Daicoviciu, H. Daicoviciu opère un glissement graduel vers une nouvelle spiritualisation, sous l'influence d'Eliade (1972). Le texte d'Hérodote (4.94) pouvait laisser entendre qu'au ve siècle av. J.-C. le chthonien Zamolxis était le dieu suprême, mais que son règne dans l'au-delà lui était disputé par l'ouranien Gébéleïzis, lequel avait remplacé l'ancienne divinité indo-européenne du ciel, selon la thèse d'Eliade. Pour comprendre ce changement religieux (supposé), H. Daicoviciu ose une explication paramarxiste : un processus socio-politico-culturel, comme

1. R. Vulcănescu, « The Thracian Hypothesis of Romanian Mythology », dans *Actes du IIe Congrès*, *op. cit.*, t. III, p. 399-405 ; R. Vulcănescu, *Mitologie română* (*Mythologie roumaine*), Bucarest, Academia RSR, 1987, p. 96. Dans la même lignée se situe l'étude d'Andrei Pandrea, mélangeant une approche para-sociologique avec la thracomanie de N. Densuşianu et le nationalisme ambiant (« monothéisme ethnique panthrace ») : « Quelques observations concernant l'étymologie et la genèse d'un ancien nom de dieu : Zalmoxis », *Balkan Studies*, 22, 1981, p. 229-245.

2. H. Daicoviciu, *Dacii* (*Les Daces*), Bucarest, Editura pentru Literatură, 1968, p. 186-197 (critique de Pârvan, p. 188-189).

chez d'autres peuples, où, pendant la transition vers la société de classes et l'organisation de l'État, les anciennes divinités populaires ont graduellement cédé la place aux dieux protecteurs de l'aristocratie, du roi et de l'État (des divinités solaires). Les données archéologiques occupent dorénavant (comme c'était déjà le cas avec le *Traité d'histoire* de 1960) une place grandissante dans la description de la religion dace, et particulièrement le grand sanctuaire circulaire de Sarmizegetusa (trente mètres de diamètre). À propos de ce monument, H. Daicoviciu émet la thèse de l'existence d'un calendrier dace solaire (de trente jours, douze mois et une « semaine » de six jours)[1], considérations connues d'Eliade et qui inspireront plus tard des spéculations thracomanes au sujet de la science astronomique exceptionnelle des Daces.

La monographie eliadienne *De Zalmoxis à Gengis Khan*, consacrée à la religion dace et au folklore roumain (1970), ne sera traduite en roumain qu'en 1980. Pourtant, elle circulait déjà dans le pays, et ses idées n'ont pas tardé à influencer toutes les nouvelles théories qui ont vu le jour à propos de Zalmoxis : très vite, une opinion commune se forge sur l'idée d'une religion initiatique, fondée par un réformateur, centrée autour de l'immortalité et d'une haute spiritualité. Elle se banalise, et donne naissance à des spéculations innombrables, par exemple sur la mort « insolite » des guerriers daces, qui leur offrait la chance d'accéder à la mort sacrée, à l'immortalité assurée par Zalmoxis[2]. La religion est désormais vue comme le trait le plus original de la civilisation dace, et est même considérée comme supérieure aux croyances des autres peuples, notamment les Grecs.

En 1972 déjà, en réaction au livre d'Eliade, l'helléniste D. M. Pippidi[3] rappelle qu'il avait soutenu une position similaire à celle d'Eliade

1. H. Daicoviciu, *Dacia de la Burebista la cucerirea romană* (*La Dacie de Byrébistas à la conquête romaine*), Cluj, Dacia, 1972, p. 204-221 ; voir aussi, dans *I Daci, Mostra della civiltà daco-getica in epoca classica*, Rome, De Luca, 1979, p. 83-84. Calendrier : H. Daicoviciu, « Il tempio-calendario dacico di Sarmizegetusa », *Dacia*, NS, 4, 1960, p. 231-254 ; H. Daicoviciu, « Nouvelles données concernant le sanctuaire-calendrier dace », *Dacia*, NS, 9, 1965, p. 383-385.

2. M. Eliade, *De la Zalmoxis la Genghis-Han*, Bucarest, Editura Ştiinţifică şi Enciclopedică, 1980, avec une préface signée par Emil Condurachi (nouvelle édition en 1995, Humanitas) ; L. Franga, « Les Daces et la mort "symbolique". Considérations sur la mort chez les Daces et les Thraces », *Thraco-Dacica*, 14, 1993, p. 15.

3. D. M. Pippidi, « Gînduri de ieri şi de azi cu privire la cultul lui Zalmoxis » (*Réflexions d'hier et d'aujourd'hui sur le culte de Zalmoxis*), dans « Note de lectură (37) », *Studii Clasice*, 14, 1972, p. 205-210 (*Studii de istorie şi epigrafie*, Bucarest, Academia RSR, 1988, p. 123-128).

(banquets rituels dans le cadre du culte de Zalmoxis) dès les années 1940, combattant alors la tendance à promouvoir un « indigénisme / autochtonisme » par l'exaltation déplacée de la « spiritualité » gète en contraste avec le rationalisme gréco-romain « mesquin » et « corrompu ». Il reproche à Eliade, qui avait incriminé à juste titre la « thracomanie » des écrivains et des dilettantes, d'une part, d'avoir oublié que certains des élèves de Pârvan se situaient dans cette catégorie, et qu'on ne pouvait les taxer de dilettantisme, et d'autre part que dans sa revue, *Zalmoxis*, on pouvait trouver des productions similaires. Les deux observations visaient, à n'en point douter, Jean Coman. Par ce nouveau rappel à l'ordre, Pippidi nous apparaît toujours aussi attentif aux dérives nationalistes qui pouvaient s'ensuivre.

AUTOUR DE LA CÉLÉBRATION 1980-2050

Lors de la période de libéralisation des années 1960, la réhabilitation des Romains dans la formation du peuple roumain marqua le rapprochement (limité) avec l'Occident. Mais bientôt l'accent sera placé toujours plus exclusivement sur les Daces, illustrant un idéal d'autarcie et de « voie spécifique ». Les « thèses de juillet » 1971 insistent sur l'histoire, le fort nationalisme, la litanie d'une lutte perpétuelle pour la liberté et l'unité nationale ; elles sont formulées à la suite d'une visite en Asie du dirigeant roumain, impressionné par la Chine de Mao (la tristement célèbre « révolution culturelle ») et par la Corée du Nord. Dès 1970 est créée l'Académie des Sciences Sociales et Politiques (ASSP), qui s'impliquera fortement dans le dacisme du régime. Au milieu des années 1970, le roi dace Byrébistas est « découvert » par la propagande et deviendra le héros-type du stalinisme national. Un des projets confiés/commandés par Ceausescu au « front historiographique » est celui d'un nouveau *Traité d'histoire de la Roumanie*, en dix tomes. Il ne verra jamais le jour, en raison de l'opposition des historiens traditionnels chargés de rédiger le premier volume (l'Antiquité), dont le manuscrit a été finalisé en juin 1978. Le succès de la résistance de ces historiens à la commande idéologique apparaît, *a posteriori*, bien surprenant. Pippidi, alors directeur de l'Institut d'Archéologie, s'opposa fermement aux ingérences des activistes du Parti qui voulaient imposer leur version daciste. Pippidi n'en était pas à sa première prise de position contre le dacisme, si l'on se rapporte à sa critique de Jean Coman dans les années 1940. Très peu nombreuses sont par ailleurs les oppositions *directes* aux thracomanes. À ce moment, c'est l'aile scientifique qui gagne : le premier tome n'est pas édité, et tout le projet est abandonné[1].

Pour marquer un moment fort, Ceausescu avait choisi l'été 1980, où le Congrès Mondial des Sciences Historiques réunissait à Bucarest des milliers d'historiens. Tous les représentants du champ historiographique, qu'il s'agisse d'historiens ou d'apparatchiks, étaient appelés à célébrer « 2050 ans depuis le premier État dace indépendant et centralisé de Byrébistas »[2]. Peu importe que la chronologie soit incertaine, ou que les épithètes qualifiant le royaume dace (préfiguration de la Roumanie communiste de Ceausescu) soient ridicules : la production d'ouvrages sur les Daces atteint un sommet, marque le retour en faveur de l'autochtonisme et une nouvelle respiritualisation de la religion dace. L'Académie de la RSR et l'ASSP se voient confier l'organisation du rituel commémoratif en 1980, où se côtoient les deux champs de l'historiographie roumaine : le champ « scientifique » (structures de l'Académie, universités); celui des « activistes » : dirigeants du domaine de la culture, historiens militaires, chercheurs de l'Institut d'Histoire du Parti, professeurs de l'École du Parti Communiste, certains universitaires et chercheurs. La BOR y participe également (avec, en chef de file, l'infatigable Jean Coman), et, bien sûr, les revues de vulgarisation[3].

Plusieurs études sont consacrées aux Daces, à l'époque de Byrébistas, et aussi à son grand prêtre Décénée, dont la figure est idéalisée : « Sa rare capacité de lire, mieux même que dans les étoiles, dans l'âme des hommes et dans le sens des événements », écrit ainsi Radu Vulpe[4]. Un autre historien professionnel, Petre Alexandrescu, donne une conférence, « La religion des Géto-Daces », le 21 avril 1980, à l'Institut d'Archéologie de Bucarest (lors de la même célébration des 2050 ans), parlant d'un culte

1. Mais l'aile politique du « front historique » prendra plus tard sa revanche avec l'*Histoire militaire du peuple roumain* (t. I-VI, 1984-1989), écrite par des apparatchiks et des historiens militaires (avec en tête Ilie Ceaușescu, le frère du dictateur), où les quelques contributions demandées aux historiens de l'Antiquité seront reformulées par les éditeurs du traité et dénaturées de manière éhontée.

2. Ceausescu avait assisté, le 15 octobre 1971, aux manifestations grandioses du 2500[e] anniversaire de l'État perse à Téhéran. La Bulgarie avait organisé en 1979 un symposium « Spartacus », et allait célébrer en 1981 « 1300 ans depuis la fondation de l'État bulgare ».

3. Voir, en général, A. Drăgușanu, *La commémoration des héros nationaux en Roumanie par le régime communiste de Nicolae Ceausescu (1965-1989)*, Diss., Université Laval, Québec, 2002.

4. R. Vulpe, « Décénée, conseiller intime de Burébista », dans *Studia thracologica*, Bucarest, Academia RSR, 1976, p. 62-68 (citation à la p. 67).

initiatique et d'une doctrine eschatologique pour les aristocrates, dans le sillage d'Eliade; il publie par la suite plusieurs articles sur ce thème, dans des revues spécialisées en Roumanie et en France.

Dans le cas du philologue classique et linguiste Cicerone Poghirc (qui allait émigrer en 1979 en France), on observe déjà l'impact très fort des études d'Eliade en Roumanie (histoire des religions, espace indien). S'il entend soumettre la religion gète à un comparatisme indo-européen, Poghirc part de plusieurs idées de Pârvan, auxquelles s'ajoute une forte influence eliadienne: la différence radicale entre les Géto-Daces et les Thraces du Sud est l'une d'entre elles; au Nord on adorait Zalmoxis, l'initiateur de Mystères, devenu ensuite un dieu suprême ourano-chthonien. En accord avec l'hénothéisme et l'aniconisme de Pârvan, Poghirc affirme en outre l'identité Zalmoxis-Gébéleïzis, dans une sorte de divinité universelle, semblable à Brahma. Comme toutes les sources s'accordent sur l'origine humaine de Zalmoxis, il n'est pas, dans cette perspective, un dieu, mais un *thirtankara*, un « précurseur », divinisé peut-être de son vivant : d'abord un prêtre-prophète et initiateur de mystères, Zalmoxis sera par la suite divinisé et identifié à la divinité suprême des Gètes, dont il était le prêtre. La divinisation de Zalmoxis est l'œuvre de la « caste » de prêtres, et sa vulgarisation une œuvre délibérée, officiellement encouragée; Poghirc approuve également la thèse d'Eliade qui tenait Gébéleïzis pour un ancien dieu ouranien. Cette première étude, très peu cohérente, reste également peu connue; elle sera pourtant présente dans l'article écrit avec Culianu dans la monumentale *Encyclopedia of Religion* coordonnée par Eliade (1987).

Au cours des discussions tenues lors d'un congrès de thracologie organisé à Rome par J. C. Drăgan en 1977, Poghirc se proposait par ailleurs de dépasser la dualité conservateur/progressiste et avançait une troisième notion, selon l'« anthropologie de Guénon » *(sic!)* :

> La tradition qui n'est pas conservatrice, mais qui représente une formule d'évolution nous permettant de rester nous-mêmes, d'assurer une continuité dans l'évolution. Voilà le spécifique des peuples orientaux et, je crois, des peuples balkaniques aussi [1].

1. C. Poghirc, *Studia Indo-europea ad Dacoromanos pertinentia*. I. *Studii de tracologie*, Bucarest, 1976. D'autres études furent rassemblées par H. Frisch (éd.), *Cicerone Poghirc. Philologica et Linguistica. Ausgewählte Aufsätze (1953-1983). Festsammlung zum 55. Geburtstag*, Bochum, N. Brockmeyer, 1983. Sur Guénon : C. Poghirc, dans *Actes du Premier Symposium International de Thracologie (Rome, 14-16 novembre 1977)*, Milan, Fondation Européenne Drăgan, 1978, p. 118.

Une nouvelle fois, l'évocation des ancêtres n'a pas d'autre signification que de parler du peuple roumain. L'intervention de Poghirc montre clairement comment le débat sur le « spécifique national » avait resurgi dans l'actualité roumaine, à la fin des années 1970, ainsi que la vogue, mi-cachée mi-manifeste, des écrits eliadiens (par exemple, la citation de René Guénon).

On peut mieux mesurer l'impact des thèses d'Eliade, dans le contexte de la nouvelle spiritualisation des ancêtres daces, avec le cas de l'archéologue Ion Horaţiu Crişan. Dans sa monographie sur le roi dace Byrébistas (années 1970), il commence par affirmer que l'originalité des Daco-Gètes se manifeste surtout dans le domaine religieux. De plus, il souhaite promouvoir le trésor de la pensée populaire de sources secondaires en sources primaires pour la reconstitution de cette religion. Dans le cadre du polythéisme, Zamolxis (selon la graphie soutenue par Russu) est la divinité principale, et n'est pas un être humain. Crişan connaît déjà la théorie d'Eliade, mais elle ne l'influence pas vraiment ; de même, il réfute l'hypothèse de H. Daicoviciu sur la transformation de Zalmoxis en une divinité ourano-solaire. Cette position modérée se modifiera néanmoins en l'espace d'une décennie. Car, en 1986, Crişan publie la *Spiritualité des Géto-Daces*, une épaisse monographie et un indicateur manifeste de la nouvelle spiritualisation de la religion dace et de l'autochtonisme omniprésent[1]. L'influence d'Eliade est maintenant très forte : le prêtre-fondateur divinisé Zalmoxis institue une religion de l'aristocratie et des prêtres, avec la croyance en l'immortalité de l'âme à travers des pratiques mystériques de type initiatique; elle va de pair avec une analyse iconographique assez simpliste (inspirée par les thracologues bulgares) et la nouvelle vogue trifonctionnelle. Ajoutons que la renommée de Dumézil en Roumanie n'est qu'un reflet de l'influence eliadienne – car c'est à travers l'œuvre d'Eliade que plusieurs théories des auteurs occidentaux pénètrent dans un pays marqué par l'isolationnisme et le retard culturel. On notera que la théorie de Dumézil est appliquée mécaniquement, en dépit de la méthodologie et des nuances du savant qui a toujours porté un regard critique, y compris et tout d'abord sur sa propre œuvre – ce qu'Eliade ne fera jamais. En guise de conclusion, Crişan écrit un chapitre sur les héritages daces dans le folklore roumain, témoignage de la continuité millénaire et de la descendance des Roumains. Cette œuvre témoigne largement de l'appartenance de l'auteur

1. I. H. Crişan, *Burebista and his Time*, Bucarest, Academia RSR, 1978, p. 227-237; *Spiritualitatea geto-dacilor*, Bucarest, Albatros, 1986.

au nationalisme omniprésent des années 1980, quand la quasi-totalité des études historiques s'achèvent sur les expressions *unité* et *continuité*.

Petre Alexandrescu, antiquisant et spécialiste des antiquités grecques d'Istros, approuve avec enthousiasme la théorie d'Eliade : la croyance en l'immortalité, le culte à Mystères, l'initiation, le caractère sacré de la royauté géto-dace. Utilisant Eliade, mais citant aussi Detienne et Hartog, il fera de Zalmoxis l'archétype du médiateur entre les dieux et les hommes, entre le grand dieu et le roi, en tant que *daimōn*, terme qui aurait revêtu chez Hérodote un sens « pythagoricien » ; Zalmoxis fait l'objet d'une hagiographie, d'une doctrine eschatologique, dans le cadre d'un rituel de « déification » du grand prêtre, son avatar répétitif. En dépit de l'excellente bibliographie utilisée, essentiellement occidentale, du sentiment qu'il donne de son adhésion aux nouvelles interprétations et de l'érudition déployée, sa thèse n'emporte pas la conviction[1].

D'autres études sur Zalmoxis paraissent à l'occasion du deuxième Congrès de Thracologie tenu à Bucarest (1980), quand la nouvelle spiritualisation de la religion gète prédomine. Ainsi, le philosophe Ioan Banu voit dans le culte de Zalmoxis une secte mystérique de type méditerranéen, mais à finalité agraire et communautaire ; il conjugue ainsi plusieurs aspects : une vision naturaliste et frazérienne de la religion, le culte initiatique selon Eliade, et le communautarisme / égalitarisme prôné par la propagande communiste. Le philologue classique Mihai Nasta soutient que la religion de Zalmoxis, outre la superposition de l'aspect ouranien et des éléments chthoniens, est le produit d'influences successives : une stratification graduelle des ritèmes et des représentations qui se développent sur un fonds indo-européen de pratiques violentes et de croyances « barbares » dans

1. P. Alexandrescu, « La nature de Zalmoxis selon Hérodote », *Dialogues d'Histoire Ancienne*, 6, 1980, p. 113-122 (*L'aigle et le dauphin. Études d'archéologie pontique*, Bucarest-Paris, Editura Enciclopedică-De Boccard, 1999, p. 293-303). M. Detienne : *La notion de* daïmon *dans le pythagorisme ancien*, Paris, Les Belles Lettres, 1963. Sur Eliade, dont il avait présenté la théorie : P. Alexandrescu, « Zalmoxis şi cercetările lui Mircea Eliade » (*Zalmoxis et les recherches de M. E.*), *Pontica*, 11, 1978, p. 51-57. « Les résultats de sa recherche sont d'un intérêt hors normes » : religion initiatique et à mystères, doctrine eschatologique, chamanisme, évolution du culte zalmoxéen après Hérodote, caractère sacré de la royauté. Ma principale critique réside dans le fait que Salmoxis comme *daimōn* chez Hérodote n'est guère à comprendre dans le sens hésiodique (distributeur de biens), ni dans celui pythagoricien (intermédiaire entre les dieux et les hommes, un concept plutôt tardif), mais tout simplement dans le sens de « dieu, être divin » (en opposition avec celui d'être humain, comme dans l'épisode raconté par les Grecs du Pont) ; voir G. François, *Le polythéisme et l'emploi au singulier des mots* theos, daimōn *dans la littérature grecque d'Homère à Platon*, Paris, Les Belles Lettres, 1957 : pour Hérodote, p. 201-209 et 241-242, où *theos* et *daimōn* désignent des divinités ou des pouvoirs célestes.

l'accès à l'immortalité, pour parvenir à un culte « personnalisé » d'une religion de l'immortalité[1]. En dépit du caractère érudit de l'article (conjuguant philologie classique et histoire des religions), assez singulier dans les discours plutôt arides de l'historiographie roumaine, les thèses avancées sont tout à fait conjecturales, et ne font que rendre le débat plus confus.

L'année 1980 marque donc un moment fort et constitue un indicateur privilégié de la dissémination et de la popularité des thèses eliadiennes. Or, la thèse d'Alexandrescu s'attire les foudres de Russu, qui voyait toute sa théorie chthonienne, jusqu'alors officielle, voler en éclats. Russu ne vise pas directement Eliade, mais il le fait par l'intermédiaire d'une critique très dure, voire injuste, envers Alexandrescu, qui aurait plutôt dû s'adresser à des auteurs comme Coman ou David. L'article d'Alexandrescu, écrira Russu, n'apporte « aucune contribution utile, mais la déformation de résultats plus anciens, la dénaturation des acquis valables concernant la religion géto-dace ». Russu insiste d'une manière obsessionnelle sur la forme « correcte » du nom (*Zamolxis*) et sur son caractère chthonien. « Toute la prose "savante" dans la discussion prolixe et stérile sur les notions *daïmon/héros/âmes des morts,* etc. [est] totalement dépourvue de valeur pour la connaissance de la religion gète » ; il affirme que la place de tels articles n'est point dans les revues scientifiques, mais bien dans des « bulletins cléricaux » (cette critique semblait davantage s'appliquer à Coman). Il ajoute également, détail important, que, lors des discussions portant sur la seconde édition du *Traité d'histoire de la Roumanie*, en juin 1978, il avait publiquement demandé à Alexandrescu de ne pas publier ses spéculations sur « Zalmoxis ». La phrase suivante est très significative de la conception positiviste, naturaliste et (linéaire-)évolutionniste de Russu, dont les thèses sont très arrêtées – il avait une position naturaliste-étymologiste, conforme à la science allemande de la fin du XIXe siècle, superposée à un marxisme de circonstance :

> [L'étude incriminée] est un exemple typique de défi des études comparatives-historiques et linguistiques qui ont établi fortement et définitivement que *Zamolxis* était la Terra-même, la terre personnifiée

1. I. Banu, « Zamolxis et le phénomène des sectes », dans *Actes du IIe Congrès*, *op. cit.*, t. II, p. 119-126 ; M. Nasta, « Les rites d'immortalité dans la religion de Zalmoxis : syncrétisme et/ou contamination », dans le même recueil, t. III, p. 337-353 (*Les êtres de paroles. Herméneutique du langage figuré*, Bruxelles, Ousia, 2001, p. 75-139). Pour ceux qui connaissent la pauvreté de la documentation sur la religion gète et le culte de Zalmoxis, la lecture de telles études est à bien des égards décevante.

> dans le système de l'anthropomorphisme grec (peut être thrace aussi ?), qui transforme les anges, les esprits, en hommes, en simplifiant les notions et les conceptions cosmogoniques et mythologiques en des entités concrètes et plastiques ; c'est le processus d'évolution des conceptions religieuses des formes vagues et confuses du panthéisme et de l'animisme primitif vers l'étape supérieure de l'anthropomorphisme plus rationnel.

Ou encore, cette fois avec des connotations marxistes obligées :

> Toutes les divinités n'étaient pas de simples créations fabuleuses forgées par des états d'extase ou des hallucinations collectives, des besoins « spirituels » ou par la crainte des forces de la nature etc., mais beaucoup étaient produites par des besoins quotidiens, matériels et économiques, des relations sociales et des difficultés humaines quotidiennes dans cette existence terrestre, dans le destin problématique de l'humanité avec la préoccupation torturante pour ce qui doit suivre dans « l'au-delà »[1].

On comprend aisément pourquoi la thèse eliadienne, nimbée de son prestige occidental, et les approches qui s'en inspirent, semblent, à l'époque, plus novatrices et intéressantes que les vieux schémas rigides d'interprétation. Dans ces débats, qui florissaient autour des années 1980, la présence d'historiens de profession, d'une part, et d'activistes et de dilettantes, d'autre part, est en outre marquée par l'existence de plusieurs configurations à l'intérieur de chaque catégorie. On peut très bien discerner les partisans d'une vision évolutionniste-naturaliste (Russu) et ceux, lecteurs et admirateurs d'Eliade et de la littérature récente (qui plus est, occidentale), qui sont influencés par la nouvelle vogue des cultes initiatiques, et font figure de modernistes[2].

1. I. I. Russu, « Natura lui "Zalmoxis" și realitatea geticului Zamolxe » (*La nature de « Zalmoxis » et la réalité du gète Zamolxe*), *Tribuna*, XXV, 21 octobre 1981, p. 5.

2. Selon Alexandru Vulpe, l'élément le plus original de la spiritualité géto-dace serait constitué par les croyances religieuses, notamment par le « culte zalmoxéen », à caractère ésotérique et initiatique, aniconique, résultant d'une réforme importante réalisée par Zalmoxis chez les Thraces du Nord : dans Vl. Dumitrescu, A. Vulpe, *Dacia before Dromichaites*, Bucarest, Editura Științifică și Enciclopedică, 1988, p. 102-104 ; dans *Istoria românilor*², t. I, 2001, p. 429-444 (bien que ses études soient inspirées par Pârvan et davantage encore par Eliade, l'analyse est plus attentive aux problèmes des sources et aux données archéologiques). Silviu Sanie préfère la théorie d'Eliade (Zalmoxis est un personnage historique, révélant une doctrine et fondant un culte initiatique), et même de Blaga, qui aurait découvert les caractéristiques essentielles de la mythologie géto-dace, « graduellement confirmées par les recherches des dernières décennies » (sans pourtant les mentionner !). Le nationalisme est très présent aussi : l'accent sur l'immortalité est considéré comme important dans la consolidation de l'État géto-dace ; *cf.* son livre *Din istoria culturii și religiei geto-dacice* (*De l'histoire de la culture et de la religion géto-dace*), Iași, Editura Universității « Al.

Il est à signaler que la réception roumaine d'Eliade sous le régime communiste a toujours été à double sens : ainsi, la parution française de sa monographie de 1970 est, dans la même revue culturelle de Bucarest, d'abord saluée en des termes élogieux (pour la valorisation de la spiritualité roumaine), ensuite attaquée selon la position officielle du régime[1]. Et la traduction roumaine ne paraîtra que dix ans après, ce qui trahit les réticences du système, conscient du fait que les écrits d'Eliade – récupération où se conjuguent la gloire occidentale et l'héritage culturel roumain – étaient un « cheval de Troie » à multiples facettes : thèmes culturels des années trente, mais aussi nouveauté occidentale et alternative non communiste. En revanche, après 1989, sa récupération est totale.

Dans une lettre du 7 août 1970, adressée à son ancien ami Constantin Noica, Eliade écrit, conscient de l'imprévisibilité de sa réception roumaine :

> Je ne suis plus aussi optimiste que toi concernant la rédaction de mes écrits roumains. La conjoncture ne m'est plus propice. L'article de *R[omânia] l[iterară]* m'a prouvé que je ne suis pas jugé d'après ce que j'écris *maintenant* : sinon, comment m'expliquer qu'on me dénature l'interprétation des Daces-« loups » et de la *Mioritza* ?[2]

Outre les aléas de la réception de son œuvre dans sa patrie, d'autres soucis viendront assombrir, à la même époque, les dernières décennies de la vie d'Eliade, avec le débat sur son passé totalitaire, débat qu'Eliade redoutait particulièrement depuis le lendemain de la guerre. Après l'occultation qui l'avait fait disparaître de son propre pays pendant plus de deux décennies, et ses retours épiphaniques chez lui, quoique uniquement à travers ses écrits, une autre occultation allait bientôt être dévoilée : le lourd passé d'Eliade menaçait de resurgir à la lumière, hors de sa cachette du

I. Cuza », 1999² [1995], p. 180-209. L'évolution est alors manifeste, et le renversement du jugement exemplaire : si, dans les années 1950, la religion était vue comme un instrument d'exploitation de l'État, dès les années 1980 elle devient un moyen de consolidation du pouvoir de l'État, ayant donc une utilisation « positive ». Ioan Glodariu, l'archéologue de Cluj qui poursuit les fouilles de C. Daicoviciu dans la région de Sarmizegetusa, combine récemment dans ses esquisses de la religion dace les théories de Russu (naturalisme) avec les suggestions de Crişan (eliadisme et trifonctionnalité) ; cf. *Istoria românilor²*, t. I, Bucarest, 2001, p. 784-788.

1. Dans *România literară* de 1970 (revue de l'Union des Écrivains Roumains) : éloges par Dumitru Micu, « O carte despre arhaicul românesc » (*Un livre sur l'archaïque roumain*), n° 27, 2 juillet, cf. *Dossier*, VIII, p. 248-254 ; attaque idéologique par Miron Constantinescu, « Consideraţii metodologice şi istorice » (*Considérations méthodologiques et historiques*), n° 29, 16 juillet, cf. *Dossier*, VIII, p. 254-260.

2. *Correspondance*, II, p. 369.

temps où il avait voulu le reléguer pour toujours. Si la première de ses occultations lui avait été imposée, et si les épreuves traversées lors de son exil l'avaient profondément marqué, il avait en revanche été lui-même l'artisan conscient et inquiet de la seconde. La publication du « Dossier Eliade » apporte avec elle un débat qui continue encore de nos jours, et où s'affrontent, en réalité, les différents enjeux de notre propre temps.

CHAPITRE VII

LE « DOSSIER ELIADE »

Je n'ai pas répondu,
et ne répondrai jamais.
Mircea Eliade

J'emprunte le titre de ce chapitre à la série de quinze volumes édités par l'apologiste le plus assidu d'Eliade, Mircea Handoca. À son tour, celui-ci voulait contrecarrer le scandale causé par la publication, en 1972, dans la revue israélienne de langue roumaine *Toladot*, du premier article qui soulevait la question du passé totalitaire et antisémite d'Eliade, article intitulé « Dosarul Mircea Eliade ». Cette affaire est à l'origine du désormais célèbre échange épistolaire entre Eliade et Scholem, porteur de tant de silences et de mensonges[1]. Défenseur infatigable de « [s]on héros », comme il n'hésite pas à se présenter, Handoca rassemble une masse

1. Voir pour les détails F. Turcanu, *Mircea Eliade*, *op. cit.*, p. 477-498 ; D. Dubuisson, *Impostures et pseudo-science*, *op. cit.*, p. 149-156. Le mensonge le plus audacieux dans la lettre à Scholem est qu'Eliade prétend n'avoir publié aucun article légionnaire dans les années trente. En voici un autre : Eliade affirme qu'après la guerre il n'a collaboré à aucune publication légionnaire : or, plusieurs des articles cités dans le chapitre V furent publiés dans les journaux dirigés par des légionnaires émigrés : *Cuvântul în exil*, *Îndreptar*, *Prodromos*. Si les gardistes ont déjà annexé la mémoire et l'exemple prestigieux d'Eliade, ils ne sont pas les seuls ; voir le cas de Claudio Mutti, qui se réclame de la « droite radicale » italienne et qui a traduit en italien des textes légionnaires ; il est notamment l'auteur de l'ouvrage *Les plumes de l'archange. Quatre intellectuels roumains face à la Garde de Fer : Nae Ionescu, Mircea Eliade, Emil Cioran, Constantin Noica*, Chalon-sur-Saône, Hérode, 1993 ; voir aussi, *Eliade, Vâlsan, Geticus et gli altri. La fortuna di Guénon tra i Romeni*, Parme, All'insegna del veltro, 1999.

considérable d'articles, de lettres et de notes avec les appréciations *pro* et *contra* Eliade. À la lecture de ses préfaces, notamment celle du volume V, où il publie les articles légionnaires d'Eliade tout en niant fermement son engagement dans la Garde de Fer, on se demande si la défense qu'il poursuit est sincère, ce qui lui vaudrait, à tout le moins, de passer pour un naïf, ou si, au contraire, elle est calculée. Toujours est-il que pour Handoca, comme pour beaucoup d'autres, il ne saurait être question que d'un Eliade modèle, à l'œuvre et à la vie exemplaires, et dont seule la version donnée par le savant est à prendre en compte ; toutes les opinions contraires, qu'elles soient contemporaines ou postérieures, roumaines ou occidentales, ne seraient que de viles calomnies, mensonges, jalousies[1]. À mon avis, le véritable problème ne réside pas tant dans la défense de l'image d'un savant présenté comme exceptionnel que dans la contestation obstinée de toute mise en cause d'un personnage déjà mythifié, que ce soit à propos du passé politique ou bien de l'œuvre elle-même. Œuvre qui, il importe de le rappeler, n'est soumise à aucune approche critique de la part des eliadiens inconditionnels.

Or, c'est ce lien même qui est brutalement ou plus subtilement nié, omis, voire dissimulé, par les apologistes du savant. Pour ces derniers, tel Andrei Oişteanu, l'engagement politique dans l'extrême droite d'Eliade ne se reflète guère, ou que très faiblement, dans ses écrits scientifiques, considérés comme son œuvre la plus importante[2]. En revanche, pour les critiques, le lien est évident, comme le souligne Philippe Borgeaud :

> Chez Eliade, l'œuvre (qu'elle soit celle du savant ou celle de l'écrivain) est indissociable de l'histoire personnelle. Le fait qu'il ait tenu à publier,

1. M. Handoca, *« Dosarul » Mircea Eliade*, Bucarest, Curtea Veche, en quinze volumes : *I (1926-1938)*, 1998 ; *II (1928-1944). Cu cărţile pe masă*, 1999 ; *III (1928-1944). Elogii şi acuze*, 2000 ; *IV (1929-1936). Jos farsa! Partea întîi*, 2000 ; *V (1936-1944). Jos farsa! Partea a doua*, 2001 ; *VI (1944-1967). Niet! Partea întîi*, 2002 ; *VII (24 august 1944-31 august 1967). Niet! Partea a doua*, 2003 ; *VIII (1967-1970). Reabilitarea provizorie*, 2003 ; *IX (1972-1977). Infamie morală*, 2004 ; *X (1978-1979). Inspiraţie şi erudiţie*, 2005 ; *XI (1980). Inefabila vocabulă de har*, 2006 ; *XII (1981). « Sărbătoarea povestirii »*, 2006 ; *XIII (1982). Conspiraţia tăcerii*, 2007 ; *XIV (1983). Cei şapte paşi ai lui Buddha*, 2008 ; *XV (1984-1985). Personalitate fascinantă*, 2011. Il a également édité, d'Eliade : *Textele « legionare » şi despre « românism »* (*Les textes « légionnaires » et sur le « roumanisme »*), Cluj, Dacia, 2001. Même logique de défense et de rejet radical de toute critique envers Eliade chez C. Ungureanu, *Mircea Eliade şi literatura exilului* (*M. E. et la littérature de l'exil*), Bucarest, Viitorul Românesc, 1995.

2. A. Oişteanu, « Mircea Eliade between Political Journalism and Scholarly Work », *Archæus*, 8, 2004, p. 323-340.

régulièrement, des extraits de ses mémoires et de son journal, de ce point de vue, est essentiel[1].

Ainsi que, récemment, Daniel Dubuisson :

> Eliade semble bénéficier d'une forme très avantageuse d'impunité et de bienveillance. Elle repose sur cette étrange affirmation, jamais démontrée, suivant laquelle le journaliste engagé dans les années trente au sein d'un mouvement fasciste et antisémite serait d'une autre espèce que le savant dont l'œuvre et les idées s'imposèrent après la guerre[2].

Le destin posthume d'Eliade est certes au centre du débat actuel; ce chapitre va aborder quelques données moins connues de la réception de l'œuvre d'Eliade et de la polémique concernant son passé politique, en Occident comme en Roumanie. Commençons par un paradoxe de plus : c'est approximativement à l'époque où Eliade devient en Occident un savant suspect et « fasciste » qu'il s'impose en Roumanie comme le Modèle par excellence, celui dont la biographie et le destin sont tenus pour légendaires et exemplaires. Dans ce jeu changeant d'intentions, de mobilisations et de questions, les liens tissés entre les diverses parties de l'affaire doivent être considérés ensemble. Comme nous le verrons, plus que la validité des thèses eliadiennes se joue autre chose de plus important, qui anime les controverses d'un débat qui s'annonce long.

CULIANU : DIALOGUES, SILENCES, DÉCEPTIONS

Il convient d'ajouter aux exilés que nous avons déjà évoqués dans le chapitre V un autre nom : celui du brillant Ioan Petru Culianu (1950-1991), qui s'est illustré, à l'instar d'Eliade, dans le domaine de l'histoire des religions. Fasciné dès sa jeunesse par le modèle d'Eliade, il quitte la Roumanie en 1972 pour l'Italie, où, après des rudes épreuves, il rencontre Ugo Bianchi (qui l'oriente vers l'étude des dualismes). Il part ensuite enseigner à Groningue, aux Pays-Bas. C'est également lui qui occupera la chaire d'Eliade à l'Université de Chicago, aux États-Unis, où il sera assassiné en mai 1991 – crime odieux et mystérieux, toujours non résolu[3].

1. Ph. Borgeaud, *Exercices de mythologie*, *op. cit.*, p. 183.

2. D. Dubuisson, *Impostures et pseudo-science*, *op. cit.*, p. 27.

3. Pour sa biographie ainsi que pour une appréciation pertinente de son curieux trajet intellectuel, voir G. Casadio, « Ioan Petru Culianu ou la contradiction », *Archæus*, 5, 2001, p. 15-24; G. Casadio, « Ioan Petru Culianu, ovvero la storia delle religioni come vita e come arte », *Archæus*, 6, 2002, p. 313-324; M. Călinescu, *Despre Ioan P. Culianu şi Mircea Eliade*.

Ce n'est que récemment, grâce à une documentation plus riche, que nous est restituée la relation fort complexe entre Eliade et Culianu. Car il faut garder à l'esprit que, à la différence d'autres exilés ou des défenseurs récents d'Eliade, Culianu avait commencé, avant et surtout après la mort de son maître, à prendre ses distances et à explorer d'autres voies. Toujours est-il que la biographie et l'œuvre de Culianu sont fortement mythifiées en Roumanie, précisément sur le modèle d'Eliade : un disciple exemplaire, à l'instar d'un maître exemplaire.

Culianu prépare très tôt une biographie d'Eliade, qui paraît en italien en 1978[1]. Découvrant des aspects inattendus du passé roumain d'Eliade – il s'agit, bien sûr, de son engagement gardiste –, il lui demande, en toute honnêteté, des détails. Sur ce point, il est important de souligner qu'on pensait que Culianu n'avait appris que beaucoup plus tard, et par bribes, la vérité sur le passé légionnaire d'Eliade; et que son projet dans ce livre de 1978 avait été de faire une apologie d'Eliade, en le présentant sous les traits d'un démocrate convaincu, afin de parer aux critiques à venir et de répondre aux attaques déjà exprimées par la gauche italienne.

Or il se trouve que des documents récemment publiés attestent sans aucun doute que Culianu connaissait la vérité sur le passé d'Eliade avant 1978, et que cette découverte l'avait profondément attristé. Lisons ce qu'il notait, dans son journal encore inédit, le 10 janvier 1978 :

> Je ne peux pas être solidaire avec lui [Eliade], l'idéologie légionnaire m'est aussi étrangère que l'idéologie communiste. Elles se ressemblent considérablement. Je (...) suis un (...) *étranger* : je me suis senti étranger parmi les « Rroumains »[2] de Roumanie et je suis, effectivement, un métèque en Italie, un métèque aux Pays-Bas. (...) La surprise que Mircea Eliade ait été le partisan d'un mouvement totalitaire et qu'il soit resté toute sa vie fidèle à sa mythologie me comble d'amertume[3].

Amintiri, lecturi, reflecții (*Sur I. P. C. et M. E. Souvenirs, lectures, réflexions*), Iași, Polirom, 2002². Le crime n'est toujours pas élucidé, les soupçons portant sur la Garde de Fer en exil, l'ancienne Securitate, voire une combinaison des deux ; voir T. Anton, *Eros, Magic and the Murder of Professor Culianu*, Chicago, Northwestern University Press, 1996.

1. I. P. Culianu, *Mircea Eliade*, Assise, Cittadella, 1978.

2. « Rroumains » est une ancienne appellation ironique pour les nationalistes autoproclamés.

3. Paragraphe cité dans I. P. Culianu, *Dialoguri întrerupte. Corespondență Mircea Eliade-Ioan Petru Culianu* (*Dialogues interrompus. Correspondance M. E.-I. P. C.*) (édition par T. Culianu-Petrescu et D. Petrescu), Iași, Polirom, 2004, p. 127. Pour cet échange épistolaire, voir la version anglaise « The Correspondence between Mircea Eliade and Ioan Petru Culianu », *Archæus*, 8, 2004, p. 341-364.

Pour satisfaire la curiosité intriguée de Culianu, exprimée dans ses lettres, Eliade lui répondait, le 17 janvier 1978, à propos du « Capitaine » Corneliu Zelea Codreanu, suggérant en premier lieu de ne pas lier son nom à celui du dirigeant de la Légion :

> Je dois l'admettre : la référence à C. Z. C. ne m'enchante pas, parce qu'elle peut donner lieu à des « confusions » (...). Quant à C. Z. C., je ne sais pas quoi croire; il a été, bien sûr, *honnête*, et a réussi à réveiller toute une génération; mais, dépourvu d'esprit politique, il a provoqué une cascade de répressions (Carol II, Antonescu, les communistes) qui a décapité toute la génération qu'il avait « réveillée »... Je ne pense pas qu'on puisse écrire une histoire objective du mouvement légionnaire, ni un portrait de C. Z. C. Les documents dont nous disposons sont insuffisants [1]. En outre, une attitude « objective » pourrait être fatale à son auteur. (...) Après Buchenwald et Auschwitz, même les hommes honnêtes ne peuvent plus se permettre d'être « objectifs » [2].

Qui plus est, Eliade affirme que sa sympathie pour la Légion, qui aurait été indirecte (à travers Nae Ionescu), n'a eu aucune influence sur sa pensée ou sur ses écrits; ses apologistes soutiennent fermement cette thèse sujette à caution. La justification qu'avance Eliade revient à incriminer encore une fois le « politique », qui avait finalement détruit *sa* génération. De plus, le leader mythique de la Garde de Fer est encore, à ses yeux, une personne *honnête*, ce qui en dit long sur ses anciennes sympathies. En revanche, parce que Culianu sortait, ou plutôt parce qu'il avait réchappé d'un univers terrible, et qu'il avait traversé une période très difficile en exil, il se trouve face à une découverte qu'il n'aurait jamais pu imaginer. La lourdeur du passé eliadien s'ajoute à la déception, déception accrue par ce qu'il nomme, justement, la fidélité d'Eliade à sa propre mythologie. Mais cela ne suffit pas. Plus que la découverte du passé légionnaire de son modèle, ce sont l'attitude et les réponses de Mircea Eliade qui attristent le plus le jeune Culianu. Le maître lui répond, le 1er mars 1978, espérant clore un sujet qui l'indisposait manifestement :

> Je n'ai pas répondu, et ne répondrai jamais [3].

1. Les spécialistes de l'époque ne partageraient certainement pas cet avis.

2. I. P. Culianu, *Dialoguri întrerupte*, *op. cit.*, p. 125-126 (lettre n° 40); cité aussi, via Ted Anton, par A. Laignel-Lavastine, *Cioran*, *op. cit.*, p. 487-488. *Cf.* aussi *Mémoire II*, p. 35 : « Je ne sais pas comment l'histoire jugera Corneliu Codreanu ».

3. I. P. Culianu, *Dialoguri întrerupte*, *op. cit.*, p. 134 (lettre n° 42).

Cette fin de non-recevoir, sans aucune justification, résume parfaitement l'attitude et le choix du savant à ce sujet. Il s'y tiendra jusqu'à sa mort. Elle constitue la position la plus claire jamais assumée par Eliade à propos de son passé : aucun aveu, aucun remords, ni dans le présent ni dans le futur. Eliade a pourtant essayé de justifier, bien qu'indirectement (par sa fidélité envers Nae Ionescu), ses engagements de jeunesse – dans la lettre à Gershom Scholem, ou dans ses mémoires –, mais sans jamais éclairer cet épisode. Et peut-être que son admirateur chagriné, Culianu, a très bien vu la vérité : l'aveu jamais exprimé d'Eliade masquait en réalité sa fidélité à un passé et à une doctrine dont il chérissait la mémoire, une fidélité à une vérité dont il ne voulait ou ne pouvait pas reconnaître la terrible erreur.

Face à cette réponse sans appel, Culianu n'insiste pas, et va même jusqu'à présenter Eliade, dans la monographie qu'il lui consacre, comme un démocrate de gauche[1] ! Il s'agit là d'un contresens des plus étonnants, car il serait bien difficile de trouver des idées de gauche dans les publications d'Eliade, promoteur depuis toujours d'un spiritualisme et d'un élitisme devenus constitutifs de sa pensée. D'autant plus qu'il a toujours côtoyé l'intelligentsia de droite, qui allait par la suite s'investir progressivement dans l'extrême droite, tout au long des années trente.

En quête d'informations, et plus particulièrement de repères et de conduites exemplaires, Culianu demande toujours des conseils et attend des réponses éclairantes. Or, en ce qui concerne l'attitude adoptée dans l'exil, Eliade lui écrit, le 13 février 1978, au sujet de ses articles dans la presse de l'émigration (1946-1960) :

> Même si j'étais, comme tous les autres, « engagé », et que j'attaquais le régime du pays – ma thèse était la suivante : les exilés *ne peuvent rien faire* sur le plan politique *immédiat* ; notre seule « arme politique » est la culture ; toute création roumaine *importante* constitue une chance de « survie de [m]on peuple [*neam*] ».

On ne s'étonnera pas de cette réponse, car Eliade écrivait déjà dans les mêmes termes dès les années trente, opposant toujours la culture à la

1. De manière générale, dans les années 1930, les intellectuels de gauche étaient des *rarae aves* en Roumanie, ou plus précisément ils ne bénéficiaient pas du même prestige et de la même visibilité que les tenants du « roumanisme ». Dans la Roumanie post-communiste, la situation est similaire (même déséquilibre, entraîné par la diabolisation du communisme et, par ricochet, de la gauche, selon un manichéisme primaire), au point même que l'expression « intellectuel de gauche » y pouvait paraître un oxymoron, quand elle n'était pas prise pour une insulte. L'essor d'une intelligentsia qui ose se déclarer de gauche en Roumanie est un phénomène très récent.

politique; et de nouveau autour de 1950, dans la presse de l'exil, insistant de manière obsessionnelle sur la survie *culturelle*. Sauf que, dans cette réponse, on trouve condensée la fameuse thèse de la *résistance par la culture* (en roumain *rezistența prin cultură*), défendue aussi bien par les exilés que par l'intelligentsia roumaine du pays[1]. Cette même attitude d'*hibernation*, comme il le précise dans l'étude sur *Mioritza* (sur les traces de Blaga), a été adoptée et suivie avant, après et sans Eliade, en Roumanie, pays où la dissidence a été principalement envisagée sur le plan culturel, tenu pour « supérieur » (car d'ordre spirituel) ou seul possible (alors que c'était le plus commode), par rapport à tout engagement de nature politique. Une petite digression s'impose ici : face à la dissidence multiforme, y compris politique, déployée par les intellectuels des pays de l'Europe centrale contre les régimes totalitaires, l'intelligentsia roumaine avait adopté – après, il importe de le souligner, une première répression féroce menée par un régime stalinien –, cette résistance d'ordre culturel. Cette posture de retrait ne fut pas sans conséquences : aucune alternative politique au régime, et aucune dissidence idéologique à l'intérieur du Parti unique; la prééminence du discours nationaliste, qui accompagnait la dérive autochtoniste du régime national-communiste; et surtout une coupure d'avec la société, phénomène qui persiste encore de nos jours à travers une vision résolument élitiste. Un autre mythe largement partagé par l'intelligentsia roumaine, qu'elle soit en exil, sous le régime communiste ou bien après 1989, est celui de « la trahison de l'Occident », qui aurait abandonné ou « vendu » la Roumanie (et les autres pays est-européens) aux Russes; il est illustré par Eliade aussi, dans ses articles d'exil[2].

Dans la collaboration d'ordre scientifique Eliade-Culianu, notons que les sujets daces et roumains occupent, évidemment, une place considérable. Ainsi, parmi d'autres savants roumains impliqués dans son dernier grand projet, *The Encyclopedia of Religion*, Eliade réserve à Culianu et à Poghirc (ce dernier, exilé depuis 1979 en France) les entrées sur la religion des Thraces et des Daces. D'autres Roumains, principalement des ethnologues, furent sollicités pour les articles sur le folklore[3]. Tout en

1. I. P. Culianu, *Dialoguri întrerupte*, *op. cit.*, p. 131-132 (lettre n° 41). En revanche, c'est probablement l'attitude engagée de Culianu qui lui a coûté la vie, puisqu'il avait fortement critiqué par écrit autant le régime communiste que le pouvoir néocommuniste de l'ancien nomenklaturiste Ion Iliescu.

2. Voir *supra*, chap. v, p. 200-203.

3. Lettre n° 84 d'Eliade à Culianu (le 24 mars 1981), lui réservant les entrées *Thraces* et *Gètes*, *cf.* I. P. Culianu, *Dialoguri întrerupte*, *op. cit.*, p. 227. Les autres collaborateurs roumains sont : Ovidiu Bârlea (ethnologue), Virgil Cândea (historien nationaliste), Romulus

gardant un noyau eliadien, qui reste fondamental, sur Zalmoxis comme dieu des Mystères[1], les deux compatriotes vont ajouter leurs propres nuances – où l'on reconnaît davantage l'apport de Culianu : des similarités importantes entre le culte de Zalmoxis et les traditions archaïques grecques sur les devins et les *medicine men* comme Pythagore (les voyants grecs) ; le tatouage qui aurait revêtu chez les Gètes une valeur religieuse. Ils iront même jusqu'à donner le nom abusif de « Dacian Riders » à ceux que l'on appelle couramment les « Cavaliers Danubiens ». Zalmoxis serait un possible réformateur religieux des Gètes, associé aux prêtres et à la royauté, plus tard divinisé ; l'État géto-dace serait le résultat des idées théocratiques. Ils approuvent en outre la théorie eliadienne sur les Daces dérivant leur nom d'un *Männerbund* – des jeunes guerriers imitant le comportement des loups. Enfin, ils insistent sur l'importance des prêtres, de la médecine psychosomatique et du calendrier dace ; dans ce dernier cas, ils utilisent l'étude roumaine d'un amateur, pourtant qualifiée de meilleure analyse[2]...

Un autre épisode s'ajoute à ce dossier interprétatif. Eliade et Culianu avaient convenu d'écrire ensemble un *Dictionnaire des religions*, qui, bien que publié sous les deux noms, sera en réalité rédigé par le seul Culianu. Dans le chapitre consacré à la religion des Thraces[3], et bien qu'il parte de l'analyse d'Eliade (dans *De Zalmoxis à Gengis Khan*), Culianu donne plutôt sa propre vision, qui est identique à celle de l'*Encyclopedia of Religion*. Il soutient la même démarcation que celle envisagée par Pârvan entre les Thraces du Sud et les Géto-Daces, plus nette encore dans le domaine religieux. La religion des Thraces du Nord serait mieux connue, grâce au réformateur Zalmoxis, plus tard divinisé, qu'il place dans la catégorie des « iatromantes », voyants et guérisseurs apolliniens. S'ajoute l'importance du tatouage, mais selon des pratiques différentes : en Thrace, les aristocrates ; au Nord, les femmes et les esclaves, en souvenir d'une souffrance infligée à Zalmoxis. Parlant du texte de Strabon sur le végéta-

Vulcănescu (ethnologue nationaliste), George Uscătescu (exilé d'orientation légionnaire). Pour cette entreprise, voir E. Iricinschi, « Mircea Eliade and the Making of the *Encyclopedia of Religion* », *Archæus*, 8, 2004, p. 365-384.

1. Le chapitre d'Eliade sur Zalmoxis dans *De Zalmoxis à Gengis Khan* est qualifié d'« étude excellente ».

2. I. P. Culianu, C. Poghirc, s.vv. *Dacian Rider*, *ER*, t. IV, 1987, p. 195-196 ; *Geto-Dacian Religion*, *ER*, t. V, 1987, p. 537-540 ; *Thracian Religion*, *ER*, t. XIV, 1987, p. 494-497 ; *Zalmoxis*, *ER*, t. XV, 1987, p. 551-554.

3. M. Eliade, I. P. Couliano, *Dictionnaire des religions*, Paris, Plon, 1997² [1990], chap. 31, « Religion des Thraces » (p. 291-294). On peut douter du fait que, si un tel dictionnaire avait été écrit par un savant occidental, la religion de ce peuple peu connu aurait bénéficié d'un chapitre à part entière.

risme et la continence de certains Gètes nommés *theosebeis* (« adorateurs des dieux »), *ktistai* (« fondateurs ») et *abioi* (« sans vie »), Culianu insiste sur les *kapnobatai* (« ceux qui marchent sur [*sic*] la fumée ») : il explique ce terme par l'utilisation probable de la fumée du chanvre comme agent hallucinogène. On reconnaît là une constante de sa pensée : comme partout dans ses écrits, Culianu privilégie l'utilisation réelle des hallucinogènes. En fin de compte, cette image générale de la religion gète est davantage marquée par les propres vues du jeune historien des religions que par celle de son mentor Eliade [1].

Cela est d'autant plus étrange dans le cas de Culianu : bien qu'il se soit éloigné d'Eliade sur le plan de l'interprétation et qu'il n'ait point été imperméable aux approches théoriques de son temps, tout au contraire, il conserve néanmoins dans son traitement des croyances gètes une vision hautement idéalisée. Partant des positions d'Eliade – le noyau dur reste la monographie *De Zalmoxis à Gengis Khan* –, il aboutit à une vision encore plus spiritualisée et chargée de religieux, faisant de Zalmoxis une figure d'autant plus prestigieuse et fascinante. Le maniement des sources est similaire à celui d'Eliade, voire plus spéculatif. Une fois de plus, le rapport au passé « national », surtout quand il est éloigné, ne passe aucunement par une analyse lucide ou détachée, mais par un regard nostalgique qui projette dans le passé lointain une excellence primordiale, déterminé en outre par les préférences personnelles de chacun des savants.

LE « DOSSIER ELIADE » EN ROUMANIE

Avec le « Dossier Eliade », on aborde un point très délicat : car ce débat, très actuel en Occident, reste particulièrement sensible et dérangeant en Roumanie. De son vivant, le succès occidental d'Eliade lui a valu, dans son pays d'origine, une admiration sans bornes. Ses thèses circulaient bien avant les traductions, qui vont s'enchaîner à un rythme toujours plus accéléré. Courtisé par le régime de Ceausescu, célébré et censuré en même temps, Eliade restera toujours, pour les intellectuels de Roumanie, une

1. L'accent mis par Culianu sur les hallucinogènes n'est pas sans rapport avec la vogue occidentale pour ces mêmes substances (mais utilisées dans un tout autre but); comme le remarque W. Burkert, le rôle des drogues dans les contextes religieux a été largement exploité récemment, « car beaucoup de gens ne croiront jamais qu'il ait pu y avoir des mystères sans drogues » (*Les cultes à mystères*, *op. cit.*, p. 106-107). À mon avis, les pratiques scythes (et peut-être des *kapnobatai* thraces aussi) se comprennent mieux comme de simples purifications rituelles et non pas comme des transes extatiques et des expériences sublimes.

figure lointaine et d'autant plus fascinante, comme le relève son lucide biographe Florin Țurcanu; mieux encore, son œuvre apparaît comme une alternative – bientôt la seule –, à la fois roumaine et occidentale pour penser la culture. Le savant était lui-même conscient du caractère particulier de son succès. Dans une lettre adressée à Horia Stamatu (poète légionnaire exilé), le 10 mars 1974, il écrivait : « dans la dernière année, s'est déchaînée une sorte d'admiration générale et délirante de mon activité (et personne) » en Roumanie[1].

Après 1989, toute une génération[2] plonge dans un véritable culte ou une admiration béate. Ses études et ses productions littéraires deviennent un phénomène de société, elles sont publiées de façon systématique et connaissent une large diffusion. En même temps, son passé politique est fermement ou élégamment dissimulé[3]. La génération des années 1920-1930, pour laquelle Eliade fait figure de chef de file incontestable – ce qui est discutable, car il s'agit plutôt d'une projection *a posteriori*, déterminée par sa célébrité d'après-guerre –, devient le modèle intellectuel de la jeunesse cultivée. Parmi tous ces noms, Eliade est de loin la figure emblématique, à l'origine d'une vogue inégalée pour l'histoire des religions. Son exil et son anticommunisme, mais davantage sa réputation de plus grand historien des religions au monde, l'ont placé sur un socle déjà mythique. Le fait d'avoir été anticommuniste lui a apporté un immense capital de légitimité en Roumanie. Il est intéressant de voir comment la logique manichéiste (de l'époque communiste, en l'occurrence) a continué à fonctionner bel et bien : si, avant 1989, tout ce qui était anticommuniste était, officiellement, mauvais, de nos jours, tout ce qui n'est pas communiste est automatiquement bon. Et être anticommuniste peut même devenir une excuse aux pires dérives, comme l'engagement de l'intelligentsia dans l'extrême droite des années trente. Considéré comme le Roumain le plus connu au monde, ses livres sont tenus pour le nouvel évangile de l'intelligentsia roumaine, et son œuvre constitue désormais le noyau de l'héritage culturel roumain. Ce n'est qu'assez récemment que des voix plus critiques se sont élevées en Roumanie au sujet de son passé *politique*, mais sans jamais mettre en doute la validité de sa production *scientifique*.

Ces dernières années, la donne a changé : d'une défense totale d'Eliade, on est passé à une défense de la non-contamination de son œuvre scientifique. On reconnaît son engagement légionnaire, qui serait

1. *Correspondance*, III, p. 165.
2. Il s'agit de *ma* génération.
3. F. Turcanu, *Mircea Eliade*, *op. cit.*, p. 1-2.

excusable en raison de la justification donnée par Eliade lui-même : il aurait été séduit par l'aspect quasi religieux de la Garde de Fer (car « toute révolution est spirituelle »). Nous avons vu, pourtant, ce qu'il en était de l'écart entre cette justification tardive et trompeuse, et ses notes présentes dans le *Journal portugais*; et on a vu aussi ce qu'il en était de sa sincérité. Le livre d'Alexandra Laignel-Lavastine (certes, très engagé) a été très mal reçu en Roumanie : on peut notamment citer des attaques extrêmement dures dans la revue *22*, publication pourtant pro-occidentale et démocrate. De même, la critique de Daniel Dubuisson est rejetée avant même d'être analysée en détail, du seul fait que son auteur est tenu pour un « détracteur » et un « calomniateur » d'Eliade. Enfin, le groupe de ceux, de plus en plus nombreux et structurés, qui font de l'histoire des religions (discipline à la mode), est à l'avant-garde de cette défense, tirant toute leur légitimité d'un rapport continuel avec Eliade, mais un Eliade intouchable.

La raison principale réside dans le modèle volontairement *élitiste* de l'intelligentsia roumaine actuelle, qui partage les mêmes vues que celles des années 1930 (époque idéalisée au plus haut point, perçue comme un « âge d'or ») – avec l'accent mis sur le spirituel, les élites, la culture –, même s'il est parsemé de propos pro-occidentaux et démocratiques. Cet élitisme assumé et clamé dérive en droite ligne des écrits d'Eliade et de ses contemporains, continuant et justifiant un mépris non dissimulé pour les « masses »; s'y ajoute un regard de prétendue supériorité spirituelle sur l'Occident, jugé trop matérialiste ou superficiel. Dans cette perpétuelle crise d'identité par rapport à l'Occident, le seul intellectuel roumain qui, à côté de Brancusi, a bénéficié d'une reconnaissance unanime, est exhibé comme la preuve de l'excellence secrète des Roumains, notamment des intellectuels. En outre, les défenseurs de l'œuvre scientifique d'Eliade sont le plus souvent des gens de lettres, des philosophes et des professeurs d'universités, qui ne peuvent apprécier la portée théorique véritable de ses thèses dans l'histoire des religions. C'est ainsi qu'ils partent de la prémisse commode selon laquelle Eliade est le plus grand historien des religions, universellement reconnu, et que, par conséquent, sa théorie n'est point discutable. Dans ce cercle vicieux où l'œuvre scientifique et la réputation servent à tour de rôle de point de départ, de point de référence, de conclusion et, surtout, d'excuse, tout fonctionne comme si, malgré la mise en cause d'une partie du modèle eliadien (littéraire, scientifique, politique, moral), d'autres restent toujours valides et renvoient au même *modèle exemplaire*.

La lecture que je propose de ses écrits de Roumanie et d'Occident au sujet de la religion dace (et aussi du folklore roumain) montre combien l'idéologie dans laquelle Eliade baignait, avec toute sa génération dans les années 1930, ne l'a point quitté. Qui plus est, l'idéologie du roumanisme est perceptible dans *tous* ses écrits sur des sujets roumains, et son spiritualisme est le même que celui des analyses « générales ». Paradoxalement, la connaissance d'autres univers religieux et la fréquentation d'autres cultures ne l'ont point amené à relativiser ses positions sur le « spécifique national », concept qui lui tient toujours à cœur. Bien sûr, tout cela se fond dans l'érudition, dans son système herméneutique aspirant à une valeur universelle. Mais il y a là, tout de même, matière à critiquer assez directement les thèses eliadiennes, notamment pour un esprit qui se refuse à célébrer les ancêtres, le passé ou le spécifique immémorial.

Cette lettre envoyée en 1943 par Eugène Ionesco au critique littéraire Tudor Vianu a valeur d'exemple :

> J'ai l'impression, en relisant Blaga, Eliade, etc., qu'il en ira toujours ainsi chez nous [les Roumains] : une volonté farouche de se séparer de l'universel, une hostilité irréductible à l'égard de l'Occident, une nouvelle mythologie balkanique. Rien d'autre. Une province. Incapable d'adhérer aux grandes unités. L'influence de la culture française s'est avérée si superficielle ! [1]

Quatre décennies plus tard, alors qu'il assiste à la montée de l'eliadisme et au retour, avec Blaga, du « spécifique national » et des mythologies identitaires au cœur même des disciplines scientifiques, c'est au tour de l'un des rares critiques rigoureux d'Eliade (car les critiques idéologiques d'un Miron Constantinescu sont, à bien des égards, pénibles à lire aujourd'hui), le sociologue Henri H. Stahl (1901-1991), d'exprimer ses réserves, dans ses *Essais critiques sur la culture populaire roumaine*. Stahl a rencontré et connu personnellement Eliade dans sa jeunesse. Il juge que l'étude sur Zalmoxis est « intéressante, mais ne concerne pas les croyances effectives et actuelles, à savoir contrôlables, du peuple roumain » [2]. Cette remarque, lucide et ancrée dans le concret, est tombée dans l'oubli. La critique menée par Stahl vise principalement ce qu'il appelle la « théologie du village archaïque roumain » proposée par Eliade : il fait observer que ce dernier n'a pas directement enquêté sur le village roumain (ironiquement, la même critique avait été adressée jadis par Eliade à Blaga) ; de même,

1. Lettre du 23 décembre 1943, dans E. Ionescu, *Scrisori către Tudor Vianu*, *op. cit.*, t. II, p. 229 ; citée aussi par A. Laignel-Lavastine, *Cioran*, *op. cit.*, p. 360-361.

2. H. H. Stahl, *Eseuri critice despre cultura populară românească*, Bucarest, Minerva, 1983, p. 218-219 ; et notamment le chap. « Mircea Eliade et la théologie du village archaïque roumain » (p. 149-219).

l'interprétation de la *Mioritza*, décevante, est certainement forcée – Stahl n'approuve guère la thèse d'un « christianisme cosmique » comme réponse à la « terreur de l'histoire »; enfin, observe le sociologue, Eliade fait l'erreur de tenir pour équivalents le « sacré » et le « réel ». En somme, une critique lucide et objective, atypique dans un paysage culturel dominé par les partisans farouches de la valeur infaillible de l'œuvre d'Eliade[1].

En revanche, la conférence donnée à l'été 2002 par l'ethnologue Andrei Oişteanu, « Mircea Eliade, entre orthodoxisme et zalmoxisme », me semble très pertinente pour comprendre l'opinion roumaine actuelle à propos du « problème Eliade »[2]. Il ne s'agit en réalité que d'une habile apologie, qui montre comment même les intellectuels roumains les plus ouverts et les plus occidentalisés ont du mal à comprendre, assumer et expliquer le passé d'Eliade, et encore moins à remettre en question son mythe. Plus grave encore, même s'ils commencent à reconnaître la vérité sur le passé légionnaire d'Eliade, il est toujours jugé « passager », et jamais ils n'acceptent l'idée que celui-ci ait eu une quelconque influence sur son « œuvre scientifique », qui reste, quant à elle, intangible.

Mais revenons à la conférence d'Oişteanu – l'actuel président de l'Association Roumaine pour l'Histoire des Religions –, qui part du constat que le fascisme roumain est une exaltation du christianisme orthodoxe. Il estime, dès le début, que Mircea Eliade n'est pas victime de la thracomanie (ce qui est vrai); car ses deux articles, « Les Daces et les loups » (1959) et « Zalmoxis » (1944, 1969), seraient des « recherches exemplaires d'histoire des religions et des mentalités » – ce qui reste toutefois discutable[3]. Selon Oişteanu, seul Jean Coman a idéalisé les Gètes. De même, on ne discernerait aucune « trace d'idéologie » dans la revue *Zalmoxis* : or, à la lumière de notre analyse de cette revue[4], et notamment du troisième numéro qu'Eliade prévoyait expressément comme une « action roumaine », cette excuse n'est plus recevable. Dans la même

1. Dans son avant-propos (*Dossier*, XIV, p. 6), M. Handoca a des mots très durs à l'adresse des critiques de Stahl.

2. A. Oişteanu, « Mircea Eliade between Political Journalism and Scholarly Work », *Archæus*, 8, 2004, p. 323-340. Il s'agit d'une conférence au New Europe College de Bucarest (le 3 juin 2002). Récemment, Oişteanu a publié un livre sur ce sujet, *Religie, politică şi mit. Texte despre Mircea Eliade şi Ioan Petru Culianu*, Iaşi, Polirom, 2007 (*Religion, politique et mythe. Textes sur M. E. et I. P. C.*), où sa position est plus nuancée, et sa défense d'Eliade moins soutenue ; il y reprend pourtant cette étude (p. 9-30).

3. Voir mes critiques (chap. II); et mon étude « Dacii şi lupii. Pe marginea teoriei lui Mircea Eliade » (*Les Daces et les loups. En marge de la théorie de M. E.*), *Studii şi Cercetări de Istorie Veche şi Arheologie*, 51 (3-4), 2000, p. 153-174.

4. Voir chap. I, p. 47 et 56-57.

argumentation, seule la pièce de théâtre écrite par Eliade (*Iphigénie*, décembre 1939, représentée en février 1941) comporterait des connotations politiques – Mihail Sebastian notait même dans son journal (le 12 février 1941) qu'elle pourrait porter le sous-titre *Iphigénie ou le sacrifice légionnaire*! –, mais elle reste toutefois une œuvre *littéraire*; tandis que l'étude de 1955 (*Maître Manole*) serait exempte de dérapages idéologiques, dans une approche qui respecte strictement la perspective de l'histoire des religions (perspective qui n'est pas expliquée).

Enfin, s'il critique avec raison la lecture en clé antisémite de l'œuvre d'Eliade faite par Daniel Dubuisson[1], Oişteanu (qui est, *nota bene*, d'origine juive) estime en revanche :

> As for myself I think that Mircea Eliade's scholarly work was relatively little infested by the microbe of far right ideology (sometimes punctually, sometimes implicitly; most often not at all). (…) In general, I don't think that could be found ultra-nationalistic or fascizing perspectives in Eliade's scholarly work, nor an anti-Semitic ontology (Dubuisson's formula) in his books on the history of religions.

En somme, Eliade n'aurait pas fait de compromis politiques dans la partie la plus *importante* de son œuvre, l'histoire des religions. De ce fait, proposant cette fausse dichotomie orthodoxisme/œuvre scientifique, Oişteanu peut confortablement ranger Eliade dans la dernière. De même, établir toujours une différence, « ontologique » cette fois-ci, entre l'œuvre littéraire qui *pourrait* refléter des connotations politiques, et l'œuvre érudite qui ne comporterait *aucun* trait d'ordre idéologique, est un stratagème non seulement discutable, mais qui est contredit par l'ensemble des écrits laissés par Eliade. Oişteanu rappelle que, dans l'étude de la *Mioritza*, par exemple, Eliade a mentionné et discuté toutes les théories antérieures; cela est, bien sûr, vrai, mais l'est tout autant du traitement de Zalmoxis, où il présente les diverses thèses, les critiquant à l'occasion. Pourtant, Eliade ne se livre à ces exercices d'érudition et d'apparence scientifique que pour mieux justifier, à la fin, ses propres thèses, métaphysiques dans le cas de la *Mioritza*, ou en accord avec les phénomènes religieux qu'il privilégie (initiations, Mystères), dans le cas de Zalmoxis.

Or, comme l'indique l'examen de la période 1921-1944 en Roumanie, le problème est plus complexe et les positions qui ont été assumées divergent. Il me semble évident qu'Eliade partageait, avec presque tous ses contemporains, la fascination pour la spiritualité dace qui commence avec

1. Voir D. Dubuisson, *Impostures et pseudo-science*, *op. cit.*, p. 69-81.

l'idéalisme de Pârvan, se développe avec le stylisme de Blaga et aboutit, finalement, au spiritualisme orthodoxiste de Coman. Cette fascination ne l'a point quitté, comme il ressort de des propres mémoires[1]. Et l'analyse d'Eliade doit beaucoup aux études de ces trois savants, tout en s'inscrivant, et toujours de manière *organique*, comme il l'avait souligné à l'époque, dans le courant multiforme et contagieux du « roumanisme ». La vraie dichotomie n'est alors pas entre thracomanie ou/et orthodoxisme, d'une part, et pensée « scientifique », d'autre part, mais bien entre nationalisme / roumanisme (avec ses diverses variantes et intentions) et une analyse critique des sources et des contextes, laissant de côté les visées métaphysiques et les obsessions identitaires[2].

OCCULTATIONS DE ZALMOXIS ET OCCULTATION DE L'HISTOIRE

Eliade a beaucoup aimé décrire Zalmoxis comme un dieu maître des occultations et détenteur d'un message de salut à l'intention de son peuple, des « Gètes qui se rendent immortels » et croient en l'immortalité de l'âme ainsi qu'à une existence posthume bienheureuse. Ce n'est pas par hasard si, dans un exercice de fidélité à la mémoire de son maître, Culianu a même présenté son modèle comme le nouveau Zalmoxis des Roumains, disparu mais leur envoyant néanmoins des lumières :

> Pour les Roumains, Mircea Eliade se confond avec Zalmoxis : il a disparu de leur horizon et pourtant il leur donne des signes. De plus, il garde la mémoire sacrée de son peuple, et seul Dieu sait à quel prix. Il n'est pas censé nous tromper : avec lui, *cette* mémoire disparaîtra à jamais[3].

Relisons ce petit paragraphe, car l'identification opérée par Culianu suggère beaucoup plus : Eliade *est* le Zalmoxis des Roumains, disparu ou occulté mais envoyant néanmoins des signes ; il est même présenté comme le dépositaire de la mémoire *sacrée* de son peuple – mémoire qui s'éteindra avec lui. En cela, la vision de Culianu rejoint, et prolonge, la vision d'Eliade de lui-même, lui qui se voyait appartenir à l'élite éclairée d'historiens des religions qui, à travers une herméneutique dont eux seuls détiendraient les

1. Voir les citations *supra*, chap. V.
2. Il est étonnant de constater comment Eliade a traversé le siècle sans être « touché » par l'anthropologie (qu'il utilise seulement comme répertoire de données).
3. I. P. Culianu, *Mircea Eliade* (édition roumaine), Bucarest, Nemira, 1995, p. 259.

secrets, dévoileraient le message spirituel et indiqueraient le chemin à suivre. Sauf que, cette fois, il s'agit d'une mémoire bien particulière.

Symboles, signes, initiations, occultations : toute la mythologie eliadienne se présente à nouveau sous nos yeux, cette fois comme sens d'une vie et surtout sens éternel, à l'usage de son peuple ; et, encore une fois, comme un modèle inégalable. Ajoutons une signification supplémentaire : cette vision renvoie aussi à l'image d'un « prophète caché », personnage des nouvelles de Culianu, qui, à l'instar d'Eliade, s'est exercé lui aussi à la prose fantastique. Si Eliade se percevait comme l'expert d'une herméneutique salvatrice, Culianu voyait en lui un « mystagogue des temps modernes »[1] ; il s'agit d'un qualificatif qui invite à réfléchir, et sur lequel nous reviendrons à la fin du livre.

Eliade aimait parler des occultations de Zalmoxis, de ses disparitions et réapparitions – comme en témoigne le titre qu'il a donné à la version anglaise de son livre, *Zalmoxis, the Vanishing God* –, lui qui ne faisait rien d'autre qu'occulter son passé. Cette occultation consciente, volontaire, voire délibérée de son passé *politique* va dorénavant hanter la postérité *scientifique* de Mircea Eliade ; elle est déjà porteuse d'un nouveau « boycott de l'histoire », non pas contre un peuple roumain toujours victime d'injustices, mais contre un savant qui n'a pas su assumer son passé. Ou, selon le jugement général de Claude Karnooh (1990) :

> À vouloir toujours habilement « résister à la terreur de l'histoire », à inventer des « méthodes de camouflage », à s'attribuer le rôle confortable de l'éternelle victime des puissants, l'intelligentsia roumaine a perdu tout sens d'appartenance et de responsabilité dans le mouvement même de l'histoire[2].

Silences gênés et occultation délibérée constituent la part la plus lourde de l'héritage légué par Eliade. Malheureusement, ce choix est adopté et perpétué par les apologistes d'Eliade, au prix d'esquives et de justifications qui, si subtiles soient-elles, finiront par lasser. Ces dernières années, dans le pays de Zalmoxis et d'Eliade, en dépit de certaines ouvertures, l'ancien débat semble reprendre entre les modernistes/synchronistes et l'ensemble de ceux qui, tout éclairés qu'ils sont, se consacrent à la recherche d'un

1. I. P. Couliano, « Mircea Eliade et l'idéal de l'homme universel », dans *Mircea Eliade. Dialogues avec le sacré*, Paris, NADP, 1988, p. 9-16 : « mystagogue des temps modernes », mais aussi un « démocrate né », un « démocrate convaincu ».

2. Cl. Karnooh, *L'invention du peuple*, *op. cit.*, p. 189. Voir aussi mon article « Occultations de Zalmoxis et Occultation de l'Histoire. Un aspect du dossier Mircea Eliade », *Anabases*, 5, 2007, p. 11-25.

introuvable « spécifique national » entre spirituel et orthodoxie. Et dans ce renouveau, le prestige d'Eliade est décisif. Dans cette quête de spécificité, que le nouveau cadre européen devrait exacerber, les germes de l'incompréhension réciproque entre la Roumanie et l'Occident (oubli du fascisme, de la Shoah, du totalitarisme communiste, ou plutôt leur relative ignorance) sont une nouvelle fois semés. Faisons cependant le vœu que le terreau ne leur soit point fertile.

CONCLUSION

LE PARALLÈLE ELIADE-ZALMOXIS

J'aime cette expression de Borges: las buenas causas perditas. *Je l'aime entre autres parce qu'on peut la comprendre de plusieurs façons.*
Mircea Eliade

DE ZALMOXIS À MIRCEA ELIADE

Zalmoxis est un personnage bien curieux dans l'histoire des idées et, à première vue, son association avec Mircea Eliade peut paraître, sinon arbitraire, du moins étrange. Le pari de ce livre a été de montrer comment, à travers le motif de Zalmoxis, nous pouvons mieux envisager certaines théories de l'histoire des religions et également poser un nouveau regard sur Eliade, que ce soit sur son œuvre ou sur sa vie. Territoires où il nous a fallu décrypter les camouflages successifs d'une biographie exemplaire. Zalmoxis et Eliade, Eliade et Zalmoxis, ces deux personnages se ressemblent plus qu'ils ne diffèrent.

Revenons au compagnon silencieux de Mircea Eliade, Zalmoxis. Comme on a eu l'occasion de le voir, le *motif* de Zalmoxis surgit à plusieurs reprises dans la biographie d'Eliade, dans les milieux qu'il fréquente ou encore dans les débats qui se déroulent autour de lui. Bien qu'il ne soit pas un repère central de son œuvre, ce motif se révèle néanmoins significatif, à plus d'un titre. Tout d'abord, c'est le nom qu'il a choisi de donner à la revue d'histoire des religions qu'il a dirigée en Roumanie à la fin des années 1930 (trois numéros, de 1938 à 1942); ensuite, c'est la quintessence de la spiritualité autochtone dans l'aperçu de l'histoire roumaine publié pendant la guerre au Portugal et en Espagne (1943), lors de son séjour portugais – motif qui bénéficie, quelques décennies plus tard, d'une étude importante et influente dans le livre portant le curieux titre *De Zalmoxis à Gengis Khan* (1970); ce motif est, tout comme pour Eliade, significatif pour d'autres écrivains dans le milieu de l'exil, qui figurent tous parmi ses connaissances, voire ses amis; enfin, c'est à ce personnage mystérieux qu'Eliade, après sa mort, est comparé par son disciple Culianu. Du Zalmoxis, dieu des Gètes, on arrive, en empruntant l'expression à Culianu, à Eliade, « Zalmoxis des Roumains ».

Si d'autres critiques ont analysé prioritairement la théorie générale d'Eliade, mon intention a été de faire une étude de cas sur cet ensemble d'écrits où le savant d'origine roumaine traite de sujets à la fois familiers et sensibles. S'ajoute une donnée importante : regarder de plus près sa théorie sur Zalmoxis est une occasion de « vérifier » la théorie générale d'Eliade sur un exemple précis, ce qui est très rare dans son œuvre, laquelle reste le plus souvent très générale. En cela donc, cette partie de l'œuvre eliadienne est, à mon avis, la mieux en mesure de constituer un indicateur de sa pensée et de sa méthodologie. La plus proche aussi, en raison du sujet et de ses implications symboliques, du thème le plus débattu de nos jours, à savoir l'idéologie d'Eliade et son engagement politique dans les années 1930.

J'ai donc montré comment la façon dont Zalmoxis est vu et présenté par Eliade – à savoir comme maître de l'initiation et de l'occultation – aide à éclairer le propre parcours du savant, ses convictions, ses choix, ses attitudes, ses silences aussi. Spiritualité exemplaire des ancêtres, histoire tragique qui s'abat sur lui ou sur son peuple, occultation de son passé et retraite/exil temporaire, on a vu comment Eliade applique ses propres grilles d'interprétation et d'explication à intention universelle (de la religion ou de l'histoire) à l'histoire de son peuple et à sa propre vie. Deux métaphores, largement employées par Eliade et en même temps adaptées aux conjonctures qu'il a traversées, tout en restant fidèle aux mêmes convictions, ont retenu notre attention : le « moment historique » associé au *Zeitgeist*, et notamment « être né sous le signe de », expression qui revient constamment sous sa plume. S'ajoute le motif du « cheval de Troie », rôle qu'Eliade s'attribue volontiers, et qu'Eugène Ionesco, en fin connaisseur de la pensée eliadienne, lui assignera également.

Nous avons pu constater la pertinence du recours au motif de Zalmoxis pour aborder le passé et l'œuvre de l'historien des religions : occultation, mystification, silences, signes et symbolisme, exemplarité. Dans l'œuvre multiforme d'Eliade, nous l'avons rencontré dans ses projets, ses écrits scientifiques, ses articles, ses mémoires, et aussi dans les discussions avec ses amis tourmentés par la même nostalgie déchirante du pays. Car Eliade n'a jamais cessé de s'interroger sur ce personnage, qu'il interprète à sa façon : symbole d'une spiritualité exceptionnelle, qui reste néanmoins méconnue, voire ignorée ; et, en même temps, objet de multiples métamorphoses et camouflages. Lisons un autre passage, méditatif, sur ce dieu, extrait de son journal, à la date du 18 août 1964 :

> Combien important est *ce qui est arrivé après* – c'est-à-dire ce qui a été retenu, assimilé, mis en valeur, développé d'une création spirituelle. Zalmoxis, par exemple, est plus original, plus profond, plus « vrai » que beaucoup des dieux grecs – mais nous ne savons pas ce qui *est arrivé après lui*. A-t-il disparu ? A-t-il été oublié ? S'est-il transformé et « camouflé » ensuite dans un des personnages du folklore roumain ? Nous ne le savons pas. C'est pour cette raison que Zalmoxis ne joue pas le rôle qu'il aurait mérité dans l'histoire des religions, ou de la culture [1].

Notons pourtant un détail : c'est précisément en raison de la documentation très réduite que Zalmoxis a autant intrigué, et par conséquent fasciné. C'est pourquoi le comparer aux dieux grecs et faire jouer la comparaison en sa faveur est un indice qui illustre bien l'importance de cette étrange figure pour Eliade. Remarquons par ailleurs la facilité avec laquelle n'importe quelle qualité peut être attribuée au dieu gète. Plus « original », plus « profond », plus « vrai » que les dieux grecs, Zalmoxis l'est principalement parce que, aux yeux d'Eliade, il symbolise l'excellence spirituelle de son propre espace.

Ce même motif de Zalmoxis, en plus d'être un cas isolé dans l'histoire des religions ou le témoin d'une spiritualité originaire, a suscité d'innombrables usages et appropriations d'un personnage à première vue marginal, mais qui se trouve souvent au centre des préoccupations les plus diverses. Comme nous l'avons déjà vu, les suppositions abondent dans les théories au sujet de Zalmoxis ; c'est ainsi que l'on entrevoit se dessiner derrière elles les paradigmes interprétatifs ou les certitudes de chaque époque [2]. L'une des grilles de lecture les plus utilisées, de manière consciente ou non, témoigne du paradigme chrétien, notamment dans l'interprétation du texte hérodotéen et dans la description de la « religion »

1. *FragmJournal*, t. I, p. 463.

2. *Cf.* la formule d'E. Hall : « Every era of classical scholarship looks into the ancient world and finds in it reflected its own contingent socio-political preoccupations » [(« When is a Myth not a Myth ? Bernal's "Ancient Model" », dans Th. Harrison (éd.), *Greeks and Barbarians*, Édimbourg, Edinburgh University Press, 2002, p. 134].

de Zalmoxis : foi, croyance, mort et résurrection de Zalmoxis, immortalité de l'âme, voire dogme de l'immortalité, deuxième venue, prophète de la vie future, etc. Termes qui sont chargés d'un lourd héritage chrétien, et qui ne couvrent ni des réalités indigènes ni des catégories grecques du temps d'Hérodote… Plus récemment encore, l'attrait contemporain pour des phénomènes comme le chamanisme ou la vogue pour les initiations et les Mystères, dont l'association avec l'immortalité est plus affirmée que prouvée, jouent dans le même sens. La quête de l'immortalité de Zalmoxis traduit plutôt les aspirations des modernes, soucieux de retrouver dans le passé des préfigurations du christianisme (voire du monothéisme), d'un irréductible national, ou des formes de spiritualité différentes. Ce sont donc les quêtes des exégètes qui reconfigurent la figure énigmatique de Zalmoxis.

Mon hypothèse est que, à l'exception du texte d'Hérodote, aucune autre source sur Zalmoxis n'apporte d'informations nouvelles ou d'origine indigène ; par conséquent, il ne s'agit que d'une tradition multiforme, *littéraire*, qui a comme point de départ le texte hérodotéen, texte qui sera diversement lu et interprété selon les époques. Zalmoxis, qui était déjà un personnage prestigieux de la littérature grecque, deviendra, à travers les siècles, un précurseur ancien de la magie naturelle, un ancêtre des Goths et des nations germaniques, une figure problématique dans l'histoire des religions, bien avant qu'il ne soit confisqué au seul bénéfice du passé roumain.

Mais à quoi sert vraiment ce type d'histoire des religions ? Quel profit pourrions-nous tirer d'un débat moderne autour d'un personnage tellement problématique et, à première vue, sans aucune pertinence ? Nous sommes parti d'un motif pour le moins équivoque, car l'information sur le Zalmoxis « réel » est extrêmement maigre, sujette à caution, et différemment interprétée. Un dieu d'une population « barbare » qui a été diversement compris par les modernes : divinité chthonienne aussi bien que dieu ouranien ; être humain et réformateur, mais aussi figure divine ; enfin, chaman ou prophète. Car l'histoire, ancienne ou récente, de ses interprétations, ainsi que de ses multiples usages, constitue d'abord un indicateur des sensibilités, des convictions et des attentes de toute époque. En d'autres termes, tous ces auteurs parlent-ils des anciens Gètes, ou plutôt de leurs certitudes ou incertitudes ? Dans cette perspective, quand, à travers le motif de Zalmoxis, d'autres savants ne font que parler d'eux-mêmes, quelle est l'utilité que l'on pourrait dégager, dans le traitement de Zalmoxis, pour la théorie et la personnalité d'Eliade ? Par conséquent, il est légitime de s'interroger sur le modèle légué, ou plutôt sur le modèle tel qu'il se profile aujourd'hui, d'Eliade[1].

L'intérêt historiographique offert par la figure de Zalmoxis dans cette fabrique de schémas interprétatifs, couvrant des siècles de spéculations, est amplement illustré par toutes ces diverses théories de l'histoire des religions en Occident, ainsi que par une historiographie identitaire en Roumanie. Or Eliade a participé à l'élaboration de toute cette mythologie savante, en Occident et dans son pays d'origine, et y a apporté sa propre touche personnelle.

Dans l'histoire des interprétations modernes de Zalmoxis, le vrai tournant a été marqué par sa monographie de 1970, *De Zalmoxis à Gengis Khan*. Son étude « Zalmoxis », l'une des plus érudites sur ce sujet, est écrite dans une perspective comparatiste, bien qu'elle reste souvent dépassée par sa vision généraliste et par son parti pris en faveur du « spirituel ». Comme nous l'avons constaté, la thèse qu'Eliade propose, d'un Zalmoxis vu comme réformateur, voire comme fondateur d'une religion à Mystères, est fortement influencée par les *Getica* de Pârvan (dont il chérissait la mémoire), où les ancêtres Gètes se caractérisaient par une religiosité remarquable. Mais elle est, certainement, retravaillée par sa propre sensibilité : la préoccupation obsessionnelle pour les symboles, les Mystères, les initiations et la « spiritualité », ainsi qu'une sorte de philosophie historique sur le destin tragique du peuple roumain, constitutif de son histoire, d'une Histoire qui le martyrise sans cesse – thèse qui essaie de donner un sens métaphysique aux épreuves du présent. La théorie eliadienne d'un Zalmoxis fondateur de Mystères et divinité d'un culte initiatique est

1. Une brève analyse de mon parcours sera peut-être utile : au lycée et dans les premières années de faculté (en Roumanie), j'ai beaucoup lu sur la religion dace et sur Zalmoxis, de Pârvan à Eliade et bien d'autres encore, couvrant ainsi l'historiographie roumaine sur ce sujet, largement répétitive ; j'étais convaincu de la supériorité, de l'originalité, de la profonde spiritualité de la religion des Gètes, de la centralité de l'immortalité dans le culte de Zalmoxis. Cela, parce que presque *tous* les auteurs lus – il s'agissait d'historiens, d'archéologues, de savants comme Eliade, et non pas de dacomanes, dont je me méfiais – l'affirmaient de toutes leurs forces. J'étais, je pense, nationaliste, parce que l'historiographie roumaine l'était par essence. Et comme cette période venait juste après 1989, quand les écrits d'Eliade ont déferlé sur le marché (la prestigieuse maison d'édition *Humanitas* commença l'édition intégrale de ses œuvres scientifiques, dans le cadre de la promotion de la culture d'avant-guerre), Eliade devint alors, pour moi comme pour beaucoup d'autres jeunes gens, le Modèle. Je l'ai lu d'un bout à l'autre, et je pensais que je pourrais me spécialiser dans l'histoire des religions. Et puis, j'ai commencé à lire d'autres textes (toujours sur le modèle de l'érudition d'Eliade), et principalement de la littérature occidentale, où j'ai bientôt découvert d'*autres* manières d'envisager l'histoire aussi bien que l'histoire des religions, laissant de côté la glorification des ancêtres ou les grandes explications générales par l'*Homo religiosus*.

devenue de nos jours, à travers diverses reformulations, la version la plus répandue sur Zalmoxis, à la fois en Occident, où l'on connaît une véritable vogue pour les initiations, et en Roumanie, où Eliade, qui commença à être très influent à partir de la fin des années 1970, est devenu, après 1989, l'idole de la jeunesse instruite et le titre de gloire de l'intelligentsia roumaine. Dans ce pays, l'image d'Eliade a été mythifiée au point de rendre impensable l'idée même d'une approche critique de son œuvre.

Bien que la thèse eliadienne sur Zalmoxis fasse de nos jours l'unanimité auprès des spécialistes, j'ai essayé malgré tout d'exposer les raisons pour lesquelles elle apparaît extrêmement discutable. Cette thèse offre également un moyen privilégié d'analyser la théorie générale d'Eliade, dans la mesure où il s'agit de l'une de ses rares études qui ne soit pas générale. Pourtant, comme partout dans son œuvre, Eliade s'est livré à des généralisations de toutes sortes afin de mieux argumenter sa thèse, quitte à se passer des contextes, mais avec le bénéfice de voir confirmées ses suppositions préalables. De ce fait, malgré son érudition et plusieurs observations lucides[1], l'image qu'il donne est discutable tant par son interprétation générale que sur des questions ponctuelles. La théorie eliadienne ne résiste pas à une analyse critique du traitement des sources, de la méthodologie, des hypothèses, des conclusions enfin. Privilégiant exclusivement la piste d'un culte à Mystères, à partir d'une source unique dont il ne remet jamais la pertinence en question (le récit parodique des Grecs du Pont), utilisant largement le cadre interprétatif de Pârvan ou de Coman (dans une vision nationaliste du passé), Eliade est évidemment fasciné par la figure de Zalmoxis, dont il souligne la valeur de symbole de la spiritualité gète et donc, en dernière instance, du « spécifique national ». Par ailleurs, ce n'est pas un hasard si les initiations et les Mystères sont, depuis sa jeunesse, la préoccupation constante d'Eliade dans le domaine de l'histoire des religions. Enfin, la vision nationaliste, dont il ne s'est jamais départi au fond de lui-même, est très présente dans sa description de la religion des ancêtres.

Conscient de l'état fragmentaire des sources, Eliade savait qu'une « histoire religieuse de la Dacie » (titre de son projet pendant la guerre) était impossible. Il a cependant écrit sa propre version, centrée sur la figure primordiale de Zalmoxis, figure qui hante ses écrits comme ses pensées. Retrouvant, ou plutôt réinventant une identité dans les conditions de l'exil,

1. Par exemple, la fortune littéraire de Zalmoxis ; ses usages dans l'œuvre de Jordanès et en Espagne médiévale ; et notamment son rôle dans l'histoire des idées de la Roumanie moderne.

la construction d'Eliade s'inscrit dans une double continuité : avec le milieu culturel roumain des années trente, et avec sa propre œuvre. La figure de Zalmoxis se colore et se laisse « déchiffrer » selon les catégories et les outils explicatifs qui soutiennent toute l'œuvre d'Eliade. Dans le milieu de l'exil, sa nouvelle histoire mythique de la Dacie s'impose, avec le réformateur Zalmoxis, derrière lequel se dessine la dimension prophétique d'Eliade lui-même, qui apparaît désormais comme une sorte de nouveau Zalmoxis. Or, ce qu'il présentait comme une recherche sur « l'univers des valeurs spirituelles archaïques », dans une « démarche [qui] est celle de l'historien des religions »[1], avait abouti à des conclusions qui sont manifestement dans le ton d'une *mythologie identitaire* – mythologie validée, paradoxalement, par le prestige occidental d'Eliade. En plus de la simple étude des sources anciennes ou du folklore roumain, Eliade proposait des solutions et davantage encore des significations à valeur de salut à l'intention de ses contemporains, comme il le disait explicitement au sujet de la légende de *Maître Manole* :

> L'adhésion d'un peuple à tel ou tel scénario mythique, à telle ou telle image exemplaire, en dit beaucoup plus sur son âme profonde que nombre de ses exploits historiques[2].

Nous avons donc interrogé Eliade par le biais de Zalmoxis, mais aussi Zalmoxis par le biais d'Eliade. Il ne suffit pas de constater la fascination qu'a exercée un tel personnage depuis Hérodote jusqu'à nos jours, encore faut-il expliquer ses mécanismes, ses contextes et ses fonctions. Eliade s'inscrit dans une double lignée d'interprétation et d'usages de Zalmoxis (qui perpétue, quant à elle, les usages antiques de ce personnage) : d'une part, la tradition des théories savantes, en fonction des paradigmes explicatifs en vigueur à tel ou tel moment précis ; mais aussi l'historiographie roumaine en quête d'ancêtres prestigieux, reconfigurant le passé en fonction des idéaux du présent. D'autre part, il a été profitable d'interroger Zalmoxis à partir d'Eliade, car l'élaboration des théories savantes est indissociable de leur contexte intellectuel.

Mais le motif de Zalmoxis nous a ouvert bien d'autres voies, interrogeant le passé et les débats autour du modèle d'Eliade. Commençons par un thème central des mystères, celui du silence.

1. *ZGK*, p. 10-11.
2. *Ibid.*, p. 185.

SILENCES D'ELIADE ET ABSENCE D'*UN* SILENCE

De cette catabase dans son œuvre, plusieurs questions ont donc surgi, et tout d'abord celle du silence qu'Eliade a toujours entretenu concernant son engagement gardiste. Il se range, par conséquent, dans la lignée du silence observé par les intellectuels ayant soutenu ou accompagné la montée du fascisme européen dans les années trente, ou, selon, la formule de Maurice Olender, dans cette « génération de taiseux » ; car, soixante ans après, « Le silence des intellectuels engagés dans le nazisme équivaut à une absence, voire à un refus de témoignage »[1]. L'écrivain Norman Manea avait placé Mircea Eliade et son « coupable bonheur » dans cette même analyse de la participation volontaire au mouvement fasciste des écrivains et des intellectuels, avec toutes leurs conséquences[2]. Enfin, selon la formule si juste de Florin Ţurcanu, Eliade fut l'otage d'un « impossible aveu » : car, en dépit de son éloignement progressif du militantisme politique, il s'est montré incapable d'interroger son passé; de telle façon que, dans sa réponse à Gershom Scholem par exemple, il a choisi de réinventer plutôt que d'affronter le passé – un choix qui s'est révélé lourd de conséquences[3].

Dès lors, pour occulter son passé, Eliade devait gommer ou redessiner une partie de sa biographie. Selon Alexandra Laignel-Lavastine, Eliade offre un paradigme de la dissimulation par son art très maîtrisé du camouflage doublé d'une formidable capacité d'accommodation et de conformité aux normes sociales environnantes; de telle manière que, resté fidèle à ses positions d'avant la guerre et n'éprouvant aucun remords, il a toujours mis en avant le régime de persécution pour mieux affirmer son exemplarité[4]. Tandis que pour Daniel Dubuisson, Eliade, comme historien des religions, n'a jamais désavoué après la guerre ses convictions élitistes, antimodernistes et antisémites d'avant-guerre, ni tourné le dos à son goût pour l'occulte et l'ésotérisme :

1. Voir M. Olender, *La chasse aux évidences*, *op. cit.*, p. 285-312.
2. N. Manea, *Mircea Eliade et la Garde de Fer*, *op. cit.*, p. 114.
3. Voir F. Turcanu, *Mircea Eliade*, *op. cit.*, p. 477-498.
4. A. Laignel-Lavastine, *Cioran*, *op. cit.*, p. 519 ; *cf.* aussi D. Dubuisson : « Savant universellement reconnu et célébré au cours des années 60-80, chantre exalté d'une nouvelle aristocratie spirituelle, de possibles transmutations de l'être, d'un nouvel humanisme fondé sur la conviction que l'Histoire des religions telle qu'il la concevait permettrait la régénération de l'Humanité, Eliade nous laisse pourtant, aujourd'hui qu'est mieux connu son passé roumain et que sont progressivement dévoilées les falsifications qu'il introduisit dans le récit de sa propre *histoire*, l'image d'un faussaire amoral et opportuniste, poursuivi par un passé qu'il n'osa jamais affronter et qu'il préféra inlassablement "camoufler" » (*Impostures et pseudo-science*, *op. cit.*, p. 155-156).

> Il leur a simplement donné une ampleur et une résonance plus vastes en les « camouflant », c'est-à-dire en les transfigurant et en les sublimant dans un langage différent, celui de ses conceptions très personnelles des univers religieux [1].

Toutefois, l'analyse rétrospective opérée par Dubuisson paraît excessive à Philippe Borgeaud, qui insiste sur le fait que, malgré son passé compromettant et son refus obstiné de le questionner, il serait pourtant abusif de juger en bloc Eliade et ses écrits uniquement à la lumière de son engagement totalitaire. Car il s'est certainement révélé un autre homme après la guerre, dans les rapports avec ses amis ou ses élèves. De même, la réception occidentale de son œuvre, particulièrement positive et enthousiaste dans les premières décennies, s'explique par une compréhension nouvelle, dans le contexte d'après-guerre, de ses thèses, indépendamment des origines métaphysiques ou de la sensibilité particulière qui les avait engendrées [2]. D'autre part, au-delà de son propre succès, Eliade a assuré le succès et la légitimité de l'histoire des religions en tant que discipline autonome, et ce d'autant plus que la plupart de ses élèves américains ont, par la suite, choisi d'autres voies que la thèse spiritualiste soutenue par Eliade, évoluant ainsi en accord avec les attentes de leur époque.

S'il est indispensable d'observer les nuances, il ne faut cependant pas séparer à tout prix le « politique » et le côté « érudit » d'Eliade, tout en reconnaissant l'ampleur de son erreur, comme le fait Andrei Oişteanu :

> Of course, the fact that Eliade persisted in seeing in the *Iron Guard* just a « mystical sect » and not a « political movement » is an immense mistake (an *in-felix culpa*). It is not only a slip of the weak politician that was Mircea Eliade, but also an error of the valuable historian of religions [3].

1. D. Dubuisson, *Impostures et pseudo-science*, *op. cit.*, p. 128. Ou encore : « L'œuvre d'Eliade porte ainsi en elle, transfigurés mais reconnaissables, les principaux thèmes liés à sa fascination pour les mouvements occultes et à son engagement auprès de la violente Garde de Fer. Engagement qu'il n'a jamais eu à renier puisqu'il ne l'a jamais reconnu, cherchant au contraire par tous les moyens à le dissimuler. Ainsi, dans cette œuvre universellement reconnue pendant de longues années comme une somme érudite incomparable, le mensonge, la dissimulation et l'imposture occupent-ils une place centrale. À ce titre, l'œuvre d'Eliade et son destin posthume resteront sans doute exemplaires… » (*Ibid.*, p. 16-17). Selon M. de Martino, *Mircea Eliade esoterico. Ioan Petru Culianu e i « non detti »*, Rome, Settimo sigillo, 2008, l'autre « non-dit » d'Eliade, après son passé politique, est l'ésotérisme.

2. Ph. Borgeaud, *Exercices de mythologie*, *op. cit.*, p. 202-203 ; et les témoignages rassemblés par F. Turcanu, *Mircea Eliade*, *op. cit.*, p. 480-482.

3. A. Oişteanu, *Mircea Eliade between Political Journalism and Scholarly Work*, *op. cit.*, p. 326.

Car faire confiance à la version d'Eliade – tardive et présentée comme un autre épisode initiatique de sa vie – n'est qu'un autre exercice d'absolution, qui ne résiste pas à la nouvelle documentation dont nous disposons. Celle-ci présente Eliade sous un aspect très différent de l'image qu'il a voulu donner et laisser de lui-même. Comme le prouve largement le *Journal portugais*, il serait inapproprié de se fier à l'explication *a posteriori* d'Eliade, sur la dégénération politique d'un mouvement qui aurait été, à l'origine, idéaliste et spirituel.

D'autre part, si le souvenir de son passé ne quitte pas Eliade, avec des détails parfois étonnants, il ne remet jamais en question ses choix, et préfère y voir, sinon un destin injuste, du moins un sens caché et profond qui finira par se dévoiler. Ainsi, sept ans après son arrestation en tant qu'idéologue gardiste, il se souvient, dans son *Journal portugais*, que « depuis, la série de malheurs a commencé »[1]. Deux fragments de son journal inédit d'après-guerre se réfèrent également, d'une manière explicite, à son engagement légionnaire; à celui-ci, il impute la série de malheurs, dans le contexte plus large de la destruction de sa génération. Comme toujours, Eliade ne se reconnaît aucune responsabilité, tout en accusant le caractère « politique », c'est-à-dire dégénéré, dans lequel le mouvement, qu'il voyait animé des intentions les plus pures, avait échoué. Voici les deux passages :

> Je réfléchis à présent (…) à tous les malheurs apportés par mon engagement dans la Légion. Depuis l'automne 1937 je n'ai plus connu la paix. J'ai vu mes amis emprisonnés, ensuite fusillés; j'ai été poursuivi, interné, puis je suis tombé malade, ensuite Nae [Ionescu] est mort. (…) Et je ne pouvais plus me séparer du passé; je souffrais pour les souffrances des autres, et souvent je souffrais pour leur bêtise ou leurs crimes. Et la malchance me poursuivait (25 juillet 1946).
>
> Et je me souviens de tout ce que j'ai perdu, il y a dix ans, en 1938, quand je me suis lancé dans une expérience qui apparaissait comme mystique et morale, mais qui avait échoué en politique (3 février 1948)[2].

À ce propos, lisons une autre lettre adressée par Eugène Ionesco à Tudor Vianu, datant du 19 septembre 1945, où il se penche sur le destin et les fruits de la génération « Criterion », dont Eliade avait été l'un des protagonistes les plus prestigieux :

1. *JP*, I, 369 (14 juillet 1945).

2. M. Eliade, fragments inédits du journal d'après-guerre (Bibliothèque Regenstein de Chicago), cités par M. Călinescu, « Recitind *Jurnalul portughez* » (*Relisant le* Journal portugais), *Observatorul cultural*, VII (n° 81), 14-20 septembre 2006, p. 10.

> En ce qui me concerne, je ne pourrais pas me reprocher d'avoir été fasciste. Mais cela peut être reproché à presque tous les autres : [seul] Mihail Sebastian avait gardé un esprit lucide et une humanité authentique. Quel dommage qu'il ne soit plus. Cioran est ici, exilé. Il admet qu'il s'était trompé, pendant sa jeunesse. J'ai du mal à lui pardonner. Ces jours-ci est arrivé ou arrivera Mircea Eliade : pour lui tout est perdu puisque « le communisme a triomphé ». Celui-ci est un grand coupable. Mais lui aussi, tout comme Cioran, et cet imbécile de Noica, et le gros Vulcănescu et tant d'autres (…) sont les victimes de l'odieux défunt Nae Ionescu (…) À cause de lui, ils sont tous devenus des fascistes. Il a créé une stupide, épouvantable Roumanie réactionnaire. Le deuxième coupable est Eliade : à un moment donné il était sur le point d'adopter une position de gauche. Quinze ans se sont écoulés depuis lors : Haig Acterian, [Mihail] Polihroniade avaient été communistes. Ils sont morts à cause de leur bêtise et de leur entêtement. Eliade a entraîné lui aussi une partie de ses « collègues de génération » et toute la jeunesse intellectuelle. Nae Ionescu, Mircea Eliade ont été terriblement écoutés. Qu'aurait-il été si ces hommes avaient été de bons maîtres !

Avant d'écrire : « *Quant à moi, j'ai abandonné la partie et j'ai fichu le camp* » (en français dans le texte)[1].

Si le thème du silence a été traité par Eliade, il s'agit d'un tout autre silence. Cette perspective, peu abordée dans le débat actuel et donc d'autant plus intéressante à relever, est d'abord illustrée par les articles d'exil. Eliade ne s'est jamais consolé du fait que Lucian Blaga n'ait pas fait traduire son œuvre philosophique dans une langue de circulation. Il s'appuie ainsi, en 1961 – année même de la mort de Blaga –, sur les dires d'un compatriote ayant rencontré le philosophe six ou sept ans auparavant à Cluj : Blaga aurait affirmé que les Roumains étaient entrés dans un nouveau Moyen Âge; mais, en vertu de leur propension séculaire à « boycotter l'Histoire », ils pourraient, en cette terrible circonstance, sortir indemnes de la nuit du communisme. Malgré cette affirmation qu'il considère comme prophétique, Eliade regrette : « Quoique vouée à changer le destin de l'homme, la philosophie de Blaga est inaccessible au reste de l'humanité »[2]. En revanche, l'historien des religions suivit un tout autre chemin, comme le montre son *Journal portugais* : il entend sortir du cadre étroit

1. E. Ionescu, *Scrisori către Tudor Vianu*, *op. cit.*, t. II, p. 273-275; cf. *Dossier*, VI, p. 210-212; *cf.* aussi A. Laignel-Lavastine, *Cioran*, *op. cit.*, p. 14-15; et F. Turcanu, *Mircea Eliade*, *op. cit.*, p. 248.

2. M. Eliade, « Tăcerile lui Lucian Blaga » (*Les silences de L. B.*), dans *Cuvântul în exil*, octobre 1961, cf. *Exil*, p. 195-199.

d'une « culture mineure » afin de délivrer son message en Occident, dans des langues de circulation : français, anglais, ou allemand – comme la première édition, par exemple, de son ouvrage *Le sacré et le profane* (1957). Si Eliade impute, à juste titre, les options de Blaga à sa personnalité propre – il aimait « se taire » et cultivait le « mystère », comme dans ses poèmes –, celles-ci s'expliquent d'abord par le fait que le philosophe avait conçu son système philosophique précisément à l'intention et à l'usage exclusif d'une « culture mineure ». De manière paradoxale, Eliade, bien que porteur de plusieurs motifs du « roumanisme » – dont certains empruntés à Blaga, tel le « boycott de l'histoire », et même l'idée du « christianisme cosmique » –, s'est également fait le porteur d'un message issu de cette « culture mineure » qu'il projette à l'échelle universelle.

Plusieurs de ses admirateurs roumains ont naturellement reconnu et loué les « apports roumains » d'Eliade, dans un registre éminemment positif. À titre d'exemple, un autre exilé, le philologue classique Cicerone Poghirc, souligne dans un article élogieux, après la mort du savant, ses apports roumains et balkaniques à « cette nouvelle fondation de l'esprit humain » : le christianisme cosmique (le rôle de l'homme est de sanctifier le monde), le mythe du sacrifice de construction, et particulièrement la transmutation de la terreur de l'histoire et de la mort par son acceptation consciente :

> En démontrant la valeur universelle des concepts et archétypes qui sont à la base des mythes et des créations artistiques populaires des Roumains, Mircea Eliade nous a aidés par là même à nous débarrasser d'une sorte de complexe d'infério-supériorité.
> Il n'est donc point étonnant que dans le désarroi total qui règne à présent dans la vie culturelle de notre malheureux pays, Mircea Eliade soit le seul vrai mentor spirituel des Roumains. Et d'ailleurs non seulement des Roumains[1].

À la lumière des différents écrits d'Eliade, son mépris de l'Histoire cache en réalité le principal complexe d'infériorité inhérent à la culture roumaine moderne, mépris et complexe dont il a hérité ; s'y ajoute son propre drame personnel pendant la guerre, qui le fait intérioriser et homologuer à tous les niveaux sa conception particulière de l'« Histoire ». Cette transmutation des valeurs conçues par Blaga pour la culture roumaine, avec le ton antihistoriciste, a tant influencé la pensée d'Eliade

1. C. Poghirc, « L'itinéraire mythique d'une existence accomplie. Ce que Mircea Eliade signifie pour les Roumains », dans *Mircea Eliade. Dialogues avec le sacré*, *op. cit.*, p. 42-44.

qu'elle a été tenue, après la guerre et en Occident, pour une innovation, voire pour une vision humaniste et universaliste, alors qu'il s'agissait plutôt du réaménagement d'une vision particulariste et idéaliste à l'intention d'une culture particulière. Bien qu'il fût conscient des complexes d'infériorité de sa culture d'origine, Eliade ne s'est point débarrassé de ses obsessions dans son œuvre à vocation universelle. Et, s'il reprend un thème privilégié des années trente (l'anhistorisme), c'est pour l'exploiter d'une autre manière après la guerre, soit comme un nouvel humanisme qu'il propose en Occident, soit à travers une nouvelle mythologie identitaire, à l'intention de ses compatriotes.

SPIRITUALISME, ROUMANISME, NOUVEL HUMANISME

Loin d'être un savant « nazi » ou « fasciste », étiquettes trop faciles et tellement contemporaines, ni même un sympathisant totalitaire caché, car il reste un esprit libre et rebelle, Eliade est néanmoins demeuré fidèle à une idéologie problématique. Son engagement incontestable dans l'extrême droite dans les années trente, à l'instar de nombreux intellectuels roumains, s'explique par l'idéologie commune qu'ils partageaient et qu'ils façonnaient dans un climat de concurrence et de contamination : c'est le « roumanisme » (*românism*), un type de nationalisme culturel qui a rapproché ces intellectuels et les a ensuite fait graduellement adhérer au mouvement local d'extrême droite[1]. « Compagnon de route » de la version roumaine du fascisme, comme tant d'autres intellectuels, Eliade l'a été parce qu'il croyait que ses idéaux spiritualistes de régénération allaient s'accomplir, et plus encore les idéaux subsumés au « roumanisme »[2]. C'est à cette idéologie, incarnation particulière de l'idéalisme spiritualiste qu'il embrassait depuis toujours, et non pas au « fascisme », qu'Eliade est resté fidèle tout au

1. N. Manea, *Mircea Eliade et la Garde de Fer*, *op. cit.*, p. 95 (son sentiment profondément ancré d'affiliation) ; Eliade ne faisait confiance ni à la démocratie ni à la modernité, et restait attaché aux racines ethniques des valeurs culturelles (p. 110).

2. La même insistance sur le « roumanisme » d'Eliade a été soutenue lors d'une table ronde (19 février 2002, Bucarest) par Moshe Idel (né en Moldavie) ; ses remarques furent publiées en annexe au livre de A. Oişteanu, *Religie, politică şi mit*, *op. cit.*, p. 191-196, 210-211. Il observait : « Eliade a commencé et est resté un écrivain et un chercheur d'origine roumaine, avec une formation roumaine et avec une idéologie roumaine jusqu'au dernier moment, bien qu'il soit devenu l'homme le plus important au XXe siècle qui a écrit sur les religions » (p. 192) ; « Culianu, qui est mort à 41 ans, a changé infiniment plus qu'Eliade, qui est mort à 79 ans » (p. 194) ; « ce qui est fascinant chez Eliade, c'est le constant » (p. 195).

long de sa vie. *De Zalmoxis à Gengis Khan* n'est que la dernière, et en même temps la plus importante, illustration de son « roumanisme ». Et, bien sûr, sa conception du « roumanisme » était, elle aussi, particulière et « eliadienne », car il n'insistait ni sur l'ethnicité ou la race, ni sur l'orthodoxie, comme l'ont fait nombre de ses contemporains.

Cette position particulière adoptée et suivie par Eliade – ce qu'il appelle l'« autonomie de l'esprit » –, était déjà définie, en 1935, dans une réponse aux accusations de l'intellectuel communiste Miron Radu Paraschivescu :

> L'autonomie de l'esprit signifie ne pas expliquer la vie spirituelle autrement que par les lois de l'esprit. C'est-à-dire ne pas confondre l'esprit avec le sang (comme le font les racistes) ni avec le sexe (comme le fait Freud), ni avec les phénomènes économiques (comme le font les marxistes). Je savais que cette attitude s'appelle spiritualisme. M. Paraschivescu affirme que son vrai nom est « fascisme » ou « escroquerie » [1].

Cela rappelle sa critique acerbe des divers réductionnismes appliqués à l'étude des religions (Marx et Freud, entre autres), qu'il fera plus tard à plusieurs reprises, et notamment dans *La nostalgie des origines* (1971), tout en réduisant, à son tour, la religion à un indicible instinct religieux propre à l'homme de tous les temps et de toutes les époques.

En accord avec ses convictions spiritualistes, Eliade est resté toute sa vie l'apôtre de l'*Homme nouveau*. Cette image de l'Homme nouveau, placée sous le signe du spirituel, hante Eliade depuis le début des années trente, et elle est particulièrement forte lors de son engagement légionnaire : dans un article datant de cette période, il soutient que chaque apparition dans l'histoire de l'Homme nouveau n'est possible qu'à travers le primat des valeurs spirituelles; il s'agirait d'une mission historique justifiée exclusivement par un « impérialisme spirituel » [2]. Comme ailleurs, dans un autre article de 1937, « Jamais tout un peuple [*neam*] ne s'est choisi comme idéal de vie la *vie monastique*, et la mort pour épouse »; tandis qu'aujourd'hui, tout le monde se place sous le signe de la révolution : la lutte de classe et le primat économique (le communisme), l'État (le

1. M. Eliade, « Intelectualii e fasciști » (*Les intellectuels est* [sic] *des fascistes*), *Vremea*, 24 mars 1935 (cf. *Dossier*, I, p. 11). Dans son *Journal portugais*, Eliade notait son manque d'intérêt pour la sociologie, le marxisme et d'autres sciences, car elles donnent l'illusion d'une explication globale de l'histoire, tout en ne prenant en compte que la « foule humaine »; il soulignait, au contraire, le rôle décisif de l'« homme élu », membre de l'élite créatrice (17 mai 1942) (*JP*, I, p. 121).

2. M. Eliade, l'article « O revoluție creștină » (*Une révolution chrétienne*), dans *Buna Vestire*, juin 1937 (cf. *Dossier*, V, p. 239-241).

fascisme) ou la race (l'hitlérisme). Au contraire, poursuit-il, « le Mouvement légionnaire est né sous le signe de l'Archange Michel et vaincra par la grâce divine »; tandis que toutes les autres révolutions contemporaines sont politiques, la révolution légionnaire est spirituelle et chrétienne. Car son but suprême serait « le salut du peuple [*neamului*], la réconciliation du peuple roumain avec Dieu, comme a dit le Capitaine »[1]. La dichotomie entre politique (donc historique) et spirituel (donc culturel) est constitutive de tous les choix d'Eliade, et sous-tend sa vision métaphysique de l'histoire des religions, avec son parti pris pour le « spirituel » et l'atemporel prétendument à l'abri des contingences et des contagions d'ordre historique. En même temps, l'idéal monastique – qui hante Eliade depuis son séjour indien –, ainsi que l'idée de la mort comme noce, seront très présents dans son étude sur Zalmoxis (*cf.* les « moines daces ») ou dans son interprétation des ballades populaires roumaines dans le recueil de 1970.

Regardons de plus près les diverses naissances prédestinées, chaque fois sous un autre *signe*, sous lesquelles Eliade a placé, à toute époque, sa vie, son œuvre et le « moment historique », notamment en relation avec son peuple :

– le « signe du Loup », dans une vision tragique et prophétique, comme il le fait dans *De Zalmoxis à Gengis Khan* : peuple prédestiné aux guerres, aux invasions et aux exils ;

– le « signe de la guerre », comme il le note à l'automne 1941 ; l'image est encore plus évidente dans les dernières années de la guerre, qui lui inspirent sa célèbre formule, la « terreur de l'histoire » ;

– le « signe de Zalmoxis », dans une vision optimiste et prophétique, comme il le pense encore en 1943 dans *Les Roumains, Latins de l'Orient* ;

– le « signe de l'Archange Michel », dans une vision exaltée et prophétique, comme il l'écrit lors de son engagement gardiste (l'article cité ci-dessus) ;

– mais toujours, et depuis toujours, sous le « signe du *primat de l'esprit* », et encore à plusieurs reprises : lors des années trente bien sûr, et même après la guerre. Ainsi, en 1949, et en dépit des multiples épreuves, retournements de situation et profondes déceptions, Eliade soutient encore :

1. Son trop célèbre article « De ce cred în biruința Mișcării Legionare » (*Pourquoi je crois à la victoire du Mouvement Légionnaire*), *Buna Vestire*, 17 décembre 1937 (cf. *Dossier*, V, p. 251).

> Aussi paradoxal qu'il puisse paraître, la nouvelle étape de l'histoire universelle dans laquelle nous nous préparons à entrer s'ouvre sous le signe du primat du spirituel.
> Par ailleurs, l'histoire a toujours pris en compte exclusivement les créations spirituelles, et la justification de l'existence historique a toujours été d'ordre spirituel[1].

Il annonce l'avènement d'une autre époque, qui apporterait une nouvelle et plus authentique libération de l'homme ; car cette fois la culture se substituerait au politique, marquant un renouveau spirituel général. On retrouve, en réalité, le même jargon qui était le sien dans les années trente, dans ses articles postérieurs, publiés en exil. Une fois de plus, Eliade exhorte à la valorisation du « moment historique » – on est cette fois en 1951 :

> Or, ce moment historique est, avec ou sans notre volonté, supranational, continental, œcuménique[2].

Moment privilégié du temps historique, mais qui doit être perçu du point de vue spirituel, ce moment rappelle et renvoie aux autres expressions chères à Eliade, comme le *kairos*, ce « moment opportun », ou encore le *Zeitgeist* ; c'est la raison principale pour laquelle son message se présente comme une herméneutique universelle. Retenons néanmoins l'incise « avec ou sans notre volonté » : même si le « moment historique actuel » n'est pas conforme à son idéal nationaliste, Eliade souligne qu'il faut se conformer à l'actualité (et donc la camoufler), tout en demeurant fidèle au même message. Opportunité ou opportunisme ? Dans un entretien avec Monica Lovinescu, en 1969, Eliade s'explique une fois de plus sur cette notion de temps historique qui comporterait des moments essentiels, et rappelle aussitôt le *kairos*, l'instant favorable[3]. Toute sa vie donc, Eliade a cru ou a voulu croire à un « moment historique » – qu'il soit dace, légionnaire, ou œcuménique –, toujours perçu par lui comme spirituel, salvateur et innovateur, favorable aux créations culturelles, seules créations « authentiques ».

Dans son acharnement contre le provincialisme, le dépassement que propose Eliade à ses lecteurs de l'exil est double : celui, roumain, d'une « culture mineure » ; celui, occidental, des « Grandes Cultures », à travers la

1. M. Eliade, « Destinul culturii româneşti » (*Le destin de la culture roumaine*), dans *Uniunea Română*, janvier-mars 1949, cf. *Exil*, p. 34-35.
2. *Ibid.* (cf. *Exil*, p. 36).
3. M. Lovinescu, *Întrevederi cu Mircea Eliade*, *op. cit.*, p. 18.

connaissance et la compréhension des modes d'être archaïques ou des peuples non-européens[1], thème qu'il développe dans ses écrits érudits. C'est précisément cette ouverture qui a assuré à son message une réception chaleureuse en Occident.

Pour illustrer le transfert ainsi que l'homologie effectués par Eliade entre l'étape roumaine et la période occidentale, citons un passage extrait d'un article paru dans la presse d'exil (1951), où l'on retrouve l'essence du langage eliadien et tous les concepts des écrits « scientifiques » de cette période, réunis dans une seule phrase, qui fait appel à la foi et à une eschatologie du salut de l'Histoire :

> La capacité de l'homme d'être libre et créateur par la foi, si elle était utilisée, aurait mené à l'éternel renouveau du Cosmos, à la réédition de la Création, à la collaboration homme-Dieu à tous les niveaux du réel, à la camaraderie béatifique homme-Dieu, à la régénération de toutes les créatures, c'est-à-dire à l'abolition de l'« histoire » et à l'instauration de « ce temps-là » prophétisé par Isaïe[2].

Outre l'association, particulièrement caractéristique de sa pensée, entre liberté et création spirituelle, remarquons la très forte coloration eschatologique de ce passage, se référant à son célèbre *illud tempus*, mais à travers des formulations qui rappellent pourtant un jargon paralégionnaire (dont la « camaraderie »). Et reconnaissons que, dans le cas d'Eliade, son mépris, sa haine, son refus de l'Histoire, loin d'être le fruit d'une pensée soutenue ou d'une métaphysique réfléchie, dérivent en ligne droite d'un des principaux traits d'une « culture mineure », celui de l'infériorité historique par rapport à l'Occident, sublimée dans une prétendue supériorité spirituelle.

OCCULTATION DE L'HISTOIRE ET OCCULTATION DU PASSÉ

Ce livre n'a pas été conçu comme une critique, ni d'ailleurs comme une apologie d'Eliade, mais plutôt comme un moyen, à partir d'un ensemble d'écrits moins fréquentés, de mieux comprendre le mode de fonctionnement de quelques usages idéologiques et mythologiques forgés, appropriés

1. M. Eliade, « Probleme de cultură românească » (*Problèmes de culture roumaine*), dans *Îndreptar*, mars 1951, cf. *Exil*, p. 76-77.

2. M. Eliade, « Când omul era creator » (*Quand l'homme était créateur*), dans *Îndreptar*, mars 1951, cf. *Exil*, p. 81.

ou popularisés par Eliade. Ancré pourtant dans un débat actuel, ce type d'analyse insiste davantage sur la mise en perspective des influences et des choix divers dont Eliade a été porteur. Replacer et comprendre le motif de Zalmoxis dans la diversité des contextes où Eliade et ses productions se sont manifestés, éclaire, sans excuser, certaines des motivations d'un savant soucieux à l'extrême de son image et de sa postérité. Car poser les questions du présent aux situations du passé n'est pas toujours profitable, ni pour l'explication du passé, ni pour les enjeux du présent. Eliade est l'acteur, le témoin et la victime posthume de sa propre tragédie. Manifestement, ses convictions ne sont pas, ou ne sont plus, les nôtres.

Le fait qu'il ait conservé son *Journal portugais* – tout comme son journal intégral d'après-guerre, qui ne sera disponible à la publication qu'en 2018 –, alors qu'il en a publié sa propre version et sélection (fragments de journal, mémoires), soulève des interrogations, d'autant plus que ces deux journaux concernent, directement ou indirectement, les questions les plus controversées liées au passé d'Eliade. La seule explication possible, outre la simple volonté de conservation d'un tel type d'écrit « authentique », tout à fait compréhensible pour l'écrivain qu'il était, est que, finalement, Eliade croyait fermement à ses vérités et à ses expériences, dont la justification « initiatique » et symbolique pourrait se révéler – ou plutôt s'élaborer – après. L'importance qu'il attribuait à son journal résulte, entre autres, de la considération suivante :

> M'abandonner ici à ce passé-là qui m'obsède. Sauver le « temps perdu » en le remémorant (2 février 1945)[1].

Que ce soit dans ses journaux, ses mémoires ou dans sa littérature de fiction, dans tout ce corpus d'écrits Eliade, tout en occultant son passé, a laissé de nombreux signes, qui pèsent sur sa postérité. Ses défenseurs poursuivent sa logique, occultant encore davantage son passé problématique, ou essayant au moins de disculper son œuvre; cette œuvre qui, à partir de l'après-guerre, quand un certain horizon d'attente a permis sa réception et sa diffusion, commence à être mieux appréhendée, dans sa continuité et dans ses mutations (par exemple, grâce aux révélations apportées par le *Journal portugais*).

Nous avons constaté à plusieurs reprises les ambiguïtés et les contradictions dont l'œuvre d'Eliade est porteuse. Eliade ne s'embarrasse pas du fait que toutes les données sur Zalmoxis proviennent d'auteurs

1. *JP*, I, p. 312.

grecs, et les utilise pour reconstituer les croyances gètes, qui ressemblent finalement plus à ses propres schémas explicatifs qu'aux clichés grecs (et certainement pas aux « réalités » indigènes, qui nous restent inconnues). Il critique les tenants indigénistes d'un Zalmoxis apôtre d'une religion préfigurant le christianisme, il a pourtant soutenu précisément la même position pendant la guerre (1943), et a donné une image similaire dans sa monographie de 1970. Il ne manque pas de souligner les exagérations de son ami Jean Coman, il utilise son travail pour ses sources et même comme suggestion d'interprétation, en l'approuvant parfois. S'il juge excessifs les propos de Vintilă Horia sur la « terreur de l'histoire » et sur le peuple roumain comme « saboteur de l'histoire », ce sont pourtant là des notions qu'il a lui-même forgées, divulguées et imposées (même si, force est de le constater, il s'agit, là encore, d'emprunts à l'œuvre de Blaga). S'ajoute un paradoxe essentiel : conscient des complexes d'infériorité de sa propre « culture mineure », il les transpose à l'échelle universelle, les marque de ses propres « valeurs personnelles ». Ses propres convictions religieuses, mélange de néopaganisme et d'un christianisme hérité sans états d'âme, ajoutent encore à ses contradictions. Ainsi note-t-il, le 5 septembre 1942 :

> En fait, on peut réduire la tragédie de ma vie à cette formule : je suis un païen, un parfait païen classique, et j'essaie de me christianiser. Pour moi, les rythmes cosmiques, les symboles, les signes, la magie, l'érotique – *existent* davantage et plus « immédiatement » que le problème du salut [1].

Dans l'ensemble de textes que nous avons privilégiés, et qui concernent le *motif* de Zalmoxis, le folklore roumain et la nostalgie d'exilé, on voit s'entremêler chez Eliade deux thèmes : derrière le lien avec la Roumanie, dans son présent et dans son passé, se profile toujours en filigrane le rapport à son propre passé.

Dans cette perspective, Eliade apparaît comme le type même du savant pris entre enjeux scientifiques et enjeux identitaires. Nous avons pu discerner les métamorphoses et les stratagèmes qu'il utilise pour transmettre son « message », et tout d'abord l'importance du camouflage dans sa construction biographique et intellectuelle. Dans ce processus de fascination qui se déploie à plusieurs niveaux, Zalmoxis reste l'exemple

1. *JP*, I, p. 135. Ou encore : « Dépourvu de toute expérience religieuse vive, obsédé toutefois par la sacralité, familier avec la terminologie, les structures et les préoccupations mystiques – mon drame intime a été, et est resté, un étrange hybridisme spirituel : d'une part, convaincu de la réalité de l'expérience religieuse – de l'autre, incapable de la reconnaître, sans le sentiment du péché, dionysiaque de tous les points de vue. Ma mélancolie a été mon seul rapprochement avec le religieux » (15 avril 1945) (*JP*, I, p. 355).

d'un objet de fascination nourrie, en réalité, par une absence qui peut être comblée à son insu, tandis que dans la fascination que suscite Eliade, les documents abondent et la plupart des secrets de fabrication nous sont accessibles.

Cette fascination jamais démentie pour la figure du dieu gète est l'indice le plus remarquable de l'appartenance d'Eliade à son milieu culturel d'origine, auquel il reste profondément lié. Car ce sentiment est très largement partagé et révélateur d'un souci identitaire que son exil n'a fait qu'exacerber. Comparer Brancusi ou Eliade à Zalmoxis, ou faire d'eux des versions contemporaines originaires d'un ancien espace prédestiné, renvoie à la même question du destin d'une « culture mineure », qui se révélerait, finalement, dépositaire d'une tradition spirituelle à valeur universelle.

Comme nous l'avons vu, l'idéologie multiforme du « spécifique national », avec, en particulier, l'insistance sur les « ancêtres géto-daces » se prête aussi à une exploitation politique : par l'extrême droite ou par les divers courants nationalistes dans les années 1930; par des apparatchiks marxistes pour lesquels Zalmoxis fait figure de penseur athée et dialectique; et, bien sûr, à l'époque du national-communisme sous Ceausescu, où se développent de manière exacerbée les théories autochtonistes et protochronistes, cette fois ouvertement soutenues par le régime. C'est à partir de ce moment que la thracomanie se reconfigure, pour devenir, après 1989, omniprésente. Au sud du Danube, la Bulgarie offre un autre type de récupération des Thraces comme ancêtres culturels, surtout après l'invention de cette nouvelle discipline qu'est la thracologie, à partir des années 1970. Comme dans le cas roumain, le complexe de marginalité se transforme en une revendication de supériorité spirituelle et de préfiguration religieuse et culturelle à l'échelle européenne.

Puisque le complexe d'infériorité par rapport à l'Occident est inscrit durablement dans l'identité roumaine, comme toute « culture mineure », le renversement était d'autant plus séduisant : car les ancêtres daces avaient une religion *spirituelle* et *supérieure* aux autres, préfigurant le monothéisme et le christianisme constitutifs de l'Occident. La lecture des exégèses au sujet de Zalmoxis et de la « spiritualité dace » jette une nouvelle lumière sur les diverses modalités de réécrire le passé roumain, de (re)configurer les contours d'une identité incertaine, entre ancien et nouveau, entre Occident et Orient, entre négation de soi ou de l'Histoire et affirmation d'une excellence anhistorique. Dans ce corpus d'écrits, les textes d'Eliade ne sont nullement discordants. La métaphore qu'il propose – les ancêtres thraces comme les « Grands Anonymes de l'Histoire » –

témoigne en vérité du même complexe d'infériorité. Car, même s'il emprunte une partie de la formule à la philosophie de Blaga, on voit se déployer toute la vision eliadienne : les Thraces, peuple méconnu et ignoré, ne s'affirment pas dans l'Histoire mais dans un espace qui la transcende, celui du spirituel et du religieux, territoires de la création authentique… Espace d'où Zalmoxis revient et dans lequel il se retire lors de ses occultations et épiphanies périodiques…

Ennemi acharné de l'Histoire, Eliade a cependant beaucoup aimé s'adonner à la « révélation » d'une histoire mythique, qui est une reconstruction représentative de ses convictions. Investi d'un rôle spirituel et missionnaire, comme il se le croyait pendant la guerre, il dote le peuple roumain d'un destin tragique, celui d'éternelle victime des grandes puissances et de l'Histoire, selon un modèle immuable et prédestiné, toutefois pourvu de la seule solution qui lui permet d'assurer sa survie. Cette philosophie particulière de l'histoire guide dorénavant ses pensées ; elle ne l'empêche toutefois pas de poursuivre obsessionnellement un autre but : assurer à son œuvre la gloire, d'abord universelle, mais également nationale. Pour arriver à ses fins, il ne renonce à rien : il prend contact avec les autorités communistes qu'il déteste par-dessus tout ; il cultive le silence sur son passé politique qu'il cache, nie et renie tant devant ses amis occidentaux (certains d'entre eux étaient juifs), que devant sa seconde épouse, Christinel[1], avec l'espoir que seule l'image qu'il voulait donner de lui-même traverserait le temps. Pourtant ce pari hasardeux est perdu. Il plane désormais en Occident un doute pesant sur la crédibilité d'Eliade.

Initiation, prophétie, mystagogie

Revenons, après avoir rappelé l'importance de l'« histoire prophétique », aux mystères. Eliade ne se cachait pas de la forte conviction qu'il avait en sa mission ; il l'avait exprimée, voire conscientisée :

> (…) le sentiment que je suis envoyé au monde afin de déchiffrer les mystères (2 février 1945)[2].

Son œuvre – scientifique, littéraire, de mémoires – est investie et animée par la même intention sotériologique. Lisons ce qu'Eliade écrit à

1. Pour Christinel Eliade, comme pour les amis d'Eliade, il s'agissait d'un secret de Polichinelle (*cf.* M. Lovinescu, *Jurnal 1994-1995*, Bucarest, Humanitas, 2004).

2. *JP*, I, p. 312.

propos de *Cosmos et Histoire* (devenu plus tard *Le mythe de l'éternel retour*, 1949), en rapport direct avec les états successifs qu'il traverse pendant la guerre – désespoir, vulgaire soif de vivre, mélancolie –, sur l'alternance cosmique et l'« éternel retour » (première apparition de sa célèbre formule) :

> Ce mythe, il faut le réanimer, si la vie a encore un sens, si elle mérite encore d'être vécue. *Cosmos et Histoire* pose uniquement la question anthropologique du désespoir de l'homme moderne, dépourvu de tout mythe vivant, qui puisse justifier, donner un sens ou racheter ses souffrances, ses déceptions, ses injustices endurées à cause de l'histoire (15 mars 1945) [1].

Toute sa vie Eliade s'est proposé, par conséquent, de nous *initier* à son herméneutique, grâce au message qu'il prétendait détenir. Car, écrivait-il, « aux mystères, je pensais dès l'université » [2]. Ou, comme le présentait Culianu dans un article commémoratif, il a certainement été un « mystagogue des temps modernes » – encore faut-il entendre l'expression dans les deux sens du terme, car « il est le maître, l'initiateur aux mystères créés par lui-même » [3].

Si Cassiodore s'était reconnu et même décrit sous la figure idéalisée de Décénée, Eliade préfère, pour sa part, s'identifier à Zalmoxis, plus ancien et plus « profond », témoin et promoteur d'une spiritualité exceptionnelle. Cela s'accordait avec le parcours d'Eliade, qui vantait l'authentique et le profond, méprisant les conjonctures historiques, lui qui toute sa vie a construit et en même temps camouflé sa biographie, pourtant *dans* l'histoire.

1. *JP*, I, p. 339. Ce livre « où s'exprime et se répète une pensée, pour le coup, du refus de l'histoire », comme l'écrit Fr. Hartog, *Évidence de l'histoire. Ce que voient les historiens*, Paris, EHESS, 2005, p. 178.

2. *JP*, I, p. 268 (7 novembre 1944).

3. I. P. Culianu, « Mircea Eliade et l'idéal de l'homme universel », dans *Mircea Eliade. Dialogues avec le sacré*, *op. cit.*, p. 15. Pour la figure controversée d'un inspirateur de mystères et initié par excellence, à savoir Pythagore, voir les considérations pertinentes de W. Burkert, *Lore and Science in Ancient Pythagoreanism*, trad. angl., Cambridge (Mass.), Harvard University Press, p. 9 : « The material seems to fall into the pattern each inquirer is looking for. The historian of science rediscovers Pythagoras the scientist; the religiously minded shows us Pythagoras the mystic; he who believes in a synthesis above rational analysis tries to show that in Pythagoras the *coincidentia oppositorum* is comprehended in a Basic Idea; the anthropologist finds "shamanism"; and the philological scholar may play off against one another the contradictions of the tradition, so that critical virtuosity may sparkle over a bog of uncertainty. Pythagoreanism is thus reduced to an impalpable will-o-the-whisp, which existed everywhere and nowhere ».

Les déceptions qu'a laissées Eliade ne datent pas d'aujourd'hui, et on en trouve la trace dès les années trente : la fin de l'amitié avec M. Sebastian ; ensuite, le mensonge et la réponse alambiquée dans sa lettre à Scholem ; ou, pour finir, le dialogue insincère avec Culianu. Ce sont pourtant là tous des amis ou des personnes qui pouvaient, et voulaient entendre, de sa part, une justification, quelle qu'elle fût ; ils se seraient certainement montrés capables de comprendre, et de pardonner. Cette justification, Eliade n'a jamais voulu la donner, préférant se dissimuler derrière des explications sur un engagement spirituel et religieux, présenté comme passager, tout en espérant que l'Histoire, finalement, lui donnerait raison. Or, s'il a refusé la vérité à ses *amis*, quel espoir pouvait-il attendre de cette dernière, qu'il considérait comme sa pire *ennemie* ?

Dans les années trente, Eliade cultive et conserve une vision encore positive, prophétique et enthousiaste de l'histoire, et surtout de la mission historique d'un peuple prédestiné. Mais la fin du Mouvement légionnaire, la guerre, l'échec de la guerre (et de la « mission historique ») le conduisent à renverser cette image : il voit et propose désormais une histoire qui serait depuis toujours tragique, celle d'un peuple prédestiné comme peuple de frontière et, par conséquent, soumis aux invasions et aux catastrophes. Il conserve, en revanche, son ancienne fidélité et sa croyance dans le primat de l'esprit. Mais qui passe, après la guerre, par l'occultation du passé, investi d'une valeur à laquelle il ne peut renoncer.

Fidèle à lui-même, en fin de compte, Eliade n'a jamais avoué ou reconnu son passé, et moins encore la portée de ses engagements : s'il craignait, ce qui est compréhensible, les conséquences de cet aveu pour sa carrière, il redoutait bien plus celles qu'elles auraient eues sur le destin de son œuvre – et tout d'abord de son message. Comme l'avait bien vu Culianu, cette attitude masquait la fidélité à son passé et à sa doctrine, ou plutôt à sa mythologie personnelle ; il ne voulait, il ne pouvait reconnaître qu'il s'était trompé. Contre l'« Histoire », il lui fallait toujours avoir raison, ou alors trouver un moyen de la contourner, par son œuvre scientifique ou littéraire. Car c'est l'Histoire qui a anéanti le Mouvement légionnaire, qui a apporté le communisme en Roumanie, ou qui l'a exilé pour toujours – ce qui équivaut à une nouvelle chute dans le temps ou dans l'« Histoire ». Histoire malveillante envers son peuple, envers ses idéaux, envers ses convictions enfin.

Tellement différent de son ami Georges Dumézil, qui n'hésitait pas à s'exposer à sa propre critique, toujours attentif à la méthodologie et à apporter des réponses aux polémiques, Eliade évite d'engager des débats tout comme de revenir sur le fondement de ses propres thèses. Ainsi, dans une lettre adressée à Stig Wikander (le 11 octobre 1966), il précise :

> On me demande de discuter et même de « critiquer » Cl. Lévi-Strauss, mais je n'ai rien à dire. Ses analyses de mythes ne m'apportent rien. Je préfère relire *Tristes tropiques*, ouvrage que j'admire énormément [1].

Ce refus s'explique aussi par le fait qu'Eliade était trop convaincu de sa propre vérité pour en discuter véritablement les fondements. Culianu, en revanche, écrivait en ces termes à Eliade, le 21 juillet 1977, emporté par sa liberté récemment acquise – car il avait échappé à un régime de la pensée unique :

> Je définis ma liberté comme droit de m'opposer à toute prétention de possession de la vérité absolue [2].

Dans un article dédié à Eliade, Dumézil avait aisément reconnu l'importance sentimentale du recueil *De Zalmoxis à Gengis Khan* :

> Dans l'œuvre scientifique de notre ami, où le montreur s'efface soigneusement sous les marionnettes qu'il anime, un livre fait exception ; le recueil de 1970, intitulé *De Zalmoxis à Gengis Khan* ;

Eliade, visiteur du monde, fait ici un pèlerinage à sa première source, livrant, après trente années d'« aventures intellectuelles », l'essai de « piété lucide » sur *Mioritza*. Dumézil continue :

> Roumain, poète et savant, Eliade épure la passion en admiration et, refusant les excès lyriques et les généralisations hâtives, avec une sérénité de philologue, nettoie ce petit joyau folklorique et le laisse briller de ses propres feux [3].

Si Dumézil a bien vu le jeu de marionnettes, auquel, pour une fois, Eliade s'adonne au grand jour dans *De Zalmoxis à Gengis Khan*, je ne saurais approuver, en revanche, le second volet de son jugement. Car la marque eliadienne est trop présente dans l'étude de la *Mioritza*, et son analyse transgresse délibérément les limites d'une étude philologique ou d'histoire des religions, pour avancer dans le territoire des spéculations à valeur identitaire.

1. *Cf.* M. Timuş, E. Ciurtin, *The Unpublished Correspondence*, *op. cit.*, p. 335 (lettre n° 58).

2. I. P. Culianu, *Dialoguri întrerupte*, *op. cit.*, p. 114 (lettre n° 34).

3. G. Dumézil, « Le message avant la mort », dans *Les cahiers de l'Herne*, 33, Paris, 1978 (numéro consacré à Eliade), p. 88.

Dans un chapitre précédant, nous avons rencontré le motif, aussi fabuleux que prestigieux, du « cheval de Troie ». Ajoutons à ce dossier, qui comprend déjà les notices du *Journal portugais*, les interrogations lucides de Ionesco, ou encore les observations mitigées de Julius Evola, un quatrième texte. À l'occasion de la parution aux États-Unis, où Eliade venait d'arriver, du livre *Birth and Rebirth* (1958, *Naissances mystiques* – 1959), un de ses amis, le légionnaire Vasile Posteucă, écrivait dans une obscure publication de l'exil :

> Après la Seconde Guerre mondiale, resté en Occident, Mircea Eliade s'est proposé de continuer ses recherches scientifiques dans le domaine de la philosophie orientale et notamment de l'Histoire des Religions. En 1949, à Paris, nombreux étaient ceux qui l'assaillaient en lui proposant de prendre la direction de notre génération sur le « chemin intérieur ». Mais lui, il a exprimé, prophétiquement, son vœu d'imposer les *mystères* en des termes scientifiques, acceptables. D'introduire la dialectique « du centre » par la grande porte, principale, de la Sorbonne. Et, le voilà aujourd'hui victorieux, dans le sens le plus haut du mot. Accepté par les cercles scientifiques étrangers, reconnu, estimé. Mieux encore : consulté comme source de connaissance et de sagesse [1].

Si Eliade, avec sagesse, refuse de s'engager du point de vue politique – même en maintenant des relations avec ses amis gardistes, il ne soutient jamais publiquement leurs positions –, il avoue à certains de ses compatriotes le sens de sa « mission », faire passer sa vision particulière pour une théorie scientifique. Le texte de Posteucă est empreint de l'ensemble de la mythologie eliadienne, en parfait accord avec les aveux confiés au *Journal portugais* ; le même motif du « cheval de Troie », pénétrant par la grande porte de la Sorbonne, est à l'honneur. C'est la raison pour laquelle Eliade garde ses distances d'avec les milieux traditionalistes, bien qu'il ait partagé les positions de Guénon. Lequel écrivait par ailleurs, à propos des choix d'Eliade (le 12 septembre 1949) :

1. V. Posteucă, « Naştere şi renaştere. Mircea Eliade » (*Naissance et renaissance. M. E.*), dans *România* (Cleveland), 2 décembre 1958, cf. *Dossier*, VI, p. 133-134. Il continue : « Parce que ses données et ses conclusions scientifiques, toute la dialectique de l'initiation humaine par la mort et la renaissance, ne constituent que la pierre angulaire de ce qui n'a pas besoin d'être désenchanté par la parole : la paix sur l'"île", le silence connaisseur du "centre", l'arôme religieux, céleste de la retrouvaille, de la rencontre de nouveau avec l'"empire" ». Il y fait ainsi allusion à la revue *Drum* (« Sentier »), animée par Posteucă.

> Il est à peu près entièrement d'accord au fond avec les idées traditionnelles, mais il n'ose pas trop le montrer dans ce qu'il écrit, car il craint de heurter les conceptions admises officiellement [1].

S'il prend partiellement du recul par rapport à ces deux tentations d'avant la guerre, Eliade reste toujours fidèle à son attitude antihistoriciste, en contraste flagrant avec les convictions de son maître proclamé, Raffaele Pettazzoni. Ce dernier esquissait en 1959, dans ses « Ultimi appunti » et après la lecture des livres qui avaient apporté à Eliade la célébrité, sa perplexité et ses critiques envers les thèses du savant roumain qu'il avait encouragé et soutenu. Il visait notamment l'antihistoricisme et la notion fallacieuse de « terreur de l'histoire » :

> Terrore della storia! (...) (La filosofia di Eliade risente del tristo tempo in cui egli è vissuto, come noi tutti, e forse delle sue vicende personali. – tanto è vero che ogni costruzione è storicamente condizionata !).

Ce sont donc les vicissitudes personnelles (*vicende personali*) [2], comme l'a très justement noté le savant italien, qui ont marqué le plus l'idéologie d'Eliade. Épreuves qui, aussi initiatiques qu'elles aient pu paraître aux yeux d'Eliade, n'étaient pour Pettazzoni qu'une preuve de plus du conditionnement historique auquel personne ne peut échapper.

Confronté aux questions de Claude-Henri Rocquet sur son passé, lors des entretiens qui seront publiés sous le titre suggestif de *L'épreuve du labyrinthe* – métaphore à la fois du retour au centre par l'initiation, et de l'exil –, Eliade définissait ces épreuves comme :

> autant d'« épreuves initiatiques » : je me voyais soudain projeté dans un passé fabuleux, celui de cette Roumanie que je dus quitter en 1940 et qui, depuis, est devenue pour moi comme une parcelle de paradis; [lors d'une existence dont] je découvre maintenant seulement les dimensions secrètes, au point que je vois en elle une « mythologie personnelle » et non ma vie telle qu'elle fut vraiment [3].

1. *Cf.* J. Robin, *René Guénon témoin de la Tradition*, Paris, G. Trédaniel, 1986², p. 10 n. 2. On peut trouver des considérations intéressantes sur l'inspiration guénonienne d'Eliade dans le livre de W. Stoczkowski, *Des hommes, des dieux et des extraterrestres : ethnologie d'une croyance moderne*, Paris, Flammarion, 1999.

2. A. Brelich, « Gli ultimi appunti di Raffaele Pettazoni », *Studi e Materiali di Storia delle Religioni*, 31, 1960, p. 33-35; *cf.* aussi N. Spineto, *Mircea Eliade, Raffaele Pettazzoni. L'histoire des religions a-t-elle un sens?*, *op. cit.*, p. 70; et Ph. Borgeaud, *Exercices de mythologie*, *op. cit.*, p. 195-196.

3. *FragmJournal*, t. II, p. 333.

Ce lien profond entre la vie et l'œuvre, animées l'une et l'autre par les convictions idéologiques d'un *credo* spiritualiste, n'était donc ni ignoré ni rejeté par Eliade. Nous avons eu l'occasion de rencontrer, à des moments forts de leur existence, trois historiens qui se sont confrontés au motif de Zalmoxis et qui ont observé, chacun de son côté, une évolution personnelle cohérente avec leurs convictions : outre Eliade, bien sûr, le théologien Jean Coman et l'helléniste D. M. Pippidi. Avant, pendant, ou après la guerre, ensuite lors de l'épisode daciste de Ceausescu, nous avons vu comment, dans le cas de ces trois savants, parler de Zalmoxis revenait à parler, en réalité, de leurs propres visions, mais toujours dans le contexte de l'époque : visions de leur propre culture, mais aussi du monde ou de la guerre, qui se traduisent aussi par le rapport à leur propre discipline. Fascination pour Zalmoxis et pour une spiritualité profonde et initiatique qui préfigure le « miracle roumain », pour Eliade ; préfiguration exclusive du christianisme orthodoxe et du roumanisme intégral, pour Coman ; enfin, regard lucide sur les sources comme sur les hommes et leur époque, partant d'une rigueur méthodologique, chez Pippidi.

En fin de compte, pour Eliade, Zalmoxis est à la fois un objet d'étude et un modèle lointain et primordial, dont il répète le destin. Comme Busuioceanu, Eliade se reconnaît et se dépeint sous les traits de Zalmoxis en exil, loin de sa patrie, mais attendant son retour chez lui, après une longue occultation imposée par le destin, ou par l'Histoire malveillante. Cette figure de Zalmoxis, hautement signifiante pour l'intelligentsia roumaine, sera par la suite rapportée et superposée à l'image d'Eliade. Le lien Zalmoxis-Eliade, souligné et valorisé par Culianu, était tout autant évident pour un autre élève d'Eliade, l'américain Bruce Lincoln. Dans un poème émouvant qu'il laisse sur le bureau de son professeur (19 août 1976), et après avoir énuméré une cohorte de personnages exotiques sur lesquels Eliade avait disserté, on lit : « Ayant fait sien tout le savoir de Zalmoxis », *« possessing all Zalmoxis taught »*[1].

Relevons une évocation supplémentaire du motif de Zalmoxis chez Eliade, qui renforce la preuve de l'importance qu'il avait à ses yeux, et qui renvoie à nouveau au rapport profond à sa culture d'origine. Lors d'un dîner parisien, le 6 juillet 1975, chez Marianne et François Parlier, avec Cioran et les Lupasco, Eliade évoque un dîner de novembre 1943, chez

1. *Ibid.*, p. 311-312 (20 janvier 1977). Le 21 juillet 1980, visitant une exposition sur les insectes, près du Jardin des Plantes, en raison de son ancienne passion pour les coléoptères, il s'étonne : « Un splendide papillon bleu, énorme (cinq centimètres), s'appelle *Papilio Zalmoxis* (Hewiton)… » (*FragmJournal*, t. III, p. 67).

Benjamin Fondane, auquel assistaient Cioran et le physicien Stéphane Lupasco. Dans le Paris occupé, ils avaient engagé une discussion autour de l'un des sujets favoris d'Eliade et de l'intelligentsia roumaine – les peuples que l'histoire favorise ou, au contraire, défavorise. Sujet qu'Eliade abordera, on s'en souvient, avec une passion accrue, après la guerre. Selon Eliade, ce n'était pas tellement la *réalité historique*, mais la présence ou l'absence de documents historiques qui serait en cause ; on reconnaît ici le motif élaboré par la suite dans la thèse d'un boycott historiographique imputable à la culture occidentale. Or, dans cette conversation, avait surgi précisément le nom de Zalmoxis, évoqué par Eliade :

> À l'appui de mes dires, je soutenais que si Hérodote n'avait pas entendu parler, grâce aux Grecs de l'Hellespont, du mythe de Zalmoxis, nous ne connaîtrions rien aujourd'hui de cette divinité géto-dace, hormis son *nom*.

L'un des participants intervint avec une autre théorie :

> Fondane n'était pas entièrement d'accord. Selon lui, le mythe de Zalmoxis, du moins tel que nous l'a transmis Hérodote, ne nous apprend pas grand-chose. Encore faut-il le déchiffrer et l'interpréter, et c'est à quoi doivent s'attacher les historiens, les poètes et les philosophes roumains d'aujourd'hui. C'est à ce prix que Zalmoxis pourra devenir l'égal, en tant que figure ou symbole, des divinités grecques, et contribuer ainsi à l'enrichissement de la culture européenne. Selon Fondane, la « malchance » historique devrait être imputée surtout au manque d'imagination créatrice des représentants de la culture en cause. Je ne suis pas très sûr qu'il ait eu raison [1].

Philosophe et poète d'origine juive roumaine (1898-1944, de son vrai nom Benjamin Wechsler), Fondane, qui vivait depuis longtemps à Paris, fut raflé, déporté et périt dans un camp l'année suivante. Or, les propos qu'il avait tenus lors de ce dîner qu'Eliade mentionnait plus de trois décennies plus tard, sont notables à plus d'un titre : l'histoire d'Hérodote n'apprend pas grand-chose, et elle est sujette à diverses interprétations ; et c'est précisément cette interprétation, qu'on attendrait de la part des intellectuels roumains, qui pourrait se révéler significative sur le plan européen. Qui plus est, la « faute » ne réside pas dans le destin (ou dans l'absence de documents), il s'agit plutôt d'un défi à l'intention de l'élite culturelle. C'est donc la responsabilité de ceux-là même qui, comme l'a toujours fait Eliade,

1. *FragmJournal*, t. II, p. 240-241. Sur Benjamin Fondane et cette rencontre dans le Paris occupé : A. Laignel-Lavastine, *Cioran*, *op. cit.*, p. 375-380 (et sur l'attitude de Cioran, qui avait essayé de le sauver).

ont préféré prétexter une malchance historique, un voisinage difficile, un Occident ignorant ou une faute des *autres*. Remarquons qu'Eliade n'était point convaincu par la thèse de Fondane. D'autre part, c'est précisément le moment où il se décide à poursuivre son combat culturel et spirituel en Occident. En revanche, il ne s'est jamais défait de sa conviction d'un destin malchanceux de son peuple – ce qui reste compréhensible dans le contexte très tourmenté qu'allait connaître sa patrie après la guerre.

À deux reprises, Zalmoxis est évoqué dans la nouvelle d'Eliade, *Les fossés*, écrite en 1963[1]. L'action se passe dans un village de Moldavie, en août 1944, au moment même où la Roumanie signe *in extremis* un armistice avec l'Union soviétique et retourne les armes contre l'ancien allié allemand. Un lieutenant de la Wehrmacht, von Balthasar, né en Bucovine et connaisseur du roumain, s'exclame devant des villageois roumains (et, dans l'esprit d'Eliade, devant son peuple) :

> Ah ! Roumanie ! Roumanie ! (…) Quel pays ! Quel peuple ! Vous êtes restés ce que vous étiez déjà il y a des milliers d'années. Les dieux se sont dispersés. Zalmoxis vous a oubliés, mais vous êtes restés conformes au sort auquel vous ont voués vos ancêtres…
> Pourquoi n'avez-vous pas eu de chance ?[2]
> Nous mourons tous (…). Même les dieux meurent. Zalmoxis lui-même est mort. (…) Il est resté mille ans avec vous (…), et puis il s'en est allé. Il vous a abandonnés. Il est rentré dans sa caverne et il n'en est pas ressorti…
> C'est ce qui vous arrivera aussi. Après mille ans de ténèbres, vous vous souviendrez. Et vous reprendrez tout depuis le début.
> Vous ne saurez jamais à quel point je vous ai compris. Hormis les poètes, personne ne vous comprend. Il faut avoir au moins une once de malchance pour vous comprendre.

On retrouve ici, condensées, toutes les obsessions et les convictions profondes d'Eliade quant au destin tragique de son peuple, marqué par les défaites, les humiliations, les trahisons. En plus des allusions manifestes à ses propres écrits, on reconnaît, à propos de Zalmoxis ou de la destinée tragique des Roumains, des échos indubitables de Lucian Blaga et du roman de Vintilă Horia. La répétition dont parle Eliade s'applique mieux encore à cette manière d'envisager l'histoire. Sur un autre plan, on retrouve l'une des constantes de la stratégie d'Eliade : se dédouaner de toute

1. Traduit par Alain Paruit, dans M. Eliade, *À l'ombre d'une fleur de lys... Nouvelles*, Paris, Gallimard, 1985, p. 75-104.
2. Vous, les Roumains.

responsabilité, en la reportant intégralement, avec une facilité déconcertante, sur les autres, sur le destin, sur la malchance.

Nous avons déjà évoqué l'argumentation d'Eliade à propos du thème du silence. Il utilise la même concernant sa « faute malencontreuse » – *infelix culpa*, selon Norman Manea, épisode qu'Eliade nomme pourtant *felix culpa*. Après la lecture d'un roman troublant de Marin Preda – sur le sort des intellectuels roumains pendant les années noires staliniennes (l'« obsédante décennie ») –, Eliade est pourtant amené à s'interroger non sur sa responsabilité, mais sur le *sens* de son engagement de jeunesse :

> Je n'arrive pas à m'endormir (…) Je ne cesse de penser à ce que j'aurais subi si j'étais resté en Roumanie, professeur et écrivain. Si cette *felix culpa* n'était intervenue : mon adoration pour Nae Ionescu et toutes les conséquences néfastes (à l'époque, en 1939-1940) de cet attachement [1].

Et il ne peut s'empêcher de penser à Blaga, qui a traversé des épreuves extrêmement pénibles et a été interdit de publier dans la Roumanie d'après-guerre. À nouveau, il pense que le philosophe aurait dû traduire ses œuvres en 1937 :

> Je n'arrive pas à me faire au destin de Lucian Blaga; Je pense à moi : sans cette *felix culpa* (disciple de Nae Ionescu), je serais resté en Roumanie. Dans le meilleur des cas, je serais mort de la tuberculose dans une prison [2].

À la faveur d'une sorte de *coincidentia oppositorum* donc, une erreur se révèle finalement fertile ; plus, elle se trouve investie d'une valeur sotériologique, car elle a sauvé la vie et l'œuvre d'Eliade, le contraignant à l'exil, loin d'un régime où sa liberté et sa créativité auraient été menacées. Resté en Occident, Eliade a choisi de ne pas observer le silence de Blaga et, au contraire, d'affirmer son « message ». Pas la moindre reconnaissance d'une responsabilité ne se dégage, une fois de plus, de ces méditations sur son aventure totalitaire, où ce qui compte le plus est son destin personnel et les vérités qu'il veut imposer.

C'est durant les dernières années de sa vie, alors qu'il essaie d'embrasser tout son parcours et de lui donner un sens, que le même motif reparaît, le 12 novembre 1984 :

1. *FragmJournal*, t. III, p. 169 (10 octobre 1984).
2. *Ibid.*, p. 225 (août 1985).

> J'aime cette expression de Borges : *las buenas causas perditas*. Je l'aime entre autres parce qu'on peut la comprendre de plusieurs façons [1].

Ces « bonnes causes perdues » renvoient à la même « heureuse erreur », et aux vérités et fidélités dont Eliade ne pouvait et ne voulait se dissocier. Or, s'il pensait que ces « causes perdues » et ces « erreurs fortunées » l'avaient sauvé, lui et son œuvre, tout en lui évitant les questionnements désagréables, ces mêmes questions, comme le pose Norman Manea, ont resurgi : « quand (…) ne viennent pas de l'intérieur, elles viennent de l'extérieur, mais elles finissent toujours par venir » ; certes, « La confrontation d'Eliade avec son passé ne fut pas agréable, même si cela ne fut pas aussi lourd de conséquences que sous un régime totalitaire » ; car, « pour être vraiment à l'écart des erreurs du passé, il faut d'abord les reconnaître » [2]. Cet éternel retour des questionnements va dorénavant hanter la postérité d'Eliade. Selon la belle formule de Țurcanu, Eliade, ennemi acharné de l'Histoire, est cependant resté prisonnier de l'histoire. Dans cette même perspective, et insistant sur ses théories diversement exprimées, il a également été, et durant toute sa longue vie, le prisonnier volontaire de sa propre *mythologie personnelle*. Or, comme l'a récemment écrit Carlo Ginzburg, « We need critical distance, not tautologies » [3].

Depuis la guerre qui l'a déraciné, Eliade s'est acharné contre l'Histoire, autant sur le plan littéraire que sur le plan scientifique. Défenseur jusqu'au bout de l'« esprit », de la « culture », du « réel », ou du « sacré » – des notions (très souvent pourvues de majuscules) qui peuplent toutes ses périodes de création, et qui sont en réalité interchangeables dans son œuvre multiforme –, Eliade a traversé le siècle en essayant d'investir de sens une vie et une œuvre qu'il voulait exemplaires. Cela s'applique également à sa vision d'une histoire prophétique et du « roumanisme » des années 1930, de la mission historique et tragique du peuple roumain dans les années 1940, et, enfin, du nouvel humanisme à l'échelle de la planète qu'il propose après la guerre. Il a bien choisi une vocation universelle et salvatrice, mais au fond de lui-même il est resté fidèle à une notion importée d'une « culture mineure ». Cette notion s'appelle, bien sûr, le « boycott de l'histoire » dont il a tant parlé, comme seul moyen de résister à la « terreur de l'histoire », à

1. *Ibid.*, p. 177.

2. N. Manea, *Mircea Eliade et la Garde de Fer*, *op. cit.*, p. 99 et 102.

3. C. Ginzburg, « Mircea Eliade's Ambivalent Legacy », dans Chr. K. Wedemeyer, W. Doniger (éd.), *Hermeneutics, Politics, and the History of Religions. The Contested Legacies of Joachim Wach and Mircea Eliade*, Oxford, Oxford University Press, 2010, p. 323.

travers la culture, l'esprit ou la religion. C'est pourquoi il a fait le choix de garder le silence sur son passé, afin de faire passer le message de son œuvre, message qu'il tenait pour fondamental. Par conséquent, il a été amené à occulter partiellement son passé, à boycotter – pour ainsi dire – les contraintes d'un présent dérangeant, à s'illusionner dans ses propres interprétations et justifications. Cependant, à la fin, ce « boycott de l'histoire », qui est, certes, d'un tout autre type que celui envisagé par Eliade, se retourne contre le savant qui n'a pas su – ou qui n'a pas voulu – assumer son passé.

INDEX

TABLE DES MATIÈRES

Achevé d'imprimer en France par Dupli-Print à Domont (95) en décembre 2012
N° d'impression : 217044